중국식 경영

중국식 경영

초판 1쇄 인쇄 | 2018. 01. 25.
초판 1쇄 발행 | 2018. 01. 30.

지은이 | 우진훈
발행인 | 황인욱
발행처 | 도서출판 오래

주 소 | 04091 서울시 마포구 토정로 222, 406호(신수동, 한국출판컨텐츠센터)
전 화 | (02)797-8786~7, 070-4109-9966
팩 스 | (02)797-9911
이메일 | orebook@naver.com
홈페이지 | www.orebook.com
출판신고번호 | 제2016-000355호

ISBN 979-11-5829-041-2 (93320)

이 도서의 국립중앙도서관 출판예정도서목록(CIP)은 서지정보유통지원시스템 홈페이지(http://seoji.nl.go.kr)와
국가자료공동목록시스템(http://www.nl.go.kr/kolisnet)에서 이용하실 수 있습니다.(CIP제어번호: CIP2018001966)

중국식 경영

우진훈 지음

圖書出版 오래

수교 전 1991년에 중국과 인연을 맺은 후 25년이라는 세월이 훌쩍 지났다. 당시 중국은 '미수교 적성국가'로 분류되어 있어 여행을 하려면 사전에 안전·정신 교육을 받아야 했다. 비자는 인천에서 배를 타고 중국으로 들어가는 공해 상에서 선상비자로 해결했다. 여행을 마치고 돌아와서는 안기부(현 국정원)에 여행경과보고를 해야 했다. 이후 다시 들어간 중국에서 한중 수교 25년을 지켜보고 중국 개혁개방 40년의 절반 이상을 함께 했다. 특히 중국 공산당이 개혁개방 초기의 시행착오를 극복한 후 역동적으로 치고 나가는 발전상과 중국인의 성장과정을 목도해 왔다. 비록 인생의 황금기를 중국에서 보내고 있지만 중국 역사상 가장 다이내믹한 시기를 함께 하고 있다는 사실에 의미를 부여하고자 한다.

중국은 개혁개방 이후 봉건주의와 사회주의 그리고 자본주의의 사고관념이 모두 실효 유통되고 계획경제의 잔재가 남아 있었음에도 정치체제의 장점을 살린 '중국 특색의 사회주의 시장경제체제'라는 모델을 내세워 압축성장을 시작했다. 정책이 시장을 창도하고 시장은 혁신을 창출하여 세포가 분열하듯 또 다른 시장을 탄생시켰다. 노도(怒濤)와 같은 경제성장은 마치 '우리와 같이 가던지 아니면 비켜라'고 외치는 듯 했고 이에 한국기업 또한 '하느님이 보우하사 우리나라 만세'를 외치며 쏟아져 들어왔다. 해외수요 감소와 국내시장의 포화 상태에서 옆 동내의 중국이라는 시장기회를 찾은 것이다. 그리고 한국경제의 양극화가 심화되는 가운데 '빈(貧)을 어떻게 극복하고 부(富)를 어떻게 확장할 것인가'를 고민했던 한국정부 입장에서도 중국시장의 확대는 일정부분 한국경제와 정권에 도움이 되었다. 이후 중국내수시장을 제2의 국내시장으로 개척하는 것은 한국정부와 기업의 공동 목표가 돼 버렸다.

중국의 경제성장으로 내수시장이 탄력을 받아 커지기 시작한 무렵에 성사된 한중 수교로 양국의 민간교류는 급증했고 양국경제 또한 상호 간에 큰 수혜를 입었다. 하지만 2017년 수교 25주년을 전후로 발생한 '사드 사태'는 양국 관계에 찬물을 끼얹었고 아울러 미래 한중 관계에 대한 시사점과 과제를 남기며 1라운드를 마쳤다. 때마침 찾아온 한국의 대오각성(大悟覺醒)과 더불어 제2라운드를 시작한 것이다. 사드 사태는 한국정부와 기업 그리고 중국연구자로 하여금 대 중국 외교와 경영전략 그리고 중국연구를 원점에서 다시 검토하게 만드는 계기가 되었다. 향후 한국은 그 동안의 체험과 각성을 바탕으로 '대 중국 자주외교'와 '기술혁신을 통한 경제독립' 그리고 '핵심 중국인재 육성' 등 3대 실천 과제를 통해 양국 관계를 재정립하게 될 것이다. 더욱이 한국사회의 저출산·고령화가 가속되는 가운데 기업투자 감소와 가계부채 증가로 내수가 위축되고 고용사정은 더욱 악화되어 한국경제가 성장정체와 더불어 장기불황에 빠질 가능성도 거론되고 있어 대 중국 전략 수립과 중국시장 공략에 대한 의의가 더욱 부각되고 있다.

하지만 만약에 중국의 한반도 정책에 대한 한국정부의 대응책이 궁한데다 한국의 산업기술마저 중국기업에 따라 잡히는 상황이 도래한다면 중국시장의 팽창은 한국기업을 구조조정하고 줄을 세우기 시작할 것이다. 여기에 한국정부가 미국과 중국 사이에서 갈피를 못 잡는 가운데 중국정부가 한국정부를 무시하고 한국인이 중국을 무시하는 상황이 계속되면 제2의 사드 사태는 반복될 수도 있다. 한국기업은 정세 변화에 대한 면밀한 모니터링과 함께 중국현지 사업장에 대한 관리·감독을 강화하여 빌미를 제공하지 말아야 한다. 무엇보다 기술혁신만이 양국 간 정치경제적 제약을 돌파하는 생존의 길임을 깨닫고 신기술 개발에 올인 해야 할 것이다.

이 세상에서 중국을 완벽하게 설명할 수 있는 사람은 중국인을 포함해서 아마 없을 것이다. 과거와 현재, 보이는 것과 보이지 않는 것, 정책과 대책, 거짓과 진실, 국가시스템과 인적시스템이 공존하는 중국에서 모든 게임의 룰을 정하는 중국 공산당의 사고구조와 이에 연동되는 현대 중국인의 심리상태와 행동을 이해하고 이에 대응하는 것은 쉬운 일이 아니다. 말하자면 지난 25년 동안 많은 한국기업인이 중국에 백지인

상태에서 적진에 뛰어들었고 이중에서 적지 않은 한국인과 기업인이 중국에서 유명을 달리했을 것이다.

현재 중국은 각종 정책의 실험을 통해 사회주의 시장경제체제를 만들어나가고 있다. 실험을 하지 않으면 검증할 수 없고 검증이 안 되면 진실을 알 수 없기 때문이다. 나아가 서구 자본주의 국가들과의 성과 비교를 통해 국민으로부터 체제의 우월성을 인정 받아 국민정당으로 거듭 나고자 한다. 중국연구는 정치경제학적 시각을 바탕으로 중국의 체제구축실험에 참가했던 외자기업의 성공과 실패 사례들을 샘플로 다양한 연구 주제를 입체적으로 분석하고 체계화시켜 나가야 한다. 무엇보다 중국인으로부터 국가발전과 민족중흥 임무를 위탁 받은 중국 공산당에 대한 깊은 이해가 필수적이며 한국기업은 이를 바탕으로 중국식 경영전략을 수립하고 제2라운드의 진검 승부를 준비하는 것이다.

이 책은 중국이 과거의 성세를 회복하고 있는 반면에 도약 혹은 추락의 기로에 서 있는 한국인과 기업인 그리고 정부의 중국관을 비판하고 아울러 각자의 입장에서 새로운 버전의 대중 전략을 설계할 것을 주문하고 있다. 한국은 현재 진화 중인 중국을 어떻게 이해하고 다룰 것인가 여부에 따라 중국의 발전이 축복이 될 수도 있고 아니면 재앙이 될 수도 있기 때문이다. 책 속의 '중국식 경영' 내용에는 기업뿐만 아니라 정부와 일반인의 중국식 경영 방식도 일부 다루고 있다. 기업은 비즈니스를, 정부는 외교전략을, 일반인은 개별 중국인에 대한 이해 측면에서 각자 중국을 다루는 방법을 제시한 것이다. 특히 기업의 중국식 경영은 과거 미국과 일본서 학습한 지식과 한국문화의 유교전통 그리고 한국인의 지혜를 결합하여 중국시장에 대한 개척과 확장 그리고 방어를 동시에 수행할 수 있는 전략을 세워 보자는 것이다.

이 책은 한중 수교 25년을 지나고 중국의 개혁개방 40년을 맞이하는 가운데 제2라운드를 준비하는 한국정부와 한국대기업 그리고 개인 투자자를 위한 가이드 북이다. 집필 과정에서 세상에 나도는 내용과 주변 중국 식자층의 생각이 많이 달라 상황에 대한 비교분석과 이에 따른 논리전개에 어려움을 겪었다. 하지만 매번 날것의 소리와 생각을 들려줘 적지 않은 분량의 완성 원고가 폐기되었음에도 필자의 사고를 확장하고 생각의 깊이를 더해준 중국친구와 동료교수 그리고 학생들이 고마울 뿐이다. 필자를 묵묵히 지지하고 아껴주는 이들에게 지면을 빌어 감사 드린다.

2018년 1월 북경에서

1장 운명적 경로

운명적 경로

한중 양국은 1992년 수교 이후 경제협력을 중심으로 급격히 가까워졌다. 중국은 글로벌 투자와 기술의 자양분을 흡수하며 급성장했고 한국 또한 중국시장의 혜택을 입었다. 수교 25년을 지나면서 한국경제의 중국의존도는 커졌고 북한경제는 아예 중국에 의지해 연명해 왔다. 특히 사드 사태는 양국의 민간 교류가 일시에 정치외교적 갈등의 희생양이 되며 아직까지 상호 신뢰가 뿌리 내리지 못했음을 증명했고 동시에 한국기업들에게는 큰 상념과 과제를 던져주었다. 그렇다면 한국정부가 정치외교적 돌발사태에 속수무책이고 한국기업의 중국 비즈니스에 대한 리스크가 커지고 개인사업자가 중국에서 패가망신(敗家亡身)하는 사례가 다발하는 이유는 무엇일까. 이는 중국에 대한 한국인의 몰이해와 무대책에 기인된 바가

클 것이다. 중국의 본질적인 체제와 공산당의 사고구조에 대한 이해와 학습 없이 떠오르는 시장만 보고 대책도 없이 뛰어든 결과다. 중국은 한국이 대 중국 연구와 전략을 마련하기도 전에 이미 국제무대의 주인공으로 부상하여 한국의 외교안보와 경제 그리고 통일 등 모든 분야와 연결되고 있다. 이제 한국은 대 중국 전략이 대한민국의 국가발전전략과 직결되는 상황 속에서 지난 25년 간의 학습효과를 반면교사로 삼아 앞으로의 25년을 준비해야 한다. 한국이 하기에 따라 한국경제를 대국경제권에 편입시키려는 중국의 의도를 역이용하고 중국시장을 파고 들어 경제영토를 넓힐 수도 있을 것이다. 이와 같은 혁신적 사고가 발아되고 실천전략을 마련하기 위해서는 작금의 '중국굴기(中國堀起)'를 이해하기 위한 '4가지 대 전제'를 먼저 인식해야 한다. 이는 중국진출에 있어 가장 중요한 거시적 판단의 근거이자 동시에 중국시장에 감추어진 치명적인 유혹의 덫(trap)이기도 하다.

하나: 운명적 경로

중국의 근·현대사를 간략히 요약하면, 청조(淸朝)의 강희제(康熙帝)와 건륭제(乾隆帝) 시대의 성세(盛世)를 정점으로 봉건사회가 점차 몰락하는 시점에 이미 서구는 17세기 이후 자산 및 산업혁명을 거쳐 본격적인 대외확장에 나섰다. 발전이 정체된 청조와 서구 열강들과의 경제사회발전 격차가 날로 커지면서 결국 청조는 1840

년 영국과의 아편전쟁을 시작으로 열강들에게 국부가 유실되고 국민 생활은 도탄에 빠졌다. 아편무역이 급증하고 밀수와 탈세는 일상적이었으며 노동자는 헐값에 팔려나갔고 원자재는 약탈당하면서도 전쟁에서 패한 청조가 할 수 있는 일은 서구 열강의 강압적 조약에 서명하는 것 밖에 없었다. 전례 없는 민족위기와 사회모순의 혼돈 속에 신해혁명(辛亥革命)이 발발하고 청조가 수명을 다하면서 수 천년 동안 이어져온 봉건군주제는 막을 내렸다. 중국지식인은 자기성찰과 함께 서구를 배우려는 열망도 거셌으나 극심한 사회 혼란과 서구 열강의 침략으로 인해 민족이 나아가야 할 방향을 잡지 못하고 있었다.

이 와중에 러시아의 10월 혁명(볼셰비키 혁명)이 발발하고 마르크스주의는 중국의 농민·노동자 운동과 연결되며 '중국공산당'을 탄생시켰다. 공산당은 일본의 침략에 맞서기 위해 국공(國共) 합작으로 항일(抗日) 전쟁에서 승리한 후 또 다시 내전을 통해 국민당을 대만으로 몰아내며 최후의 승자가 된다. 중국대륙에 사회주의를 표방하는 '중화인민공화국(中華人民共和國)'이 들어선 것이다. 신 중국 또한 '문화대혁명'과 같은 굴곡의 시대를 겪었으나 결국 '개혁개방'이라는 생존 전략을 찾았고 이를 '중국 특색의 사회주의 시장경제체제'로 체계화하여 자신의 몸에 맞는 발전전략을 추구했다. 중국 공산당은 '공익의 당'을 표방하며 개혁개방과 자기혁신으로 국가발전과 민족중흥을 도모하고 중국인은 자신들이 선택한 집권세력을 인정하고 따르며 대열에 동참하고 있다.[1] 예전의 성세를 회복하는 21세기 버전의 운명적 경로를 밟아 나가기 시작한 것이다.

1820년 당시 세계 5대 경제대국의 GDP 순위는 중국-인도-프랑스-영국-러시아 순이었다. 중국은 세계 GDP의 약 29%, 전세계 인구의 약 36%를 차지하고 있었고 인도는 각각 16%, 20% 였다.[2] 현재 신형경제 5개국 클럽인 '브릭스(BRICS)' 국가 중에 중국과 인도 그리고 러시아 등 3개국이 들어있었다. 국토가 넓고 자원이 풍부한 이들 국가는 일시적 부침을 겪더라도 예나 지금이나 그리고 미래에도 여전히 강대국을 유지하며 세계경제를 이끌어 가는 것이다. 특히 중국이 단연 앞서서 굴기하고 있다. 이와 같은 시대적 변화 속에서 한국은 현재의 중국발전을 역사의 한 흐름으로 인식하고 과거 중국 굴기의 순환 메커니즘과 그 향방을 연구할 필요가 있다. 중국은 인도제국 이후 2000년 전부터 아편전쟁(1840) 발발 전까지 세계 제1의 경제대국이었다. 문헌에 의하면 당(唐)나라 때 중국의 GDP는 전세계의 약 60%를 차지한 것으로 추정되고 청조인 19세기 초에는 29%까지 떨어졌지만 여전히 세계 최대 경제대국을 유지했다. 이후 그 지위가 잠시 영국으로 넘어갔다가 미국이 150여 년 전에 영국으로부터 넘버원을 물려받아 지금까지 초강대국으로 군림하고 있다.

　　중국은 개혁개방을 시작으로 선진국을 추격하기 시작했다. 현재 중국은 운명적으로 과거의 성세기에 진입하고 있으며 이는 현대 중국을 이해하고 그들의 미래를 예측하는 사고의 확장이 필요함을 말해준다. 청조 말, 중화중심주의 왕조의 '자만심'이 서구 열강의 침탈에 의해 치욕적인 '자괴감'을 겪었고 지금은 개혁개방을 통해 '자신감'을 축적하며 민족의 '자존심'을 회복하려는 과정을 밟고 있다. 집권 세력이 누구였던 선택한 체제가 무엇이던 중국은 역사의 순환과 흐름에 따라 막강한 잠재력을 바탕으로 그 발전의 궤적을 그려 나가고 있을 뿐이다. 애초 공산당이 아닌 국민당이 정권을 잡았더라도 중국은 역사적 흐름에 따라 발전했을 것이나 중국인은 공산당을 선택했다. 중국인은 물질적·정신적 발전 단계에서 자신에게 가장 적합한 정치체제를 택하였고 이는 중국인이 만들어낸 최고의 시대 상품이 되었다.

어떤 시점의 국가체제는 그 민족 스스로 선택한 결과이므로 타인의 존중을 받아 마땅하다. 비록 아직까지 국민 개개인의 부(富)와 소양이 떨어지고 내재된 문제점도 한 둘이 아니지만 그들은 스스로 택한 체제 하에서 뛰어난 지도자를 배출하며 빠르게 성장하고 있다. 이는 결국 실용주의 중국인의 지혜에 따른 결과다. 북경대학 국제관계학원의 예쯔청(葉自成) 교수는 "중국은 과거 열강으로부터 받았던 굴욕의 어두운 그림자와 피해의식에서 벗어나 서방이 주도하는 국제사회의 변두리에서 가졌던 고독과 분노에서 탈피해 대국의 자신감과 마인드를 회복해야 한다"며 책임지는 대국의 역할을 주문하고 있다. 또한 "중국은 서방 대국과의 교류 시 어떤 문제가 발생하기만 하면 청조 말 서구 8개국 열강으로부터 받은 모욕을 연상하고 이 같은 시각으로 현실을 해독하는데 익숙해져 있다"며 과거의 트라우마에서 빨리 벗어나야 한다고 강조한다.[3] 짧은 역사를 가진 현존 최강의 미국이 앞으로 100년 간 더 초강대국 지위를 유지하는 것과 지난 수 천년 동안 초강대국이었던 중국이 그 지위를 회복하기 위해 향후 100년 더 발전하는 것 중 어느 쪽의 가능성이 더 클 것인가는 예단하기 어렵다.

영국의 노벨 문학상 수상자인 '엘리엇(Eliot)'은 세계역사의 시계추는 100년을 주기로 서양과 동양을 오간다고 예언했었다. 중국이 미국을 대체할 수 있다는 것은 가정에 불과할지라도 중국이 국내외 불안 요인을 잘 통제할 수만 있다면 향후 오랜 시간 동안 발전을 지속하며 과거 영광을 회복할 가능성은 크다. 중국의 사상가이자 대문호인 루쉰(魯迅)이 봉건사회의 마지막 위대한 상인으로 다시는 나오기 어려운 인물이라고 칭송했던 청조 말의 입지적 거상 호설암(胡雪岩)은 "모든 사업은 시국의 변화에 영향을 받는다. 태평성대에 살다 보면 임기응변의 재능이 묻혀 수목처럼 살다가 썩어 갈 수도 있다. 내 사업이 비교적 순조로울 수 있었던 것도 기회와 시국을 적절하게 잘 결합할 수 있었기 때문이다. 사업을 하려면 세상의 큰 흐름을 알아야 한다. 세상의 흐름을 모르면 뒤처지게 되고 나중에 따라 잡으려면 아무리 애써 봐도 소용없다. 시기를 기다리는 것은 흐름을 타는 것만 못한 법이다"라고 하였다.[4]

어리석은 자는 세상이 바뀌어도 인지하지 못하고 지혜로운 자는 징조만으로도 알아 차린다. 역사의 순환과 흐름의 이치를 알고 냉철한 판단으로 미래를 예측하는 통찰력을 가져야만 하는 것이다. 이와 같은 인식에 동의한다면 '역사의 흐름에 올라 탈 것인가 말 것인가', 그리고 '어떻게 올라 탈 것인가'라는 문제는 대 중국 전략을 세우는 사고의 출발점이 된다.[5]

둘: 중국 공산당의 사명

중국은 과거 수 천년 동안 권력을 차지한 왕조와 이를 추종한 극소수 엘리트에 의해 나라가 운영되어 왔고 지금은 공산당이 그 바통을 이어받아 임무를 수행하고 있다. 독재권력을 통해 국부를 창출하고 새로운 체제의 발전을 위한 기초를 다지는 일은 공산당의 역사적 책무다. 현재 공산당은 체제발전 모델의 실험을 통해 중화민족이 나아가야 할 방향을 찾고 있다. 중국의 왕정이 무너지고 공화정이 들어서는 계기를 창출한 신해혁명 100년이 지나고 중국 공산당 창당 100주년을 목전에 두고 있지만 계속해서 가야 할 길을 탐색 중이다. 문헌 자료에 따르면 중국 역사에서는 모두 83개의 정권이 명멸했다. 이 가운데 한 갑자(甲子: 60년)를 넘긴 왕조는 14개로 16.9%의 생존율을 보였다. 60년을 넘긴 14개 왕조 중에서도 서한(西漢), 당(唐), 요(遼), 명(明), 청(淸) 5개 왕조만이 200년을 넘겼다.[6] 중국 공산당은 현대국가 체제로는 처음으로 건국 100년을 향해 나아가고 있는데 현재 중국인의 지지와 공산당의 집정 능력을 볼 때 1차 100년 목표 달성은 무난해 보인다.

예로부터 중국인은 당대의 정치 헤게모니(hegemony)를 장악한 절대권력 집단체제 하에서 마음의 안정감을 느끼는 사람들이다. 역사적 체험을 바탕으로 당분간은 혼란과 희생이 없을 것이란 것을 알기 때문이다. 중국 국민을 양떼에 비유한다면 관료는 목동으로 목장주인 공산당의 통치 이념을 받들어 양떼를 몰고 있다. 동시에 공산당은 양떼가 목동의 행위를 통해 목장주의 통치 적합성을 검정하고 있다는 것도 잘 알고 있다. 태생적으로 천명을 쉽게 받아들여 잘 참고 견디는 양떼들은 수 천년 동안 끊임없이 희생되어 왔지만 마르지 않는 샘물처럼 도처에 존재하며 부적격 목장주를 바꿔온 잠재적 혁명 세력이기도 하다. 양떼와 같은 농민의 지지를 업고 정권을 창출하여 국민을 두려워할 줄 아는 중국 공산당은 다행히 당 내부 안정과 개혁개방을 통해 국가의 부를 창출했고 국민의 전폭적인 지지를 받으며 계급정당에서 민족정당으로 변신하고 있다. 중국 공산당은 국론의 분열을 막고 통일 사상으로 국가발전을 이루었으며 과업 수행의 연속성을 유지하기 위해 조직체제를 개혁하고 미래 제도를 설계하고 있다.

민족중흥을 이끌만한 자질이 부족하고 당 내부의 이익집단을 통제하지 못하는 차세대 지도자에게 권력은 부여되지 않을 것이며 심지어 중간에 교체될 수도 있다. 특히 구 소련의 해체 과정을 지켜보며 큰 충격을 받았던 중국 공산당은 '중국의 고르바초프(Gorbachev)' 출현을 절대 용납하지 않을 것이다. 현 발전 단계에서 서방의 민주주의(民主主義) 제도를 함부로 흉내 내다간 정권 붕괴는 물론 국가를 파탄 낼 수도 있음을 깨달은 것이다. 지금으로서는 중국사회의 현실적 문제를 해결하는데 도움이 될 수 있는지 여부가 '중국식 민주'를 실험하고 실천해 보는 유일한 판단 기준이다. 공산당은 정치 사회의 불안정이 조성되는 환경을 철저하게 차단하기 위해 향후 오랜 시간 동안 국정의 모든 것을 총괄하는 체제를 견지할 것이다. 정치적 민주화는 서방국가의 다당제와 권력분립 형태가 아닌 일당 독재하의 내부민주화에 치중할 것이며 공산당의 내부투쟁과 부패로 인해 무너지거나 혹은 중국인이 더 이상 원치 않을 때까지 공산당의 일당독재체제는 변치 않을 것이다.

중국의 일당독재체제는 수렴된 정책을 바로 추진할 수 있어 국가와 사회자원을 낭비할 필요가 없다. 문제가 발생하면 정당 및 여론 정치체제인 서구와 달리 공산당이 즉각 구조조정에 들어가 바로잡으면 된다. 중국인은 결과만 판단할 뿐 현재의 논쟁에 가치를 부여하지 않는다. 현 시점에서 중국의 정치체제는 강력한 경쟁력을 갖고 있는 것이다. 공산당은 이념과 노선을 견지하며 스스로 사망하지 않도록 부패를 척결하고 내부조직의 피를 정화하며 집권의 정당성을 유지하려 한다. 또한 엘리트를 부단히 발굴하고 끊임없는 검증을 통해 배치하여 통치조직의 수준을 끌어올리려 노력 중이다. 권력에만 의지하는 무지한 조직은 결국 권력을 잃는다는 것을 잘 아는 것이다.

공산당은 개혁개방의 실적을 바탕으로 대 국민 선전공작에도 적극적으로 나서고 있다. 대홍수와 대지진 등과 같은 자연재해 복구는 물론 홍콩 및 마카오 합병에 이은 대만과의 통일 목표 제시 그리고 글로벌 대국외교 등에 관한 정치적 선전구호를 통해 국민의 대동단결과 민족의 자긍심을 고취하고 있다. 달 탐사선 발사 등 첨단기술 돌파와 북경하계올림픽 개최 그리고 중국과 정치외교적으로 마찰을 빚고 있는 국가의 상품에 대한 민간의 불매 행위 등을 민족주의 의식을 고양하거나 혹은 내부불만을 외부로 표출시키는 이벤트로 활용하기도 한다. 공산당의 국정운영 능력이 경제발전에 따른 국민의 지지에 힘입어 날로 진화되고 있는 것이다. 과거 '국가 영웅'만들기로 애국주의를 부추기고 공산당의 업적을 선전하던 중국정부가 최근에는 노동자와 농민 그리고 사회봉사자 등과 같은 평범한 일반인도 영웅으로 만들며 국민들 마음 속에 녹아드러 한다. 공산당의 리더십과 통치 능력이 상당한 경쟁력을 보유하고 있는 중이다.

최근에는 공산당의 집정시스템에 대한 IT 기술의 활용도 높아지고 있다. 2008년에 '국가 방화벽'이라는 인터넷 정보 필터링 시스템을 구축하여 대 국민 감시·통제 기능을 강화하였다. 매체보도 자료나 콘텐츠에 대한 조치를 취하기 전에 네티즌의 반응을 살피며 명분을 축적하고 사회현상을 감시하는 보완적 수단으로 활용하고 있다. 온라인을 통한 네티즌의 의사분출 욕구를 개방하여 집정의 힘을 절약하는 것이다. 물질적 풍요와 함께 국사(國事)에 대한 공동책임을 강조하는 방식으로 공산당의 치적을 홍보하고 이에 따라 노정되는 사회문제에 대한 부담을 경감시키고 있다. 이와 같은 의도가 수용되는 배경은 결국 눈부신 경제발전 성과다. 이는 국민의식 변화에 따른 새로운 욕구도 사회가 함께 인식하며 합의점을 찾도록 만드는 밑거름이 되고 있다.

주룽지(朱鎔基) 전 총리는 "체제 및 사회안정을 위해 시작한 발전을 멈추어서는 안 된다"며 모든 문제는 지속발전을 통해 해결해야 함을 강조하였다. 공산당의 당면 목표는 경제성장이며 발전 목표를 달성한 후 국민이 원하는 것은 또 무엇인지는 그때 가서 보자는 것이다. 사회 소외계층의 불만과 문제들을 공산당만이 아닌 사회전체가 함께 해결하는 시스템을 조성하고 있으며 아울러 중국시장에 진출한 외자기업도 이에 동참하기를 종용하고 있다. 공산당은 자기정화와 경제발전을 바탕으로 지속집권에 대한 국민의 지지를 확인하며 민족중흥의 역사적 책무를 수행하고 있다. 하지만 정치사회 안정에 부정적 영향을 줄 수 있는 국내외 세력으로부터 권위가 위협 받는다고 판단하면 통치 방식이 달라질 수도 있다. 미국은 비록 인도가 낙후성을 면치 못하는 사회민주주의 체제지만 그래도 법에 따라 통치되고 있는 국가인 반면에 중국은 공산당의 편의에 따라 권위가 위협받으면 언제던지 법을 위반할 수 있어 인도보다 더욱 불안정한 체제라고 주장한다.[7]

인도는 사회계급제도를 유지하고 전근대적 악습도 가지고 있으나 사회주의 국가인 중국과 달리 '힌두교'라는 국민종교가 있다. 국민의 종교적 수양이 급변하는 환경에 대한 조절 기능을 할 수 있고 사회적 충격을 흡수하는 사상적 탄성이 있어 느리지만 꾸준하게 발전해 나갈 수 있다. 하지만 중국은 개혁개방이 중단되어 내재된 사회적 문제가 한꺼번에 노정되면 급작스런 불길이 번질 수 있어 공산당은 한시도 긴장감을 풀 수가 없다. 통상 국민소득과 교육 수준이 높아지면 이전과는 다른 개인적·사회적 가치관을 생각하게 된다. 정치 민주와 사회적 공정·공평 그리고 개인의 사생활 및 환경보호 등을 중시하게 되는 것이다. 즉 실질소득의 증가에 따라 정신적 수요가 변하는 일종의 '소득효과 대체효과' 현상이 나타나는 것이다. 중국의 극빈층은 아직까지 빈부격차에 대한 개념과 실체를 잘 이해하지 못하고 있으며 자신들이 왜 가난하고 또한 어떤 불공정 대우를 받고 있는지 모른다. 하지만 공산당은 이들 역시 진실을 알게 될 것인바 발전의 흐름 속에서 문제를 해결해야 할 시간이 많지 않다는 것도 잘 알고 있다.

시진핑(習近平) 주석은 2016년 4월, '전국종교공작회의'에 이례적으로 참석하여, 공산당원은 군건한 마르크스주의 무신론자가 되어야 하며 절대로 종교를 통해 자신의 가치관과 신념을 추구해서는 안 된다고 경고하고 아울러 모든 종교는 '당의 영도'를 따라야 한다고 강조했다. 공산당의 책무가 막중한 가운데 할 일 많은 관료가 종교사상에 현혹되어 분란을 일으켜서는 안 된다고 지적한 것이다. 현 시점에서 중국은 복잡한 문제를 안고 갈 수 밖에 없으며 만약 사회가 너무 빨리 투명화·규범화되면 위험해질 수 있는 나라다. 향후 공산당은 국민의 사상 개방은 정치안정을 전제로 개혁의 필요성에 따라 적당히 석방하고 사회적 자본(social capital)도 사회발전 속도에 맞추어 인위적으로 구축해 나갈 것이다.[8] 무엇보다 급선무는 지속성장으로 국력을 제고하는 '강국(强國)'의 길과 분배 정의로 '민부(民富)'를 실현하는 길을 계속 가는 것이다. 이와 같은 공산당의 노선은 중앙 및 지방정부의 끊임없는 회의를 통해 이념의 견지와 행동의 통일을 요구하고 있다. 과거엔 불만 세력을 무력으로 진압했으나 오늘날엔 회의를 통한 '사상 통일'로 진압한다. 신화통신에 따르면 중국에서 한 해 동안 열리는 공식 회의만 약 60만 건에 이른다. 각 기관의 자체 내부회의 건수는 포함되지도 않았다. 크고 작은 공식 회의의 마지막엔 어김없이 다음과 같은 문장 구호로 갈무리된다. 즉 "새로운 역사의 기점에 서서 미래를 향한 임무는 막중하고 갈 길은 멀다. 우리는 시진핑 동지를 총서기로 한 당·중앙 주위에서 긴밀히 단결하고 중국특색 사회주의의 위대한 깃발을 높이 들고 마르크스·레닌주의와 마오쩌둥(毛澤東) 사상 그리고 덩샤오핑(鄧小平) 이론 및 '3개 대표' 중요사상의 지도이념을 건지하고 '과학발전관'을 심도 있게 관철하고 실시하여 전면적 샤오캉(小康) 사회 건설과 중화민족의 위대한 부흥을 위해 계속해서 노력하고 분투하자!'는 것이다. 물론 2017년 10월, 19차 당대회 때 당장(黨章)에 삽입된 '시진핑 사상'이 명기된 새 버전의 구호가 향후 중국을 뒤덮을 것임은 명약관화 하다.

상기한 '3개 대표'와 '과학발전관'은 각각 장쩌민(江澤民)과 후진타오(胡錦濤) 전 주석의 지도사상이다. 특히 '3개 대표' 이념은 지식인과 상공인들에게도 정치적 지위를 배분하여 집권 엘리트 계층의 볼륨을 두텁게 하여 '천안문 사태'와 같은 정치적 위기를 예방하기 위함이다. 이는 이념적 안정은 물론 고급 인적자원을 활용하여 중국경제가 도약하는데 중요한 역할을 한 것으로 평가된다. 비록 이익집단의 기득권을 인정하며 시작된 개혁개방으로 권력투쟁과 빈부격차 등은 오래 전부터 예견된 것이나 이보다는 중국 공산당이 향후 이익집단 및 파벌을 어떻게 제어하며 사회모순을 해결해 나갈 것인가 혹은 그럴 의지와 능력은 있는가 여부에 주목해야 한다. 중국인은 개혁개방 초기에 개혁만 하면 무조건 좋다고 했으나 지난 40여 년의 발전을 거치며 똑똑해진 중국인은 사회이익구조의 분화와 함께 정부가 개혁을 잘 실천해도 비판하고 있다. 중국인은 공산당이 능력은 발휘하되 권력은 남용하지 말라고 요구하기 시작했다.

중국인민대학 국제관계학원 양광빈(楊光斌) 교수는 "통치주체가 인민이라는 구호는 의미 없다. 정부권력을 제한하여 시장과 기업의 경계와 자유를 확장하고 최종적으로 사회권리와 사회통치를 구축하여 국민을 보호해야 한다"며 권력의 제약을 강조하고 있다. 공산당의 세밀한 국정운영이 더욱 필요한 시대가 도래한 것이다. '시진핑의 중국'은 반부패 투쟁을 통해 도덕에 기초한 개혁의 명분과 용기를 축적하고 '국민의 이익'이라는 수단을 사용해 사회문제를 해결해 나가고자 할 것이다. 1949년 건국 이후 시대적 상황별로 '이념 - 현대화 - 전통'을 각각 내세우며 전개해온 공산당 국가책략의 네 번째 버전인 '중국의 꿈(中國夢)'을 제시하며 '중화민족부흥'이라는 꿈을 실현하는 주역이 되고자 한다. 특히 대만과의 통일은 국공(國共) 전쟁의 최종 승리를 의미하는 것으로 공산당의 정통성을 확립하고 '중국의 꿈'을 실현하는 구체적 목표 중의 하나다.

중국 공산당의 철학과 고뇌는 물론 국가정책에 대한 투시와 예견 그리고 이들과의 소통을 통한 내부파악은 대 중국 전략의 방향이 이탈되지 않도록 해 준다. 이들이 고민 끝에 출시하는 각종 정책은 공산당의 대 국민 약속이자 발전 방향의 나침반 역할을 하므로 이를 잘 분석하고 활용해야 한다. 이들과의 관계 설정을 통한 정보의 접근성과 정확성의 제고는 중국사업 추진을 위한 전략과 방향을 설정하는 가이드 라인을 만들어 사업의 경쟁력을 강화시켜 줄 것이다.

셋: 사회안정이 신앙인 나라

중국은 역사적으로 외부세력이 아닌 내부문제가 혼란과 전란을 야기하며 왕조가 교체되는 아픔을 자주 겪었다. 미래 중국의 운명 역시 그렇게 될 가능성이 크다. 중국의 보이지 않는 적은 항상 내부에 있었고 각 세력 간의 암투는 어김없이 정치사회 동요로 이어졌다. 중국이 지난 5천년 동안 태평성세를 이룬 시간은 약 500년 정도에 불과했다. 이와 같은 연유로 전란 속에 살아온 중국인이 태생적으로 갈망하는 것이 있으니 그것은 바로 '사회안정'이다. 중국 지식인과의 대화 중에 중국을 위한 가장 중요한 단어를 하나 꼽으라 하면 주저 없이 '안정'이라고 답한다. 사회안정은 그 무엇보다도 중요한 최상위 목표로 이를 지킬 수만 있다면 인적·물적 희생은 가치 있다고 생각한다. 과거 수 천년 동안 그래 왔듯이 정권을 잡은 세력 하에 공동의 목표를 정한 뒤 동일한 사고와 행동을 해 나가는 것이 안정에 최선이라고 믿고 있다. 국민 목소리의 다양성과 창의성 운운 하는 것은 현 중국의 현실과 정서와는 거리가 먼 이야기라는 것이다. 중국 공산당이 사회구조의 투명성과 민중의 창의성을 억제하는 가운데 향후 중국이 글로벌 리더국이 되려면 아직 멀었지만 실제 그들의 목표는 리더국이 되는 것이 아니고 안정을 통한 중화민족역사의 연장이다.

이것만 유지될 수 있다면 지위와 존중은 자연히 따라올 것인바 결국 시간은 자기들 편이라 믿고 있다. 국가 지도자를 선택하는데 있어 서구의 직접선거 방식은 큰 혼란만 초래할 뿐이며 국민으로부터 집정 권한을 위임 받은 엘리트 집단 중에 선발하고 육성하는 것이 사회안정에 최선이라고 믿는다. 당분간 중국에서 국민의 민주화 운동을 통한 직접 민주주의가 들어서는 일은 없을 것이다. 중국인은 일찌감치 사회의 '○○운동'에 넌덜머리 난 사람들로 외국인은 이를 이해하지 못한다. 사실 중국인도 경제발전을 통해 부를 축적하고 사고가 확장되며 민주주의를 생각하지만 물 흐르듯 자연스럽게 민주가 실현되기를 바란다.[9] 언젠가는 변하겠지만 지금은 국가 우선주의가 최선이라고 생각하는 것이다. 삶에 불편함을 느끼는 기준을 잘 모르는 중국인은 불편함 자체가 몸에 배어 있고 사회생활의 불편함에도 익숙해 있어 정부가 실시하는 각종 규제, 캠페인, 통제, 금지 등을 순순히 받아들인다. 개혁개방의 성과에 개인생활의 여유로움이 더해져 정부정책을 적극 지지하고 있으며 오히려 이를 비판하는 자들을 질책하고 계도한다. 아직까지 중국에서는 개인 삶의 조건보다 국가사회의 안정이 우선인 것이다.

공산당은 물론 국민들까지 중국인은 분별력과 판단력이 미흡하여 '1인 1표' 선거제도는 국가안정을 위협할 수 있다고 여기고 있으며 또한 그렇게 할 이유를 만들어서도 안 된다는 판단을 하고 있다. 중국이 정치제도의 진화를 포기하는 것은 바로 사회안정이라는 목표 때문이다. 2008년 북경 하계올림픽 기간 중에 중국정부는 사회안정을 위해 26만개의 CCTV를 설치하여 속속들이 감시했다. 전 총칭(重慶) 시 서기였던 '보시라이(薄熙來)' 안건은 정치사회 안정에 대한 위협 요인을 제거함에 있어 그 어떤 예외도 있을 수 없음을 보여주는 전형적인 사례다. '보시라이'는 개인적인 욕구불만을 가진 채 당·중앙 정책에 대한 비판·음해 행동으로 지도부를 자극하다 결국 실각하게 된다. 동 안건은 이념노선 및 계파간의 투쟁 색채도 있었지만 공산당 지도부는 계파를 초월하여 국가 안정이라는 대원칙하에 갈등을 사전에 봉합하는 지혜를 발휘했다. 국가와 민족의 안정과 결속이라는 대승적 차원에서 사건을 갈무리 한 것이다.

중국 공산당은 지도부의 권위와 국정이념의 통일 그리고 체제 및 조직 안정을 수호하기 위해 튀는 언행을 자주하는 인사를 묵인하지 않는다. 전체의 안정을 위해 정치파벌의 보스는 현 지도부에 직접 자기 사람을 축출 하도록 권고해야만 하는 압력을 받는다. 현대 중국의 강호에 제갈량(諸葛亮) 같은 모사(謀士)는 수도 없이 많다. 하지만 재주는 많으나 조직의 안정을 해치고 민심을 거스르며 역사를 농단하려는 행위는 절대 용납되지 않는다. 기득권자는 부귀영화를 즐기되 언행의 균형을 잘 잡고 살아야지 사회안정을 해치는 언행을 하다간 그것으로 끝이다. 중국은 예로부터 사회안정을 위한 정치 거버넌스(governance)에 확고한 원칙이 있는 국가다. 공산당은 '경제적 기초 없는 정치 이데올로기는 없다'는 '칼 마르크스(Karl Marx)' 이론의 신봉과 함께 사회안정을 위한 경제발전에 집정의 당위성을 부여하고 있다. 많은 인구와 넓은 국토를 가진 중국이 지역과 계층 그리고 민족 간의 수 많은 다양성을 아우르며 사회안정을 도모하고 국가를 발전시켜 나가는 것은 쉬운 일이 아니다.

결국 14억 인구를 어떻게 먹여 살려 정치사회 안정을 유지하느냐가 관건이다. 중국은 지속성장을 통해 매년 1000만 개 이상의 일자리를 창출해야만 되는 사회구조다. '안정'과 '발전'은 중국 공산당의 상반되는 두 가지 목표이자 난제다. 국가 살림을 책임지는 전직 국무원 총리들이 내외신 기자회견을 하면서 가끔씩 한숨을 내쉬는 경우가 있는데 이는 "당신들은 정말 잘 모르니 도대체 어디서부터 설명해야 될 지 모르겠다"는 의미다. 중국사회가 문제투성이라는 것도 잘 알고 있으나 인권보다는 배고픔을 해결하는 것이 우선이라며 중국은 시간이 필요하다고 읍소하기도 한다. 중국정부는 1976년에 27만 명이 목숨을 잃은 탕산(唐山) 대지진부터 1998년의 양쯔강(揚子江) 대홍수 그리고 2003년 사스(SARS) 창궐과 2008년 쓰촨(四川) 대지진 등 주기적으로 발생하는 대형 자연재해와 맞서 싸워야 한다. 그리고 국민들은 집 값이 떨어지던 주식으로 돈을 잃던 아니면 회사에서 해고되던 모두 정부(공산당)를 원망하며 책임을 따진다. 내부 문제는 너무 많고 사회의 안정과 평화는 절실하다. 그러므로 정부가 부자면 부패할 가능성이 크지만 일단 공산당은 돈을 많이 갖고 있어야만 한다. 중앙정부는 정치사회 안정을 위해 투자, 생산, 소비, 고용, 성장 등 모든 경제지표를 통제해야 하며 때로는 국민의 심리안정을 위해 공산당 지도부가 직접 전면에 나서기도 한다. 지도부가 가끔 재해를 당한 지역의 주민들과 함께 하기도 하는데 이는 보여주는 통치 수단일수도 있지만 언행에서 그 진심이 묻어난다.

특히 농민에게 큰 빚을 지고 있다고 생각하는 공산당에게 농촌의 안정은 참으로 중요하다. 농민의 지지로 정권을 창출했음에도 이념적으로는 이미 오래 전에 노동자·농민을 배반했기에 할 말이 없다. 여기에 여전히 농업대국인 중국에서 식량안보는 사회안정의 마지노선이기도 하다. 중국의 농민은 중국의 역사를 만들어온 주역임에도 불구하고 항상 하부 계급에 속했다. 개혁개방 이후 동부연안 지역 및 도시에 거의 공짜나 다름없는 기초 농산물을 공급하며 물가 안정에 기여하고 산업발전의 토대가 마련된 배경에는 농민들의 희생이 있었다. 도시의 복지 혜택은 농민의 도시 이전을 막는 호구제도를 통해 보호되었고 휘황찬란하게 지어진 건물과 안정된 도시물가도 농민공의 임금과 농작물에 대한 불공정 가격을 감수한 농민의 희생에 의해 건설되고 유지되었다.

지난 개혁개방 40년 동안 도·농간의 빈부격차는 날로 커져 도시의 부자들은 돈 쓸 곳이 부족하고 이들을 위해 희생한 농촌의 가난한 자들은 쓸 돈이 없는 지경에 이르렀다. 일부 지방정부의 개발토지 수용과 낮은 보상금은 농민의 생존 수단을 위협하기도 한다. 농민은 토지가 복지인데 생산재와 일자리가 없다는 것은 사회안정의 최대 잠재 위협이 될 수 있다. 여기에 도시로 진출한 농민공의 저소득 혹은 실업상태의 지속은 고향 농가의 소득감소로 이어져 사회불안계층을 형성하게 된다. 현재 농민공은 도시계층으로부터 경제적 유인 대상은 되나 사회적으로는 배척 받고 있는 신분에 처해 있다. 그들의 공헌과 희생에 비해 보상은 너무 적고 최소한의 존중조차 받지 못하고 있는 실정이다.

호구제도로 인해 오래 동안 '이중 국민 대우'를 받아왔던 중국 농민의 '아무 생각 없는 희생'과 '사심 없는 공헌'이 계속 이어지지는 않을 것이다. 최근 들어 주목할 만한 사실이 나타나고 있다. 가장 방대한 계층을 형성하고 있는 중국농민이 농촌의 기층간부에 대한 직접선거를 통해 마음에 들지 않는 간부를 끌어내리며 민주의식까지 배우고 있는 것이다. 역사적으로 농민의 봉기는 주기적이었고 그 동기 또한 생존 자체라 당대 정권의 통치 적합성과 건강함을 재는 바로미터 역할을 했다. 그래서 시기의 혁명세력은 항상 '농심(農心)은 천심(天心)'이라는 대의명분을 활용했다. 농촌의 안정을 위해서는 호구제도의 전면적 개혁과 함께 농민의 사회복지 혜택을 도시민과 같은 수준으로 끌어 올리는 '농촌의 도시화'가 최선의 정책일 것이다.

농민의 저소득도 문제지만 근본적인 문제는 농민이 너무 많다는 것이므로 농민을 도시민으로 만들어 버리면 문제가 해결될 수 있을 것이다. 공산당 지도부는 3농(농촌·농민·농업)의 안정과 발전은 중국의 지속발전과 사회안정에 극히 중요하다는 것을 잘 알고 있다. 2008년 '중국 공산당 중앙위원회 제3차 전체 회의'에서 통과된 '농촌토지개혁' 조치는 농촌토지에 시장기능을 도입하여 농민이 계약한 토지를 임대하거나 사용권을 이전할 수 있도록 했다. 토지경영권을 법적으로 보장하고 지방정부의 자의적 침탈을 봉쇄하여 농민의 실질소득증가를 도모한 것이다. 하지만 농민의 토지 및 주택에 대한 담보 설정은 금지하여 농민 복지의 마지막 보루는 유지했다. 잘못하면 공산주의의 이념적 유산과 공산당의 견고한 지지세력을 한꺼번에 잃어버릴 수도 있기 때문이다.

한편 경제발전에 따른 자원부족과 농촌지역의 환경오염 문제도 사회안정을 해칠 수 있는 또 다른 변수로 급부상 하고 있다. 중국은 지속발전과 함께 외세간섭 없는 능동적 체제유지를 위해 자원확보가 절실하다. 안정적 자원을 확보하지 못하면 글로벌 무대에서 피동적 입장이 될 수 밖에 없고 진정한 강대국도 될 수 없다는 인식하에 자원외교와 해외자원개발에 총력을 기울이고 있다. 자원부족에 따른 산업생산의 위축은 실업증가로 이어지고 물 부족과 환경오염은 정치적 부담을 가중시킬 수 있다. 이에 중국정부는 녹색성장 전략과 신 에너지 개발계획 수립 그리고 청정 에너지산업 육성 등을 국정과제로 삼고 에너지 절감과 환경오염 예방 실적을 지방정부 고위간부의 실적심사와 인사고가에 적용하고 있다. 이와 같은 각종 정책과 조치는 모두 사회안정에 방점이 찍혀있다.

안정은 그들의 신앙이다. 중국 전역에서 매년 수 십만 건의 집단 시위가 발생하고 있지만 간헐적으로 나타나는 신장 및 티벳 지역의 분리 독립 목소리를 제외하고 나머지는 거의 대부분 생계형 불만표출 시위다. 특히 소수민족 자치가 실행되고 있는 자치구역은 약 2만 2000킬로미터에 달해 중국의 육지 국경선의 90%를 차지하고 있다. 조선족과 몽골족 등 34개 소수민족이 이웃 국가와 국경을 맞댄 변계(邊界) 지역에서 살고 있다. 중국이 국가통합과 안보차원에서 소수민족을 중시하지 않을 수 없는 이유다. 여기에 석유와 광물 그리고 산림자원 등 주요 자연자원 대부분이 소수민족 자치구에 있다.[10] 소수민족 사회의 안정과 화합은 중국의 명운을 쥐고 있다고 해도 과언이 아니다. 현재까지는 중국 공산당이 통제를 잘 하고 있고 국민의 지지도 높아 이데올로기 혹은 정치적 갈등이 발생하더라도 사회안정을 원하는 도시민과 농민 모두 반대할 것이다.

중국은 현 체제 하에서 현재의 인구와 국토를 먹여 살리고 보위하는데도 힘에 부친다. 최근 중국의 일부 학자는 14억 인구 부양에 대한 압력을 완화하기 위해 종교가 비록 아편이라 했지만 개혁개방 이후 중국인의 가치관 성숙과 심리적 안정 그리고 공산당의 안정적 집권을 위해서라도 종교의 자유 확대가 필요하다는 주장을 하기도 한다. 중국에서 정치 투쟁과 사회 불안정이 재현된다면 당분간 중국에서 현대문명국가는 보기 어려울 수도 있다. 만약 현재 진행 중인 중국식 자본주의 시장경제의 실험과 발전의 부작용으로 인해 정부의 통제력이 약화되어 부패가 만연되고 대외관계가 불안정해지는 가운데 내부의 혁명기운까지 발아(發芽)될 기미가 보이면 공산당은 역사의 경험에 따라 언제던지 과거로 회기 할 수 있다. 체제와 이데올로기의 실험과 선택은 안정이라는 대 명제 안에서만 가능한 얘기다. 안정이 바로 역사의 연속을 의미하는 것이기 때문이다.

중국은 내부안정의 위험을 감수하는 발전은 계속하지 않을 것이므로 빠르게 미국과 같은 선진 자본주의 국가를 이룩할 가능성은 크지 않다. 중국의 GDP가 미국을 추월한다 하더라도 당분간은 종합국력과 연성파워 측면에서 미국을 초월하기 어렵다는 것은 중국 지식계의 공통된 인식이다. 현재 중국 대외전략의 핵심은 당분간 국제사회의 '2인자 역할'을 잘 해 나가는 것이다. '2인자'로 국제사회에서 신뢰를 쌓고 공헌 함으로써 인류의 보편적 가치 수호에 이바지하고 한편으로 조용히 추종자를 흡수해 나가는 전략을 취할 것이다. '1인자'의 존재와 실력을 인정하고 '1인자'에 의해 국가전략이 방해 받지 않도록 인내심을 유지하는 것이다. 중국은 당분간 '안정과 발전'이라는 국가목표를 위해 국내외에서 목소리는 높이되 자신의 변화로 세계를 변화시킨다는 신념으로 '2인자 역할'을 수행해 나갈 것이다. 중국은 내부 안정을 다져 놓지 못한 상태에서 미국을 위시한 서방국가와 마찰하는 것을 원치 않고 다만 현재 국면을 잘 조율하며 견지해 나갈 생각이다. 중국인은 미국이라는 국가보다 자신들이 지구상에서 더 오래 존재하는 것을 기대할 것이다.

중국에서 발전은 안정을 위한 수단이다. 더 이상의 소유가 필요 없고 소유를 원치도 않는 위치까지 올라선 최고 지도자의 머리 속에도 항시 '안정'이란 생각으로 가득 차 있다. 시진핑 주석에게 권력이 더욱 집중되는 것이 중국인과 지방세력으로 하여금 '북경의 안정'을 인지하게끔 만들어 개혁 동력을 유지하는데 도움이 된다. 중국인은 가계소득이 정부소득에 비해 훨씬 적다는 것을 알지만 기회 조차 만들 수 없는 사회혼란보다 백 번 낫고 공산당은 스스로 넉넉하고 비대해야만 사회안정을 지킬 수 있다고 생각한다. 중국역사에서 사회불안과 동요는 집권 왕조가 백성에게 사회안정을 보장해 주지 못한 채 기득권의 부정부패가 백성이 감내하는 선을 넘을 때 시작된다. 이는 집권 왕조의 수명이 다 되었음을 의미하는 것이다. 사회안정에 대한 중국인의 염원은 공산당의 정치적 목적일 뿐만 아니라 대외정책의 근본이자 상대국에게 대한 기본 요청으로 이는 외자기업으로 하여금 대 중국 전략의 전술적 구상을 가능케 하는 핵심 요소다.

중국에 진출한 외자기업이 그들의 '안정과 발전'에 공헌한다는 것은 중국에서 '안정적 발전'을 도모하는 길을 가는 것과 같다. 빈곤지역을 돌보고 농촌실정에 맞는 제품을 만드는 외자기업은 신시장 개척과 함께 공산당의 감사와 지원도 기대할 수 있다. 또한 에너지 절감과 환경오염을 예방하는 비즈니스는 명분도 좋아 정부의 정책지원과 중국기업의 구애를 받을 수도 있을 것이다. 하지만 명심해야 할 것은 외자기업이 준법경영을 견지함과 동시에 사회분란을 일으키지 말아야 한다는 사실이다. 공산당이 모든 사회문제의 원천적 책임을 지고 있는 가운데 외자기업이 법을 위반하는 것은 공산당에 대한 도전으로 간주된다. 이는 외자기업이 품질 및 노무관리와 원만한 사회관계 조정에 유의해야 함을 일깨우고 있다.

넷: 만들어가는 중국식 자본주의

중국의 헌법 제1조는 '중화인민공화국은 노동자 계급이 이끌고 노동자·농민 연맹을 기초로 하는 인민민주독재의 사회주의 국가다. 사회주의 제도는 중화인민공화국의 근본제도로 어떤 조직 혹은 개인의 사회주의 제도 훼손도 금한다'라고 명시하고 있다. 현 중국은 사회주의 국가로 중국특색의 사회주의 시장경제체제를 표방하고 있다. 이는 중국경제를 이해하고 접근하는 사고의 기초가 된다. 중국경제는 중국식 국가자본주의 시스템을 바탕으로 정부가 주도하여 실험하며 만들어가는 시장경제체제다. 공유제를 근간으로 시장 메커니즘의 장점을 흡수해 국부(國富)와 민부(民國)를 동시에 이루겠다는 목표를 갖고 있는 체제다. 1992년에 덩샤오핑은 '남순강화(南巡講話)'에서 "중국경제가 가야 할 길은 사회주의 시장경제체제다. 계획경제와 시장경제는 사회주의와 자본주의의 상징이 아니다. 계획경제가 바로 사회주의라고 말할 수 없듯이 시장경제만이 자본주의라고 말 할 수 없다. 사회주의에도 시장이 있고 자본주의에도 계획이 있다"라고 강조했다. 국민경제에 대한 국가의 책임과 통제를 기본으로 시장의 자원배분 기능을 활용하여 계획경제의 한계를 극복하는 중국특색의 시장경제를 운영해 보자는 것이었다.

개혁개방 이후 중국특색의 체제는 강력한 힘을 발휘하며 경제의 급성장을 이끌었다. 하지만 동 체제가 시장경제의 장점이 체현되는 경제정책으로 수렴되어 자본주의 색채가 짙어지더라도 공산당 집권 하에 사회주의의 기본이념과 체제가 변하는 것은 아니다. 지금은 중국인이 자신의 몸에 맞는 체제의 옷을 입고 있으나 그들이 미래에 어떤 옷으로 갈아 입을지는 아무도 모르는 일이다. 중국인은 태생적으로 시장경제 DNA를 갖고 있는 민족이지만 자고이래 국가가 자본주의 시장경제체제를 운영했던 경험은 없다. 개혁개방 이후 국가경제에 대한 거시적 관리는 빠른 속도로 계획경제에서 시장경제체제로 전환되었다. 자본주의 시장경제 운영 경험이 전무했던 중국은 '공산당-국유기업-국유은행'의 트로이카 체제를 기반으로 '중국특색의 사회주의 시장경제체제'라는 발전 모델을 만들고 행정수단을 동원하여 시장을 인위적으로 만들기 시작했다. 내재적 모순을 안고 시작된 개혁개방 정책은 눈부신 경제발전으로 인해 '사회주의 시장경제'라는 기본 모순과 충돌도 피해갔다.

중국은 개혁개방 초기 몇 개의 경제특구를 먼저 개방하여 효과를 실험한 후 개방 지역을 점차 확대하였다. 정부주도 하에 시장화 개혁과 관련 법을 만들며 계획체제를 시장체제로 변모시켰고 지금까지 이 과정을 계속 실험하며 다듬고 있다. 1979년부터 이어온 개혁개방으로 시장경제체제를 갖추어 나가고 있으며 개방을 통해 또다른 개혁과제를 발굴하며 개혁을 촉진하고 있다. 중국특색의 사회주의 시장경제체제 완성을 위해 계속해서 개혁개방하고 각종 조치를 실험하는 것이다. 개혁을 설계하고 집행하는 주체인 공산당도 전문성이 부족해 지역별 발전 전략, 중국과 홍콩의 1국 2체제, 상해 자유무역시험구 설치, 중국과 홍콩거래소의 교차 주식매매, 시안(西安)의 위안화-원화 직거래 시장 개설 등 각종 정책을 사전에 연구하고 실험한 후 시행해 보고 있다.

이외에 개인과 법인의 기본 권리에 관한 입법이 절실해지면서 2015년부터 건국 후 처음으로 새로운 민법총칙 제정을 추진하는 법체계 실험에도 나섰다. 전체 민법(民法)은 2020년에 완성될 예정이다. 아직 중국에는 민법과 행정법 그리고 세법 등 많은 법률 부문에서 통일된 법전(法典)이 없는 상황이다. 중국법(中國法)은 독일과 일본처럼 성문법(成文法) 중심의 대륙법 체계를 채택하고 있어 법률의 확장과 개선은 지속적인 새 법률의 제정과 시행을 수반한다. 여기에 경제사회의 급성장과 함께 선진국의 법체계와 개념화를 모방하고 이식하며 수 많은 법률 조항이 만들어지고 있다. 언제 갑작스레 변할 지 몰라 해당 시점의 법률이 아무런 소용이 없다고 해도 과언이 아니다. 정책과 법률체계가 자기 몸에 맞는 옷인지 시간을 두고 거울에 비추어 보는 것이다. 1988년부터는 한국 시골의 이장에 해당하는 촌민(村民)위원회 대표를 주민의 직선제로 선출하는 정치민주주의 실험도 하고 있다. 어떤 분야던 실험 없이는 진실을 알 수 없다는 사고다.

공산당의 국가경영 방식은 정책의 '실험-검정-채택-보급' 순으로 집행하는 것이다. 하지만 개혁개방 이후 국가가 주도하는 일련의 정책 실험이 급변하는 국내외 정세 변화를 따라가지 못해 리스크도 커졌다. 덩샤오핑 사상은 실천에 옮겨졌지만 관료 및 지식인의 국가미래 설계능력의 한계로 인해 사상과 사회 통합을 이룰 수 있는 국가발전전략 수립은 갈수록 힘들어졌다. 이와 같은 상황 속에서 중국은 2001년 WTO에 정식 가입했고 중국정부는 '시장경제제도의 법제화가 시작되는 날'이라고 환호했다. WTO 가입을 통해 '중국의 세계'가 아닌 '세계 속의 중국'이 되었으나 국제규범에 자신의 제도를 맞추겠다는 약속을 함과 동시에 큰 숙제도 떠안았다. WTO는 다른 회원국과는 달리 중국에 대해서만 WTO 협정과 가입의정서 상의 의무사항을 제대로 지키고 있는지 여부를 감시하는 '과도기 검토 메커니즘(TRM: Transitional Review Mechanism)'을 도입하기도 했다.[11]

중국경제가 글로벌 경제시스템에 흡수되었음에도 예상대로 시장경제 운영경험이 일천한 중국정부의 글로벌 경제에 대한 이해와 분석 능력은 떨어졌다. 판단과 예측 능력이 부족한 중국의 수출기업은 해외 수입시장 및 환율의 변동에 속수무책이었다. 해 묵은 내부시스템이 고속성장과 함께 단 시일 내에 개방체제로 가려다 보니 국내외간 미스매치(mismatch) 현상이 급증하여 내부구조의 불안정이 조성되었다. 개혁은 가짜로 할 수 있지만 개방은 가짜로 할 수 없는 것이다. 매년 제·개정되는 경제사회 관련 법률이 수 만개에 이르고 기존 법률체계에 대한 대대적인 공사가 진행되었다. 중국정부가 각종 정책을 지역별·시기별로 끊임없이 실험하는 가운데 서구의 조사연구분석 기관들은 중국의 변화를 중계방송 하기에도 바빴고 심지어 중국이 자본주의 시스템을 잘 구축해 나가는 것처럼 착각하기도 했다.

현재 중국은 개혁개방 이후 많은 시행착오와 학습을 통해 자본주의 시장경제체제의 틀을 만들어 가고 있다. 하지만 중국의 중서부지역과 동북3성 등 일부 낙후 지역에는 아직까지 계획경제 시대의 사고를 지닌 관료들이 많고 자의적으로 해석되는 법률과 지역정부가 통제하는 시장운영 시스템이 남아있다. 중앙정부가 향후 개정될 것이 뻔한 법규를 양산하고 실험하려는 것을 잘 아는 지방정부가 법 집행 과정에서 정확한 심사 결과를 내기는 쉽지 않다. 심사하는 동안 규제조항이 달라지는 경우가 많아 담당 공무원조차 정확한 답변을 할 수 없어 결론은 미루어진다. 상담과 답변은 법령집을 근거해 얘기하고 있지만 실제 일 처리는 자의적 해석이 가능한 수 많은 '잠재규정'을 따르고 있다. 중앙의 정책과 지방의 집행이 괴리되는 경우가 많을 수 밖에 없다. 중앙에 정책이 있으면 지방엔 대책이 있다는 말은 여기서 나온 것이다.

예로부터 중국은 인치(人治) 사회의 전통을 이어와 백성과 관리의 법치(法治)에 대한 인식의 뿌리가 얕다. 덕(德)으로 통치하는 군주의 말이 곧 법(法)이었기 때문이다. 국가 법률은 정권을 잡은 세력이 계급을 통치하기 위한 도구였다. 이와 같은 정치적 유산은 현대국가인 중국이 앞으로도 온전한 법치(法治) 국가로 거듭나기가 쉽지 않음을 말해주고 있다. 아직도 중앙정부가 노동·생산·자금·가격 등 시장구성요소를 통제하고 있어 중국이 향후 제도적인 모순을 극복하고 서구와 같은 성숙된 시장시스템을 갖추기 위해서는 많은 시간이 소요될 것이다. 북경의 '천칙(天則) 경제연구소' 썽홍(盛洪) 교수는 "현 중국은 법제국가가 아니며 정부가 시장행위에 개입하는 일은 수시로 발생하고 있다. 다만 중국이 지금 발전하고 있다고 평가를 내리는 것은 이와 같은 시장침해 행위에 반항의 소리가 커지면서 그나마 헌정국가(憲政國家)의 틀이 조금씩 형성되고 있다는 점이다"라며 무법천지의 행정권력을 비판한다.[12]

거의 매년 일본의 경제산업성과 미국의 무역대표부(USTR) 보고서는 중국의 법률 체계에 존재하는 제도와 행정의 불일치, 중앙과 지방의 불일치, 공포(公布)와 시행의 불일치, 조항과 적용의 불일치를 지적하고 있다. 법률의 자의적인 해석과 행정권력에 의한 뿌리 깊은 부패고리가 향후 상당기간 계속될 것임을 시사하고 있다. 기업 입장에서도 출장 한번 갔다 오면 달라진다는 법규의 일관성 부족과 정책의 모호함으로 중장기 경영계획을 수립하기 어렵다. 또한 국무원의 각종 위원회 혹은 부처 명의로 발표되는 '잠정 규정', '방법', '통지', '의견' 등이 법규를 대신하고 있고 여기에 '필요한 경우'라는 애매한 단서까지 달고 있어 중국에 진출한 외자기업의 혼란과 리스크를 가중시키고 있다. 중국경제의 국제화가 심화되는 가운데 정부 부처에 산업정책기구를 신설하고 있으나 의사결정권은 많은 정책위원회와 기관에 분산되어 있어 독립적인 행정력을 수행할 수 없다. 심지어 정책기구의 수장이 공산당 파벌세력을 배후에 둔 국유기업 대표의 눈치와 의중을 살피는 형국이다. 불명확한 법령체계와 행정부서의 중복 권한과 간섭 그리고 파벌세력의 힘 겨루기로 정책기구의 독자적 의사 결정과 일관성 있는 정책 추진이 어려운 것이다.

정책 제정 과정에서도 중앙 및 지방정부와 정부 및 기업 간의 정보 소통에 대한 비대칭과 제한성이 존재하여 이미 제정된 정책 자체가 문제점을 내포한 채 시행되고 있다. 정책 집행 시에는 지방관료의 업적주의와 보신주의 그리고 전통시스템의 영향으로 국유부문은 확장과 과잉을 계속하고 민영부문은 불공정과 불공평에 시달린다. 아직도 지방정부는 지역의 자원 및 시장 보호를 위해 지역 내 투자기업에 대해 각종 세수우대 및 보조금을 임의로 설정하고 타지에 설립된 기업에 대해서는 지역시장 진입을 조건으로 별도법인 설립을 요구하는가 하면 지역사업에 대한 입찰을 제한해 외지기업과 외자기업의 상품 및 서비스를 배척하고 있다. 여기에 각종 행정 간섭을 통해 시장진입을 막고 일부 업종은 독점하는 '지방보호주의' 색채를 드러내고 있다.

개혁개방 이후 중앙정부가 지속적으로 시장의 자원배분 역할을 강조하며 생산요소 및 상품의 자유로운 유통을 통한 '전국통일시장' 구축과 공정하게 경쟁하는 시장질서 구축을 외치고 있지만 지방정부의 경쟁적 실적주의와 계획경제체제의 잔재가 쉽게 털어지지 않아 시장주체의 이익이 훼손되고 부패가 만연하고 있다. 이와 같은 상황은 지역별 및 계층별 그리고 지방보호주의로 분할되고 쪼

개지는 중국시장을 14억 단일 시장이라고 규정하기 어려운 근거가 된다. 3권 분립이 안된 체제에서 행정을 독점하는 국무원이 입법권도 행사하고 있어 행정입법이 남발되고 있다. 법률 제정에 대한 견제 기구가 없는 가운데 제도운영의 경험조차 미흡한 국무원이 경제 사회 변화를 따라가기에도 급급한 시행령을 양산하며 국민의 권익을 침해하고 시장 리스크를 가중시키고 있다. 그럼에도 시장경제 운영에 대한 실험을 통해 드러나는 각종 문제는 '전체 국면의 안정과 발전'이라는 대 명제 하에 불식되고 만다.

정부 보조금을 통한 산업분야의 원가 통제는 물론 갑작스런 정책 변화로 가격이 달라지고 보조금 적용 유형에 따라 암묵적 지원도 많아 기업들은 정책 정보의 흐름을 수시로 모니터링 해야 한다. 경제자원이 시장의 '보이지 않는 손'에 의해 분배되는 것이 아니라 정부의 통제 하에 정해지는 것이다. 1999년에 '증권법'이 발효되었으나 아직까지도 재무정보 조작과 시장조작 그리고 내부자 거래 등의 범법 행위가 수시로 발생하고 있다. 주식시장에 수 많은 투기꾼이 득실거리는 가운데 개인 투자자가 불법을 저지르는 상장기업을 법적으로 상대하는 것은 쉽지 않다. 중국인은 역사적 경험을 통해 인생이란 가변적이고 불확실하므로 어떤 일을 장기적으로 생각해서는 안 된다는 것을 터득한 사람들이다. 이러한 사고는 일시에 한 몫 챙기는 것을 꿈꾸는 단기 거래자를 양산할 수 밖에 없다.

중국인은 정치적 간섭이 끼어들고 서로 상반되는 신호가 존재하는 경제지형에 길들여져 있다. 그 무엇도 이들이 시장에서 주식투자를 하거나 시장의 조종을 받는 것을 막을 수 없다. 시장이 경제기초 상황과 무관하게 움직이고 투자자는 순전히 직감과 소문에 의존하여 주식을 산다. 중국의 주식시장이 카지노처럼 된 것은 시황분석이 이루어지지 않아서가 아니라 기업이 시장과 투자자의 영향을 받지 않고 책임감을 느끼지 않기 때문이다.[13] 중국의 주식시장은 마치 길거리에 있는 광고용 '풍선 사람'처럼 바람을 넣어주면 일어나 춤을 추다가 바람이 중단되면 바로 꺾여 버리는 것과 같다. 전형적인 정책시장이자 투기시장인 것이다. 자본주의식 주식시장을 발전시킬 의도가 별로 없음에도 서구제도를 도입하여 실험하다가 폐지하는 단기적 조치만 반복하는 가운데 대형국유기업은 정책 정보를 이용하여 자금을 빨아가고 일반 투자자는 정책의 실험대상이 되고 만다. 이와 같은 배경 하에 외국의 중국펀드 운영자도 중국체제에 대한 이해도가 낮고 '중국식 정보'를 볼 수도 읽을 수도 없으며 투자대상 기업에 대한 조사도 어려워 성공 확률이 낮다. 설사 중국의 자본시장이 전면 개방되더라도 외국인이 돈을 벌기 시작하면 중국정부는 각종 제한·규제 조치를 시행할 것이다.

중국의 관료는 현재 중국이 경제관련 법체계를 만들어가고 있는 체제 전환기 국가로 다소간의 혼선은 피할 수 없으며 아울러 자신들도 시장경제를 배우는 학생이라고 자평 한다. 학자들은 안정과 성장의 함수 관계를 놓고 경제의 바람직한 발전방향에 대해 혼란스러워 한다. 정치체제와 함께 경제지표 도출이 용이하지 않는 대륙경제의 특성은 정부통계를 신뢰하지 못하게 만든다. 학자들은 정부가 발표하는 데이터로는 경제상황을 정확히 알 수 없고 시장통계는 지방정부의 업적을 부풀리는데 이용된다고 비판한다. 이는 시장경제실험 중에 나타나는 병폐로 중앙정부가 주기적으로 조작 여부를 조사하고 있지만 지방정부의 실적 부풀리기는 여전하다. 미국 'CNN 머니'는 중국의 리커창(李克强) 총리가 "중국의 GDP 통계치는 인위적이며 참고용에 불과하다"고 언급했던 사실을 보도하기도 했다(2015.7.15). 같은 해 5월에는 국가통계국이 발표한 중국의 1분기 GDP가 각 지방정부 GDP 합계보다 많다는 사실이 드러나 국가통계국장이 교체되기도 했다. 2016년 말에는 현직 국가통계국장이 인민일보에 기고한 칼럼을 통해 일부 지방의 통계가 조작됐고 규정을 위반하는 기만이 발생하고 있다는 사실을 시인하기도 했다.

불확실하고 미흡한 통계데이터로 중국에 진출한 미국의 맥킨지(McKinsey) 사는 서비스의 신뢰성을 보장받지 못해 매출이 떨어지고 일본의 노무라 증권은 아예 자체적으로 시장 및 통계를 조사한 후 보고서를 만들고 있다. 중국정부가 발표하는 각종 경제정책과 이를 계량화한 수치는 정확한 시장상황을 반영하는 자료라고 보기 어렵다는 것이다. 각 지역별로 거시적 지표와 미시적 관행이 서로 다르기 때문에 더욱 그럴 것이다. 경제학이론 자체가 불확실한 근거에서 출발하고 있다는 것을 전제하면 중국의 경제상황을 정확히 분석·예측하는 것은 쉽지않는 일임을 알 수 있다. 자본주의의 교과서와 같은 미국의 경제시스템과 규제제도 하에서도 개도국에서나 발생할 수 있는 금융위기를 막지 못했다. 사회주의 국가로 경제제도를 만들어가고 있는 중국정부가 시장의 위험을 과소평가 하다간 위기 발생 후의 경제사회적 충격은 서방국가들보다 훨씬 더 클 것이다.

사회주의 시장경제체제에 관한 과거 경험과 자료가 없어 중국경제 진단과 미래 예측은 더욱 어렵다. 여기에 자본주의 시장경제체제에 대한 중국인의 이해가 부족한 가운데 사회신용체계의 낙후와 경제환경 각 부문에 녹아있는 복잡한 사상과 문화는 외자기업의 중국 비즈니스 계획을 무용지물로 만든다. 특히 문화대혁명 기간(1967~1976) 동안 사회신용체계는 거의 붕괴되었는데 현재 많은 중국의 관료와 지식인 그리고 기업인들이 문화대혁명을 겪은 세대다. 세계은행 부총재를 역임한 북경대학 린이푸(林毅夫) 교수는 체제전환기에 있는 중국경제를 서방이론으로 설명하기엔 한계가 있으며 '중국식 경제발전 모델'은 아직 정립된 것이 없다고 주장한다. 실험을 통해 점진적으로 적합한 모델을 찾아가는 수 밖에 없다는 것이다. 이와 같은 연유로 복잡다기하면서도 다이내믹 한 중국경제에 대한 분석은 자칫 애매한 절충주의에 빠지기 쉽다.

중국경제는 장기간의 집요한 관찰과 역사성이 이입된 정치경제학적 분석이 없으면 읽어내기 어려운 경제체제인 것이다. 시장 메커니즘이 아니라 정책에 따라 '더웠다 식었다'를 반복하고 시장의 변화에 따라 다양한 분석과 전망이 나오는 것이 아니라 공산당과 중앙정부의 역할만을 기다리는 시장구조다. 하지만 현 중국의 체제특성과 발전단계에서 중국의 '국가자본주의'는 중국을 이끄는 최적의 경제시스템인 것만은 분명하다. 2008년 글로벌 금융위기를 비켜간 중국경제에 대해 서구는 '중국식 경제모델'에 대한 연구와 논쟁을 벌였다. 중국이 글로벌 위기를 피할 수 있었던 원인은 자본시장이 개방되지 않은채 안정된 정치력을 바탕으로 강한 개혁 드라이브와 신중한 경제운영을 통해 위기요인을 덮고 지나갔기 때문이다. 설사 과도한 부채가 은행 부실로 이어지더라도 국가의 강력한 통제와 재원으로 위기의 쓰나미를 막을 수 있는 것이다.

중국경제는 국내외 불확실성 요인의 점증에도 불구하고 지속발전을 위해 개혁개방을 가속할 수 밖에 없다. 하지만 다양한 사회적 사상과 관점이 부족하여 자칫 안정과 발전에 대한 논쟁이 양단으로 흐르기 쉽고 유행하는 중국의 경제사상도 수입품이 많은데 이는 종종 권력을 대변하는데 활용된다. 이미 성과를 이루고 배가 부른 관료와 지식인들 모두 개혁을 외치지만 자체의 핵심 문제는 진단하지 못해 오히려 진짜 개혁을 가로막고 있는 경우가 많다. 개혁개방 초기의 단순하면서도 강렬했던 초심이 혼탁해져 개혁의 사상적 기반이 무너질까 두려운 공산당은 기를 쓰고 개혁을 부르짖고 있다. 개혁이 경제사회의 변화수요를 따라가지 못하거나 심지어 정체되면 각종 위기가 나타날 수 있고 이는 잠재적 불안 요인들과 연동되어 사회안정을 위협할 수 있기 때문이다. 공산당은 개혁의 역동성과 긴장감을 통해 사회역량을 동원하고 통치능력을 제고할 수 있어 지속적으로 추진할 것이며 이에 따라 중국의 경제사회시스템도 끊임없이 변모될 것이다.

사회수요변화를 제도가 따라가지 못하거나 혹은 시행착오를 겪게 되면 개혁은 더욱 빨라질 것이며 향후 누가 개혁의 혜택을 볼지 아니면 희생양이 될 지는 아무도 모른다. 중국경제가 대외환경변화에 연동되는 개방경제시스템을 구축하고 시장규율의 준수와 상업윤리관이 확립되려면 오랜 시간이 필요하기 때문이다. 하지만 명확한 사실은 과거 청조 말에 서구 열강으로부터 국부가 대규모로 침탈 당한 경험이 있는 중국이 앞으로도 글로벌 경제편입을 가속하고 무역과 투자 그리고 자본의 시장자유화 수준을 높여 가겠지만 그 순서와 속도는 공산당이 독자적으로 결정한다는 것이다. 상황 판단이 서지 않으면 언제라도 주권적 차원에서 정책 변화를 통해 개혁개방의 완급을 조절하고 경제안보와 유치산업 보호 등을 내세워 일방적으로 무역 및 시장진입 장벽을 구축할 수도 있다. 경제사회 안정을 위해 '시장'을 허수아비로 만들어버리는 조치는 얼마던지 가능하며 동시에 시장기능을 회복시키는 것 또한 언제던지 가능하다는 얘기다. 중국경제의 두 가지 리스크인 '체제안정'과 '시장발전' 중에서 먼저 희생되는 것은 결국 시장일 것이다.

향후 중국경제는 물가안정과 경기부양 그리고 국제수지개선을 동시에 이루기 어렵듯이 체제이념 견지와 개혁개방 가속 그리고 사회안정의 세 가지를 모두 추구하며 발전하기 어려운 트릴레마(trilemma)에 빠질 수 있다. 2007년 3월, '중국인민대표대회'에서 14년 간의 좌·우파 지식인과 관료의 치열한 논쟁을 거쳐 통과된 '물권법(物權法)'은 사유재산과 국유재산의 동등한 소유권을 인정한다는 것이 골자다. 동 법안으로 개인의 토지사용권 기한(40년~70년)이 만료되면 자동 연장되어 보호받을 수 있고 토지사용권의 매매·저당이 가능한 토지관련 시장도 생겨 마치 사회주의의 이념 원칙을 스스로 무너뜨린 것처럼 보인다. 하지만 기간 만료 후 주택용 토지사용권 기한은 자동 연장되고 비주택 용지는 별도 규정에 따라 연장이 가능하며 농민의 토지사용권 장기보유는 보호되어 생존기반을 마련해 준다는 것이지 국가의 토지소유권을 포기한 것이 아니다.

　물권법이 각 소유제의 공동발전을 모색한다고는 하지만 여전히 공유제(公有制)가 기본이고 기존 헌법 조항에도 "중국 사회주의 시장경제체제의 기초는 전민소유제이며 사회주의 공공재산은 신성불가침(제12조)"이라는 규정이 있다. 다만 부분적 사유재산권 인정으로 권력의 시장창출 기회가 늘어나 국유자산의 유실은 물론 부동산 투기로 부패가 심화되고 빈부격차는 더욱 커져 상하 계층 간의 이념 충돌이 재연될 소지가 있다. 비록 개인과 농민의 재산권이 보호받고 외국인투자 증가와 투자재산의 법적 권리가 보장되어 국내 부동산 거래가 활기를 띠며 경제성장을 이끌 수 있으나 '사회주의 시장경제체제'라는 모순된 이념의 결합 속에 '중국특색'이라는 옷을 입은 채 만들어지는 애매한 실험적 법률은 향후 시장혼란과 계급갈등을 불러와 사회안정을 해칠 수도 있는 것이다. 하지만 논쟁의 격화가 자칫 정치민주와 사법권 독립 등 민감한 문제로 전이될 가능성도 있지만 이 모두가 국가발전을 위한 공산당 통치과정의 일부분이다. 분명한 것은 '사회주의(공공의 이익)'는 '시장경제(시장의 기능)'보다 우선되는 가치라는 사실이다. 상해 복단대학 부총장 린샹리(林尙立) 교수는 "서방국가의 논리는 시장이 주도하며 점차 정부를 포용하는 것이나 중국은 정부가 주도하여 시장을 포용하며 현대화의 길을 걷는다. 중국정부가 민본을 기반으로 한 기초생활보장 해결과 전체국면에 대한 조절 능력을 잃어버리면 시장 리스크는 시장 자체를 위협할 뿐만 아니라 사회와 국가를 위협할 수도 있다. 중국이 추진하는 사회주의 시장경제체제의 목적은 시장경제가 중국 특색의 사회주의체제와 상호 적응하는 것으로 시장의 자원배분 역할을 존중해야 하지만 동시에 사회주의 제도의 내재적 요구도 반드시 고려해야 한다"며 체제안정을 위한 시장의 본분과 역할을 강조하고 있다. 사회주의 시장경제체제라는 국가제도체계를 자신 있게 확립한 중국이 향후 두 가지 이질적 개념의 조화와 비중을 조율하는 관리시스템을 어떻게 구축해 나갈 것인가 라는 역사적 실험은 온전히 현 집권세력인 공산당의 몫이다.

중국정부의 시장기능에 대한 실험으로 공공의 이익이 증가되고 안정에도 도움된다면 시장개방 역시 빨라질 것이다. 정치적으로는 개인의 자유와 권리보다 국가와 집단의 이익을 중시하는 민주화를 추진할 것이며 이에 대해서는 현 지배세력과 식자층이 인식을 함께 하고 있다. 아직은 서구와 같은 정치 민주화와 개인의 자유를 논할 발전단계가 아님을 알고 있는 것이다. 중국이 각종 정책을 지역별·계층별·산업별로 실험을 해도 일부의 실패가 국가경영에 미치는 영향은 거의 없다. 실험은 실패가 있을 수 밖에 없으므로 이를 다시 개혁하고 실험하며 최적의 정책을 찾아나가는 것이다. 개혁은 숨겨놓고 자기들끼리만 얘기 나누는 화제가 아니라 각 영역에서 추진해야 할 사고와 실천 방향이 있는 구체적인 목표이자 임무다. 다만 시장경제체제 운영경험이 미숙하여 개혁 방안을 유기적으로 결합하고 조정하는 시각과 판단이 부족하다. 중국의 정책실험이 국내 경제시스템은 물론 글로벌 경제체제와 링크되며 대외신용문제까지 따라붙어 더욱 신중해질 수 밖에 없는 상황이다.

앞으로도 중국의 실험(개혁)은 계속될 것이나 모두가 채택되는 정책은 아니다. 중국정부가 발표하는 10년 혹은 20년 후의 경제발전 전망치는 가능성 여부를 떠나 미래에 발생하는 일이므로 외자기업이 이를 시장진출 전략수립의 좌표로 삼는 것은 상당히 위험하다. 무엇보다 정책에 대한 중요성과 정부의 고민 그리고 다른 관련 정책과의 연관성을 파악하는 것이 중요하다. 중국진출시간이 오래된 외자기업은 풍부한 현지경험과 분석력 그리고 자신만의 노하우를 바탕으로 새로 출시되는 실험정책을 주시하되 쏟아져 나오는 각종 정책을 무조건 따라가지 않는다. 세계은행의 '기업환경평가(Doing Business) 2017' 보고서에 의하면 190개 국가를 대상으로 창업, 건축물 인허가, 지적재산권보호, 세금납부, 통관, 자금조달, 투자자보호, 분쟁해결, 퇴출 등을 조사한 평가 항목을 바탕으로 선정한 '사업하기 좋은 나라' 순위에서 중국은 78위(한국 5위, 미국 8위, 일본 34위)를 기록했다.

중국은 시작단계는 쉬우나 기업이 시장개척을 통해 실질적 성장단계에 진입하면 더욱 많은 장애요인에 직면하고 정부의 개선조치도 더딤을 체감한다. 중국사업에서 정부정책은 가장 큰 기회이자 동시에 가장 무서운 적이다. 추진하던 사업이 갑작스런 정책 변화로 사업성이 전혀 없는 비즈니스가 돼버리는 식이다. 특히 사회적 반향에 따라 정책이 언제 어떻게 변할 지 모르는 IT 기반 서비스 업종은 더욱 그렇다. 외자기업은 통관, 기술장벽, 무역구제, 지적재산권 침해 등 보이지 않는 비관세장벽이 존재하고 제도시행과 법 적용이 지역 별, 안건 별로 차이가 있고 아메바처럼 움직이는 정책의 변화 속에 많은 고통을 겪는다. 드러난 기준을 모두 맞추는 것도 쉽지 않지만 관련 규정을 모두 준수하더라도 뜬금없이 나타나는 소위 '잠재규정(潛規則)'은 아예 숨을 멎게 만든다.

2017년 4월, 재중 미국상회가 중국에 진출한 미국기업 462개 사를 대상으로 설문조사 후 발표한 '재중미국기업백서 2017'에 따르면 중국사업의 최대 리스크는 2016년에 이어 "불투명한 정책과 법집행의 불일치"라고 답했고 '인건비 상승'과 '중국 내 보호주의 대두'가 그 뒤를 이었다. 미국과 EU 그리고 일본은 중국이 2001년 WTO 가입 후 15년이 지나 '시장경제지위(MES)' 획득 자격을 갖추었음에도 각종 보조금으로 자국기업을 지원하여 시장가격을 왜곡하고 있다며 '시장경제지위' 부여를 거부하고 있다. 중국은 '선 발전, 후 규범'이라는 신흥시장국가의 발전 특징을 가진 채 각종 정책실험을 통해 제도와 법률을 구축해 나가고 있다. 하지만 글로벌 기준에 부합하는 투명한 제도와 일반인의 자본주의 윤리개념이 정착하려면 아직 갈 길이 먼 국가다.

중국에 진출한 외자기업의 애로사항 중에는 경제정책의 모호성과 함께 지적재산권 침해가 항상 수위를 차지하고 있다. 중국은 국무원 산하에 '국가지식산권국(國家知識產權局)'을 두고 관련 정책 제정과 법률 정비 그리고 지적재산권 보호를 위한 관리·감독을 하고 있고 최고인민법원은 2010년부터 매년 '중국법원 지적재산권 사법보호현황 백서'를 발표하고 있다. 이와 함께 '중미(中美) 경제대화'와 관련국 대상 주무부처 장관급 회담 및 협의를 통해 지적재산권 보호에 나름 노력하고 있다. 하지만 침해를 입은 외자기업은 중국법원의 턱없이 낮은 배상 판결과 복잡한 절차 그리고 시간·경비 투입 등의 이유로 소송을 포기하는 경우가 다반사다. 특히 한중 FTA와 함께 향후 한국기업에 대한 중국의 지적재산권 침해 사례가 급증할 것이며 그 규모와 분쟁은 다른 FTA 체결 국가와는 차원이 다른 양상으로 전개될 것이다. 양국 정부와 소비자 사이의 정서적 마찰로 사업 전체에 영향을 줄 수도 있을 것이다. 중국시장의 한국 제품 및 서비스에 대한 지적재산권 보호 여부는 한국기업의 경쟁력과 생존에 직접적인 영향을 줄 것이다.

중국특색의 사회주의 시장경제체제와 만들어가는 중국식 자본주의 시장경제 그리고 중국 공산당의 국정 방침에 대한 정치경제학적 이해가 부족하면 중국의 경제현상에 근접하는 분석과 경영전략수립은 어렵다. 외자기업은 중국경제의 급변 속에 내재된 정책의 일관성 및 방향성을 찾아내고 이를 대비해야만 대 중국 전략·전술의 유효성을 유지하여 시장기회를 선점할 수 있다. 중국의 정치체제와 경제시스템의 실체를 파악하지 못한 채 단순보고서와 자의적인 판단에만 의탁하여 행동하다간 교류 협력과 사업 추진은 고사하고 만들어가는 중국식 자본주의의 실험대상으로 전락하고 말 것이다.

최근 중국 공산당은 연일 시장의 자원배분 기능과 제도개혁을 강조하고 있다. 이는 경제성장을 위해 반드시 가야 할 길이지만 동시에 기득권의 자원독점과 부패가 심각한 지경임을 반증하는 것이기도 하다. 앞으로도 국가의 지속발전을 위한 중국의 모순과 투쟁은 계속될 것이다. 이 과정에서 많은 정책의 시행착오가 발생하고 중국식 자본주의 실험에 동원된 국유기업은 물론 자발적으로 실험에 참여한 국내외 기업들이 중국의 실험 중에 명멸(明滅)해 갈 것이다. 중국에서 수많은 종류의 사업을 할 수 있지만 중국의 실험과 정책적 판단에 따라 일시에 정리되는 기업도 속출할 것이다. 중국정부 입장에서 외자기업은 그저 중국을 다녀가는 손님에 불과하다. 중국시장을 선택한 외자기업은 중국경제사회의 모든 실험과 불합리 그리고 부조리를 온 몸으로 겪어야만 할 것이다. 이는 중앙정부의 정책변화는 물론 이를 따라가지 못하는 지방정부의 낙후된 관행과 정책실험에 노출되어 마치 지뢰밭을 걷는 것과 같다. 외자기업은 만들어가는 중국식 국가자본주의에 대한 연구를 깊게 해야 하며 중국진출과 현지전략은 더욱 신중해야 한다.

2장 붕괴론 대 지속론

붕괴론 대 지속론

해빙하는 경제 DNA

예로부터 중국은 혼란기를 거쳐 최종 권력을 차지한 정권이 들어선 후 정치사회의 안정만 찾으면 상업은 더욱 융성하고 태평성대도 누릴 수 있었다. 권력 집단은 광활한 자체시장을 이용해 마음껏 상업활동을 할 수 있게 격려하며 세수를 확보했다. 왕조는 세수를 통해 통치기반을 다지고 권력층의 부패에 따른 또 다른 혁명세력과 상업세력의 결탁을 감시했다. 1949년 신 중국 출범 후에는 과도기 권력과 사상 투쟁 위기가 내란으로 번지는 위기를 잘 넘겼고 이를 발판으로 전면적인 개혁개방과 함께 '실사구시(實事求是)' 이념을 표방하며 범 국가적으로 시장경제체제 실험을 시작했다. 경험과 학습을 통해 진화된 중국인의 시장마인드는 최근 IT 기술을 접목한 전자상거래까지 꽃피우며 향후 전통적 국내유통과 국제무역시스템에 대한 혁신적 변화를 예고하고 있다.

중국은 오랜 시간 동안 우여곡절을 겪어왔지만 사실 수 천년 동안 시장경제실험을 해 온 국가라 볼 수 있다. 당대의 정권과 백성들은 경제개념을 태생적으로 보유한 사람들로서 이를 자신의 생존과 부의 창출을 위해 활용하였다. 중국은 예로부터 중앙이던 지방이던 통치자나 조직의 수장 모두 할 일도, 할 돈도, 시킬 사람도 많아 근본적으로 시장마인드가 훈련되어온 국가와 민족이다. 마오쩌둥은 1939년 '중국혁명과 중국공산당'이란 글에서 중국봉건사회 내의 상품경제발전은 이미 자본주의의 싹을 품고 있었으며 만약 외국 자본주의의 강압적인 침탈과 영향이 없었더라면 중국은 천천히 자본주의의 사회로 발전했을 것이라고 주장했다.[1]

중국은 아편전쟁을 겪으며 세계에 눈 뜨기 시작했고 자신을 돌아보며 서양문물과 제도를 받아들이기 시작했다. 1872년에 중국 최초로 현대기업과 증권이 등장했고 1897년에는 최초의 상업은행인 '통상은행(通商銀行)'이 상해에 들어섰고 상해, 천진, 북경 등지에 주식거래소가 설립되었다. 이후 50년 이상 꽃 피우던 중국의 근대금융업은 국공(國共) 내전과 항일 전쟁으로 막을 내렸고 중화인민공화국 수립과 함께 제도의 진보도 중단되었다. 하지만 중국인의 타고난 경제 DNA가 회복하고 다시 만개하는 것은 시간 문제였다. 청조 말부터 시작된 경제개혁이 국란을 겪지 않고 민주국가로 출범한 후 자본주의 시장경제로 발전하였다면 지금의 중국경제는 어떤 모습을 하고 있을까.

사회주의 이념을 기반으로 탄생한 신 중국은 30년 간의 내부혼란과 시행착오를 거친 후 1979년에 개혁개방을 시작했다. 이후 40년 동안 중국경제는 연평균 10% 이상의 폭풍 성장을 지속하며 미국에 이은 두 번째 경제강국으로 거듭났다. 1913년에 차와 실크 위주의 수출에다 세계 무역에서 차지하는 비중이 채 1%도 안 되는 0.67%에 불과했지만 100년 후에는 세계 1위의 무역대국이 되었다.[2] 세계 GDP 대비 비중은 1979년 1.8%에서 2016년 15%까지 증가했고 세계 경제성장에 대한 기여도는 30%를 넘어 세계 1위를 기록했다. 미국 경제 전문지 '포춘'이 선정한 '2017년 세계 500대 기업'에 중국기업 115개가 이름을 올렸고 중국의 경제발전과 시장의 팽창으로 자금이 몰리며 국내외에서 수 많은 비즈니스가 전개되고 있다. 이 밖에 빈곤극복을 통한 자신감을 바탕으로 중국의 접경 국가와 일대일로 주변국 그리고 아프리카 국가에 대외원조를 실행하고 전세계 130여 개의 국가 및 지역에 공자아카데미를 설치하였다. 하버드 대학의 조지프 나이(Joseph Nye) 교수의 '소프트 파워 이론'을 '중국식 연성파워 확장'에 활용하기 시작한 것이다.

중국경제 위기론

중국의 굴기는 자연스럽게 서구의 중국 경계론과 위기론을 불러일으켰다. 청조 말부터 시작된 봉건왕조체제의 붕괴와 대륙 분열이라는 예상은 신 중국이 들어선 이후에도 계속해서 서방 세계의 가십거리가 되었다. 하지만 중국은 혼돈의 시간을 거친 후 전열을 정비하고 전면적인 개혁개방 정책을 실시하며 과거의 국세를 급속도로 회복하기 시작했다. '중국(China)'이라는 새로운 강대국의 출현과 중국의 글로벌 정치경제시스템에 대한 영향력이 커지면서 미국을 중심으로 한 서구는 위협을 느꼈고 중국 위기론과 붕괴론을 양산하며 본격적으로 중국을 견제하기 시작했다.

서구의 중국 위기론 혹은 붕괴론은 수백 년 전부터 있어 왔고 중국 또한 근현대 시기와 신 중국 건립 이후까지 혼돈의 시기를 거치며 붕괴론의 근거를 계속해서 제공했다. 이후 1979년에 시작된 개혁개방과 함께 중국은 급성장했고 이에 대한 서구의 중국 경계론이 질시의 심리와 더해져 새로운 버전의 중국 위기론이 생성되기 시작했다. 주로 언급되는 근거로는 공산당-국유기업-국유은행으로 이어지는 트로이카 체제 붕괴, 부동산 버블 붕괴와 금융위기, 빈부격차 확대와 민심동요, 부패와 정권투쟁 등이다. 여기에 중국 공산당 정치파벌의 권력 투쟁설은 항상 양념처럼 따라 붙었다. 서구의 주장은 구 소련처럼 빠르게 진행된 개혁이던 아니면 중국처럼 느리게 추진되는 개혁이던 모두 자기 모순을 겪고 외부 위험에 노출되면서 재앙을 맞이할 수 밖에 없다는 논리다.

이를 전제로 중국경제에 나타나는 몇 가지 부실지표를 놓고 위기론을 운운하며 부실동향과 위기발생 가능성 찾기에 골몰했다. 특히 중국경제에 대해 미국을 위시한 국제기구로부터 흘러나오는 비관적인 분석은 위기론을 뒷받침하는 좋은 자료가 되어 즉시 받아들여지곤 했다. 여기에 중국에 잠시 체류해본 경험이 있거나 혹은 머무르는 동안 유쾌한 기억이 별로 없었던 일반인도 각종 사회문제를 들고 나오며 전문가의 붕괴론에 합류했다. 개혁개방 이후 얼마 되지 않은 1989년에 천안문 사태가 발생하자 서구는 '중국 붕괴론'을 대대적으로 거론했고 이후 중국이 정치사회 안정을 되찾아 급성장하다가 1997년 동아시아 금융위기를 겪자 서구는 또다시 '중국경제 위기론'을 들고 나왔다. 중국이 고도성장을 구가하는 가운데 2008년에 글로벌 금융위기가 터지자 서구에서는 기다렸다는 듯이 '중국경제성장모델 한계론'이 회자되었고 이어서 드러나기 시작한 중국의 부동산 버블은 '중국금융체계 붕괴론'을 만들었다.

개혁개방 이후 중국경제가 국내외 정세 불안에 직면하고 경기순환성 침체기에 접어들면 어김없이 '중국 위기론'이 나타났다. 서구의 논리에 의하면 현 중국경제는 수 없이 망했다 살아난 경제체제인 셈이다. 최근 서구는 2010년 이후 계속되고 있는 중국경제의 성장세 둔화를 놓고 새 버전의 위기론 만들기에 여념이 없다. 하지만 중국을 좀 안다는 이들이 비관적으로 예측한 '10년 후 중국'에 대한 점괘는 10년 마다 틀렸고 오히려 중국 공산당은 민중의 전폭적인 지지를 받으며 국정을 수행하고 국유기업과 국유은행은 여전히 국민경제를 떠받치고 있으며 개혁을 통해 불확실성을 걷어내고자 노력하고 있다. 결국 서구의 예상을 매번 뒤집는 공산당의 집정능력과 실적은 호사가들로 하여금 중국 붕괴론에서 중국 위협론으로 갈아타도록 만들었다.

현재 중국경제 사정이 예전과 다른 것은 사실이다. 지난 40년 동안 내재되어 왔던 각종 문제점이 노정되는 가운데 강한 구조조정을 추진하고 있어 서구의 '중국경제 경착륙'에 대한 우려를 뒷받침하고 있다. 통상 한 나라의 경제는 수급측면의 문제만 잘 이해하면 그 나라의 전체 경제구조와 문제점 그리고 발전방향을 읽을 수 있다. 중국은 그 동안의 성장 과정에서 수요요인인 투자, 수출, 소비만 중시해 왔고 노동, 자본, 효율 등 공급요인은 소홀했다. 저렴한 생산요소 투입을 통한 양적 성장을 추구했지 생산효율에는 별 관심을 두지 않았다. 상기 삼두마차의 수요요인만 해결하면 경제문제를 모두 해결할 수 있을 것 같았으나 지금은 삼두마차 문제의 해결뿐만 아니라 공급요인에 관한 문제까지 불거지고 있다. 중국경제의 민낯이 드러난 것이다.

중국학자들도 중국경제 상황에 대해 우려하고 있다. 중국사회과학원 부원장이자 '인구 및 노동경제연구소' 소장인 차이팡(蔡昉) 교수는 "현재 중국경제는 노동력의 무한공급이 사라지는 '루이스변곡점(Lewisian Turning Point)'에 도달했고 2010년 이후 노동연령인구가 감소하기 시작하여 그 동안 중국경제가 누려왔던 인구보너스가 사라지고 GDP의 잠재성장률도 떨어지기 시작했다. 중국의 노동인구가 2030년까지 약 8000만 명이 감소될 것으로 전망되는 가운데 수요자극에 의한 '수치목표성장'은 경쟁력을 상실하여 정부지원에 연명하는 좀비기업을 양산하고 시장퇴출과 창조적 파괴 메커니즘의 작동을 막아 금융 리스크가 가중되고 있다"고 진단한다. 국유은행과 지방정부 채무를 통한 수요정책은 생산과잉에서 인프라 과잉을 낳고 팽창된 유동성은 필연코 거품경제를 낳게 되는바, 실질

성장률이 잠재성장능력을 초과하는 것을 통제하지 못하면 중국경제는 '일본의 잃어버린 20년'과 같은 장기 불황을 겪을 수 있다고 경고한다. 특히 노동집약산업의 비교우위가 점차 사라지고 기술·자본집약 산업의 비교우위는 자리잡지 못한 가운데 중국경제는 '비교우위의 진공' 상태에 직면해 있으며 그 동안 개혁개방을 통해 글로벌 경제에 편입되며 고성장의 기회를 누려왔으나 개혁개방의 어려움은 더욱 커지고 그 효과를 창출할 공간은 줄어들고 있다고 주장한다.[3]

　이 외에 중국경제는 실물과 금융부문 간의 괴리 현상이 심하다는 특성도 갖고 있다. 즉 가격이 시장에서 결정되는 상품시장과 금리 및 환율을 정부가 결정하는 금융시장과의 괴리 그리고 개방된 상품시장과 통제되는 금융시장과의 괴리가 바로 그것이다. 중국이 1997년과 2008년의 금융위기를 무사히 넘길 수 있었던 것은 정부의 금융시스템 통제와 자본시장을 개방하지 않은 덕분이다. 하지만 중국정부가 국제금융에 대한 트라우마(trauma)를 가지고 있고 금융경제에 대한 운영경험이 일천함에도 대내외적 개방 압력은 점증하고 있다. 중국경제가 재도약하기 위해서는 금융부문의 시장화가 필수적이기 때문이다. 향후 자본시장 진입에 대한 빗장이 풀리고 규제완화가 추진되면 그 동안 정부의 보호에 안주한 채 시장경쟁에 따른 운영과 리스크 관리를 경험해 보지 못한 중국 은행들은 생존경쟁에 접어들 것이다. 또한 자본시장개방과 금리자유화 과정에서 경제성장과 함께 훈련된 개인, 기업, 지방정부 등 경제주체들의 이윤동기는 각자 입장에서 과도한 위험추구를 하게 될 것이며 이는 정책의 시행착오와 겹치면서 금융위기를 불러오고 사회불안을 조성할 수 있다. 지금은 중국정부가 리스크 관리와 통제능력을 가지고 있으나 자본시장 개방이 확대되면 예측하지 못했던 문제에 봉착할 수도 있는 것이다.[4]

현재 중국경제는 이전에 추진된 개혁조치의 효용이 떨어져 잠재성장률이 하락하는 시기, 양적 성장에서 질적 성장으로의 전환을 위한 구조조정의 진통 시기, 2008년 금융위기 직후 실시된 대규모 경기부양 조치가 소화되는 시기가 중첩된 '경제의 3중고'를 겪고 있다. 이로 인해 성장의 정체 상태가 이어지는 '중진국 함정(Middle Income Trap)'에 빠져들 수도 있는 중요한 기로에 서 있다. 제도의 개혁이 답보상태인 제도함정, 소득분배에 실패하는 사회함정, 산업 고도화를 제약하는 기술함정, 환경오염이 악화되는 생태함정 등 난관을 돌파해야 할 거의 모든 분야에서 제도·기술적 한계에 직면하고 있는 것이다. 하지만 중국정부는 이와 같은 전면적 도전에도 불구하고 당면한 문제들을 충분히 인식하고 있으며 국민경제의 구조조정과 미래 성장동력확보라는 두 마리 토끼를 모두 잡아 난관을 극복할 것이라는 자신감을 피력하고 있다. 앞서 언급한대로 중국의 헌법 제1조는 중국이 사회주의 국가임을 명시하고 있다. 경기가 하락할 때 자본주의 국가는 민간 대기업의 투자감소를 제지할 방법이 부족하고 상황이 계속되면 장기침체로 이어질 수 있다. 중국 역시 민간의 투자와 소비행위를 강제할 수는 없지만 사회주의 국가인 중국은 마음만 먹으면 방대한 국유기업을 통한 대규모 투자와 정부의 경기부양 정책으로 경제의 경착륙을 막을 수 있다.

중국경제 전문가던 아니면 특정 국가를 타깃으로 위기론을 퍼트리며 이익을 노리는 헤지펀드던, 종종 중국이 '사회주의 경제체제 국가' 라는 사실을 간과하고 있다. 서구는 '중진국 함정' 논리를 중국에 적용한 후 남미국가의 사례와 중국의 경제사회 문제를 예시하며 중국 또한 이를 벗어나기 어렵다고 판단한다. 중국의 자본, 인재, 시장, 기술 수준과 사회문화적 요인은 무시한 채 일부 경제지표 분석과 정책 및 시장의 실패 사례 그리고 매체 보도를 통해 중국경제의 미래를 예단하는 오류를 범하고 있다. 향후 중국경제가 경착륙할지 아니면 재도약 할지 여부는 좀 더 지켜봐야겠지만 현재 실물경제 현황은 여전히 양호하다. 비록 2015년에 GDP 성장률이 6.9%로 25년 만에 6%대 성장률을 기록하였고 구조조정에 따른 성장통을 겪고 있지만 중국정부는 인위적인 경기부양을 자제하며 재도약을 위한 성장동력 마련에 집중하고 있다.

중국의 거시경제정책 수립에 있어 가장 중요한 두 가지 변수는 바로 물가와 도시실업률이다. 이 두 가지 지표가 악화되면 즉시 경종이 울리고 정책조정 압력을 받는다. 최근 경기하락과 부동산시장 침체에 따른 관련 산업제품의 가격폭락으로 실업이 급증할 것이란 예상에도 2016년에 1314만 명의 도시 신규고용을 창출하여 목표치 1000만 명을 훨씬 초과했다. 도시지역 등록실업률은 목표치인 4.5% 보다 낮은 4.02%를 시현했고 소비자물가지수(CPI)는 성장세 둔화에 따라 안정적으로 유지되어 통제 목표인 3%보다 낮은 2%를 달성했다. 주민 평균 가처분소득 증가율은 7%로 GDP 증가율 6.7%를 웃돌았고 경제성장에 대한 소비의 기여도는 64.6%로 중국경제가 투자와 대외무역에서 내수 및 소비 중심으로 성장하는 구조적 변화를 증명했다. 산업구조의 고도화도 진전을 보여 서비스업의 GDP 비중이 2013년 처음으로 제조업을 추월한 후 2016년에는 51.6%에 이르렀다. 향후 중국정부의 성장방식 전환과 성장엔진 혁신 그리고 성장공간 확대를 위한 구조조정이 성공한다면 중국경제는 성장세를 회복하며 지속발전을 이어갈 수 있을 것이다. 하지만 앞으로도 중국의 정치·경제·사회 문제는 또 다른 중국 위기론과 붕괴론을 만드는 불쏘시개 역할을 할 것이며 또다시 국제사회에 회자 되다가 수면으로 가라앉는 패턴을 반복할 것이다.

중국에 진출한 한국기업은 걸핏하면 터져 나오는 '중국경제 위기론'에 대해 현장에서 스스로 분석하고 판단해야지 미국을 위시한 서구의 주장과 이를 바탕으로 논리를 펴는 일부 국내외 매체와 연구기관의 보고서에 흔들려서는 안 된다. 외부 세계가 바란다고 중국이 그렇게 되는 것도 아닌데 왜 서구의 논리가 항상 중국분석과 전략수립의 근거가 되는지 알 수 없는 노릇이다. 이보다는 오히려 중국에 기 설립된 다국적기업 산하 연구조직의 보고서가 훨씬 더 객관적이고 유용한 자료가 될 수 있다. 현장에 있는 그들은 모기업을 위한 냉철한 사유와 분석 능력 그리고 정직함을 가지고 있기 때문이다. 그들이 중국에 머무를 필요가 없었다면 벌써 중국을 떠나 '중국 붕괴론'에 합류했을 것이다.

중국경제에 대한 국내외 우려가 고조되는 시기가 바로 정책이 나오는 시점이며 지속성장을 통한 민심의 지지는 국내외 기회주의자와 투기세력의 주장이 발붙일 공간이 없도록 만들 것이다. 자신을 너무 잘 아는 중국이 시장을 통제하며 시장경제 발전을 저해할 수는 있겠지만 중국은 절대로 위기상황이 되도록 놔둘 수 없는 국가다.

금융위기 근거와 반론

중국의 부동산버블과 지방정부채무 그리고 그림자금융과 기업 부채는 금융위기 발생 근거로 거론되는 단골 소재다. 우선 부동산 버블에 대한 중국의 대응을 살펴보자. 최근 중국정부는 부동산시장 과열로 인해 정권에 대한 불만이 커지고 나아가 사회안정에도 영향을 줄 수 있다고 판단하여 돈줄을 조여 버블을 방지하고 있다. 주택 담보대출 규제 강화와 함께 유동 자금이 부동산시장으로 불법 유입되는 것을 막고 있다. 물론 예상한 대가도 치르고 있다. 부동산경기 둔화는 지방정부의 재정 악화와 함께 각종 건설 프로젝트와 생산설비에 대한 투자 그리고 금속, 채광, 건자재, 기계, 자동차, 가전 등 거의 모든 업종에 영향을 주었고 이는 중국경제가 2010년부터 감속 성장하는 주요 원인이 되었다. 부동산개발이 성장의 엔진역할을 일부 해 왔지만 지금은 성장감속을 유발하는 요인이 된 것이다. 하지만 중국정부는 성장하락을 감수하더라도 성장방식을 전환하겠다는 의지와 함께 주민의 주택 및 교통(자동차) 소비를 서비스업에 대한 소비확대로 유도하는 내수 구조조정에 열중하고 있다.

그럼에도 중국정부는 가계자금이 여전히 부동산에 집중되고 돈은 풀려도 실물경제로 흘러가지 않아 고민이다. 여기에 경기하방 압력을 완화하고 성장목표를 달성하기 위한 정책적 수요에다 그 동안 롤러코스트 장세를 보여온 증시에 대한 불안감으로 인해 신규 대출자금이 또다시 부동산으로 몰리면서 공급이 부족한 북경, 상해, 심천 등 1선 2선 도시를 중심으로 부동산가격이 급등하기도 했다. 국내외 유입 인구 증가에 따른 대도시의 팽창으로 지속적인 신규 및 교체 주택수요가 발생하고 주택대출도 급증하여 시장이 과열되는 것이다. 하지만 현재까지는 중앙정부의 강성 규제 정책과 관리·감독을 바탕으로 거래은행의 실질자격심사를 통한 실수요자를 중심으로 시장가격에 따라 거래되고 있다. 또한 구매자가 주택을 구입할 때 신용 외에 현금 비중이 높고 아예 현금으로 사는 경우도 많아 집값이 폭락하지 않는 한 금융시스템 위기나 가계파산으로 이어질 가능성은 적다. 이와는 반대로 유효수요가 부족한 3선 4선 도시지역에서는 여전히 많은 주택재고량이 남아 있는 실정인데 주택재고 문제는 농촌지역의 '도시화 정책' 촉진을 통해 농촌인구와 농민공을 흡수하고 대도시와 차별화된 부동산 정책으로 수요를 확충해 나갈 계획이다.

통상 버블이 심해지면 부동산 가격의 하락폭은 시장에 나오는 매물 수량과 비례 관계에 있다. 가격이 폭락하면 투매가 시작되어 정부에 대한 불신과 사회불안으로 이어질 수 있으나 현 중국에서 이 같은 일이 발생할 가능성은 낮다. 중국의 부동산시장은 1985년 '플라자 합의(Plaza Accord)'로 인한 일본의 엔 가치 급등과 이어진 핫머니 유입으로 부동산 투기가 만연했던 일본의 '부동산 버블 붕괴'와 함께 초저금리 정책에 따른 부동산 버블이 꺼지고 저소득층

대출자의 원리금 상환이 어려워지면서 촉발된 미국의 '서브프라임 모기지(비우량 주택담보대출)' 사태와는 그 배경과 시장상황 그리고 국가 금융시스템에 있어 전혀 다른 환경을 갖고 있다.

중국의 은행권 부실로 야기되는 금융위기발생 가능성도 언급하지만 중국 상업은행의 부실채권(NPL) 비율은 국내외 경기침체와 구조조정 여파로 2016년 3분기에 1.76%까지 급증했으나 연말에는 5년 만에 첫 감소로 돌아선 1.74%를 기록했다. 은행들의 안정적인 순수익을 바탕으로 2017년 3분기까지 동 비율을 유지하고 있으며 이는 국제평균치보다 낮은 수치다. 여기에 부실채권에 대한 대손충당금 적립비율도 181%에 달해 건전성이 양호하고 대응 여력도 충분하다. 2016년 말 자기자본비율은 13.3%로 국제결제은행(BIS)의 기준치를 초과하고 있어 은행 스스로 충분히 부실을 흡수할 수 있다. 중국의 상품주택 시장이 태동한지 오래지 않았고 현재 도시화 건설정책도 추진 중이라 주택담보대출이 급증하고 있으나 아직까지 상업은행의 전체 대출에서 차지하는 비중이 낮은데다 은행들이 선호하는 안전상품에 속해 오히려 부동산경기 부양에도 여유가 있다.

비록 자본시장의 낙후로 인해 실물경제의 융자난과 금융리스크가 은행체계에 과도하게 집중되어 있으나 중국의 국유상업은행은 주권신용등급을 가진 기관으로 국민의 절대적 신임을 받고 있다. 국유은행이 파산한다는 것은 인민폐가 휴지조각이 되고 중국이 망한다는 얘기와 같다. 아직 자본시장이 개방되지 않았고 정부가 금융기관에 대한 확실한 통제력을 행사하는 가운데 2016년 말 외국인의 중국채권보유 비중은 1.3%에 불과하며 외환보유액 대비 단기외

채 비중도 낮은 수준이라 급격한 변동에 따른 유동성 위기가 발생할 가능성은 적다. 무엇보다 GDP의 50%에 이르는 가계 저축률과 3조 달러가 넘는 외환보유고 그리고 약 30조 RMB에 달하는 우량 국유자산은 중국경제에 대한 충격을 막아주는 거대한 물적 보장 역할을 하고 있다.

중국정부는 향후 부동산시장에 대한 의존을 점차 줄이면서 꾸준한 성장과 주민의 소득증대 그리고 도시화 건설 촉진을 통해 수급의 접점을 찾아갈 것이다. 부동산 버블 확대는 중앙정부가 금융자원을 독점하고 있는 가운데 토지양도수익에 의존하는 지방정부와 대출을 담당하는 국유은행 그리고 이들의 암묵적 지원을 받고 있는 개발업자로 이어지는 커넥션이 저금리 자본을 이용한 투기적 개발로 국민의 재산을 흡수하는 것과 같다. 부동산 규제는 국민의 불만과 사회불안에 조기 대응하는 정치경제 개혁과 반부패 투쟁 차원의 문제로 공산당 입장에서 더 이상 방치해서는 안 되는 과제다.

다음은 지방정부채무에 대한 대응책을 살펴보자. 지방정부채무는 주로 지방정부 융자플랫폼을 통한 프로젝트 투자로 발생하고 있는데 대부분이 실물자산에 대한 투자라 담보 설정이 가능하고 전매와 채무구조조정도 가능하다. 문제는 공익성을 추구하는 중장기 인프라 건설 프로젝트가 많아 자금회수율이 떨어져 부채상환이 어려운 가운데 시설에 대한 유지보수 비용은 계속 발생한다는 것이다. 즉 지방부채는 채무 발생 및 자금사용 기한의 미스매치와 투자 수익의 불확실성에 따른 신용리스크 발생 그리고 부동산경기 침체에 따른 재정수입 하락과 토지 양도금에 과도하게 의지하는 채무상환

구조 등이 문제의 핵심이다.

중앙정부는 단기채무 상환압력에 직면하고 있는 지방정부의 부채위기 해소를 위해 중장기 지방채 발행 규모를 확대하여 채무기한의 미스매치 문제를 해결하고 있다. 이와 함께 '채무액 상한선 설정'과 '자기발생과 자기상환' 그리고 '100% 책임제'와 같은 조치를 마련하여 예산과 채무에 대한 예측이 가능토록 하고 있다. 채권시장의 발전은 이자율 형성 메커니즘 개선은 물론 지방정부채무 완화에도 중요한데 지방채를 만기연장 하거나 고금리 채권을 저금리 채권으로 전환하여 부채압력과 이자부담을 완화하는 프로그램도 확대 실시하고 있다. 이 밖에 불법적인 채무보증에 대한 감시를 강화하고 융자채널의 다양화로 단기채무를 해소함과 동시에 수익이 기대되는 민관협력사업(PPP) 방식을 통한 건설 프로젝트를 추진하여 공공사업자금 조달에 적극 활용할 계획이다. 즉 지방경제의 지속발전으로 채무문제를 해결하고 시장의 역할을 통해 채무 리스크를 조정하여 지방정부의 재정운영 능력을 강화해 나간다는 것이다.

세 번째는 중국의 '그림자 금융' 문제다. 그림자 금융이란 은행과 유사한 신용중개 기능을 하지만 은행처럼 엄격한 건전성 규제를 받지 않는 금융회사의 여신과 상품을 통칭하는 것이다. 여기에는 자산관리상품(WMP), 위탁대출, 투자펀드, 소액대출기관, 전당포 등이 해당된다. 중국의 부동산 버블과 지방정부 부채와도 연계되어 있는 그림자 금융 문제는 중앙정부의 신용 독점 배분 구조 속에서 실물경제에 대한 금융서비스가 턱없이 부족하여 나타나는 현상이다. 중·대형 은행의 대출 서비스와 채권 및 주식시장을 국유기업 및 일부 민간 대기업이 독식하는 가운데 민간 중소금융기구는 금융시장 진입이 어렵고 발전도 느려 중소기업은 자금조달이 힘들고 조달비용도 높아 그림자 금융이 확대될 수 밖에 없는 구조인 것이다.

지방정부와 부동산회사 그리고 좀비기업 등 문제를 야기하는 경제주체의 막대한 대출수요와는 달리 경제사회 발전에 실질적 공헌을 할 수 있는 민간경제는 금융서비스를 누리지 못해 높은 융자비용을 지불하고 그림자 금융 혹은 지하금융을 통해 자금 부족을 메우고 있는 실정이다. 하지만 은행 중심의 정규 금융체계가 실물경제의 다양한 자금수요를 만족시켜 주지 못해 그림자 금융 규모가 급증함에도 한편으로 금융서비스 공백을 메워주는 역할도 하고 있다. 자금운용에 대한 효율 측면에서도 대출의 시효성 및 편리함 등을 갖추고 있어 급전이 필요한 기업을 만족시키고 때로는 기존 대출금을 갚는 용도로 사용되기도 한다. 결국 은행을 중심으로 한 간접금융 위주의 금융체계가 그림자 금융의 주요 서비스 대상을 결정하는 구조적 문제인 것이다.

고도성장과 함께 각 경제주체의 자금수요가 급증하여 그림자 금융 규모가 빠르게 증가하는 것은 중국, 인도, 브라질 등 신흥국에서 공통적으로 나타나는 현상이다. 중국의 GDP 대비 그림자 금융 규모는 중국사회과학원의 40%부터 국제신용평가사 무디스의 83%까지 다양하게 추정되고 있다. 하지만 100%가 넘는 한국을 포함, 영국과 미국 등 금융 선진국에 비해 한참 낮은 수준이다. 현재 중국정부는 이재상품(理財商品)을 포함한 대부분의 그림자 금융서비스 행위를 모니터링하고 있다. 점차적으로 은행 외 대출성격을 지닌 금융기관들이 정부의 관리감독 하에 대출시장의 일원으로 성장할 수 있도록 조치하고 동시에 민간은행 설립을 장려해 중소기업의 자금난을 완화해 나갈 계획이다. 그림자 금융에 대한 4대 리스크는 증가 속도와 절대규모 그리고 레버리지와 부실여부인데 향후 금융개혁과 투명성 제고 그리고 자본시장의 다원화가 촉진되고 여기에 지속성장이 받쳐준다면 리스크 관리는 문제 없을 것이다. 오히려 그림자 금융 현상은 선진 금융경제의 이론과 경험이 부족한 중국관료와 학자들이 방대한 저축의 운영 효율성 제고와 실물경제와의 연계성, 자본시장 육성과 금리시장화 개혁 그리고 예금자보호 정책을 연구하는 학습의 장이 되기도 한다.

한편 상기 언급한 3가지 외에 최근 중국의 국가부채 특히 급증하는 기업부채가 이슈로 부상하였다. 국제결제은행 통계에 의하면 2016년 말 중국의 국가총부채는 GDP의 260%로 일본(388%)은 물론 선진국 평균(268%)에 비해 낮지만 구조조정과 경기둔화 그리고 재정부담 가중으로 증가 추세다. 정부부채는 37%로 EU 60%의 경계선보다 낮고 가계부채 또한 44%에 불과해 두 항목 모두 비교적 견실하고 부채 확장 공간도 넉넉한 편이다. 문제는 기업부채인데 GDP 대비 비중이 166%에 이르러 세계에서 가장 높은 수준이다. 기업부채는 기업소재지의 지방정부채무 증가와 더불어 경제안전에 위협이 되고 있는 것이 사실이다. 중국정부는 국제사회가 집계한 중국의 기업부채 중에는 지방정부가 운영하는 금융기관의 대출을 포함하고 있어 순수 민간부문의 부채비중은 GDP의 120~130% 수준이라고 주장한다.

중국의 기업부채가 많은 이유는 우선 투자주도의 경제정책 하에 기업의 자금조달이 은행대출 중심인 간접금융에 의존하여 높은 신용창출이 따를 수 밖에 없는 것에서 출발한다. 중앙과 지방의 재정 및 사업권한에 대한 경계가 불투명한 가운데 지방경제침체 방지를 위한 지방정부의 재정지출 의지는 국유기업의 무분별한 대출과 중복 투자로 이어졌다. 성장 목표치 달성을 위한 경제발전 정책이 기업부채 급증의 주요 원인이 된 것이다. 여기에 정부 금융감독체계의 낙후성도 문제였다. 위법 행위가 발견되면 시장규율을 무시하고 행정수단으로 해결하고 기업감시는 경영범위의 합법성과 자본 충족률 그리고 유동성만 중시한 채, 내부 감시기능과 이익창출 능력 그리고 발전 잠재력 등은 무시했다.

심지어 중소기업의 자금난에 편승해 대형 국유기업이 우대 조건으로 초과 대출을 받은 뒤 그림자 금융을 활용해 중소기업에 고금리로 빌려주는 현상까지 발생했다. 금융감독시스템의 후진성과 구조적인 병패 그리고 기업인의 도덕적 해이가 기업부채가 급증하는 데 한몫 한 것이다. 또한 비적격자 시장진입 승인, 불법 대출, 내부정보 유출, 내부자 거래, 특정기업에 대한 특혜 등 각종 금융범죄 행위가 양산되었고 권력층의 비호 하에 금융자원에 대한 금융기구와 관료의 불법 임대가 조직적으로 자행되었다. 이와 같은 상황은 전방위 부패 척결을 내세운 시진핑 정부가 들어선 이후 확연하게 통제되기 시작했다. 금융감독기관 및 금융기구의 기율을 강화하고 나아가 금융부패를 저지른 간부 및 관련자에게 안건 별로 일벌백계 차원에서 벌금형부터 사형까지 판결하고 있다.[5]

중국의 기업부채 문제를 해결하기 위해서는 대출 규제와 금융부패 단속도 중요하지만 무엇보다 좀비기업에 대한 정리가 관건이다. 하지만 구조조정에 대한 이익집단의 저항이 상존하고 지방정부의 지역경제침체에 따른 세수 감소와 실업난 우려로 개혁조치가 먹히지 않아 좀비기업에 대한 처리는 답보 상태다. 여기에 체제구조적인 문제를 잘 알고 있는 우량 민간기업은 사내유보금을 쌓아가면서도 신규 투자를 꺼리고 있다. 기업부채 문제의 주범인 국유 좀비기업은 은행 대출이자 조차 갚지 못하는 전체 좀비기업의 약 90%를 차지하고 있는데 결국 중국의 기업부채 문제도 국유기업개혁에 대한 이익집단과의 조율과 공산당의 자정능력 그리고 지도부의 정치적 역량에 달려있다.

최근 중국정부는 한계 국유기업의 파산으로 정치·경제·사회 안정이 위협받는 상황을 예방하기 위해 국유기업에 대한 구조조정을 가속하고 있다. 즉 철강, 석탄 등 일부 과잉생산 국유기업을 중심으로 M&A와 기업퇴출, 회사채 발행, 부채 조정 그리고 감세 및 수수료 인하를 통한 기업부담 경감, 부실채권의 출자전환 등의 조치를 시도하고 있다. 국제결제은행 자료에 따르면 중국의 기업부채는 2017년 들어 정부의 구조조정과 은행대출심사 강화로 미미하지만 하락세로 돌아섰다. 향후 중국경제가 내재된 리스크로 인한 변동성이 커지지 않는 상태에서 안정적인 지속성장을 이어가고 상기 개혁조치가 이익집단의 저항 없이 성과를 거둔다면 기업부채 문제 또한 중국이 갖고 있는 거대 자산과 다양한 정책 수단을 통해 개선할 수 있을 것이다.

국제사회의 우려에도 불구하고 현재 중국의 모든 부채 항목은 관리되고 있으며 중국정부는 구조조정 가속과 함께 수요 확대를 통한 성장 기조를 도모하며 실질 부채를 줄여 나갈 계획이다. 즉 경제 몸집을 더욱 키우며 부채를 소화해 나간다는 것이다. 중국은 스스로 문제를 통제할 수 있음에도 중앙 및 지방 간 정책추진의 불일치, 정책의 단절과 연속성 부재 그리고 발표되는 경제지표와 채무규모의 불투명으로 인해 국제사회의 위기발생에 대한 논란을 자초하고 있다. 향후 상업은행의 양호한 건전성을 바탕으로 과잉설비 감축과 좀비기업을 정리하고 기술혁신과 산업 고도화로 경제체질을 개선하고 경상수지 흑자기조를 유지하며 채무의 점진적 소화를 해 나간다면 부채문제가 금융시스템 위기로 전이될 가능성은 적다. 무엇보다 중국 공산당이 위기로 인해 국민의 신뢰를 상실하는 우는 범하지 않을 것이다.

국내외 경기침체와 구조조정으로 인해 악화되는 경제지표에만 초점을 맞춰 중국경제를 진단하는 것은 중국의 정치체제와 대륙경제의 특성을 간과한 것이다. 중국사회의 한 가지 병폐를 가지고 전체사회를 재단하면 안 되듯, 경제금융지표의 일시적 변동을 놓고 중국경제의 현황과 미래를 예단해서는 안 된다. 지속성장에 따른 세수증대, 낮은 자금조달 비용과 외채 규모, 국내외 자본의 유출입 통제시스템, 정치적 결단과 집중 역량은 국가부채를 해결하며 경기도 부양해 나갈 수 있다는 주장의 근거가 된다. 국무원(國務院) 참사(參事)이자 국가경제전략연구원(國家經濟戰略研究院) 원장인 '샤빈(夏斌)' 교수는, 중국경제가 매년 6.5% 정도로만 꾸준히 성장해도 여전히 고속성장에 해당하고 이는 내재된 문제들을 점차적으로 해결해 나가는 강력한 재정지원 역할을 할 것이며 이와 함께 추진되는 제도개혁은 개혁보너스를 낳아 시장의 기능을 통해 과잉경제와 부실자산을 억제·감소시킬 것이라고 주장한다. 중국정부는 작금의 잠재 위기요인을 잘 파악하고 있으며 2008년 글로벌 금융위기를 거치는 동안 미국의 실수를 충분히 학습하였다며 중국 발 금융위기발생 가능성을 일축하고 있다.[6]

중국정부는 정책실패와 감독부재에 따른 지역별 국지적 금융시스템 위기 발생은 우려하지만 전면적인 금융위기발생 가능성은 없다고 자신한다. 모든 상황을 모니터링 하는 가운데 시행할 수 있는 예방 조치와 수단도 많다는 것이다. 중국 경제정책의 특성은 중의(中醫)와 양의(洋醫)의 차이와 같다. 경제사회 문제에 대한 외과적 수술보다는 원인을 규명하고 치유 방법을 연구하여 여러 가지 대안을 마련하기 때문에 외부의 오해를 낳기 쉽다. 한해 농사를 망쳤다고 생계가 바로 위태로워지는 것이 아니며 만석꾼의 곳간 하나가 불타더라도 다른 곳간의 식량은 계속 쌓인다. 중국은 큰 강의 범람을 막기 위해 강둑의 일부를 고의로 허물듯, 금융개혁에 대한 명분을 찾고 큰 버블을 막기 위해 작은 문제는 터트릴 수도 있을 것이다.

≫≫ 상기와 같이 중국에 내재된 국가경제 리스크를 지적하는 전문가와 필부(匹夫)의 관점이 틀렸다고 할 수는 없으나 중국경제의 위기 요인은 정부의 관리 범위 안에서 정책적 수단으로 치유가 가능한 과도기 성장통의 문제다. 하지만 중국의 진짜 위기는 체제

의 특성과 구조적 모순 그리고 태생적인 한계로 인해 발생할 가능성이 크다. 통제와 발전 속에서 드러나지 않던 불씨는 정치사회 혼란과 성장의 정체와 함께 언제던지 화마(火魔)로 변할 수 있다. 중국 공산당이 자체 해결이 가능한 정책적·국부적 리스크 와는 별개로 가장 두려워하는 세 가지 절대 위협 요인이 있다. 바로 '부패'와 '빈부격차' 그리고 '에너지부족과 환경파괴' 문제다. 즉 정권의 부패와 전민부패 확산으로 인한 이념적 오염과 국내외 신뢰붕괴, 태생적 빈부격차에 더해 국유부문의 자원독점에 따른 빈부격차의 가속과 민심동요 그리고 지속성장을 방해하고 각종 재해(災害)의 다발로 정권의 집정능력과 정당성을 의심하게 만드는 에너지부족과 환경파괴가 그것이다. 이 세 가지는 경제성장과 사회안정의 기반을 갉아먹는 것으로 인식과 대비를 소홀히 하다간 결국 사회혼란과 국가위기로 전이될 수 있는 문제들이다. 이는 공산당의 책임으로 귀착되는 문제로 정권의 안정을 위해서라도 지도부가 반드시 해결해야만 하는 정책 목표다. 이 문제를 방기(放棄)한 정권에 대해 민심이 이반되기 시작하고 '하늘의 뜻'을 운운하며 나타나는 저항세력의 발로는 중국역사에서 일종의 패턴이었으며 아울러 미래도 그러할 것이다.

부패와 반부패

동서양을 막론하고 부패는 국가가 멸망하는 첩경이며 절대 권력은 반드시 부패한다는 말은 이미 정설(定說)이 되었다. 프랑스와 러시아 혁명 그리고 중국의 명(明) 나라와 장개석(蔣介石) 정부의 패망은 수 많은 사례 중의 일부다. 신 중국의 미래도 마오쩌둥을 위시한 혁명 1세대가 우려한 바와 같이 지도부가 각 이익집단의 구조적인 부패를 어떻게 통제하여 전민부패(全民腐敗)로 확산되는 것을 막을 수 있을 것인가 여부에 달려있다. 현재 중국에서는 관직을 통한 입신양명(立身揚名)과 종법사상(宗法思想)에 의한 전통적 봉건주의 부패사상 그리고 개인주의와 배금주의로 표현되는 외래 자본주의 부패의식이 혼재하고 있다. 여기에 시장경제의 발전으로 부패가 자생하기 쉬운 토양을 제공하는 사회적 급변과 이를 통해 기회를 잡으려는 부패심리와 행위가 전국의 모든 계층에서 활개치고 있다.

이 같은 현상이 확산되는 근본 원인은 부패를 잉태한 채 시작된 중국의 개혁개방 정책에서 찾을 수 있다. 문화대혁명 이후 중국 공산당과 지식인은 소모적인 권력투쟁에 신물을 느끼며 궁핍한 국민을 걱정하고 있었고 이와 동시에 전면적인 국가개조 정책이 필요하다는 명분도 축적되고 있었다. 공산당 내부에서 국가발전과 이익집단의 기득권 보호라는 두 가지 대 전제가 협상을 통해 상호 조율되면서 1978년에 중국 공산당은 개혁개방 정책을 당론으로 채택했다. 설계사 덩샤오핑도 개혁개방 이후 권력층과 이익집단들의 부패가 본격화 될 것임을 예상하고 고민했을 것이다. 하지만 개혁개방을 하지 않으면 정치적 혼란으로 또다시 국민이 도탄에 빠질 수 있어 권력집단의 기득권 인정과 설득을 통해 개혁개방을 추진하는 것이

유일한 활로하고 판단했다.

기득권 인정을 기존 이익집단의 부패에 대한 면죄부로 삼아 시작된 국가발전계획은 내부의 큰 반발 없이 공감대가 형성되었고 이에 따라 덩샤오핑은 혁명보다 어렵다는 개혁을 시작할 수 있었다. 이는 건국 이데올로기와 생존전략, 기득권 보호와 개혁개방, 권력과 시장창출 등 양자의 함수 관계에 따라 시작된 것이다. 이념 투쟁을 벗어나 국가생존전략 추진을 위해 공산당의 권력기반 세력들이 국유자산과 정보의 장악을 통해 아무런 견제 없이 독점 시장을 창출하며 정책을 추진할 수 있게 되었다. 말하자면 개혁개방은 부패라는 원죄를 안고 시작된 것이다. 개혁개방 초기 국유기업은 권력임대를 통해 관련 시장을 독점하는, 이른바 권력과 시장이 결합하는 시스템을 창출하였다. 이를 통해 '사회주의 시장경제체제' 라는 모순과 충돌은 회피되었고 개혁에 시동을 거는 임무는 달성했다.

지역별·단계별 개방 정책과 함께 개혁 속도에 대한 기득권의 불만을 달래고 중앙부처 간의 불협화음과 지방정부의 권한을 통제하며 개혁개방의 연착륙을 시도했다. 공산당과 관료 그리고 국유기업으로 이어지는 3각 체제는 정책 추진과 함께 경제성장을 주도했다. 하지만 공산당이 토지와 조폐권 그리고 행정력을 장악하고 시장이 확장되는 가운데 권력형 부정부패도 급증하기 시작했다. 고정계획가격에서 시장가격으로 전환되는 과정에서 허용된 이중가격제도는 이익집단의 부패 온상이 되었고 공산당은 개혁지지세력의 확대를 위해 국가이권사업을 당지도부 친인척들에게 배정하기도 했다. 대외개방과 권력임대가 어우러지며 국유자산이 해외로 유출되었고 경제자원을 장악하고 있는 관료들이 이율, 환율, 세율은 물론 토지임대와 기업공개(IPO) 등 생산요소에 대한 가격 결정 메커니즘에 개입하여 금권거래가 이루어졌다.

중국인의 높은 저축률과 저금리 그리고 환율의 저평가는 투자 및 수출을 통해 초고속 성장을 이끌었으나 정부가 금융자원을 독점하고 신용을 배분하는 시스템 속에서 국유기업과 이익집단은 국유은행을 통해 저금리 자금 동원이 가능해 중복투자가 범람했다. 한편 부동산 개발업자는 권력자의 도움으로 지방정부의 토지양도정보와 사업의 인·허가권을 획득한 후 신용대출에 이용하고 때로는 강압적 수단으로 건설 원자재를 외상으로 조달하여 손 짚고 헤엄치 듯 폭리를 취하면서도 겉으로는 분양가격이 원가에도 못 미친다고 울상 짓곤 했다. 부동산업자는 이와 같은 불법과 편법으로 자기자본을 회수함과 동시에 소개비·보호비 명목의 엄청난 비자금을 권력자들에게 제공하였다.

견제 받지 않는 세력은 부패하기 마련이다. 개혁개방 이후 안정과 발전을 전제로 법과 시장 원칙을 위배하면서까지 기득권이 국가의 부를 우선적으로 창출하도록 독려했던 덩샤오핑의 '선부론(先富論)'도 부패를 확산시키는 원인을 제공했다고 볼 수 있다.[7] 특히 개혁개방을 함께 해온 내부권력형 부패는 중국인의 사고까지 오염시키며 '전민부패' 확산에 일조하고 있다. 국유기업과 관련 조직의 부패는 민간의 부패를 조장하고 건국 이념의 퇴색과 물질적 부를 강조하는 사회 분위기는 부패를 부추기고 있다. 죄의식 없는 부패 사고가 중국인의 생활 속에 파고드는 가운데 비국유 부문에 종사하는 일반인은 자신의 이익을 위해 각종 부정부패 수단을 동원해 공직자를 공략하고 있다.

시장을 통제하는 권력이 부패하면 시장주체들도 부패될 수 밖에 없다. 심지어 사회의 부패인식을 계도해야 할 대학들조차 소유권과 경영권이 분리되어 운영자금을 조달할 수 있는 채널이 다양해지며 부패사고에 물들고 있다. 내부관리체계와 외부감독 메커니즘의 낙후로 인해 교직원의 직책을 이용한 편법입학과 뇌물수수 그리고 공금횡령 등은 물론 교수의 학술부패와 비도덕적 행위도 증가하고 있다. 비록 대학부패의 정도와 안건 수가 다른 분야에 비해 경미하나 교육이 사회에 미치는 영향을 놓고 볼 때 교육부패야말로 가장 위험한 부패다. 한 국가의 발전은 물질성장과 정신세계라는 두 개의 수레바퀴가 달린 마차를 모는 것과 같다. 중국이 개혁개방 이후 '성장'이라는 한 개의 바퀴만으로도 잘 달릴 수 있었던 것은 걸출한 지도자와 근면한 국민이라는 말(馬)의 힘이 있어서 마차의 '정신'이라는 바퀴가 아주 작음에도 불구하고 날아갈 정도로 빨랐기 때문이다. 하지만 말의 힘이 부치는 가운데 그 동안 팽개쳐 버리고 있었던 정신의 바퀴를 성장의 바퀴와 같은 크기로 갈아 끼우지 않으면 그 말은 결국 지쳐 쓰러질 것이다. 경제력에 부합하는 정신세계의 창달을 이루지 못하면 국가의 지속발전도 오래 가지 못하는 것이다.

최근 중국의 공산당 지도부는 개혁개방의 눈부신 업적을 갉아먹는 부패의 심각성을 인식하기 시작했다. 특히 시진핑 정부가 들어선 이후 성장의 폭주와 함께한 권력형 부정부패는 국가시스템의 개선으로 실체의 일부가 드러나기 시작했다. 애초 구 시대와의 단절을 위해 권력으로 시장을 창출한 것은 어쩔 수 없는 선택이었지만 시장의 팽창과 함께 새로운 권력형 비리가 계속해서 발생하는 것은 더 이상 묵과할 수 없게 되었다. 부패에 대한 방조로 정권의 정당성에 흠집이 생기기 시작하면 정치사회 안정에 영향을 주고 경제발전을 위한 응집력이 줄어들게 된다. 법제화를 통해 부정부패를 다루는 것은 공산당의 합법성을 담보하는 길이며, 이익집단을 통제하고 공정·공평한 시장메커니즘을 구축해 나가는 것은 공산당의 생존과도 결부된다는 것을 깨달았다.

국민의 참정권을 위임 받아 집정하는 공산당이 오만함에 젖어 파벌 간 권력투쟁을 일삼고 당원 및 관료의 부패가 횡행하는 상황을 방치하는 것은 몸 속의 악성 종양을 키우는 것과 같은 것이다. 중국의 부패는 정치체제와 시장경제의 모순 속에 급증하고 있으나 근본 원인은 공산당이 신뢰와 평등의 이념을 국가통치의 기초로 삼지 못하는 태생적 한계 때문이다. 특정 세력이 국가의 자원을 독점하는 가운데 분배의 공정은 실현되기 어렵고 시장의 실패는 국가의 발전공간을 잠식하고 나아가 대외경제협력에도 영향을 미칠 수 밖에 없다. 결국 경제성장의 발목을 잡고 정치사회의 안정을 위협하게 되는 것이다.

중국 공산당은 정권의 부패로 민심이 떠나면 회복은 불가능하다는 것을 인식하고 '부패와의 전쟁'을 선포했다. 특히 파급 효과가 큰 사회 지도층과 고위 공무원에 대한 사정으로 '윗물'을 집중 관리하기 시작했다. 중국에서 부패의 사전적 의미는 '공공권력을 이용해 개인의 이익을 취하는 것'으로 다른 국가보다 정치적 색채가 짙어 주요 감시·처벌 대상도 고위 공직자 비리에 집중되고 있다. 2007년에 '국가부패예방국(國家豫防腐敗局)'을 설립하여 공직자 및 배우자의 부패 행위를 감시하고 상시 제보시스템 운영과 함께 제보자를 보호하고 있으며 탐관 배후세력을 추적하여 형사처벌 하는 등 반부패 수위를 높이고 있다. 시장경제체제의 발전과 경제법제화 건설 및 투명성 강화 그리고 당 지도부의 의지로 권력자본의 악성팽창을 제어하고 광범위한 권력형 비리를 색출하는 등 그 동안 경제발전을 위해 묵인해왔던 부패에 메스를 들이대고 있다.

하지만 요란한 구호에 비해 정치안정을 위한 계파간의 내부조율, 3자의 고발에 의한 조사, 시범 척결, 내사 등의 조치에 그치는 경우가 많다. 정부의 부패 관련 기구는 배후세력의 압력으로 독립적인 기능을 수행하지 못하고 심지어 이익집단에 의해 청렴한 관리가 희생양이 되는 경우도 발생하고 있다. 문제는 중국에서 부패와 반부패는 모두 위기를 불러올 수 있다는 것이다. 강도 높은 반부패 조치가 정치파벌과 이익집단을 겨누고 이들은 자신의 이익보호는 물론 명예와 체통을 지키기 위해 반항할 수 있다. 타협과 통제의 균형점을 못 찾는 과도한 반부패 정책은 부패세력의 저항으로 정치사회의 불안을 야기할 수 있는 것이다.

그럼에도 반부패에 대한 정치적 구호와 전문기구의 설립은 기득권층에게 권력 남용에 대한 경고 메시지를 전달하고 위법·탈법은 더 이상 용납되지 않는다는 것을 인식시키는 역할은 하고 있다. 공산당은 권력형 부패의 단절을 위해 '설득-내사-경고-조치'로 이어지는 노력과 함께 진화하는 부패의 형태와 예방에 더욱 힘을 쏟을 것이다. 사실 전·현직 국가 지도자급의 친인척이 국유기업의 요직을 맡고 내부정보를 이용해 부를 축적하지만 사회적 물의를 일으키지만 않으면 적절한 선에서 용인된다. 부패 문제가 정치사회 안정을 해치는 정도로 치닫지만 않으면 중국인은 강산(江山)을 통일한 기득권 세력을 인정하는 사람들이다. 실리적인 중국인은 아무것도 할 수 없는 혼란의 시대보다는 공산당의 집정으로 경제사회가 계속해서 안정적으로 발전하면 자신도 기회를 잡을 수 있어 기득권층의 부패를 자신의 삶과 결부시키지 않는다.

하지만 중국인의 소득과 인식 수준이 올라 '중화인민공화국'에 대한 주인의식을 갖기 시작하며 공산당에 대해서도 '자기 정화'를 요구하고 있다. 국민정당으로 거듭나 장기집권을 도모하는 공산당 입장에서 이와 같은 국민의 정서 변화와 요청을 무시할 수 없게 된 것이다. 그렇지만 이익집단을 강하게 단속하면 갈등이 생길 수 있어 자기 통제를 권고함과 동시에 제도와 법(法)의 잣대로 부패를 정화하려는 노력을 시도하고 있다. 이제는 중국의 권력층이 일정 범위 내에서 드러나지 않게 부를 향유하는 것은 괜찮지만 법을 위반하고 사회적 논란을 불러 일으키면 가차없이 처벌되는 분위기로 가고 있다. 즉 기득권자가 인민에게 해를 입히고 몇 푼 안 되는 임금 체불로 고발 당하면 공산당은 조사를 시작 할 수 밖에 없어 스스로를 보호해야 한다. 부패의 칼날 위에서 춤을 추는 것과 같아 자신의 욕심을 통제하고 주변을 잘 관리해야 하는 것이다.

국민과 제도를 통해 감시 받는 선진국과는 달리 중국 공산당은 스스로 깨우치고 정화해야 한다. 현 지도부도 부패를 가장 큰 내부의 적으로 인식하고 있어 향후 고위 공직자의 부정부패 행위는 일벌백계 차원에서 다룰 것이다. 마치 과거 왕조시대, 탐관을 참수한 후 그 수급을 성벽에 걸어놓는 것처럼 '처단은 최고의 예방'이라는 강한 메시지도 줄 필요가 있는 것이다. 부패 공직자는 이미 썩은 나무와 같아 땔감으로도 쓸 수 없는 가운데 부패라는 독버섯만 자라게 하여 주변을 감염시킬 수 있으므로 격리해야 한다는 것이다. 중국에서 권력층과 부패 관료가 부와 자신을 동시에 지키는 것이 점점 어려워 지고 있다.

마오쩌둥은 신 중국 창건 전후 간부들에게, 자신과 같은 농민 반란군 지도자로 북경이 입성하여 명(明)을 멸망시켰으나 부하들의 약탈과 부패로 대의를 그르쳐 국가를 그대로 만주족에 넘겨버린 '이자성(李自成)'을 배우지 말 것을 수 차례 강조했다. 그리고 "앞으로 누가 부패를 저지르면 누구의 목을 치겠다"며 공산당의 기율을 강조했고 이와 같은 기조는 문화대혁명 전까지 유지되었다. 일찍부터 역대 왕조처럼 부패로 민심을 잃어 정권의 말로를 맞이하게 될까 걱정한 것이다. 실제 명조(明朝) 말 중국의 은(銀) 보유고는 전 세계의 1/3에 달했으나 점차 부패 관리들 수중으로 흘러갔고 멸망 직전 고관대작의 집에서 발견된 은의 양은 국고의 수 배에 달했다. 다량의 은이 소비로 연결되지 못한 채 부패집단의 창고에 사장(私藏)되어 있었던 명의 경제는 추락할 수 밖에 없었고 이는 명의 멸망을 재촉했다. 명조의 교훈이 중국 공산당에 시사하는 바가 매우 컸던 것이다.

북경대학 '염정(廉政)건설 연구센터' 리청옌(李成言) 교수는

"반부패와 청렴정치 확립은 중국 공산당의 일관된 정치적 입장이자 국민이 주목하는 중차대한 정치문제로, 햇빛이 가장 좋은 방부제이듯이 반부패의 핵심은 투명한 공개를 통해 탐관으로 하여금 빛을 보자마자 죽도록 해야 한다. 권력을 투명한 제도의 새장 속에 가두어 계속 머물게 해야 한다"며 제도적 반부패 집행을 강조했다.[8] 제도를 통한 심리적 통제로 아예 부패 사고를 없애는 법안을 마련해야 한다는 것이다. 중앙기율위원회 리용중(李永忠) 위원은 쉽고 모두가 좋아하는 개혁은 이미 완성되었고 이제 반부패와 같이 씹기 어려운 뼈다귀가 남았다는 시진핑 주석의 말을 언급하며 "중국의 꿈을 이루려면 부패를 초장에 박살내야 민심을 얻을 수 있고 필요하다면 '정치개혁특구'를 만들어서라도 반부패 투쟁을 기제화 해야 한다. 특구를 설립하지 않는 것은 마치 과학자에게 실험실도 배정해 주지 않으면서 성공적인 결과를 제출하라는 것과 같다. 칼날이 아무리 날카로워도 자신의 칼을 쪼갤 수 없듯이 자체 감독은 무용지물이다. 구조적 결함이 있는 빌딩에 상수도관, 가스관, 전선의 배치가 아무리 좋아도 결국은 무너지듯 제도를 통한 반부패 투쟁으로의 전환은 필수적이다. 연기가 나지 않는 반부패 전쟁은 국민이 믿을 수 없어 민중들로 하여금 광범위하고 적극적으로 반부패 투쟁에 참여할 수 있도록 해야 한다. 그렇지 못하면 정부가 뭘 해도 국민은 믿지 않을 것이다"라며 중국이 가야 할 반부패의 길을 제시하고 있다.

다소 과격한 표현과 해법을 제시하고 있지만 좌파던 우파던 현 중국의 체제를 위협할 가장 큰 잠재 요인이 부패라는 것에는 의견이 일치된다. 2017년 새해 벽두에 중국사회과학원이 발간한 '반부패 청렴 청서'에 따르면 2016년에 장·차관급 고위 간부 67명이 부패 혐의로 낙마했고 26,609명의 중간 간부가 징계 처분을 받았다. 시진핑 정부가 들어선 이후 약 120만 명의 공산당원이 당규 위반으로 처벌됐다. 절반의 역사학자나 다름 없는 중국의 지식인은 반부패가 국가의 명운이 달린 과제임을 잘 알고 있다. 부패가 공산당을 망하게 하고, 부패를 잡지 못하면 국가가 망하는 것이 아니라 국가와 공산당이 모두 망하는 것이다. 마오쩌둥의 '건국 대업'과 덩샤오핑의 '개혁개방 대업'에 이어 시진핑 주석이 재임 중에 '반부패 대업'이라는 정치적 책임과 사명을 완수하지 못하면 중국의 정치사회 안정과 경제의 지속발전 전략은 공염불이 될 것이다.[9] 또한 후일 시진핑 주석의 업적도 이를 통해 평가될 것이다.

이와 같은 배경 속에서 중국의 반부패 투쟁에 대한 실사와 제도적 조치는 중국에서 활동하는 외자기업의 경영활동에 필요한 생존 지침이 된다. 한국기업의 중국본부는 각 지방 사업장의 임직원들이 지방정부 관리들과 부패에 연루되지 않도록 예방·정신 교육을 강화하고 문제가 발생하면 즉각 조치해야 한다. 중국에서 '부패', '편의제공', '감사선물' 등에 대한 해석은 종이 한 장 차이로, 상황에 따라 완전히 다른 결과를 초래할 수 있어 애초에 '주지도 받지도 않는다'는 원칙을 세워 놓아야 한다. 임직원에게 부정으로 거래하는 것을 절대 용납하지 않는다는 경고를 수시로 보내야 하며 중국측 유혹에 직면할 시는 본사의 규정을 분명히 밝히도록 훈련시켜야 한다. 또한 업종의 특성과 진출지역에 따라 부패 가능성의 정도가 다르므로 별도 교육을 실시할 필요도 있다.

중국경제가 발전하면서 부패의 기회와 가능성이 더욱 커지는 가운데 뇌물을 주고 받는 행위가 몇 차례 오가면 중단하기도 힘들 것이다. 하지만 문제를 키워 사회적 물의를 일으키다간 사업은 고사하고 체제에 도전하는 것으로 몰릴 수 있다. 시범케이스로 적발되면 벌금 폭탄은 물론 사회에 사안이 자세히 공개되고 블랙리스트에 올라 반부패 성과의 전리품이 된다. 이로 인해 새겨진 주홍글씨는 오랜 시간이 지나도록 따라다닐 것이며 회복은 쉽지 않다. 한국기업은 현지에서 준법원칙경영을 견지하고 공산당원과의 부패에 연루되지 말아야 할 것이다.

빈부격차

개혁은 기존 권력과 계급을 뒤엎는 혁명과는 다르다. 개혁개방 이후에도 기존 권력층은 기득권에 아무런 영향을 받지 않았고 오히려 덩샤오핑 사상에 대한 암묵적 지지로 보호를 받았다. 그들은 애당초 모두의 안정과 활로를 위해 타협점을 찾은 것이다. 이익집단은 권력의 일부는 양보했지만 또 다른 신분으로 갈아타며 엄청난 부를 창출할 수 있는 기회를 잡았다. 이를 통해 거대한 부패가 잉태하고 빈부격차가 급속히 진행될 것임은 자명했다. 개혁개방 이후 점(특구) - 선(동부연안) - 면(서부내륙)으로 이어지는 선별적·차별적 국가발전 정책 추진과 이에 따른 급성장은 도농 및 동서 간의 지역격차와 빈부격차를 확대시켰다.

1958년부터 실시된 호구제도는 농촌 및 도시 지역간의 자유로운 이동을 제한하여 도농 간의 빈부격차는 고착되기 시작했다. 중국정부는 공업화와 함께 대량의 인구이동이 각종 사회문제를 유발할 수 있는데다 모든 지역 사람들의 복지수준을 똑같이 끌고 가는 균형발전전략은 어렵다고 보았다. 산업화가 추진되는 지역과 낙후된 농촌지역을 이원화하여 사회안정을 통제하는 가운데 특정 지역이 선도하는 발전 정책을 채택했다. 하지만 권력자본과 부(富)의 유실을 방지하는 인적 장벽을 통해 급성장은 달성했으나 부패와 빈부격차 그리고 환경오염은 막을 수 없었다. 거칠 것 없었던 중국정부의 성장정책이 빈부격차를 가속시킨 주 원인으로 작용했다. 개혁개방 이후 40년 간 중국의 경제성장은 토지와 국유기업 그리고 사업 인·허가권을 가진 중앙정부의 자원지배와 통제 하에 지속적인 투자와 지방정부의 'GDP 성장주의'에 따른 것이다.

1990~2016년 동안 중국의 GDP는 39배 증가했고 재정수입은 54배(이중 중앙 73배, 지방 45배) 늘었으나 도시주민의 일인당 가처분소득과 농촌주민의 일인당 순소득은 각각 22배, 17배 증가하는데 그쳤다. 정부의 재정지출은 교육과 의료 등 사회보장체계 구축에 역점을 두기 보다는 각종 인프라 건설과 정권이미지 공정 그리고 국가 이벤트 개최 등에 투입되었다. 통제와 차별적 발전 정책으로 도농 간의 빈부격차는 갈수록 커져 2016년 상해시민의 일인당 가처분소득은 서부지역 감숙성(甘肅省) 농촌주민의 7.7배에 이르렀다. 또한 전체주민의 일인당 가처분소득 최상위 20%의 소득은 최하위

20%의 10배 이상에 달했다.

북경대학의 '중국 민생발전보고 2015'에 의하면 중국의 상위 1% 가구가 국내 자산의 약 1/3을 차지하고 있고 하위 25% 가구의 보유 비중은 1% 정도에 불과했으며 아울러 그 격차도 심화되고 있는 것으로 나타났다. 호구(戶口)의 소재지와 부모소득 그리고 당원 신분 여부와 출생지역에 따라 교육자원의 점유 비중에 차이가 있고 소득이 높을수록 의료보조 혜택이 큰 것으로 나타났다. 특히 생활환경이 열악한 농촌지역의 농민과 여성에 대한 보건·의료 시설과 혜택은 도시지역에 비해 턱없이 모자라는 것으로 나타났다. 동 보고서는 현재 중국의 빈부격차 정도가 청나라 말기 '태평천국(太平天國)의 난(亂)'이 발생한 시기와 비슷한 상태로 사회 불안정을 초래할 수 있다고 경고했다. 이 밖에 중국 재계정보 조사기관 후룬연구원(胡潤研究院)에 따르면 2016년 3월 '양회(兩會)'에서는 자산 10억 달러 이상을 소유한 중국의 억만장자 568명 중에서 전인대 대표가 57명, 정협 위원이 50명 참석했고 이들 107명의 총 재산 규모는 3500억 달러에 달했다. 개혁개방의 성과 분배가 상위 일부분에 집중되어 있는 것이다.

한편 중국경제 문제는 바로 국유기업 문제라고 하듯 빈부격차에 대한 배경도 중국의 국유기업을 언급하지 않고서는 설명이 부족하다. 국유기업은 개혁개방 이후 국민경제발전의 선봉장으로 체제안정의 주력군 역할을 해 왔으나 부패와 빈부격차의 온상이자 원인 제공자이기도 하다. 시장과 금융자원을 독점하고 있는 국유기업은 광범위한 정책지원과 내부거래로 민간기업은 상상도 못할 폭리를 취해 왔다. 이는 국유기업 개혁과는 무관한 제도적 불평등에 기인한 것으로 태생적 빈부격차 문제를 안고 있었던 중국사회에 후발적 빈부격차를 심화시키는 작용을 했다. 계획경제 시기의 각종 권한과 국유자산은 개혁개방을 통해 석방되어 새로운 시장을 창출했고 아무런 견제와 경쟁자도 없는 가운데 권력자본도 팽창하기 시작했다.

권력자본은 '중국 특색의 사회주의 시장경제체제'라는 명제와 국가발전을 통한 '중화민족의 중흥'이라는 구호와 함께 그 정당성과 합법성도 갖추게 된다. 국유기업은 국유은행의 자금독점과 전력, 통신 등 기간 산업의 국가독점 그리고 의료, 교육 등 공공부문의 행정독점과 농산물 가격을 통제하는 유통독점을 배경으로 급성장 했고 동시에 인위적 시장 왜곡으로 부패가 창궐할 수 있는 여지도 제공했다. 그럼에도 국가가 국유기업의 임직원 역할을 하고 최고 경영진이 정치권력의 핵심과 연결되어 기업지배구조를 개혁하기는 어려웠다. 공정한 경쟁시장 건설을 위해 실질적 권한을 행사할 강력한 규제당국이 탄생하는 것을 '페트로 차이나(中國石油)', '차이나 모바일(China mobile)' 등 대형 국유기업이 용납하기는 쉽지 않다.

정책 당국이 국유기업 편에서 시장을 그들에게 유리하도록 조종하고 금융서비스를 지원하고 있는 가운데 외자기업 혹은 외국인 투자자에게 시장개방을 하기는 어렵다. 심지어 이들 커넥션은 자신의 이익에 부합하지 않으면 시장발달을 중단시키지는 못하더라도 늦출 수 있는 힘은 가지고 있다. 사회주의 실험을 통해 마르크스가 초기 자본주의에만 나타난다는 '자본의 원시적 축적'에 국가대표기업

팀원들이 필사적으로 매달리고 있는 것이다.[10] 한편 권력이 시장을 창출하고 시장의 팽창과 더불어 더욱 공고한 권력자본이 만들어진 가운데 장쩌민 전 주석의 '3개 대표론'으로 과거 타도 대상이었던 상공인들도 공산당 가입이 가능하게 되었고 이를 통해 민간자본과 이익집단이 연결되면서 권력임대를 통한 새로운 시장창출과 시장 권력을 만들 수 있는 조건이 마련되기도 했다. 공산당의 통치 기반이자 부패와 빈부격차의 주범이기도 한 국유기업에 대한 개혁은 중국 경제사회의 지속발전과 정치 민주화 그리고 민족번영으로 가기 위한 시금석이자 공산당의 미래를 점치는 바로미터지만 그리 쉽게 가지는 못할 것이다.

이와 같이 중국의 차별적 불공정이라는 태생적 배경은 빈부격차가 커질 수 밖에 없는 구조를 설명하고 있다. 폭발적인 사회적 부의 증가 속에서 부의 분배를 수치로 표시하는 중국의 '지니계수(소득 불평등 지수)'는 2016년에 0.465를 기록했다. 사회경제학 측면에서 0.5 이상이면 사회안정이 위협받는다. 지역별·도농별 격차는 물론 같은 도시 내에서도 근로자의 임금이 법정최저 수준부터 선진국 수준까지 차이가 나고 있어 계층 고착화가 진행되고 있다. 지난 40년간 개혁개방의 최대 수혜자는 '공산당 주식회사'라는 비판이 대두되는 가운데 대규모 경기부양책은 인프라 투자로 이어지며 대형 국유기업만 혜택을 입고 있다. 민간부문 투자는 정부투자를 이어갈 여력을 얻지 못하고 가계 또한 수요를 창출하지 못해 경기부양책의 레버리지 효과는 없이 빈부격차만 가중되고 있다.

성장의 혜택을 보다 많은 노동인구가 누리지 못하는 상황 속에서 원죄를 지닌 채 시작된 개혁개방의 사회적 모순이 날로 심화되어 각종 이해 관계를 둘러싼 집단소요 사태도 증가하는 추세다. 비록 아직까지 이데올로기에 관한 소요 사건은 없지만 빈부격차가 지속되면 이 또한 장담할 수 없을 것이다. 도시로 나가 일을 하는 농민공이 벌어들이는 소득마저 없었다면 농촌지역의 피폐와 사회불안정은 더욱 심해졌을 것이다. 경기침체가 이어지고 반강제적 과잉고용 상태인 국유기업의 사업이 부진하여 구조조정이 본격화되면 대량해고가 불가피하고 수 천만 명에 달하는 농민공도 고향으로 돌아갈 수 밖에 없을 것이다. 매년 노동시장에 신규 대졸자 750여 만 명이 쏟아지고 있으나 경기부진에 따른 일자리 감소로 취업난을 겪고 있거나 대기 시간이 길어지고 있다. 이처럼 일자리를 잃거나 찾지 못하는 패자집단이 커지면 중국정부의 부담이 가중되고 불만세력이 잉태할 수 있는 것이다.

북경대학 리이닝(厲以宁) 교수는 중국의 빈부격차 해소와 사회 투명성 제고 측면에서 몇 가지 해법을 제시하고 있다. 첫째, 빈부격차의 주요 원인 제공자인 국유기업에 대한 개혁은 공공성과 시장경쟁 업종을 구분하여 추진하고 민간 자본의 국유기업 투자를 허용하는 '혼합소유제' 경영체제는 관료가 돌아가며 맡는 것이 아니라 전문경영인 제도를 도입하여 점차 국유기업을 독립적인 시장주체로 만들어 가야 한다. 둘째, 소득분배개혁의 중점은 농민의 토지 및 택지에 대한 재산권을 명확히 하고 정부가 임의대로 토지를 구획하고 수용하여 개발해서는 안 된다. 셋째, 노동시장제도를 통해 노동가격에 대한 협의 메커니즘을 구축하여 고용주 마음대로 임금을 정하게 해서는 안 된다. 넷째, 농민이 수확한 농산품에 대한 적정 판매가격을 보장해 줄 수 있는 조합 설립을 통해 농민의 이익보존과 가격협상 능력을 제고하고 농산물 구매자가 임의대로 가격을 정하게 해서는 안 된다. 다섯째, 도농간 교육자원의 불균형을 해소하는 교육제도개혁을 통해 농민공의 아들 역시 농민공이 되는 빈곤 세습으로 그들의 운명이 정해지는 것을 예방해야 된다는 것 등이다.[11]

중국인은 체질적으로 자신에게 돌아오는 분배가 적은 것은 걱정하지 않으나 분배의 불균형은 걱정하는 사람들이다. 발전이라는 것이 사회의 모든 분야가 동시에 발전하는 것이 아니므로 경제성장은 불균형을 야기할 수 밖에 없다. 하지만 중국은 국민의 균형적 부의 증가를 목표로 하는 사회주의 국가다. 최근 빈부격차를 절감하고 있는 일부 지역의 중국인은 예전에 모두가 가난했던 마오쩌둥 시대를 그리워하기도 한다. 향후 지속발전과 함께 국민의 불만도 갈수록 커질 수 있어 빈부격차 문제는 경제문제이기에 앞서 체제를 위협할 수 있는 정치문제다. 중국인은 공산당이 외치는 '개혁'이 모두를 위한 것인지 아니면 일부 이익집단의 배만 불려주는 것인지를 지켜볼 것이다. 평등의 이념과 성장의 가치를 어떻게 잘 조화시켜 나갈 것인가는 중국 공산당이 풀어 나가야 할 핵심 과제다.

현 중국에서 소득격차로 인한 계층분화는 점차 고착화되고 있으며 나아가 계층간 마찰로 이어질 수 있는 위험성도 내포하고 있다. 기업의 노사충돌, 농민과 개발상의 충돌, 농민과 기층관료의 충돌, 하부계층의 상부계층 부패에 대한 강한 불만 표시의 확대는 필경 사회안정에 영향을 줄 것이다. 중국의 외자기업은 실제 가난에 의

한 영양실조와 가난하지는 않지만 불공평하다고 느끼는 영양결핍 현상이 공존하는 중국사회의 분화와 불안정에 어떻게 대응할 것이며 또한 가난하고 소외된 부류에 대한 기업의 CSR 전략은 어떻게 가져가야 할 것인지를 고민해야 할 것이다.

에너지부족과 환경오염

14억 인구의 중국이 평화로운 지속발전을 위해서는 방대한 에너지 자원이 필요하다. 또한 해외로부터의 적정가격과 안정된 수송루트 보장으로 장기적 에너지원을 확보하는 것은 발전을 담보하는 경제문제이자 국가안보 문제이기도 하다. 부패와 빈부격차 그리고 에너지부족 등 중국의 근간을 뒤흔들 수 있는 3대 국가 리스크 중에서 에너지 자원은 대외적으로 외세간섭 없는 자율국가를 유지하는데 필요하고 대내적으로는 경제발전을 지속하여 사회안정을 유지하는데 필요한 절대조건이다. 한국과 일본이 그랬듯이 통상 일인당 국민소득이 2천불에서 2만 불로 넘어가는 과정에서 천연자원 수요는 급증한다. 현재 중국은 국민경제의 전면적 구조조정과 함께 해외자원 확보를 가속해야 하는 중대한 시기에 처해 있다.

개혁개방 후 중국의 제조업은 인력자본 축적과 기술혁신으로 생산성을 높이며 경제성장과 안정된 일자리 창출을 위해 공헌해 왔다. 하지만 이와 동시에 급속한 산업화로 담수와 석유 그리고 철강 등 자원부족 현상이 노정되기 시작했다. 기초자원인 담수의 절대

부족은 서부개발의 진척을 가로막고 동부 및 중부 지역에서는 농공업 용수가 갈수록 부족한데다 생활용수 부족과 재해 및 오염 등으로 인해 전국 도시의 2/3가 물 부족에 시달리고 있다. 자원부족, 특히 물과 석유의 부족은 향후 지속발전에 커다란 걸림돌로 작용할 것이다. 중국인민대학 총장이자 경제학자인 류웨이(劉偉) 교수는 경제발전과 함께 돌출되고 있는 문제는 바로 자원문제, 특히 재생산이 불가능한 담수 및 석유자원의 부족으로 현재 석유탐사 및 채굴능력이 미흡한 가운데 향후 새로운 석유 매장량을 찾거나 확보하지 못하면 20여 년 후 중국경제는 심각한 상황에 빠질 수 있다고 경고한다.

석유와 광물 그리고 수자원 등의 자원은 중국의 현대화를 위한 물질적 기초이나 중국은 국가 규모 대비 세계에서 자연자원이 가장 부족한 나라 중의 하나다. 그럼에도 GDP 1억 달러 창출에 투입되는 에너지 양은 선진국의 4-5배 이르고 심지어 인도보다 많은 실정이다. 2016년 중국은 세계 철광석의 2/3를 수입했고 전세계 소비량의 45%를 차지했으며 동(銅)의 재고량은 전세계 재고량의 3/4을 차지하고 있다. 하지만 2016년 말 국내 공급만을 기준으로 한다면 석유와 철강 그리고 동(銅)의 양은 향후 10여 년 정도만 커버할 수 있는 규모다. 특히 2016년 석유수입의 대외의존도가 65%에 이르는 가운데 수입 없이 자체 비축한 것으로 소비할 수 있는 기한은 30일 정도에 불과하다.

중국정부는 도시건설과 자동차급증 그리고 석유비축에 대처하기 위한 에너지 확보에 걱정이 많다. 이에 천연가스와 태양열 등 대체 에너지 개발을 서둘러 석유수요에 대한 탄력을 제고하고 전략비축도 확대하고 있다. 중국의 3대 국영 석유기업인 '중국석유(中國石油)'와 '중국석화(中國石化)' 그리고 '중국해양석유(中國海洋石油)'는 석유 탐사 및 채굴, 석유산업 체인, 신 에너지 자원 개발 분야에서 다른 국유기업보다 훨씬 많은 특허를 보유하고 있다. 하지만 중국정부의 에너지 관련 정책과 연구개발은 아직 미흡한 수준이고 국내유가는 성장지속과 물가안정을 위해 세계평균보다 낮은 수준으로 통제되어 왔다. 이는 고유가로 인한 화학비료의 가격 상승이 농업생산과 농민생활에 충격을 주고 식량 및 식품가격의 상승을 부추기는 것은 물론 석유를 원료·연료로 쓰는 업종의 비용상승 압력이 타 업종으로 전이되는 소위 '비용 촉진 인플레'가 유발될 수 있기 때문이다. 이와 같은 가격 요인과는 별도로 도시화와 산업화의 진전 그리고 식량 및 자원안보 측면에서 석유소비는 앞으로도 증가할 수 밖에 없는 구조다. 비록 중국이 세계 4위의 산유국이라 원유수입 급증을 억제하고 있으나 1996년부터 석유순수입국으로 돌아선 이후 2016년 말 현재 미국에 이은 세계 2위의 석유소비대국인 중국이 향후 석유수급 및 가격정책 개혁과 신 에너지개발에 대한 기술적 돌파구를 마련하지 못하면 2030년에는 수입의존도가 83%에 달할 것이라는 전망도 나오고 있다.

이와 같은 시장 상황과는 별도로 중국정부는 향후 석유에너지를 확보하지 못하면 국제석유시장에서 항시 피동적 입장이 되고 나아가 대국외교 행보에도 걸림돌이 된다는 인식 하에 정부가 직접 나서서 공격적인 자원확보 경쟁에 나서고 있다. 아프리카, 남미, 동남아, 중동 등지의 국가로부터 석유채굴권을 획득하거나 석유 및 천연가스의 장기 공급계약을 체결하고 국영석유회사들은 글로벌 석유회사의 지분을 시세보다 높은 매수가격으로 인수하며 유전소유권 및 채굴권을 확보하고 있다. 향후 중국정부는 막대한 외환보유고와 환율변동을 활용해 에너지자원 확보에 더욱 박차를 가할 것이다. 이 밖에 21세기 육·해상 실크로드 경제권 구축과 대외노선의 미래 구상인 '일대일로(一帶一路)' 계획도 에너지 및 수송로 확보가 주요 목표 중의 하나이며 아울러 양자 및 다자 FTA 협상도 미래 에너지의 안정적 공급선 확보에 중점을 두고 추진하고 있다. 아시아와 중동 그리고 아프리카 등지에서 활동하는 중국의 국영건설업체도 해당지역 건설시장 진출 목적 외에 자원확보라는 드러나지 않는 임무를 띠고 진출하는 경우가 많다. 여기에 미래자원 확보를 위해 과학기술도 적극 활용할 계획이다. 2020년까지 탐사 위성 27개를 쏘아 올려 일대일로(一帶一路)를 지원할 지정학적 데이터 자료를 공급할 예정이다. 2020년까지 지하 2km 깊이에서 광물을 채집하고 6.5~10km 지하에 있는 원유와 천연가스를 탐사하고 심해 11km까지 잠수가 가능한 수중 카메라를 개발하여 심해 자원을 조사할 계획이다.

이와 함께 중국은 에너지자원 확보와 국가안보 차원에서 글로벌 외교 분쟁을 무릅쓰며 남·동 중국해에 대한 핵심이익을 지키려 하고 있다. 산유국의 수송 파이프 라인 파괴, 대만 및 일본과의 마찰을 구실로 촉발되는 석유공급 제한 조치, 배타적 경제수역을 둘러싼 해저 유전개발 분쟁, 해양 수송로 안전 문제 발생 등의 가능성을 상정하여 각 사안에 대한 전망과 대응 전략을 심층 연구하고 있다. 중국은 1차 2차 세계대전 발발 배경과 1941년 석유금수조치를 당한 일본이 해군함대의 연료가 바닥나기 직전 태평양 전쟁에 돌입한 사실을 알고 있으며 미래에 미국을 위시한 서방이 자원을 무기로 세계대국임에도 자원빈국인 자신의 목을 옥죌 가능성을 우려하고 있다. 중국은 전통적으로 해양에 대한 영향력과 해군전력이 약해 안전을 보장할 수 없는 해양 수송로 외에도 중국과 러시아 그리고 유럽을 연결하는 유라시아 수송로에 관심을 가질 수 밖에 없다. 러시아와의 협력 강화와 일대일로의 전략 추진은 필수불가결인 것이다.

최근 중국정부는 자원 부국들에 대한 관계증진과 대규모 투자를 제시하며 에너지 외교를 펼치고 있다. 아프리카와 남미의 자원확보를 위해 진출 대상국의 부채를 탕감해 주거나 인프라를 건설해 주고 자원부국과 산유국에 대한 차관 공여를 조건으로 석유·광물 자원을 장기간 공급받는 형식으로 유전·광산 개발권을 획득하고 있다. 이 같은 배경에는 미국이 주도하고 투기세력이 판치는 국제석유시장에서 중국이 석유수입과 수요대국임에도 가격 협상 주도권과 시장에 대한 영향력이 미미하여 고유가에 대한 부담을 고스란히 떠안고 있는 가운데 향후 독자적인 에너지확보 라인 구축이 절실하다는 인식이 자리잡고 있다. 특히 글로벌 에너지자원 획득에 대한 미국의 간섭과 통제를 우려하는 중국은 미래 에너지 확보 지역으로 중앙아시아를 선택하고 2001년에 중국, 러시아, 카자흐스탄, 우즈베키스탄, 키르키스탄, 타지키스탄이 참여하는 '상하이협력기구(SCO)'를 발족시켰다. 이를 통해 카스피해 자원개발을 추진하고

2003년에는 아세안(ASEAN)과도 자원협력강화 협정을 체결하였다.

중국 공산당 입장에서 표면적인 다자안보체제 구축보다 더욱 중요한 목적은 미래자원 확보다. 작금의 중국은 러시아가 필요하며 중국의 미래가 러시아의 자원에 달렸다고 해도 과언이 아니다. 중국의 리커창 총리도 "러시아와의 에너지 협력은 단순거래 이상의 의미가 있다"고 강조한다. 하지만 중화민족과 슬라브민족이 잘 어울리는 민족은 아니다. 역사적으로 중국에 이익보단 고통을 훨씬 많이 주었음에도 서로의 이익을 위해 몸을 의지하고 있으나 마음은 잘 통하지 않는 민족이다. 중국은 러시아의 에너지자원에 의존하다가 미래에 큰 약점을 잡힐 수 있음을 알면서도 현재로선 미국에 대한 외교안보적 공동대응과 에너지확보를 위해 별 대안이 없는 상황이다. 자원독립에 중국경제의 미래가 걸려 있는 것이다.

한편 환경생태계를 파괴하지 않는다는 전제하에 미래 에너지를 확보하고 합리적으로 이용하는 것 또한 중국정부가 해결해야 할 핵심 과제다. 급격한 산업화와 도시화는 환경을 파괴할 수 밖에 없다. 중국은 방대한 토지를 소유하고 있지만 '농업의 기초지위 확고와 식량안보 사수'라는 대전제 하에 산업화 할 수 있는 토지는 제한되어 있고 양적 성장에 따른 경제의 총량 확대로 생태환경 파괴는 갈수록 심해지고 있다. 현재 세계 1위의 온실가스 배출국인 중국은 전국 74개 도시에서 기준치를 넘는 공기오염 상태가 일년 중 절반 이상 지속되고 지표수는 전반적으로 오염이 존재하고 있으며 일부 하천은 심각한 실정이다. 시진핑 주석은 '장강(長江) 경제벨트 발전'에 관한 의견에서 향후 오랜 시간 동안 장강의 생태환경 회복을 최우선에 두어야 하며 '대발전(大發展)'이 아니라 '대보호(大保護)'가 더 중요함을 강조하였다.

장강 유역은 중국의 전체 인구와 GDP의 40% 이상을 차지하는 곳으로 동 지역의 환경오염은 즉시 사회불안으로 이어질 수 있다. 특히 공업부문의 오폐수 방류와 함께 화학비료와 농약을 많이 사용하는 농업으로 인해 수질 오염이 심해지고 있는데 이는 식량증산 문제와도 결부되어 과감한 조치를 시도하기 어려운 실정이다. 중국 수리부(水利部) 데이터에 의하면 중국 전역에서 매년 방류되는 오폐수는 약 785억 톤으로 이중 약 400억 톤이 장강으로 유입되고 있으며 이는 황하(黃河)의 전체 수량(水量)에 버금가는 양이다. 아직 개발도상국으로 갈 길이 먼 중국은 이미 환경보호와 경제발전이라는 두 가지 목표를 함께 이루어야 하는 현실에 직면했으며 환경문제를 계속 방치하다가는 '둘 중에서 하나'를 선택해야 하는 양난에 빠질 수 있다.

현재 중국은 국가자원을 대량으로 환경보호에 투입하기도 어렵고 그렇다고 발전을 이룬 후 환경문제를 처리해서도 안 되는 상황에 직면한 상태로 선진국이 과거 일인당 GDP 10000달러 수준에서 시작한 환경보호 정책을 지금 수준에서 당장 시작해야만 되는 실정이다. 선진국이 100년 이상에 걸쳐 공업화를 달성한 후 출현한 환경오염 문제가 중국은 개혁개방 40년 동안 이를 달성하기도 전에 환경문제가 붉어지며 지속발전을 위협하고 있는 것이다. 2017년 3월, 중국 양회(兩會)의 '정부업무보고'에서는 '파란하늘 보위 전쟁(藍天保衛戰)', '하천관리 책임제(河長制)' 등의 용어가 처음으로 제시되며 환경보호에 대한 중국정부의 고민을 대변하기도 했다.

중국정부는 환경오염과 생태계파괴에 대처하기 위해 '13.5 규획(2016~2020)' 기간 중 매년 환경오염에 대한 개선처리 비용으로 GDP의 1.5%를 투입할 계획이다. 또한 '국가에너지국(國家能源局)'은 2020년까지 1차 에너지 소비 중에서 비화석 에너지 비중을 15%까지 높이고 '환경보호부(環境保護部)'는 대기·토양·수질 오염 방지를 핵심업무로 선정하고 오염기업에 대해서는 환경오염 유발에 대한 종신추궁제도를 시행할 계획이다. 그리고 환경오염 배출업체가 기업공개(IPO)를 신청하면 환경보호부의 심사의견을 제출하게 하고 이미 상장된 기업도 환경보호 실적을 매겨 공시하고 있다. 한편 홍콩의 사우스차이나모닝포스터(SCMP)는 중국정부가 만성적인 황사발생과 가뭄 그리고 식수난을 겪고 있는 중국의 서북부 지역을 대상으로 약 2000억 원의 예산으로 3년 동안 인공강우를 실시한다고 보도하기도 했다(2017.1.24). 현재 국토면적의 30%가 사막과 황무지로 분류되어 약 4억 명이 생활에 어려움을 겪고 있고 동지역 대부분이 소수민족 거주지라 식수난 해결에 대한 정부의 고민과 해결 의지가 절실한 상황이다.

중국정부는 환경정책과 환경보호로 발전동력이 훼손되는 것을 방지하고 사회안정까지 지켜야만 한다. 에너지 낭비를 통한 양적 성장 방식이 빈부격차와 환경파괴를 초래하고 에너지부족으로 인해 성장이 정체되기라도 한다면 이를 사전에 대비하지 못한 것에 대한 청구서가 날아들 것임을 알고 있다. 하지만 청구서는 환경오염에 대한 중국인의 반응을 통해 이미 날아들고 있다. 중국인은 대도시 악성 스모그의 원인 제공자인 국유기업에 전혀 손을 쓰지 못하는 정부를 비판하고 개혁개방 40년의 성과가 생존기반을 희생한 것이라면 인정할 수 없다며 분노한다. 대도시 주민을 위주로 발전의 단맛에 취해 그 동안 등한시 했던 대기오염 문제가 이제 개인과 가족의 삶에 직결되고 있기 때문이다. 개발과 성장을 강조하는 관료와 학자들에게 북경과 상해 등 대도시에서 격무에 시달리는 화이트 컬러는 '누굴 죽이려 드느냐'라고 눈을 치켜드는 형국이다. 환경오염 문제가 주요 국정과제로 급부상할 수 밖에 없는 분위기다.

중국의 빈부격차와 에너지부족 그리고 환경오염 문제는 모두 인재(人災)에 속하는 것으로 이들 재난들이 함께 심해지면 민심은 급격히 흔들릴 수 있다. 자연자원이 부족한 나라에서 환경오염마저 확대되면 가용자원은 더욱 줄어들고 여기에 각종 위생문제라도 불거지면 이는 즉시 경제사회 문제로 변할 수 있다. 에너지부족과 환경오염 문제는 중국경제의 약점으로 중국정부가 글로벌 협력을 절실히 요청하고 있는 부분이다. 특히 중국의 환경오염 문제는 한국도 직접 피해 영향권에 들어 있어 향후 관련 분야에 대한 양국의 협력은 양국 국민의 적극적인 지지와 공감을 불러 일으킬 수 있다.

≫≫ 중국 공산당과 지도부가 상기 세 가지의 절대 위협 요인에 대한 역사적·현실적 인식이 명확한 가운데 중국정부는 위협 요인을 해소하고 지속발전과 중국의 꿈 실현을 위한 중장기 정책을 추진하고 있다. 미래 중국경제는 산업의 구조조정과 고도화, 주민의 소득증대를 통한 내수확대, 과학기술 역량 제고와 경쟁력 배가, 혁

신의 상업화와 일대일로를 통한 국내외 시장 확대, 체계적인 국가 간부육성 시스템과 정치안정 등 5대 요인의 성공과 지속 여부에 달려있다. 중국 공산당이 '하늘이 내린 기회와 대륙의 기운 그리고 백성이 화합(天時地利人和)'하는 작금의 기회를 잘 살린다면 지속성장의 기반을 다지며 '100년 정권 유지'라는 1차 목표는 무난히 달성할 수 있을 것이다.

구조조정

지속성장이란 높은 산출효율을 전제로 투입을 계속하는 것으로 여기엔 교육과 과학기술 그리고 노동력의 질적 제고는 물론 공정한 부의 분배를 통한 국민의 구매력 확대와 소비 그리고 생산구조의 합리적 조화와 환경보존정책 등이 필요하다. 이와 함께 제도적으로 시장경제법칙을 확립하고 정책의 과학화와 민주화 보장 그리고 정부의 도덕성 등의 여건도 갖추어야 한다. 하지만 개혁개방 이후 지속된 급성장은 중국으로 하여금 장기적인 생산력 제고 문제를 등한시하도록 했다. 이로 인해 구조조정과 기술혁신이 미흡한 가운데 각종 비용만 상승하여 기업의 어려움이 가중되고 물가상승은 소득 증대 효과를 상쇄하고 인구 고령화와 청년실업 그리고 환경문제는 경제의 활력을 가로막기 시작했다.

대외적으로는 세계경제에 대한 중국의 영향력과 비중이 커지면서 글로벌 경제문제가 중국의 경제 문제로 귀결되고 있다. 중국의 고성장 시기 때는 자원의 블랙홀, 국제원자재 가격 상승, 인플레 수출국, 환경오염의 주범으로 비판 받고 최근에 나타난 감속성장에 대해서는 글로벌 경제회복을 방해하여 실업률 상승, 원자재 가격 폭락, 글로벌 증시 변동성을 확대시키는 원인 제공자로 지목되고 있다. 국내투자는 성장의 한 축이었으나 버블경제와 빈부격차를 낳았고 수출은 높은 가공무역 비중으로 인해 세계1위의 무역대국으로 올라섰음에도 산업의 구조조정과 부가가치 증대에 대한 역할은 제한적이었다. '메이드 인 차이나(Made in China)' 수출전략은 자원 낭비와 환경파괴를 불러왔고 중국에 진출한 외자기업의 배만 불려주었다는 인식도 나타났다.

상기 배경과 함께 중국경제가 7% 좌우의 중성장 시대로 접어들면서 대대적인 구조조정을 통해 성장방식을 전환하고 새로운 성장동력을 찾아야 한다는 절박함이 고조되기 시작했다. 성장방식의 전환은 성장동력의 전환을 의미하며 지난 날 '과잉투자'와 '부동산 개발' 그리고 '채무경제' 등 양적 요소투입형 모델에 대한 일대 전환이 필요한 시기에 이른 것이다. 하지만 '개혁과 성장을 어떻게 조화시켜 나갈 것인가'라는 문제는 경험이 일천한 중국정부 입장에서 그리 간단히 풀 수 있는 명제가 아니다. 우선 시진핑 정부가 들어선 이후 반부패를 필두로 빈부격차 해소와 중산층 육성을 위한 분배정책을 강화하여 성장의 과실을 중앙정부와 일부 기득권 세력이 다 먹는다는 비판을 달래기 시작했다. 분배 없는 질주는 후유증에 직면할 수 밖에 없기 때문이다.

국부(國富)와 민부(民富)의 동시 축적을 위해 국유기업 개혁과 민영기업 육성에 힘을 쏟으며 덩샤오핑(鄧小平)의 선부론(先富論)이 아닌 공부론(共富論)을 추구하려 한다. '조정과 포용' 기반의 경제정책으로 속도보다 효율성을 중시하고 성장보다 분배에 역점을 두었다. 이는 '민생을 위한, 민생에 의한' 정책으로 국민복리와 사회안정을 함께 도모하고 이를 통해 내수확대를 위한 소비기반을 다지고 아울러 사회통합을 위한 통치기반도 다지는 것이다. 개방의 확대로 개혁을 촉진하고 제도혁신으로 혜택을 공유하는 정책을 추진하여 발전에 따른 '국민 배당금'을 확대하고 개방의 압력 메커니즘을 구조조정과 혁신의 동력으로 삼아 발전 공간을 열어가는 것이다.

하지만 과거에도 시행되었던 구조조정은 회복세를 전제로 하는 '주기성 하락' 국면에서 실시되었으나 지금 상황은 회복기를 점치기 어렵고 조정의 진통이 크고 긴 '추세성 하락' 상태에서 진행되는 구조조정이다. 경제에 거품이 잔뜩 끼여있어 금융위기 발생 가능성을 염두에 둔 구조조정인 것이다. 그리고 '중진국 함정'에 빠질 수도 있는 시기에 진행되는 것이라 작은 정책의 실패가 큰 사회적 파장을 야기할 수도 있다. 중국은 현재 제도설계가 어려운 '제도적 함정', 소득분배가 미흡한 '사회적 함정', 산업의 구조조정이 지연되는 '기술적 함정', 환경오염에 따른 '생태적 함정'을 한꺼번에 맞이했기 때문이다. 이에 따라 중국정부는 성장감속, 과잉경제, 혁신부족, 에너지환경 압력, 요소비용 상승, 도시화와 공업화의 부조화, 빈부격차 등의 난제가 산적한 가운데 중국경제가 '중등소득함정'에 빠지는 상황을 우려하고 있다.[12]

중국의 성장 속도는 공교롭게도 2010년에 중국이 일본을 누르고 미국에 이어 세계 2위의 경제대국으로 올라선 이후부터 계속 떨어지고 있다. 중국은 2020년에 GDP와 도농 주민의 일인당 평균소득이 2010년의 두 배에 도달하고 매년 약 1000만 개의 일자리를 창출하기 위해 해마다 7% 내외의 성장 속도를 유지해야 한다. 하지만 중국정부는 쉽지 않은 정책 목표에도 불구하고 구조조정을 더 이상 미루어서는 안 된다는 것을 인식했고 나아가 구조개혁을 미래를 위한 전략적 기회로 삼기로 했다. 이것이 바로 새 버전의 심층적 개혁 추진으로 경제성장의 패러다임을 바꾸겠다는 '신창타이(新常態)' 개념이다. 이는 중국경제를 과거 요소투입 및 투자주도형에서 기술 및 수요주도형으로, 제조업에서 서비스업 주도로 발전시켜 나간다는 신 경제기조다. 신창타이 시기 진입과 함께 중속성장을 유지하며 실업과 물가를 통제하는 가운데 구조조정과 제도개혁을 강화하여 중진국 함정을 뛰어 넘는 새로운 성장동력을 확보하여 지속발전을 이어나간다는 전략이다.

　　'신창타이' 정책기조에는 두 가지 메시지가 담겨 있다. 국민경제의 중속성장과 구조조정이 진행되는 가운데 각 경제주체는 스스로를 보호하라는 것과 성장통을 함께 겪으며 개혁과 혁신을 통해 재도약의 발판을 마련할 수 있다는 희망의 메시지를 전하는 것이다. 말하자면 큰 목표를 위해 작은 희생은 피할 수 없으나 향후 그 대가를 상쇄하고도 남을 만큼 성과를 낼 수 있으니 당·중앙의 정책을 믿고 따라 달라는 것이다. 신창타이는 성장정체, 부패만연, 민주욕구 점증, 사회불안 등 중진국 함정에 걸려 유발되는 각종 문제가 한꺼번에 노정되면 큰 위기에 직면하게 될 것임을 잘 아는 공산당의 판단과 결의를 보여주고 있다. 향후 공산당 집권의 정당성은 신창타이 기간 동안 지속발전을 위한 기반을 어떻게 다져 놓을 지 여부에 따라 공고해 질 것이며 나아가 시진핑 정부의 성공 여부와도 직결되는 문제다.

특히 국유기업개혁은 전체 구조조정과 제도혁신의 승패가 달린 부문으로 중국경제의 2차 도약을 위한 필수 과제다. 하지만 개혁개방 이후 역대 지도부와 정부 모두 국유기업개혁을 강조했음에도 개혁추진은 지지부진했다. 이는 공산당 내 파벌과 이익집단의 기득권 사수에 대한 정부 영향력의 한계로 인한 것이다. 혁명 원로 세력을 중심으로 한 이익집단이 장악하고 있는 국유기업에 대한 개혁은 공산당 내부구조의 민감한 세력 균형점을 건드리는 것과 같아 지도부가 개혁에 대한 '가속'이란 표현은 쓸 수 있으되 '반드시'라는 단어는 쓰기 어렵다. 공산당 내부세력의 조율과 결단 없이는 앞으로도 국유기업개혁은 '가속'이라는 외침 속에서 공전될 것이다. 중국정부 입장에서 완수할 수 없는 임무일 수 있다.

하지만 공산당 입장에서 체제안정 추구는 시장발전을 저해하고 시장발전은 통치기반을 약화시킬 수 있는 딜레마가 내재하고 있음에도 미래를 위한 국유기업개혁은 중요한 의의를 가지고 있음은 분명하다. 중국의 국유기업이라 함은 중앙 및 지방정부가 투자하여 사업을 벌이거나 혹은 직접 경영은 하지 않되 대주주 자격으로 해당 기업을 통제하고 있는 국영기업을 지칭한다. 크게 광업을 포함한 제조업, 서비스업, 금융업으로 대별된다. 수익 비중이 최고인 업종은 도소매, 건축, 부동산 업체로 이는 자금 회전율이 높은 것과 부동산 투자 열기에 따른 것이다. 총자산 및 순자산 비중이 최고인 업종은 부동산, 교통, 통신 업체로 이는 인프라 투자 확대에 기인한 것이다. 은행, 보험, 증권 등 금융부문 국유기업 중에서 국유은행의 순자산 및 이윤이 전체 금융부문 국유기업에서 차지하는 비중은 85% 이상이다.

중국의 국유기업은 국민경제의 명맥을 담당하는 업종 및 영역에 포진하고 있으며 사회안정의 초석 역할을 해 왔다. 국유 제조업체는 핵심기업과 기술을 확보하고 각 업종별 산업에 필요한 핵심 제품을 제공하고 있어 실제로 각 업종별 비중에 나타난 수치보다 훨씬 큰 영향력을 발휘하고 있다. 최근 국유기업의 생산총액이 중국의 전체 기업에서 차지하는 비중이 줄어들고 있으나 총자산 및 순자산의 비중은 높아지고 있어 여전히 국민경제의 주도적 지위를 확보하고 있다. 중국 국유기업이 국민경제에 미치는 영향은 기타 OECD 국가들보다 훨씬 크게 나타나고 있는데 이는 국유기업의 수와 국유은행이 보관하고 있는 막대한 예금 자산에 기인된 것이다.

특히 국무원의 '국가자산관리위원회' 및 각 정부부서 산하의 국유기업을 지칭하는 '중앙기업(央企)'은 공산당의 권력 기반으로 사회주의 시장경제체제의 핵심이며 중국경제의 실질적 리딩그룹으로 국제화를 이끄는 첨병이다. 이들 중앙기업은 향후 공산당 내부개혁의 시금석으로 민족중흥이라는 최종 목표를 위해 공산당과 같은 운명의 길을 걷게 될 것이다. 민족 목표를 달성하기 위한 도구이자 중국 공산당의 미래인 셈이다. 2003년 국가자산관리위원회 설립 당시 중앙기업은 196개였으나 구조조정을 거쳐 2016년 말 105개로 줄었다. 아울러 중앙기업은 세계 500대 기업의 단골들이다. 수량은 줄었으나 양적인 구조조정으로 대형화, 국제화하며 국가대표기업으로 발전하고 있다.

그럼에도 질적 성장 방식으로의 대전환을 추구하는 신창타이 시대에, 방만한 경영으로 각종 문제를 안고 있는 국유기업에 대한 심층개혁은 이제 피할 수 없는 국정 과제가 되었다. 개혁은 국유기업 자체는 물론 국민경제와 정권을 살리는 길이기 때문이다. 현재 국유기업개혁은 초대형 글로벌 기업 육성과 전면적 구조조정이라는 두 가지 방향으로 진행되고 있다. 우선 합병과 퇴출 등으로 최근 10년 간 국유기업 수를 약 40% 줄였고 10대 대형국유기업 중에서 1~2개를 선정한 후 혼합소유제 방식을 도입하고 지분배분과 인사제도 그리고 경영실적 메커니즘을 적용하는 '시장화 실험'을 시도하고 있다. 혼합소유제 개혁은 국유기업에 대한 정부의 지분이 줄지만 현대기업경영제도 도입과 기업의 시장화를 촉진시켜 정부의 부담을 줄이고 재정수입 구조를 개선할 수 있다. 중앙정부는 권력층과 민간자본의 또 다른 결탁으로 국유자산이 유실되는 것만 감시하면 될 것이다. 만약 개혁을 통해 국유 및 민간자본의 이익률을 비슷한 수준으로 창출할 수만 있다면 GDP의 별도 증가라는 개혁 보너스를 얻을 수 있다. 여기에 개혁을 통한 이익의 일부를 사회보장체계 구축에 투입한다면 개혁은 뒷걱정거리를 덜어 더욱 탄력 받을 것이다.

모건스탠리(Morgan Stanley)의 대중화(大中華) 지역 수석 이코

노미스트인 '챠오홍(喬虹)'은 "혼합소유제는 국유기업의 부분 사유화를 위한 첫 걸음으로 개혁방식은 국유기업의 상장 혹은 일부 지분을 외부 투자자들에게 매각하는 것이다. 국유자산관리감독위원회의 권한을 국유자산관리회사로 넘기고 싱가폴의 국부펀드 '테마섹(Temasek)' 모델을 인용하여 중앙 및 지방에 국유자산관리회사를 설립할 수 있다. 국유자산관리회사는 상업모델을 통해 국유기업을 관리하다가 적절한 시점에 국유기업이 행정명령을 받지 않고 독립적으로 회사를 운영하여 재정상황을 개선하는 것이다. 개혁방향은 모두 시장의 자원배분 역할이라는 지도방침을 기반으로 진행될 것"이라고 예상 한다.[13] 이는 상당히 과감한 개혁 방향이라 평가되는데 향후 공산당이 경제업적을 통한 자신감을 바탕으로 어떠한 혁신조치와 통치력을 발휘할 지 지켜볼 일이다.

중국정부는 2008년 글로벌 금융위기 이후 단기적인 경기부양 및 거시조정 정책은 기저에 깔린 문제들을 덮고 가는 미봉책에 불과하며 성장방식의 근본적인 전환을 위해서는 개혁 밖에 없다는 것을 인식했다. 임시방편 정책은 문제를 해결하지 못할 뿐만 아니라 그로 인한 비용이 더욱 늘어날 수 밖에 없어 일부 사회저항과 세수감소가 예상되더라도 과감한 구조조정을 추진하는 것이 장기적으로 비용을 줄이고 사회안정을 도모할 수 있는 길임을 깨달은 것이다. 2008년 이후 실시된 4조 RMB 규모의 경기부양 정책이 채 소화도 되기 전에 또 다른 인위적 경기부양을 시도하는 것은 구조조정과 시장 메커니즘의 역할을 방해만 할 뿐이라는 진단을 내렸다. 인위적 부양책은 소비자의 권익과 이익을 침해하여 내수확대에도 도움

되지 않고 오히려 또 다른 중복투자와 투기를 불러와 빈부격차만 늘리게 된다. 시장의 자원배분 기능을 무시한 채 단기성장과 일자리를 위한 인위적 시장개입은 마치 항생제를 계속 남용하며 병을 키우는 것과 같은 것이다.

이와 같은 분석을 통해 중국정부는 견고한 경제기초를 기반으로 일자리 창출과 물가안정을 유지하는 성장세를 이어가면서도 구조조정을 추진할 수 있는 기회를 잡았다고 판단했다. 국무원발전연구센터(DRC)의 류쓰진(劉世錦) 부주임은 성장방식의 전환과 성장속도의 감소가 중국경제의 쇠락을 의미하는 것이 아니라 오히려 풍부한 함의를 지닌 새로운 전략적 기회가 열리는 것이라고 주장한다. 국가를 알뜰하고 세세하게 경영하여 개혁으로 발전하고 발전으로 개혁을 밀고 나가되 국가의 장기이익을 제약하는 장애요인을 극복하고 정부의 거시경제 설계와 기층의 창조력 배양과의 관계를 잘 연구하여 누구던지 노력만 하면 상응하는 결과를 얻어 개혁 배당금을 향유할 수 있도록 해야 한다고 역설한다.[14] 중국정부가 경험과 자신감을 바탕으로 좀 더 세련된 방식으로 국정을 설계하여 운영하고 전체를 위해 이익집단을 통제하는 용기와 지혜를 가져야 하며 이와 더불어 민간부문이 창조성을 발휘할 수 있는 공정한 시장메커니즘을 구축해 나간다면 중국경제의 새로운 도약이 가능하다는 것이다.

중국사회과학원의 차이팡(蔡昉) 교수는 '인구보너스에서 개혁보너스로'라는 자신의 저서에서 비교우위의 변화에 따라 WTO 가입 후 지속된 수출 호황과 고성장을 재현하기는 불가능하며 과잉

투자로 인한 경제의 불균형만 심화된 가운데 미래 잠재성장률 제고를 위한 작금의 개혁은 장기전략인 바 정책 집행자가 인내심을 갖지 못해 또 다시 실질성장률에 집착하면 결국 장기성장의 지속성만 방해할 뿐이라고 진단한다. 성장세 하락으로 사회불안정 현상이 생길 수도 있으나 개혁은 불균형과 부조화 그리고 비지속성을 해결할 수 있는 유일한 길이므로 우선 시장의 자원배분 기능을 강화하는 제도건설에 매진해야 한다고 주장한다. 이를 통해 비공유제 경제와 중소기업이 공정한 경쟁 환경 속에서 성장하고 나아가 적자생존 메커니즘을 통한 총요소생산성이 제고되면 즉시 개혁보너스를 얻게 되고 이는 또 다른 개혁동력이 될 수 있다는 것이다. 산업 간, 산업 내, 기업 내부에서 총요소생산성이 상승할 공간이 큰 가운데 인적자본의 축적과 제도혁신의 상시화가 구축되면 중국경제는 장기적인 개혁보너스를 누리며 지속성장의 원천을 보유하게 되어 중진국 함정을 뛰어 넘을 수 있다고 강조한다.[15]

현재 중국은 자원낭비와 빈부격차 그리고 환경오염을 대가로 이룩한 양적 성장에서 소득균형과 녹색발전을 추구하는 질적 성장으로의 전환을 추구하고 있다. 즉 요소투입과 투자 및 수출수요 중심에서 기술진보와 투자 및 소비의 균형 그리고 효율성 제고를 중심으로 발전 방식의 전환을 시도하고 있다. 구조조정을 위한 시간과 고통이 따르더라도 단기수요(단기성장)보다 장기공급(장기발전)을 도모해 나가겠다는 것이다. 단기 조정이 아니라 정책 예측과 정부의 집행력 그리고 사회의 응집력과 기업의 혁신역량을 바탕으로 일정한 성장세를 유지하며 여유를 가지고 추진하려 한다. 가끔 중국의 정책을 얼핏 보면 다소 무계획적이고 에너지만 낭비하는 것 같으나 일단 목표를 정하면 중앙정부가 틀어 쥐고 계획대로 밀고 나감으로써 전체 경제발전의 효율을 균형적으로 가져가는 것을 볼 수 있다. 민간부문의 낭비경제를 공산당의 정책효율로 커버하는 구조인 셈이다.

하지만 앞으로도 이와 같은 구조조정은 이익집단의 기존 이익창출 구조와 충돌할 수 밖에 없을 것이다. 물론 여전히 미래 권력으로 남고자 하는 공산당이 당내 세력과 이익집단을 통제하겠지만 잡음 발생과 충돌 가능성도 배제할 수 없다. 구조조정 강화를 지지하는 당 지도부와 학자 그룹이 경기부양을 주장하는 일부 관료와 학자 그리고 이익집단과 맞서는 양상을 보이기도 한다. 신창타이 시기의 구조조정이 공산당 내부 민주화의 촉진으로 원만하게 진행될 수도 있으나 반대로 내부 갈등으로 인해 경기침체와 고통의 시간이 길어질 수도 있을 것이다. 한편 민간부문은 시진핑 정부 출범 이후 실시된 반부패 드라이브로 지방의 공공기관 건물과 호텔 등의 건설이 중단되고 공무원의 복지부동으로 각종 프로젝트가 추진되지 않아 기업들이 힘들어 하는 양상이다. 과거엔 공무원들이 일단 뒷돈을 받으면 일을 도와주었고 기업은 벌 수 있는 돈을 벌었다. 장기적으로 정부의 정책과 지도방침에 의탁해온 기업들이 중앙정부의 시장 역할 강조에 따라 지방정부의 간섭이 줄었음에도 사업에 대한 갈피를 못 잡고 언행만 조심하고 있다. 금융기구와 기업은 그저 다음 단계의 '세칙'만을 기다리는 상황이라 향후 구조조정의 심화와 함께 경기침체가 지속될 가능성도 배제할 수 없다.

여러 가지 난관이 있음에도 공산당 지도부와 중앙정부는 성장, 실업, 물가 등 3대 거시경제목표 사수를 전제로 구조조정을 독려하며 돌파 의지를 보이고 있다. 설사 증시가 불안하고 집값이 떨어져 도시민의 불만이 증가하고 기업의 파산으로 체불임금을 못 받은 농민공의 시위가 나타나더라도 구조조정을 견지해 나갈 생각이다. 무엇보다 중국경제의 기초체력이 튼튼한데다 세계 2위의 경제체인 중국의 6%대 성장은 과거 10% 이상 성장하던 때보다 훨씬 큰 경제적 효과를 낼 수 있고 산업 재편과 중산층 확대 그리고 서비스업 발전은 기업들에게 수 많은 기회를 창출해 줄 수 있다는 자신감 때문이다. 외자기업은 중국이 구조조정을 통해 문제를 근본적으로 해결하겠다는 의지를 확인하며 개혁의 중장기 효과를 예측하고 미래를 준비할 필요가 있다. 중국의 신창타이 시기는 한국기업이 중국내수시장에 침투하여 기반을 다질 수 있는 좋은 기회가 될 것이다.

내수확대 정책

중국은 2008년 글로벌 금융위기를 거치며 대국(大國)이 자체 투자나 외부 수요만으로 성장하는 것에는 한계가 있다는 것을 알았다. 자국이 덩치만 컸지 글로벌 변동성에 취약하고 내부의 발전동력이 부족한 국가라는 것을 깨달은 것이다. 이와 함께 글로벌 경제체제에 편입된 중국의 자체 경제와 대외 무역량이 팽창하다 보니 세계 주요국은 자국의 경기침체와 산업 및 통화정책의 실패 책임을 중국으로 돌리기도 했다. 즉 자원의 막대한 수요로 세계 상품가격 상승과 인플레를 확산시키는 원인을 제공한다는 것이다. 반면에 중국정부는 중국산 제품으로 전세계 소비자의 실질소득 증가 및 복지 혜택 효과와 함께 세계경제 안정에 기여하는 부분은 배제되고 문제점에 대해서만 비판하니 다소 억울했을 것이다.

하지만 신흥 경제대국이라는 칭호는 비판마저 수용하고 세계의 목소리에 귀를 기울일 수 밖에 없도록 만들었고 이에 따라 국내외 수요에 의지하는 경제발전 전략의 궤도 수정도 불가피해졌다. 중국정부는 자체발전동력을 얻기 위한 내수확대 정책을 연구하기 시작했고 나아가 달라진 위상을 바탕으로 글로벌 사회의 '중국 때리기'에도 적극 대응하기 시작했다. 우선 '세계경제 불균형(Global Imbalance)'의 원인 제공자 라는 것에 대한 반박으로, 중국은 현재 개도국으로 일정 기간의 고성장은 당연하며 위안화 환율이 꾸준히 절상되는 가운데 대미 무역수지 불균형은 중국의 생산성 증가와 미국 제조업의 쇠퇴 그리고 세계 생산구조의 분업화에 따른 결과라며 경제의 정치쟁점화를 반대한다는 목소리를 높였다. 2008년 이후부터는 미국의 경제정책과 금융시스템을 공개적으로 비판하며 미국의 최대 채권국으로서 할 말은 하겠다는 자세로 전환했다. 자체 내수확대로 성장동력을 자발적으로 확보하여 안정을 다지고 대외적으로는 책임 있는 대국으로서 글로벌 경제문제에 적극 개입하고 협력하겠다는 것을 표명한 것이다.

2008년 글로벌 금융위기 이후 중국의 내수확대 정책은 본격 설계되었고 전체 주민의 사회보장체계 구축과 노동자 소득 증대 그리고 중산층 확대를 중심으로 추진 중이다. 우선 사회보장체계(Social Safety Net)의 전민 확대 정책을 살펴보자. 중국인의 재테크 수단이 한정된 가운데 교육, 의료, 주택, 노후 등 미래를 대비하는 지출 증가와 구조조정에 따른 해직 등의 구조적 문제는 내수진작을 가로막는 주요 요인이다. 내수부진은 주민의 가처분소득이 부족한 가운데 잠재적 소비수요는 있으나 미래를 대비한 현재지출 축소와 소득수준의 낙후(특히 농촌)에 따른 유효수요 부족에 의한 것이다.

주민의 소득증대와 함께 사회보장체계를 구축하지 않으면 내수진작 정책도 한계에 봉착하고 국부민궁(國富民窮)은 더욱 심화될 것이다. 사회보장제도가 미흡하면 중산층도 항상 불안감을 가지고 살 수 밖에 없어 사회를 지탱하는 건강한 소비계층으로 발전할 수 없다. 중국정부는 2020년까지 양로 및 의료보험을 중심으로 전 국민의 사회보장보험가입 프로젝트를 추진하고 있다. 도·농 주민에게 기본의료 외에 중대질병보험을, 근로자를 대상으로는 산재, 실업, 출산보험 제도를 확대해 나갈 예정이다. 국가와 개인 그리고 소속단위가 함께 복지부담을 분담하는 방식으로 사회보장제도를 구축해 나가는 것이다. 이에 따른 개별적 상업보험 수요는 중국의 보험시장 발전에도 큰 공간을 열어줄 전망이다.[16] 의료 및 교육 개혁 강화로 소비를 제약하는 체제 장애물을 없애 국민의 소비행위를 유도하고 동시에 제도개선을 통해 주민들, 특히 한계소비성향이 높은 저소득층의 소득수준을 높여 소비수요의 촉진효과를 기대하고 있다. 사회보장제도의 확대는 빈부격차 축소와 민심안정 효과는 물론 내수확대에 중요한 역할을 할 것이며 어떤 투자정책보다 높은 승수

효과를 거둘 수 있어 정부의 재정투자는 계속될 것이다. 이는 또한 외자유치와 해외수요에 의존하지 않는 자립형 경제체제를 구축하는데도 일익을 담당할 것이다.

다음은 노동자 소득의 제고 노력이 필요한 부분이다. 노동자의 소득 증대는 수요확대 차원뿐만 아니라 정치사회 안정을 위해서도 중요하다. 개혁개방 이후 중국은 양질의 저렴한 노동력을 바탕으로 중·저급 제품 위주의 수출공세로 세계시장을 석권했다. 하지만 단순 저임금 경쟁력을 기반으로 수출 확대와 일자리 창출로 양적 성장은 이루었으나 정작 발전의 주인공인 노동자의 소득은 생계비용을 대기에도 빠듯했다. 노동자가 응당 누려야 할 부(富)가 정부, 국유기업, 민간 자본가, 해외기업이 가져가는 구조였던 것이다. 노동권리를 보호받지 못하는 중국의 노동자는 자녀 교육과 자신의 노후에 대한 투자는커녕 소비여력조차 부족해 내수확대에 도움을 주지 못하고 있다. 중국의 가장 중요한 경제자원인 노동력이 구매력이 없는 상태로 존속한다면 내수확대 정책은 공염불이 될 것이다. 중국 노동자의 소득향상은 미래 중국경제의 허리를 받쳐줄 중산층을 배양하는 것이며 사회안정을 위한 방패가 된다. 그러므로 미래 중국에서 값싼 노동력의 고갈은 공산당의 목표이기도 하다. 소득의 대부분을 노동수입에 의존하고 있는 가계는 자산증식에 한계가 있어 향후 중국정부가 가계소득을 어떻게 제고하고 국유부문의 이익 증가분을 어떻게 노동자에게 이전하여 내수확대를 위한 불쏘시개로 활용할 것인가는 중요한 정책적 사고가 된다.

마지막으로 내수확대를 위한 중산층의 육성 및 확대도 중요하다. 개혁개방 이후 급성장에 따른 기회팽창과 가계소득 증가로 인해 도시민을 중심으로 중산층 규모가 증가해 왔으나 서비스업의 낙후와 함께 민간기업과 소상공인 그리고 자영업자의 발전이 미흡해 내수를 받쳐줄 또 다른 중산층의 확대를 방해하고 있다. 1999년 헌법개정을 통해 개인기업의 지위를 국·공유 기업과 동등하게 규정하였으나 실제 상황은 이를 따르지 못하고 있다. 국·공유 부문 경제가 여전히 우월적 위치에 있으며 금융기구도 개인기업에 대한 금융지원을 거부하고 있는 실정이다. 내수진작과 일자리 창출 그리고 세원확보 등 국민경제의 균형발전을 위한 민간기업 지원과 육성은 매우 중요하다.

최근 중국정부가 선진국의 중소기업육성 정책의 경험을 토대로 중국 특색의 중소기업 발전 정책을 수립하고 있으나 현실적으로 민간기업이 성장하기엔 제도적 장애가 적지 않다. 국유기업에 편중된 경제정책과 함께 민간 중소기업이 누리기 힘든 사회서비스체계와 불완전한 법률보장체계 등의 제약이 상존하고 있어 향후 중국의 민간기업이 내수의 한 축을 담당하는 중산층으로 자리잡으려면 많은 제도개혁이 뒤따라야 한다. 무엇보다 시장거래와 경쟁에 참여하는 경제주체에 대한 공평함이 선행되어야 한다. 즉 시장진입에 대한 평등과 사회자원 취득의 공평 그리고 세수제도의 공정함과 법률적용의 공평함이 이루어져야 하는 것이다.

상기와 같이 사회보장체계 구축과 수혜범위 확대 그리고 근로자 및 노동자의 소득증대와 중산층 육성을 중심으로 한 내수확대 정책은 구조조정에 따른 경기침체에도 불구하고 정책 효과를 보고 있다. 2016년 사회소비품 소매판매액은 전년대비 10.4% 증가했고 지역별로는 도시가 10.6%, 농촌이 10.9% 증가했다. 특히 전자상거래 소매판매액은 전년대비 26.2% 증가하여 전체 사회소비품 매출총액의 12.6%를 차지했다. 비록 최근 몇 년 동안 증가세는 줄고 있지만 소매총액은 꾸준히 확대하고 있어 소비가 주도하는 경제구조전환 정책의 성공 가능성을 보여주고 있다. 향후 주민소득 향상과 도시화의 진전은 서비스업 발전을 촉진하여 일반인의 수익창출 기회도 늘어 의료, IT, 문화, 교육 분야에 대한 소비가 확대되고 신탁, 주식, 채권 등 금융상품에 대한 투자도 증가할 전망이다.

특히 부동산 투자 열기로 침체되었던 주식시장을 살려 주민들의 자산형성 기회 창출을 도모할 것이다. 중국의 증시는 국유기업 및 금융개혁의 정책 수단이 되어 IPO와 유상증자를 통해 증시자금이 흡수되고 침체가 이어지면 정부의 인위적인 부양조치에 의지하는 정책시장의 특성을 벗어나지 못했다. 사회보장체계 구축과 함께 자신의 부가 늘었음에도 불안감이 더 커진 주민을 대상으로 주식, 보험, 신용대출, 노후연금, 투자상품 등에 관한 금융서비스를 제공하지 못한다면 내수진작에도 한계가 있다. 금융시장의 발전으로 선택할 수 있는 금융상품이 다양해진다는 것은 미래수요를 대비하고 불시에 맞이할 수 있는 각종 리스크를 예방하는데 도움이 된다. 중국인이 자신의 미래 설계에 대한 심리적 안정을 찾으면 현재 소비를 늘릴만한 여유를 갖게 되고 이는 동시에 내수확대로 연결될 수 있다.

개혁개방 이후 중국인의 저소득과 사회보장시스템의 낙후로 인해 농촌 주민은 소비할 돈이 없고 도시민은 돈을 아끼며 소비하길 원치 않아 정부가 소비를 대신해 왔다. 하지만 정부가 다른 사람의 돈을 쓰는 것과 국민 스스로가 자신의 돈을 쓰는 것은 상이한 효과를 낸다. 통상 기업의 투자효율은 국가보다 높고 이성적인 개인의 투자행위는 기업보다 효율이 높은 투자선택을 할 수 있다. 경제효율 측면에서 '큰 정부'는 좋지 않은 결과를 낳는데 금융이 발전하지 못하면 정부는 더욱 커질 수 밖에 없어 실적주의와 중복투자가 이어지고 나아가 필연코 부패가 발생한다. 중국의 자본시장이 발달하면 국민들은 다양한 금융상품을 이용해 돈을 은행 이외의 금융상품에 투자할 수 있고 정부가 돈을 낭비하는 일도 줄어들 것이다. 은행이나 정부에 돈을 맡겨두고 정부가 국민을 대신해서 소비하는 것보다 훨씬 더 큰 국부를 창출할 수 있는 것이다.[17]

통상 GDP가 증가할 수 있는 4대 요소에는 투자, 소비, 무역, 재정 부문이 있다. 중국은 앞으로도 인프라 투자 확대와 외국인직접투자(FDI) 증가 그리고 무역흑자 실현은 지속할 것인바 여기에 적절한 재정정책과 도·농 주민의 소득 수준만 제고되면 지속성장의 동력을 얻을 수 있다. 실제로 중국정부는 농업세 면제와 개인소득세 징수 하한선 조정 그리고 최저임금제 실시와 공무원 봉급 인상 등을 통해 개혁의 지지를 득하고 내수부양도 도모하고 있다. 제도개혁의 성과에 따라 주택, 자동차, 통신, 관광 등에 대한 소비가 확대되고 특히 도시의 화이트칼라와 청장년 그리고 가정의 소비결정 주체인 주부들의 소비가 증가할 것이다. 이 밖에 빈부격차와 사회 위화감 조성의 주범으로 인식되어온 부동산에 대한 대출규제와 함께 부동산세가 도입되고 중국인의 가장 큰 관심사인 의료 및 교육 개혁 심화와 더불어 자본시장이 육성되면 향후 시장의 투자자금이 금융시장과 신흥산업으로 몰려들 것이다.

내수확대와 함께 중국 공산당은 자신의 통제력 유지와 국민의 부를 증가시키는 목표를 상호 조화시키는 정책적 선택을 놓고 고민할 것이다. 국유기업의 방만한 경영과 금융독점 그리고 시장통제시스템이 체제적 모순과 국내외 환경 변화로 인해 한계를 드러내는 가운데 향후 공산당은 개혁개방 이후 달성한 국부(國富)를 바탕으로 정부와 국민의 부가 모두 삼대(三代)를 이어갈 수 있도록 국유기업과 금융부문 개혁을 추진해 나갈 수 밖에 없을 것이다. 개인의 자산운용능력이 제고되어 국가의 부가 증대하고 시장 기능의 도움으로 정부 부담이 감소되면 이는 정치사회 안정으로 이어져 오히려 통치력을 인정 받을 수도 있다. 그러므로 내수확대 정책은 정권과 국민 그리고 시장이 모두 안정을 찾게 되는 방법인 것이다.

미국 예일대 천즈우(陳志武) 교수는 저서 '자본의 전략(The Logic of Finance)'을 통해 미국은 국가와 국민의 미래수입을 현재 할인가치로 자본화 할 수 있는 공간이 줄어들고 있는 반면에 중국은 이와 상반된 극단에 놓여 있는 상황이다. 중국이 일부 국유기업의 민영화와 토지사용권의 시장 거래 그리고 국민의 개인금융 활성화를 통해 국가와 국민의 미래 수입을 증권화·자본화 할 수만 있다면 향후 오랫동안 경제성장을 뒷받침할 금융지원이 가능하고 동시에 내수동력이 생겨 개인 창업과 혁신에 필요한 자본문제도 해결된다고 주장한다. 그 동안 토지와 자본 그리고 기업과 개인의 미래 수입원이 자본화가 되지 않아 '죽어있는 부'로 남아 있었지만 향후 해외자본시장 진출이 늘어나고 국내자본시장이 민간기업에 개방되면 업계에 활력을 불어넣고 민간의 창업을 통해 억만장자들이 출현하는 등 금융자본화가 중국사회의 혁신을 이끌 것이라 전망한다.[18]

개혁개방 이후 40년간 중국경제를 제조업이 이끌어 왔다면 앞으로는 금융산업이 경제의 조화로운 발전을 이끌 것이다. 물론 정부가 증시를 자금 빨아가는 곳으로 생각하거나 90%에 이르는 개인투자자들이 증시를 도박장으로 생각하지 않는다면 말이다. 중국이 제조업 기술입국을 바탕으로 금융산업에 대한 혁신을 가속하고 아울러 시장자원의 최적 배분과 사회신용체계 개선 그리고 산업구조 개혁과 법치제도를 구축해 간다면 경제효율 제고와 소득확대 효과로 인해 내수는 촉진되고 확장될 것이다. 중국 공산당은 내수성장이 정부와 국민 모두가 지속 발전하는 길임을 알았고 현재 기반 조성을 위해 매진하고 있다.

과학기술 혁신

중국정부는 2003년 '국가 중장기 과학기술 발전계획 요강 (2006~2020)'을 발표했다. 과학계와 경제계 그리고 기업계 전문가 2000여 명과 중국과학원(中國科學院) 및 중국공정원(中國工程院)의 원사(院士) 147명의 지혜를 모은 것이다. 이는 후진타오 전 주석의 통치 이념인 '과학 발전관'의 실천과 전체 국민이 중산층에 도달하는 '샤오캉(小康)' 사회건설의 필요에 따라 채택된 것이다. 동시에 '중국의 꿈' 실현을 위해 2021년 공산당 창당 100주년 전까지 현 시진핑 주석이 임기 내에 완성해야 할 국정목표 중의 하나다. 또한 경제규모에 걸 맞는 핵심 경쟁력을 확보해 국가 지위를 격상하고 글로벌 경제질서에 주도적으로 참여하기 위한 것이기도 하다. 현실적으로 빈부격차와 에너지낭비 그리고 환경오염 문제가 사회안정 및 지속발전에 잠재 위협이 되고 있는 가운데 과학기술 발전으로 성장방식의 대 전환을 이루어 각종 문제를 해소해 나가기 위함이다. 지식자본을 통한 생산성 확대로 경제의 지속가능발전과 사회격차해소 그리고 기업의 국제경쟁력을 강화하는 혁신형 국가를 건설한다는 것이다. 중국 공산당은 과학기술 발전이 현대화 실현을 위한 내재적 동력으로 반드시 달성해야 할 임무라고 인식하고 있다.

실제로 중국이 세계 1위의 제조 및 무역대국으로 올라섰음에도 아직까지 산업기술 수준이 떨어지고 국제기술표준화 역량이 미흡해 글로벌 시장에서 발언권이 약하다. 또한 영세 수출기업은 제품의 부가가치가 낮아 세계경기의 활황에도 가격협상력이 떨어져 환경변화의 이점을 누리지 못하고 있는 실정이다. 개혁개방 이후 추진된 '기술과 시장의 교환전략'도 제한적이고 피동적이라 한계를 드러내고 있어 기술독립과 혁신역량 축적은 지속성장을 위한 시대적 요청이자 핵심 국정 과제가 되었다. 중국정부는 상기 중장기 계획 기간 동안 기술적 돌파를 위한 핵심과제 외에 향후 집중 투자 분야로 생명공학, 정보통신, 신소재, 선진제조, 에너지, 해양, 레이저, 우주 기술 등 8대 중점 R&D 분야를 선정하였다. GDP 대비 R&D 투자 비중을 2016년 2.1%에서 2020년에 2.5%까지 높이고 경제사회 발전에 대한 과학기술의 기여도를 60% 이상으로 확대함과 동시에 대외기술 의존도는 30% 이하로 낮추는 목표를 세웠다.

이와 별도로 중국과학원은 2009년 '창신(創新) 2050: 과학기술과 중국의 미래'라는 보고서를 발간하여 2050년까지 중국이 이루어야 할 장기목표와 이를 달성하기 위한 구체적인 로드맵을 제시했다. 중국의 '현대화 실현'은 마오쩌둥에 의해 주창되었으며 덩샤오핑과 장쩌민의 '3단계(三步走)' 전략으로 구체화되고 후진타오, 시진핑이 이를 계승하고 있다. 동 보고서는 장기발전전략 수립을 위해 현실을 냉철히 평가하고 분발과 단결을 촉구함과 동시에 종이, 화약, 나침반, 인쇄술 등 4대 발명품을 연구 개발한 고대 중국인의 지혜와 저력을 되살려 과학기술 굴기를 실현하여 국가사회의 대변혁을 이루자는 것이다. 동 보고서는 중국의 현대화에 필요한 전략 과학기술을 확보하고 중진국 대열에 진입하기 위해서는 기존 모델을 바꾸는 혁신(革新)을 넘어 새롭게 창조하는 창신(創新)이 필요하며 이를 통해 경제사회 시스템에 대한 8대 기초체계를 구축해야 한다고 강조한다. 즉 지속가능 에너지 및 자원, 신소재 및 녹색제조, 정보인터넷, 생태농업 및 바이오, 국민건강, 생태환경, 우주해양, 국가 및 공공안전 체계가 바로 그것이다.

과학기술을 통한 국가 현대화 달성이라는 목표는 공산당의 생존 전략이기도 하다. 에너지 부족 국가가 어떻게 발전을 지속하고, 생태환경 보호를 통해 어떻게 자연재해 방지와 식량안보를 지킬 것이며, 환경오염 방지를 통해 어떻게 질병을 예방하고 국민건강을 지커 사회안정을 유지할 것인가 라는 중차대한 문제인 것이다. 중국 정부는 구체적인 기술성과 달성목표로 전기자동차 상용화, 자연에너지 기술 산업화, 나노기술 상용화, 세계일류 핵심장비 제조, 인터넷 보급을 통한 정보의 대중화, 바이오기술 활용 및 신약개발, 우주 정거장 건설과 해양자원탐사 등을 제시하고 있다. 이를 위해 국가 차원의 각종 R&D 투자와 인재유치 프로그램을 가동하고 있다. 특히 '13차 5개년 계획(2016~2020)' 기간 중에 전략적 핵심기술을 확보하고 이를 산업화하여 국제 경쟁력을 높이는 '국가혁신 디자인'을 설계하고 있다.

한편 과학기술이 관건이고 교육이 기초라면 과학기술 인재는 근본이다. 중국정부는 2008년 신흥과학분야 개척과 핵심기술 돌파를 위해 해외인재를 영입하는 '천인계획(千人計劃)'를 시작하였다. 해외 고급 인재를 끌어들이기 위해 연구 보조금은 물론 주택과 교육 그리고 의료 혜택 등 특단의 유인책과 함께 공산당 지도부의 삼고 초려도 마다 않는 열정으로 노벨상 수상자와 선진국 주재 과학자 및 연구자를 유치하고 있다. 또한 2011년에 시작된 '청년 천인계획'을 통해 35세 전후의 청년인재를 육성하고 2012년부터 시작한 '외국인 천인계획'을 통해 저명 외국인 과학자를 초빙하고 있다. OECD 자료에 따르면 2006~2016년 동안 미국에서 중국으로 건너간 박사급 인재는 3만 1997명으로 같은 기간 중국에서 미국으로 향한 인재 수를 넘어섰다. 이들 인재들은 과학기술의 기초연구 역량을 제고하고 기업의 독자적 혁신능력을 향상시켰으며 과학기술 외에도 외국의 선진관리이념과 경험을 살려 중국의 연구기관과 대학 그리고 기업의 연구체계를 혁신하고 있다.

국제기구에서 요직을 맡은 경험이 있는 귀국인재는 국제 과학기술 교류협력을 통해 중국의 위상을 제고하고 청년 천인계획으로 유치된 젊은 과학자는 발전단계별 연구 프로젝트 수행의 핵심인력으로 배치되고 있다.[19] 중앙 및 지방정부는 연구분야에 대한 수요별·지역별로 인재유치 계획을 마련하고 재정을 확보한 후 전폭적인 지원과 함께 신흥산업의 발전추세에 맞춰 유리한 고지를 선점하고자 관련 기술 연구를 독려하고 있다. 물론 조급하지 않고 연구 프로그램을 꾸준히 추진하여 시대 변화에 따라 프로그램을 적절히 변화시킨다. 대부분의 연구과제가 1980~1990년대부터 진행되어 오는 것으로 기초연구역량을 축적해 나가고 최근 증가하는 산학연 공동연구 방식의 확대와 더불어 연구성과의 산업화·상업화도 빨라지고 있다.

2010년 중국 교육부는 업계의 실제수요와 연계시켜 대학 내에 전략신흥산업 관련 학부과정 설치가 가능한 전공과목 25개를 선정했고 대학 외에도 직업교육과 기업교육 그리고 제3자 교육기구를 통해 신흥산업관련 기술인재 양성에 힘쓰고 있어 강한 타깃성과 전문성 그리고 계통성을 보유하고 있다.[20] 한편 당 지도부의 '과학 인재관'과 '인재강국 전략' 중시와 정부의 기술인력 육성정책에 힘입어 중국의 과학기술 인력그룹의 규모와 성장 속도는 타의 추종을 불허하고 있다. 특히 R&D 인력 규모는 2002년에 일본, 2007년에 미국을 추월한 후 지속 증가하였고 이는 민간 부문의 R&D 기업 설립 붐으로 이어졌다. 한국경제연구원 자료에 의하면 2016년 '글로벌

R&D 500대 기업'중에서 중국기업은 54개로 미국(178개)과 일본 (84개)에 이어 세계 3위를 기록했다.

해외인재유치 프로그램을 통해 영입된 인력은 정부 및 명문대 연구소의 책임자로 선임되고 일부는 정부부처의 장관 혹은 대학의 총장으로 임용되기도 하는데 이들 선임된 인재 중 40-50대 비중이 절반 이상을 차지하여 연경화 추세도 뚜렷하다. 이 밖에 대학 졸업생 중에서 이공계 비중이 50%를 넘고 중학생의 경우는 수학, 물리, 화학, 정보, 생물 등 5개 분야의 과학올림피아드에서 러시아, 미국, 일본, 한국 학생들보다 우위에 있는 것으로 나타났다. 세계 넘버원을 회복하려는 역사의식과 수 많은 과학인재를 키우고 있는 중국은 과학기술 분야에서 단독으로 미국과 경쟁할 수 있는 잠재력을 확보해 나가고 있다. 여기에 즉시 상업화가 가능한 방대한 시장은 저출산·고령화 문제가 심각한 일본 등 선진국으로 하여금 기술유출을 감내해서라도 중국과 협력하여 현지 연구인력과 시장을 활용하게 만들고 있다.[21]

중국정부의 적극적인 '과학기술입국'정책과 민간의 노력은 국내외 특허출원 급증에서도 증명되고 있다. 세계지적재산권기구 (WIPO) 자료에 따르면 2016년 중국의 국제특허출원 건수는 전년대비 44.7% 증가한 4만 3100건을 기록했다. 39년째 1위를 지키는 미국(5만 6600건)과 일본(4만 5200건)에 이어 3위를 기록했으나 2018년에는 세계 1위로 올라설 전망이다. 중국정부의 지식재산권국 (SIPO)에 따르면 2016년 중국 내 특허출원 건수는 133만 9000건으로 연속 6년 세계 1위를 기록했다. 특히 선전(深圳)의 특허출원 건수는 중국 전체의 46%, 광둥성의 83%를 차지하여 연속 13년째 중국 내 출원량 1위를 기록 중이다. 특허출원은 향후 첨단기술에 대한 특허를 중심으로 국내외 특허 분쟁에 휘말릴 수도 있겠지만 기술혁신 능력과 시장경쟁력의 척도가 된다.

과학기술 정책과 시장의 힘을 바탕으로 국유기업·연구소·대학으로 연결되는 3각 체제의 연구개발 열정은 글로벌 선도 기술기업을 넘어 세계적 기업의 탄생을 예고하고 있다. 물론 아직까지 중국의 과학기술 수준이 미국, 일본, 독일에 비해 원천기술 확보 성과가 미흡하고 과학연구 시설의 하드웨어는 선진적이나 활용도가 낮고 핵심부품의 해외 의존도도 높은 편이다. 하지만 막대한 국가재정 투입과 R&D 인력의 절대적 우위 그리고 시간과 예산의 제약을 받지 않고 꾸준히 추진하는 프로그램을 통해 조금씩 독자기술을 확보하며 실용화와 상업화를 달성하고 있다. 전략신흥산업 분야에 속하는 혁신기업을 위해 관리시스템을 개혁하고 각종 세제혜택과 함께 IPO를 통한 자금조달의 길을 터주며 혁신제품의 시장화를 독려하고 있다. 이는 비국유경제 부문의 역량을 혁신의 또 다른 주체로 육성하려는 정책과도 부합하는 것이다.

중국정부는 자체 내수시장을 기반으로 자국기술의 국제표준화에도 적극 나서고 있다. 2016년 상반기 기준, 고속철과 원전 그리고 통신 등의 분야에서 189건의 '중국표준'이 이미 국제표준화기구(ISO)가 정한 '세계표준'이 됐다. 이를 두고 인민일보는 "3류 기업은 제품을, 2류 기업은 브랜드를, 일류 기업은 표준을 정한다며 중국이 세계무역에서 갖는 역할이 중국제조에서 중국표준으로 바뀌

고 있다"고 평가했다. 향후 중국 내수시장의 확대와 일대일로(一帶
一路) 계획이 진척되면 '차이나 스탠더드(China Standard)'의 세계
화는 더욱 빨라질 것이다. 한편 풍력발전과 하이브리드 자동차 개
발 등 녹색기술에 필수광물인 중국의 희토류는 품목별로 세계 유통
량의 93%~99%를 차지하고 있는데 중국정부는 이를 자원무기 겸
외교수단으로 이용하고 있을 뿐만 아니라 자체의 첨단기술 개발은
물론 외국의 핵심기술을 도입하는데 적극 활용하고 있다.

　중국의 과학기술수준 향상과 풍부한 인적·물적 자원 그리고 시
장의 팽창은 글로벌 기업의 중국 현지 R&D 센터 설립 붐을 몰고 왔
다. 2016년 말 세계 500대 제조기업 중 470개가 중국에 R&D 센터를
설립해 놓고 있다. 이 같은 추세는 중국시장의 확장과 함께 신흥국
내수시장에서 개발된 혁신제품이 거꾸로 선진국 시장으로 수출되
는 역혁신(Reverse Innovation) 전략이 글로벌 기업을 중심으로 확
산되고 있기 때문이다. 이 외에도 내수시장 진입과 선점, 우수하면
서도 저렴한 인재 활용, 중국기업과 상호 보완적인 기술 확보, 초기
응용연구 가동 등이 중국 내 R&D 센터 설립의 목적이다. 연구개발
총괄지역으로서 기초연구는 물론 중국내수와 글로벌 시장을 겨냥
한 첨단기술개발을 서두르고 있는 것이다.[22] 이와 같은 배경 속에서
다국적 기업의 글로벌 R&D 센터 배치도 중국을 중심으로 재편되고
있다. 마이크로소프트는 중국의 R&D 그룹을 아시아-태평양 R&D
그룹으로 격상하였고 인텔과 IBM 등은 중서부지역 R&D 센터 설립
과 함께 지역정부 및 대학과 연계한 프로그램을 통해 자사가 필요
로 하는 인재를 육성하고 있다. 글로벌 기업의 중국 내 R&D 센터는

제조공장의 신·증설 인허가 시 중국정부의 기술이전 및 R&D 센터 설립 요구 조건에 부응하고 글로벌 시장에 대한 기업의 장기 전략과 맞물리면서 앞으로도 계속 증가할 전망이다.

시진핑 정부는 출범과 함께 혁신주도형 발전전략을 제시하고 경제사회발전에 대한 과학기술적 요소투입을 배가하여 지식과 인적자본에 기반한 질적 성장 방식으로 전환할 것임을 공언했다. 현재 중국 제조업은 정부 정책에 힘입어 모조·위조·제조(模造·僞造·製造)의 수준에서 창조(創造) 단계로 넘어가 글로벌 표준까지 추구하고 있다. 여기에 기술혁신과 인재역량 그리고 시장확대 등 3대 젖줄이 제공되면서 점차 세계 제조업 발전을 이끄는 엔진이 되고 있다. 과학굴기에 대한 당 지도부의 의지와 함께 사회역량이 분출되고 연구자의 열정이 더해지며 강력한 과학기술개발 능력이 축적되고 있다. 사회주의 정치체제의 특성을 십분 살려 과학기술정책이 일사불란하게 추진되고 있는 것이다.

현재 중국에는 과거 한국이 '한강의 기적'을 이룬 시기처럼 자기 일에 매진하는 관료와 지식인 그리고 열정적으로 맡은 바 연구에 집착하는 수 많은 과학기술 인력이 있다. 국가의 부름과 지도자의 격려를 받으며 돌연 조국에 빚지고 있다는 마음이 생기던 아니면 개인적인 기회를 잡아보기 위한 목적이던 중국으로 향하는 인재의 귀국 행렬이 이어지고 있으며 나아가 사명감과 성취감을 위해 과로사 할 정도로 연구에 매진하고 있다. OECD 자료에 따르면 중국은 2016년 전 세계에 발표된 과학 관련 논문 수에서 미국(25.5%)에 이어 2위(14.0%)를 차지했으며 아울러 논문의 수준과 영향력도 급격히 향상되고 있는 것으로 나타났다. 이는 현재의 중국보다 미래의 중국이 더 무서울 것이라는 것을 예상하게 만드는 장면이다. 중국은 과학기술 혁신을 통해 새로운 국부를 창출하고 아울러 발전으로 파생되는 빈곤과 환경오염 그리고 질병 등의 문제를 해결해 나가고자 한다. 이와 더불어 차세대 기술과 산업 전략은 경제구조의 고도화는 물론 정권유지와 강화를 위한 중요한 도구로 활용될 것이다. 과학기술 혁신은 공산당이 사회안정을 통제하는 강력한 수단이 될 뿐만 아니라 국가발전과 집권안정을 위한 당위성을 제시하고 있다.

시장의 팽창

중국은 개혁개방 이후 급성장하는 과정에서 1997년과 2008년의 두 차례 금융위기를 겪으며 중국경제에 대한 국제사회의 위기론과 붕괴론에 휘말리기도 했으나 차례로 극복하며 투자대상국의 비교우위를 높여왔다. '중국 특색의 사회주의 시장경제 모델'에 대한 우려는 기우에 불과했고 오히려 글로벌 무대에서 중국의 발언권과 영향력은 확대되었다. 지속적인 성장과 시장의 팽창은 외자기업으로 하여금 중국식 발전모델을 수용하고 나아가 중국식 경영을 수행하도록 만들고 있다. 중국은 지난 40년 동안 국내외에 의류, 식품, 주택, 자동차 등 '의식주행(衣食住行)' 관련상품 공급을 맡으며 성장해 왔고 최근에는 이들 상품의 업그레이드는 물론 과학기술, 교육,

문화, 위생 등 '과교문위(科敎文衛)' 관련 시장도 키우고 있다. 향후 관광, 문화, 체육, 건강, 양로 등 5대 '행복산업'은 내수를 창출하는 주력군이 될 것이다. 또한 국내 실물시장과 금융시장 그리고 인터넷시장 등 분야별 시장이 팽창하는 가운데 해외로도 시장영토를 확장하기 시작했다.

2016년 중국의 일인당 GDP는 8100 달러로 통상 이 시기에 도달하는 국가는 주택, 의료, 교육, 환경 등 다방면에서 유효공급 부족상태가 발생한다. 향후 중국경제가 고수준의 제도혁신과 질적인 요소 공급이 이루어진다면 산업의 고도화, 농촌의 도시화, 기초시설의 업그레이드, 서비스업의 개방과 육성, 농업의 현대화, 환경보호 산업의 발전 등을 바탕으로 내수가 확대될 공간은 거대하다. 시장이 작으면 '혁신'은 힘을 발휘하지 못하고 사장(死藏)되기도 하나 큰 시장에서는 혁신의 파급력으로 시장을 더욱 팽창시킨다. 말하자면 혁신이란 옥동자로 태어났음에도 줄 수 있는 모유(시장)가 한정된 국가의 혁신은 요절(夭折)해 버리지만 칠삭둥이로 태어났어도 넉넉한 수유(授乳)를 통해 옥동자로 자랄 수 있는 것이다. 허접한 제품이지만 수 천만 개를 판매한 후 R&D에 자금을 쏟아 부어 선두 제품을 따라잡는 것이다. 한국서 태어난 옥동자(혁신제품)가 중국기업에 의해 카피(copy)된 후 중국의 옥동자로 키워지기도 한다. '혁신'이 '시장'을 이기지 못하는 것이다.

기술의 생명력은 시장에서 나오고 시장의 자양분을 먹고 자라기 때문에 기술이 죽지 않으려면 시장을 찾아야만 한다. 중국시장의 힘은 신기술을 개발하여 혁신을 창출하고 산업구조가 고도화되면서 새로운 거대시장을 형성하는 것에서 확인할 수 있다. 선진국 기술에 대해 추격이 비교적 용이한 신흥산업 분야를 선정하여 집중 육성한 후 이를 바로 상업화할 수 있는 자체 시장을 갖고 있다는 것은 모든 가능성을 열어놓고 있는 것과 같다. 중국정부의 기업 친화적 정책과 시장의 확대는 중국인의 태생적 경제 DNA를 자극해 장사꾼 기질을 유감없이 발휘하게 만들고 나아가 비즈니스 서비스 정신까지 장착되도록 하고 있다.

현재 팽창하고 있는 중국시장의 단면을 살펴보자. 신흥 중산층의 확대와 소비패턴의 고급화·다양화 그리고 인터넷 문화의 확산과 물류혁신은 2013년 중국이 미국을 제치고 세계 최대 전자상거래 국가로 부상하게 했고 사회소매판매량 총액에서 차지하는 전자상거래 판매 비율도 미국의 두 배 이상에 달하고 있다. 2016년 중국의 상품 택배 건수는 310억 건을 넘어 전 세계 물량의 44%를 차지했다. 하루 수억 명이 조회하는 전자상거래 기업은 빅데이터를 통해 중국 소비자의 구매 습성을 파악하고 상황에 최적화된 마케팅을 펼친다. 이는 대량 판매와 제품 연구로 이어져 제조업의 생산공정 기술까지 업그레이드 시킨다. 거대한 시장 볼륨에 따른 빅데이터 활용으로 시장에서 신 질서 구축이 가능해 지고 있다.

특히 중국의 핀테크 산업은 자국 금융체계의 공백을 메우며 세계에서 가장 빠른 속도로 성장하고 있다. 알리바바와 텐센트(騰訊) 등 비금융분야 IT 기업이 금융시장에 진출하고 있는 '핀테크(FinTech)' 산업의 발전은 기존 금융체제 개혁은 물론 소비의 편리성과 규모를 획기적으로 개선하고 있다. 핀테크는 금융(Financial)

과 정보기술(Technology)의 합성어로 인터넷 모바일 공간에서 결제·송금·이체와 인터넷 전문은행 및 크라우드 펀딩 그리고 디지털 화폐 등 각종 금융서비스를 제공하는 산업을 말한다. IT 공룡 기업의 핀테크 산업 진출에 대해 일각에선 국유은행의 강력한 반발과 인터넷 금융의 보안이슈 등으로 제약이 많을 것이라 전망했다. 하지만 은행의 대출확대가 부담스러운 정부로서는 자투리 돈을 모아 운영도 하고 중소기업 자금난에도 도움이 되는 인터넷 금융이 미울 리 없다.

효율적인 자금운영으로 정부가 원하는 개인소득 향상과 소비확대에 기여하고 소비 진작책과 함께 온라인 소비가 급증하여 성장률도 끌어올릴 수 있어 당분간 핀테크 열풍과 경쟁은 가속될 전망이다.[23] 모바일 결제 시스템이 '실용지상주의'를 추구하는 중국인의 소비문화 속에서 급속히 확산되고 있는 것도 이 같은 전망을 뒷받침하고 있다. 세계 5대 핀테크 기업 중에서 중국기업이 4개를 차지하고 있는 가운데 2016년 모바일 결제 규모는 전년대비 215% 급증한 6200조원으로 미국의 약 50배 이르고 있다. 중국정부 입장에서는 새로운 시도가 소비를 늘리고 시장 이자율 형성메커니즘도 배울 수 있고 빅데이터 자료 수집을 통한 주민사회 감시에도 도움이 돼 꿩 먹고 알 먹는 실험이라 할 수 있다.

이 밖에 4차 산업혁명도 기술과 시장을 바탕으로 빠른 속도로 추진되고 있다. 2015년 중국정부가 제시한 '인터넷플러스(互聯網+) 행동계획'을 통해 인터넷에 전통산업을 접목시켜 산업구조 전환과 업그레이드를 촉진하고 서비스업을 획기적으로 발전시키는 정책 방향을 설정했다. 이에 중국 최대 SNS 기업인 텐센트를 필두로 금융, 교육, 의료, 교통 등 민생과 직접 관련된 오프라인 서비스를 혁신하는 기술이 개발되고 여기에 실용적인 중국인이 열광하는 가운데 도시의 디지털화가 가속되어 시장 잠재력은 갈수록 커지고 있다. 이와함께 첨단기술을 기반으로 한 시장팽창과 함께 시대의 기회를 놓치지 않으려는 중국 젊은이들을 꿈꾸게 만들어 창업 열풍이 이어지고 있다.

2016년 한 해만 약 553만 개를 창업하여 일일 평균 1만 5000여 개의 기업이 설립되었다. 이중 80% 이상이 단순 생계형 창업이 아닌 IT 및 서비스 등을 기반으로 하는 혁신창업으로 창업의 질적인 도약이 이루어지고 있다. 제2의 마윈(馬云)을 꿈꾸며 대학졸업생의 40% 이상이 창업을 꿈꾸고 명문대 졸업생도 안정된 삶을 지양하고 새로운 도전에 나서고 있다. 아이디어만 좋다면 큰 시장을 통해 단기간에 자본축적이 가능하고 해외진출을 도모하거나 기술개발로 사업을 확장할 수도 있기 때문이다. 포춘(FORTUNE) 지에 의하면 2016년 전세계 유니콘 기업(기업가치 10억 이상의 비상장기업) 174 개 중에서 중국기업은 33개로 미국에 이어 2위를 차지했다. 스위스의 글로벌 투자은행 UBS는 현재 중국에서 5일에 1명 꼴로 억만장자가 탄생하고 있으며 아시아태평양 지역에서 새롭게 억만장자 대열에 오른 113명 중 80명이 중국인으로, 이는 젊은 기업인이 사업을 펼칠 수 있는 분위기와 시장환경이 조성된 것에 기인된 것이라고 분석했다. 실패를 두려워하지 않는 그들은 커지는 시장을 목도하며 스타트업(신생 벤처기업)을 양산하고 있는데 향후 이들 중 몇 개는 대기업으로 성장하여 글로벌 외자기업의 또 다른 경쟁자로 부상할 것이다.

현재 중국경제는 구조조정과 글로벌 경기침체로 일시적 어려움을 겪고 있음에도 제도혁신과 시장의 팽창으로 외국인직접투자(FDI)를 안정적으로 유인하고 있다. 돈은 돈이 되는 곳으로 가는 법, 인프라와 시장이 낙후하고 미약하면 아무리 미래 전망이 좋아도 투자할 수 없는 것이다. 설사 오지의 국가에 무진장한 자원이 묻혀 있더라도 스스로 개발하고 인프라를 깔아 실어 나를 수는 없다. 반면에 중국은 자신의 돈으로 최상급의 인프라를 구축하고 유통·물류 혁신을 주도하며 세계의 투자를 끌어들이고 있다. 2016년 말 중국은 3900여 개에 달하는 국내 항공노선과 국토 전역을 커버하는 고속철도망을 구축하고 있다. 고속철도의 총 연장은 약 2만 2000km로 전국 주요도시를 연결하여 매년 약 10억 명의 여행객을 실어 나르고 있으며 아울러 검증된 기술과 안전운행을 경험으로 해외진출에도 적극 나서고 있다.

한국보다 4년 늦게 시작한 중국의 고속철도는 현재까지 수출 실적이 전무한 한국과는 달리 일본과 독일 그리고 프랑스와 경쟁하며 전 세계 수주전에 나서고 있고 아프리카 노선은 '중국기술표준'에 따라 시공되고 있다. 2020년에 중국의 고속철도 총 연장은 3만 킬로를 돌파할 예정인데 사통팔달로 연결되는 고속철도 건설은 국내무역의 비용을 절감하고 효율을 배가시킬 것이다. 향후 기초 물류 인프라가 정비되고 유통시스템 개혁과 신용체계가 구축되면 내수시장은 더욱 활성화될 것이다. 여기에 중서부지역의 도시화 건설 촉진은 '전국통일시장'을 구축하고 전자상거래를 대표로 하는 신형 유통업태의 성장은 국내상품 및 요소시장을 확장시키는 역할을 할 것이다. 이는 민간기업의 성장에 큰 공간을 제공하고 서비스업 발전을 촉진시켜 일자리를 창출하며 지역사회 발전과 안정에 공헌할 것이다.

전국의 시장이 '아프면 통하지 않고, 통하면 아프지 않다(痛則不通, 通則不痛)'는 말처럼 고속철도를 통해 균형적으로 발전하고 있다. 지역 내 산업협력 혹은 산업 이전이 갈수록 늘어나고 각 지역이 자체 보유한 장점을 활용함과 동시에 비용 절감을 위해 지역 간 산업협력을 추진하여 '지역경제일체화'도 추진되고 있다. 고속철도 및 도로 그리고 인터넷과 이동통신의 확대보급 등 교통·통신의 획기적 발전이 지역 간의 활발한 교류를 가능하게 만들어 지역경제일체화를 결정적으로 돕고 있는 것이다. 이 외에 중국의 교통·물류 혁신은 사람과 물자의 자유로운 이동은 물론 산업의 효율증대와 국토의 균형발전을 촉진시켜 공산당의 안정적인 국정운영에도 도움되는 정책이라 할 수 있다.

한편 중국정부는 상기와 같은 국내시장 기반구축과 더불어 해외로도 시장영토를 넓히고 있다. 이는 강력한 자금력을 바탕으로 한 '차이나 머니'의 세계진출전략과 21세기 육상·해상 실크로드 구상인 '일대일로(一帶一路)' 전략을 중심으로 추진되고 있다. 중국은 2014년에 해외직접투자(ODI) 규모가 외국인직접투자(FDI)를 추월하며 순 자본수출국으로 올라섰다. 상무부(商務部) 자료에 의하면 2016년에 중국기업은 164개 국가 및 지역을 대상으로 전년대비

44% 증가된 1701억 달러를 투자했고 2022년에 미국을 제치고 세계 최대 ODI 국가로 부상할 전망이다. 우선 넘치는 외환보유고와 밀려드는 자본을 활용해 세계 각지의 부동산, 기업, 브랜드, 광물, 인프라를 사들이고 있다. 일부 EU 회원국의 경제 침체를 이용해 헐값에 해당국의 인프라 자산을 매입하고 관련 국유기업의 진출 교두보를 마련한 후 국제 비즈니스를 시도하고 있다. EU 지역의 침체를 돕는다는 투자 명분과 함께 자국 상품의 수요처도 지키고자 하는데 이는 마치 포도당 주사를 놔주며 소비할 기력을 회복시켜 주려는 의도와 같다. 이 같은 투자행위가 시장조작 의도를 품고 국제사회에 대한 영향력을 확대하려 한다는 미국 등 선진국의 의심도 받지만 현재 중국경제가 글로벌 경기를 유지하는데 공헌하고 있고 아울러 그 역할이 당분간 계속될 것이란 전망 또한 사실이다.

중국정부는 원자재와 첨단기술 확보를 위해 90년대 추진했던 '외자도입(引進來)' 정책이 자체 기술력을 높이는데 한계가 있다는 판단에 따라 2001년부터 시작된 '해외진출(走出去)' 정책을 업그레이드한 M&A 전략을 통해 보다 적극적으로 해외 선진기술 확보와 시장개척을 도모하고 있다. 신창타이 구조조정의 시기, 중국기업이 기술과 인재 그리고 브랜드를 일시에 확보하기 위해 해외기업 및 자산에 대한 M&A 기회를 노리는 가운데 정부는 해외기술 도입을 통한 국내생산으로 내수시장을 만족시키고 이를 점차 수출로 전환할 수 있다는 판단에 따라 자국기업의 해외 M&A를 적극 지원하고 있다. 후발주자의 장점을 살리면서도 M&A를 통해 산업의 구조조정을 촉진시켜 중복투자와 과잉생산도 방지할 수 있기 때문이다. 금융시장 정보업체 딜로직(Dealogic)에 의하면 2016년 중국기업의 해외 M&A 규모는 73개 국가 및 지역을 대상으로 742건에 1072억 달러(실제거래기준)를 시현했다. 활발한 해외 M&A가 ODI 확대의 주요 배경인 것이다. 비록 M&A 대상 기업 소재국의 토지와 산업보호 그리고 국가안보 차원의 방어로 인해 중국기업의 해외 M&A 성공률이 낮은 편이고 때로는 국유기업이 해외 펀드와 채권 등에 투자하여 거금을 날리기도 하지만 중국정부는 '시장확장-국부증대-지속발전'이라는 로드맵을 갖고 앞으로도 공격적인 해외투자를 이어갈 것이다.

한편 해외투자가 경제적 유인에 따른 국내외 시장확대 정책에 국한되어 있다면 '일대일로' 계획은 경제적 이익추구 외에도 관련국과의 정치외교적 신뢰구축과 문화적 포용을 통해 이익공동체와 운명공동체 그리고 책임공동체를 구축하려는 경제영토확장 전략이다. 앞서 언급한 바와 같이 현재 중국경제는 구조조정으로 성장률이 하락하고 이전 개혁조치의 현시효과를 기다려야 하는 고통의 시기에 처해 있다. 전환기 위기를 돌파하고 지속발전을 담보하기 위한 전략적 카드가 절실한 가운데 '일대일로' 계획은 1979년 개혁개방의 시작과 2001년 WTO 가입에 이은 제3라운드 개혁개방 정책이라 할 수 있다. 동시에 시진핑 주석이 역설하는 '중국의 꿈(china dream)'을 이루기 위한 국가 전략이기도 하다.

64개국에 40억 인구가 살고 있는 아시아-아프리카-유럽을 연결하는 일대일로 구상의 전략 목표는 아시아 지역 인프라 건설을 바탕으로 거점 국가의 산업 클러스트(cluster)를 구축하고 이를 지역

간 산업 협력이 이루어지는 경제회랑으로 연결한 후 교류협력을 강화하는 것이다. 나아가 FTA와 같은 제도적 협상을 통해 아시아와 유럽을 하나로 묶는 대 시장을 건설하는 것이다. 2016년 말 일대일로 계획 선상에 있는 20여 개국에 조성한 공단은 56개에 이르고 이들 경제무역합작구에 대한 누적 투자 규모는 185억 달러에 달했다. 2017년 새해 첫날, 영국 런던을 향해 중국의 절강성(浙江省) 이우(義烏)시를 출발한 화물열차는 12,450km의 이르는 약 20일 간의 여행을 시작했다. 동 노선을 이용한 화물운송료는 항공운송보다 50% 저렴하고 운송 시간은 해상보다 절반이 단축된다. 이는 중국정부가 2017년부터 '일대일로' 계획을 본격적으로 추진하겠다는 의지를 국내외에 선언한 것이다.

일대일로 계획의 경제적 동인은 외환보유고 활용과 함께 수출을 통해 국내 과잉문제를 해소하고 서부지역 개발을 통한 국토의 균형발전 촉진과 중장기 에너지 공급처 및 수송로 확보를 위한 것이다. 단순히 보면 과잉물자의 밀어내기 식 수출구조처럼 보이나 투자 연결선을 따라 인프라를 건설하고 해당 지역의 경제를 활성화시켜 또 다른 해외의 중국시장을 개척하고 위안화의 국제화도 추진한다는 전략이다. 정치적 함의로는 미국의 동아시아 전략에 직접 대응하여 휘말리지 않고 전장(戰場)을 서쪽으로 열어가며 아시아 국가들과 협력을 강화하는 것이다. 중국정부는 일대일로 사업 추진의 선봉장으로 '아시아인프라투자은행(AIIB)'을 창립하고 자신이 설립자 임에도 거부권을 포기하여 패권 없는 다자 협력을 추구하는 방식으로 아세안(ASEAN)에 대한 영향력을 확대하고 나아가 개도국의 리더가 되겠다는 포부를 갖고 있다. 신흥국과 개도국에 대한 투자를 통해 지지 세력을 확보하고 석유수출국에 대한 인프라 건설 지원으로 석유수출의 효율 증대와 가격안정을 도모하여 가격협상력을 제고한다는 계획도 가지고 있다.

복단대학의 '중국과 주변국가관계 연구센터' 주임인 쓰웬화(石源華) 교수는 "일대일로는 참여국가가 함께 교향악을 만드는 것이지 중국의 독주곡을 쓰는 것이 아니며 협력공영의 단체공연이지 중국의 모노드라마가 아니다"라는 비유로 그 의미를 개괄하고 있다.[24] 하지만 미국이 일대일로 계획을 '환상(illusion)'이라고 폄하하는 가운데 중국정부의 집행능력에 대한 국제사회의 냉소적인 시각도 적지 않다. 근거로는 정부가 국제사업의 협상 및 리스크의 주체가 된다는 것, AIIB의 자본금 약소와 지배구조의 불투명, 국제융자에 따른 레버리지 효과 발생, 미국과 일본의 경쟁과 방해, 러시아와 인도의 비 협조, 중국의 해외자산 보존 리스크와 반 중국 정서에 따른 중국인 위협, 중앙아시아 및 중동지역의 분리주의와 테러리즘 등이 있다. 현실적으로 투자는 쉽지만 지키기가 어려운 변수가 적지 않은 것이다. 해외에 동맹국과 군사기지가 없는 중국이 국제사업을 추진하며 '안정된 발전'과 '발전의 안전'을 어떻게 확보할 것인가라는 문제에 봉착할 수 있는 것이다.

그럼에도 중국정부는 해당 국가의 기존 협력기제에 접목하여 역외세력의 기득권을 존중하되 전체 이익을 추구하지도, 전체 리스크도 지지 않는 전략을 추구하는 가운데 유럽과의 협력에 중점을 두며 '실크로드 위협론'에 대처해 나간다는 계획이다. '시간은 내 편'

이라는 전략이 중국의 노력에도 불구하고 국제사회 환경이 유리한 쪽으로 조성될 지 여부는 지켜봐야 할 것이다. 중국은 미국처럼 군사적으로 드러나게 패권을 추구하거나 우두머리가 되고자 하는 것이 아니라 공동부흥을 위해 신 시장을 창출하자는 것이며 여기에 문화적 연성파워(soft power) 전파를 통해 존중 받는 세계대국이 되고 싶어 한다. 이를 위한 글로벌 시장의 안정적 확장과 성장은 물질적·정신적 기반이 될 수 있다. 결국 국내시장의 팽창과 해외시장의 확대는 국부와 민부를 증대시켜 정치사회 안정을 담보하고 지속발전을 위한 보장 역할을 할 수 있다는 것이다.

국가간부육성 시스템

사회주의 공산당 독재 국가에서 국가간부육성 시스템은 정권에 대한 조직과 당원의 복종을 기반으로 정치사회 안정과 발전을 실현하기 위해 존재한다. 국정 추진의 안정성과 원칙성 그리고 가시성이 보장되는 정치 환경 속에서 국민으로부터 독재를 용인 받은 공산당이 국가를 책임 경영하는데 이를 위한 집정의 핵심 역량은 국가간부육성 시스템에서 나온다. 중국의 제도 중에서 가장 신중하고 엄격하게 시행되는 인사조직 시스템과 징벌 메커니즘은 국가의 안정과 발전을 위한 보루 기능을 하고 있다. 동 업무는 '중공중앙조직부(中共中央組織部)'와 '중공중앙기율검사위원회(中共中央紀律檢查委員會)'등 양대 공산당 기구가 담당한다. 전자는 인재 발굴과 육성을, 후자는 부패 관료를 걸러낸다. 전자는 관모(官帽)를 씌워주고 후자는 관모를 벗기는 일을 한다. 관모를 쓴 자의 입장에서는 전자에 이름이 오르내리는 것이 좋지 후자에 이름이 올라서는 안 된다. 관료의 발탁과 말로(末路)를 담당하는 두 조직의 사명과 역할에 중국의 정치사회 안정과 정권의 명운이 달려있다.

관료 인사는 조직부(組織部)가 주관한다. 복잡다기한 국내외 환경의 급변 속에서 인사(人事)가 만사(萬事)임을 체현하는 조직부는 매우 중요한 역할을 담당하고 있다. 과거 혁명시기 때는 '통일전선부'가 공산당의 핵심 부서였다면 지금은 당 간부를 발굴·육성·교육·배치하는 '조직부'가 핵심 부서다. 현 중국은 공산당의 조직부가 이끌고 있다고 해도 과언이 아니다. 중국의 국가간부육성 시스템은 체계적이고 원칙을 고수하는 시스템이자 객관적이고 투명하며 예측이 가능한 시스템이다. 조직부는 당원 출신의 인재를 발굴한 후 밑바닥부터 능력과 품성을 끊임없이 검증하여 간부로 육성한다. 간혹 당원이 아니더라도 전문 분야에서 탁월한 능력을 발휘하는 인재를 발탁하여 정부 조직 혹은 국유기업의 책임자로 임명하며 국정의 전문성을 보완한다. 예로 중국의 의료·보건을 책임지는 위생부의 '천주(陳竺)' 전 부장(장관)은 농공당(農工黨) 출신의 혈액연구 전문가다.

중국의 행정간부 직급을 간략히 구분하면 국가 주석, 전국인민대표대회 위원장, 국무원 총리 등이 포함된 1급을 정점으로 아래로 11급까지 나뉘어지고 직할시를 제외한 각 시의 시장과 중앙부처의 사장(司長·국장)이 속한 5급 이상을 고급 간부로 칭하고 있다. 명문화 된 것은 아니지만 대략 40대 말까지 각 성(省)의 부성장과 국무원 각 부처의 부부장(차관) 등 4급까지 올라가고 50대 전반기를 거치며 성장(省長)과 국무원 행정 각부 부장 그리고 직할시 시장 등 3급까지 진급하면 공산당 계파와 전·현직 지도부가 주시하는 미래 지도자급 인재군에 속한다고 보면 된다. 반면에 보직인사 기준 연령대를 많이 초과했거나 한 지역에서 같은 보직만 오랫동안 맡고 있는 이들은 이미 핵심 인재군에서 멀어진 것으로, 본인 또한 이를 알고 받아들인다.

승급 심사는 각 직급 별로 후보군을 1차로 선정한 후, 중앙 및 지방정부의 조직부는 후보자 당안(檔案) 기록에 대한 수 차례의 교차 검토와 업무수행 능력을 평가한다. 일정기간 동안의 업무실적, 조직관리, 사상교육, 대외협력, 외부평판, 가정사, 개인채무, 이성문제, 부정부패, 건강상태, 언행 등을 자세히 조사하며 사상 및 인성결함, 업무능력 부족, 사생활 문제 등이 발견되는 간부를 후보군에서 제외시켜 나간다. 이 같은 절차는 직급이 높을수록 더욱 치밀하게 진행되고 후일 선발된 간부라도 관할 조직부가 계속해서 지도·계몽하고 감시한다. 선발된 간부가 부임지에서 업무 수행 중에 자의든 타의든 부정부패 사건에 연루되었다면 당사자는 물론 선발 과정에 참여했던 인사나 추천 인사에게도 직간접으로 책임을 묻는 인사 시스템을 구축하여 부정부패 발생 가능성을 원천적으로 차단하고 있다. 그리고 5급부터는 당 조직에 의해 간부의 공적·사적 활동과 개인 전화를 통제하는 등 감시와 보호 기능이 적용된다.

하지만 중국 공산당은 각종 방법을 동원해 우수한 간부를 선발·배치하고도 경제발전과 함께 부패 관료는 끊이지 않아 현재 9000만 명에 육박하는 공산당 당원이 있음에도 항상 인재 발굴에 목 말라 하고 있다. 중국인은 이들 간부의 행태를 통해 정권을 평가하기 때문에 공산당은 고민 하지 않을 수 없다. 간부 선발 시 개인의 '사상'과 '도덕'이 중요한 검증 항목이 되는 이유다. 현재 재임 중인 중국의 고위간부는 업무에 대한 전문성과 함께 깊은 '도덕성'을 바탕으로 올라온 인재들이다. 이들은 조직부의 프로그램에 따라 오랫동안 관(官), 명리(名利), 정(情)의 유혹에 견디는 훈련을 받아온 사람들로 조직 관리는 물론 자기 감정 조절에 상당한 내공을 갖추고 있으며 아울러 자신의 업무와 직책에 대한 사명감과 자부심이 대단하다.

젊은 간부들이 선발 시스템에 대응하고 부패에 연루되지 않기 위한 생존 코드는 바로 '인내'와 '겸손' 그리고 '과묵'이다. 즉 열심히 일하며 당의 부름을 기다리고, 승진 후에는 교만하지 않고 자신을 낮추며, 인사 과정에는 내심 불만이 있어도 언급하지 않는 것이다. 과정이 힘들고 각종 유혹에도 노출되지만 자기 수양과 감정 조절 방법을 터득하고 이를 바탕으로 업무 능력을 발휘하며 전문성과 세상 보는 눈을 키운다. 과거 수 천년 동안 중국의 많은 왕조들 가운데 이와 같은 인사 원칙과 프로그램을 지킨 왕조는 흥했고 이를 어긴 왕조는 간신배가 들끓으며 망했는데 이는 작금의 중국이 흥하고 있는 이유를 설명하는 것이기도 하다.

한편 신임 간부 선발 후 조직부는 이들에게 후임 인재 발굴 임무를 부여하여 업무의 연속성을 보장함과 동시에 이들의 책임감과 안

목도 테스트한다. '검증 없이는 진실을 알 수 없다'는 공산당의 실리적, 원칙적, 연속적인 인재육성 시스템을 볼 수 있는 대목이다. 사람 잘 못 쓰는 실수를 두려워하지 않게 하고 보직 이동과 오지 발령으로 단련의 기회를 제공하기도 한다. 중국에서는 매년 평균 3억 명이 각종 자연재해로 인한 피해를 입고 있는데 신임 간부의 관할 지역에서 재난이 발생하면 이를 조치하고 민심을 추스르는 것도 중요한 임무이자 민심 통제 교육의 일환이다. 각종 경험을 통해 업무 지식의 폭이 확장되고 리더 경험을 축적하여 문제해결 능력이 제고되는 것이다. 이 외에 정기적인 국내연수 및 정치학습과 글로벌 시야를 넓히기 위한 선진국 시찰과 현장 답사도 실시하고 있다. 이들 중 극소수는 비공식으로 미국의 '아이젠하워 기금', '포드 기금' 등의 초청으로 미국을 방문하기도 한다. 미국의 선진 시스템에 대한 학습은 물론 미국의 전직 고위관료와 사회 지도층 인사와의 교류를 통해 대미 관계를 위한 인재 풀을 조성하는 것이다. 향후 미·중 간의 마찰이 계속될 수 밖에 없다는 전제하에 이를 막후에서 조율할 대국외교전담 인재를 미리 육성한다는 차원이다.

이와 같이 엄격한 선발 과정과 실전 훈련 그리고 지속적인 정신 교육으로 간부들에게 국가관과 민족관 그리고 역사관을 끊임없이 주입하여 공산당 조직의 가치와 비전에 대한 정신적 자본(spiritual capital)을 축적한다. 특히 국가 지도자급 간부(1급 간부)는 수십 년의 개인검증 기간과 파벌 및 이익집단 간의 조율 그리고 의견 수렴 과정을 거쳐 국가와 민족을 위해 도덕성을 바탕으로 큰 안목과 지혜를 가진 자를 선출한다. 시진핑 주석을 위시한 현 공산당 지도부는 마치 수십 년 전에 추적이 가능한 바코드를 목덜미에 붙인 채 국민들이 언제던지 행적과 업적을 지켜볼 수 있는 상황 속에서 검증되어온 사람들이다. 중국체제에 가장 최적화된 지도자 간부인 것이다. 중국의 인사조직 시스템과 국가지도자 발굴·육성 메커니즘은 민심을 지렛대로 오래 동안 검증을 반복하며 최적을 찾아내는 '중국식 직접민주제'라 할 수 있다.

국가와 당의 지도부는 5년 마다 열리는 중국 공산당 '전국대표대회(당대회)'에서 선출한다. 중앙위원회 구성을 위한 선거를 거친 후 내정된 차기 지도부를 최종 추인하는 회의를 통해 잔치 분위기 속에서 국가와 당의 미래를 부탁한다. 만약 당 대회 전까지 차기 지도부 구성을 결정하지 못한 채 계파 간 의견이 충돌하고 있다면 공산당 내부가 상당히 불안한 상태임을 알리는 것과 같다. 공산당은 이와 같은 상황을 예방하고 자신의 조직 보존과 더불어 만고의 역적이 되지 않도록 많은 고민과 함께 지도자를 선출하고 있으며 중국인은 이렇게 정해진 지도자를 전폭적으로 신뢰한다. 덩샤오핑-장쩌민-후진타오-시진핑으로 이어지는 최고 지도자의 계보와 조은라이-주룽지-원쟈바오-리커창으로 연결되는 총리 인선을 볼 때 중국 공산당의 간부인재 육성 및 국가지도자 배출 시스템이 현재 중국의 발전과 중흥을 이끌고 있다고 볼 수 있다.[25]

혹자는 철저히 관리되는 인사 시스템이 영혼 없는 관료만 배출한다고 비판 하지만 이는 여느 국가에도 존재하는 것으로 현 중국의 인재육성 시스템은 중국의 현실과 안정에 가장 부합하는 제도인 것만은 분명하다. 여기에 선발·육성되는 인재가 많다 보니 국가관·민족관이 투철한 국가지도자도 많이 배출되고 있다. 만리장성이 없어도 중국은 여전히 중국이지만 공자, 맹자, 노자, 순자, 한비자 등 뛰어난 예지를 가진 현자들이 없었다면, 그리고 한무제, 당태종, 명태조, 강희대제 등 걸출한 정치지도자가 없었다면 중국은 중국일 수 없는 것이다.[26] 좋은 국가간부와 지도자를 발굴하고 육성하는 것은 당대 중국에서도 가장 중요한 국정 목표가 될 수 밖에 없는 것이다.

인재풀이 약한 국가는 사람 됨됨이가 다소 미흡해도 장점 하나 보며 발탁하고 국가는 그럭저럭 운영된다. 반면에 중국에서는 실력과 품성을 겸비하지 못한 간부는 즉시 교체된다. 사상과 실천 능력에 대해 거의 완벽함을 요구하기 때문이다. 중국이 무서운 것은 경제규모 팽창에 따른 글로벌 위상 제고가 아니라 중국의 현재와 미래를 이끌 매력적인 종자(種子) 인재가 매우 많다는 것이다. 심지어 야심을 품은 귀재도 많아 정권 안정에 잠재 위협이 될 지경이다. 중국 공산당은 역사적 경험을 통해 나라를 흥하게 하는 것도, 망하게 하는 것도 결국 '사람'이라는 것을 잘 알고 있어 국가간부 선발에 신중을 거듭하고 있으며 또한 상당한 성과를 거두고 있다.

이들 중에는 당·중앙 지도부는 물론 소임을 다하는 관료와 소명의식을 가진 과학자 그리고 과감히 도전하는 젊은이들이 있다. 이들이 있어 중국은 성장에 따른 고통을 치유해 나가는 것에 남음이 있을 것이다. 중국경제는 시진핑 주석을 위시한 지도부가 명확한 국정 철학을 가지고 있고 아울러 나라의 '큰 어른'으로서 국민의 존경과 신뢰를 받고 있는 가운데 정책의 가시성과 과단성 그리고 집행력에 힘입어 발전하고 있다. 국가간부육성 시스템을 바탕으로 개혁을 힘있게 추진할 수 있는 선순환 구조를 가지고 있어 당분간은 발전할 수 밖에 없다.

100년은 거뜬할 정권

중국 공산당의 시진핑 주석을 위시한 현 지도부는 문화대혁명의 암울한 시대를 겪었고 생존은 물론 정신 개조를 위해 온갖 업무와 직책을 경험했으며 개혁개방 이념을 체득하고 온 몸으로 실천한 사람들이다. 2012년 시진핑 정부가 출범했을 때 일부 원로들과 학자들은 신임 지도부의 너무 다양한 경력을 놓고 향후 국정 수행 시 창의성과 일관성이 부족할 수도 있음을 우려했다. 하지만 선출된 지도부는 수십 년 동안 개인의 좌절과 성공 그리고 국가의 빈곤과 부강을 경험하며 정신을 단련하고 인재육성 시스템에 따라 치밀하게 관리되어 왔으며 갖가지 유혹을 사상과 인내로 극복해온 자수성가형 인물들로 채워졌다. 이들은 국가의 발전과 공산당의 단결을 대전제로 개인적 야망이 더해져 기층에서부터 일에 매진해온 복종과 침묵의 달인들로 당과 인민의 최종 승인을 받은 사람들이다. 현재 이들은 각계의 우려가 기우였음을 증명이라도 하듯 중국의 발전과 민족중흥을 이끌고 있다.

외국 전문가들이 공산당의 표면적 정치상황에 대한 기승전결로 중국정치를 분석하는 것은 수면 위에 드러난 빙산의 일각을 본 것에 불과하며 그들의 상상력으로 대부분이 물 속에 잠겨있는 거대한 빙산의 구조와 내공을 재단하기는 어렵다. 공산당 지도부 구성원이 출신 계파와 이익집단의 이해 관계에 따라 축구공처럼 봉합되어 균형과 견제를 이루고 있는 정치체제 하에서 때로는 갈등과 불협화음도 생기지만 모두의 안정과 전체 국면을 위해 일부 희생을 감수하며 상호 협력을 유지해 왔다. 중국문제가 세계문제가 되고 세계문제가 바로 중국문제가 되는 새로운 국면 속에서 중국 공산당은 2017년 10월, 19차 당대회를 통해 시진핑 주석의 집권 2기 지도부를 구성하여 더욱 안정적인 리더쉽을 구축하였다. 새로 선출된 집권 2기 지도부는 향후 시 주석을 중심으로 국가의 지속발전과 안정적인 주변환경 조성을 위해 매진할 것이다.

하지만 중국실정에 정합하는 정치체제 구축과 지도부를 구성했음에도 현재 중국이 직면한 도전의 양상은 녹록지 않다. 현 지도부와 관료조직은 개혁개방의 심화와 더불어 건국이념과 사상에 배치되고 공산당의 정체성과 집정능력 그리고 정치개혁을 유인하는 각종 국내외 문제에 봉착하고 있다. 하나같이 안정기조와 지속발전을 위협하는 핵심 문제들로 '중국특색의 사회주의 시장경제체제'라는 이질적 모순을 어떻게 극복해 나갈 것인가? 권력이 개입된 시장을 어떻게 독립시켜 시장자율에 맡길 것인가? 권력형 부패와 전민부패 확산을 어떻게 통제할 것인가? 빈부격차 해소와 미래 자원은 어떻게 확보할 것인가? 환경오염 확산을 어떻게 막을 것인가? 등등이 공산당과 정부의 답을 기다리고 있다.

한편 통제가 가능한 국내 문제와는 달리 복잡다기한 국제 문제는 중국의 책임 있는 태도와 행동을 요구하고 있으며 중국의 의도와는 상관없이 입장을 표명해야 하는 곤혹스러운 상황도 발생하고 있다. 중국정부의 국정 및 대국외교 전략에서 미국을 위시한 주변국과의 관계 변화는 갈수록 중요한 외생 변수가 되고 있다. 중국은 이와 같은 전면적인 외부 요인의 도전을 겪어본 적이 없었고 주로 내치(內治)에 주력했던 국가라 선배 지도자로부터 물려 받은 노하우도 부족한 실정이다. 이와 같은 배경 하에 향후 시진핑의 집권 2기 정부는 더욱 시 주석을 중심으로 국론을 통합하여 국제 문제에 주도적으로 개입하고 적극적으로 목소리를 내며 핵심이익을 지키려 들 것이다.[27] 이는 또한 시진핑에게 권력을 집중시켜준 공산당의 전략이자 시 주석의 임무이기도 하다.

영국의 파이낸셜 타임즈(FT)는 이전 사설을 통해 현 중국의 정치체제가 대국을 관리하는 최적의 모델에 접근하고 있다고 평했다 (2012.11.11). 즉 체계적으로 선발·육성되는 국가 엘리트는 표를 모으기 위해 시간을 낭비하지 않고 자신을 탁마하여 행동을 개선하는 데 정진하고 '민주 아니면 독재'라는 이분법이 아닌, 중국의 역사문화와 일치하고 지금의 중국형세에 부합하는 지도자 선택 모델을 만든 후 이를 바탕으로 실험과 개선을 계속해 나간다는 것이다.[28] 실험을 통한 검증과 개선을 통한 취사선택이라는 실용주의와 함께 확장되는 사고구조는 통찰력이 업그레이드 된 지도자를 배출하고 공산당의 통치능력도 진화시키고 있다.

국민과 당으로부터 사명을 부여 받은 지도부는 급변하는 국내외 정세 변화에 대처하기 위해 학습을 게을리 하지 않는다. 바쁜 업무

시간을 쪼개 '당·중앙 판공청'과 '당·중앙 정책연구실'이 주관하는 정기 집단학습에 참여하고 초청 전문가의 강의를 통해 국내외 이슈에 대한 지식을 넓히고 사고·판단 능력을 제고한다. 실무는 관료 엘리트들에게 맡기고 시간을 아껴 지방 구석구석을 살피며 새로운 문제점을 찾아내 관련 부서에 지시하기도 한다. 최근에는 정부의 지원하에 경쟁적으로 설립되고 있는 민간 '싱크탱크(ThinkTank)'의 지혜도 많이 활용하고 있다. 미국 펜실베니아 대학의 글로벌 싱크탱크 평가자료에 의하면 2016년 중국의 싱크탱크 수는 435개(한국 35개)로 미국(1835개)에 이어 세계 2위 규모다. 주로 젊은 학자들로 구성된 이들 민간 싱크탱크는 지도부의 글로벌 시야 확대와 정부의 정책 개발에 중요한 자문 역할을 하고 있다.

이와 함께 정치적 경험 부족을 열정과 창의력으로 메우고 낡은 사고를 지양하고 솔선수범하며 지역사회 발전을 이끄는 30~40대의 젊은 간부들과 예비 지도자 그룹의 역량은 중국의 미래가 여전히 역동성을 지닌 실체로 존재할 것임을 예견하고 있다. 이들의 사고는 선배들에 비해 더욱 현실적이고 실용적이기 때문이다. 개혁개방의 수혜를 입고 자란 젊은 관료와 지식인은 국가의 발전이 바로 자신의 이익이자 미래임을 인식하고 있어 국가의 안정과 발전이라는 두 가지 목표를 위해 최선을 다하고 있다. 이들 관료 엘리트의 업무 수행능력과 적극성은 중국경제가 다시 한번 도약할 수 있는 밑거름이 될 것이다.

중국경제에 대한 국내외 전망은 '붕괴론'과 '지속론' 그리고 '당분간 지속론' 등으로 나뉘어 앞으로도 논쟁이 계속될 것이다.

서방의 일부 학자들이 제기하는 붕괴론은 중국역사철학의 깊은 사상적 기반과 진화하는 국정운영 및 인사시스템 그리고 산업기술의 혁신과 국내외 시장팽창 등의 요인을 간과한 채 눈에 보이는 문제점만 추려내 근거로 제시하는 경우가 많다. 국무원발전연구센터(DRC) 류쓰진(劉世錦) 부주임은, 중국발전의 가장 중요한 요인은 개혁개방을 통해 '중국특색의 사회주의 길'을 찾은 것으로 좋은 체제 메커니즘을 바탕으로 현실에 안주하는 '자원의 저주'를 벗어나 풍부한 요소를 조합하여 생산성을 제고하고 이에 따른 개혁 배당금은 경제사회를 역사적으로 변모시켰는바, 지속적인 개혁은 중국발전의 체제 메커니즘이라고 일괄하고 있다.[29]

무엇보다 주목해야 할 점은 정치권력을 끼고 있는 이익집단이 중국경제의 시장화 및 국제화, 국유기업개혁, 자본시장개방 등으로 이익 창출 공간이 줄어들고 심지어 반부패 사정의 타깃이 되고 있음에도 정치투쟁은 공멸이라는 것을 깨닫고 있다는 것이다. 자신의 권력을 시장 주체들에게 넘겨주겠다는 인식이 커지는 것은 공산당 조직이 진화되고 있음을 단적으로 보여주는 것이다. 개혁개방 40년의 성과와 중국의 글로벌 위상제고는 이들의 사고까지 성숙시켜 국가와 민족 발전에 조력하도록 만들고 있다. 중국에서 정치안정은 경제가 발전할 수 있는 토대와 같고 중국경제가 재도약하는 것은 향후 공산당이 국민의 정당으로 자리매김할 수 있는 가장 확실한 방법이다. 지난 성과를 바탕으로 중국의 꿈을 내세우는 것은 정치사회 구성원이 대 타협을 이루고 단결할 수 있는 구심점이 되고 이를 설계하고 이끄는 중국 공산당은 역사적 무대의 주인공이 되려

한다.

중국경제는 정치체제 안정을 바탕으로 개혁개방의 유효성이 보장되면 기술혁신과 소비촉진에 힘입어 새로운 30년 발전을 도모할 수 있다. 개혁의 성과는 산업의 고도화와 글로벌 진출로 이어져 새로운 국내외 시장을 창출하고 이에 따라 중국산 글로벌 대기업은 계속해서 나타날 것이다. 중국경제는 인재와 기술 그리고 시장 등 3대 핵심 경쟁력을 보유하고 있어 발전 역사를 이어갈 가능성이 충분하다. 현재 반부패를 통한 공산당의 내부정화가 진전을 보이는 가운데 정부관료의 글로벌 마인드는 날로 커지고 행정은 갈수록 투명해 지고 있다. 여기에 대도시를 중심으로 국제적 이벤트를 치르면서 시민들의 공공의식 수준이 높아지며 중국과 중국인이 도덕적으로도 우월해지려는 훈련을 받고 있다.

향후 중국정부가 정책의 선택과 집중 과정에서 일시적 시행착오를 겪을 수도 있으나 국민의 신뢰와 지지를 바탕으로 공산당 일당 독재 국가의 특성을 십분 살려 국정을 안정적으로 수행해 나갈 것이다. 시간을 낭비하거나 힘을 분산하지 않고 마치 인공지능이 업그레이드하며 기능이 향상되듯 좌표를 수정하며 최적의 정책을 입안하고 집행해 나갈 것이다. 중국 공산당은 시진핑 2기 정부가 큰 실수를 저지르지 않는 가운데 국민경제의 구조조정을 통한 재도약 기반을 구축한다면 공산당 창당 100주년(2021년)은 물론 건국 100주년(2049년)까지 거뜬히 존속하는 정권이 될 수 있을 것이다.

3장 해후와 희비

해후와 희비

운명적 해후(邂逅)

중국은 예로부터 광활한 면적과 넉넉한 물성(物性) 그리고 거대한 유통시장을 가지고 있어 집권세력이 누구였던 시장경제활동이 활발했었고 백성들도 타고난 시장마인드로 부를 창출해 왔다. 하지만 한국은 관념과 제도 그리고 생산자원과 시장 등 모든 것이 부족한 채 경제는 백성이 최소한의 삶을 유지하는 수단이자 국가의 재정수입원에 불과했다. 지리적 한계로 인해 국가안위와 사상통제가 국정의 중심이고 자본주의 시장경제 이념은 생기기 어려운 토양이었다. 집권세력의 통치철학과 인정주의를 담보로 한 백성들의 상호 희생을 바탕으로 국가를 유지해 왔으며 이와 같은 역사는 근·현대까지 이어져 왔다. 반면에 죽의 장막에 덮여있었던 중국의 시장과 중국인의 시장마인드는 1978년 개혁개방을 통해 봉인해제 되면서 나래를 펴기 시작했고 이웃인 한국에게도 지리적 한계를 극복할 수 있는 발전 공간을 열어주었다.

1992년 한중 양국은 우여곡절을 거쳐 정식으로 수교하게 되는데 이는 양국이 선택한 운명적 경로의 출발이자 필연이었다. 양국은 수교 후 그 동안 단절되었던 시간을 보상이라도 받으려는 듯 경제협력 위주의 민간 교류가 급증했다. 중국은 한국의 가장 중요한 교역 파트너로 양국의 교역량은 수교 당시 64억 달러에서 2016년 2114억 달로 약 33배 늘어났고 한국의 대 중국 누적 투자액은 신고 기준으로 약 700억 달러를 시현했다. 서비스 교역도 1998년 27억 달러에서 2016년 369억 달러로 약 13배 이상 늘어났다. 한국의 상장 회사 2000여 개의 주식은 모두 직간접으로 중국관련 주가 되고 있고 4만여 개의 한국기업과 약 80만 명의 상주인구가 중국에서 고군분투하고 있다. 이와 함께 한국에 설립되는 중국기업도 점증하고 있는데 산자부 자료에 의하면 2016년 상반기 현재 중국인이 한국에 설립한 기업은 2661개로 이중 61%가 최근 7년 사이에 들어서 외국계 기업 중 가장 큰 폭의 증가세를 보여주었다.

중국 최대 검색엔진인 '바이두(百度)'에서 '중한 청소년 교류'라는 문구를 입력하면 양국의 정부와 학교 그리고 여행사 등의 단체가 조직하여 전개하고 있는 각종 청소년 교류 활동 얘기가 150만개 이상 쏟아져 나온다. 최근 사드 사태로 잠시 주춤하고 있지만 미래 양국 교류가 지금과는 다른 양상을 보일 수도 있음을 점치게 한다.

한국기업은 수교 이후 많은 중국기업이 한국서 수입한 선진 경영이념과 함께 양질의 원부자재를 이용한 좋은 제품을 세계시장에 수출하여 중국이 세계 2위의 경제대국으로 올라서는데 큰 역할을 했다. 동시에 중국의 안정된 성장은 한국이 1997년 아시아 금융위기와 2008년 글로벌 금융위기를 무사히 넘기는데 중요한 역할을 하기도 했다. 나 홀로 성장세를 이어간 '중국효과'로 한국의 정권이 경제적 업적을 내는데 덕을 본 것은 사실이다.

2016년 말 현대차와 기아차의 중국 내 판매 비중은 각각 글로벌 판매량의 24%, 22%를 차지했고 중국시장은 북미, 유럽과 함께 삼성전자의 3대 글로벌 시장으로 부상했다. 최근 양국의 외교안보 갈등과 중국 현지기업의 물량공세 및 경쟁력 강화로 고전하고 있지만 기회는 여전히 방대하다. 산업구조의 상호 보완성과 인접한 지리적 이점은 향후 상당기간 양국의 무역투자를 촉진시키는 조건이 된다. 또한 물류 비용의 경쟁력과 빠른 운송 공급체계에 의한 이산화탄소 배출량 억제효과는 양국 경협의 지속성을 보완하는 역할을 하게 될 것이다. 정치사회 안정을 전제로 중국시장은 앞으로도 계속 팽창하고 소비자의 구매력은 강화되어 한국경제에 큰 기회를 제공할 것이다.

제2라운드 시작

대륙형 경제체인 중국은 지역별로 발전단계가 달라 부가가치가 각기 다른 산업을 수용할 수 있다. 다양한 소비수준의 지역경제권과 시장이 계속 생기는 것이다. 당분간 중국은 한국의 최대 수출대상국의 지위를 유지할 것이다. 현재 한국의 대중 수출구조는 중간재·부품 수출이 70% 이상을 차지하고 있고 소비재 수출은 5% 남짓에 불과하다. 최근 중국의 가공무역 축소 정책과 중간재의 현지조달 증가는 대중 수출에 경종을 울리고 있지만 중국의 구조조정에 따른 중서부지역 개발 그리고 동부지역의 산업고도화는 한국의 중간재와 소비재 수출 공간을 계속해서 넓혀줄 것이다. 또한 위안화 환율도 단기적으로는 정부부채와 부동산거품 등의 약세요인이 있지만 경상수지 흑자와 외국인투자의 지속 그리고 중국정부의 위안화 국제화 추진과 미국의 대중 환율압력 등의 요인으로 중장기적으로는 강세를 보일 전망이다. 한국기업이 현지 경영전략과 기술력만 갖추고 있다면 중국의 내수확대 정책과 함께 대중 수출에 유리한 환경은 지속될 것이다.

한국기업은 기존의 무역투자 위주의 경협 외에 지난 25년 간의 학습과 경험을 바탕으로 이제 본격적으로 중국내수를 공략하는 제2라운드를 준비해야 한다. 한국기업은 이를 위한 세 가지 진출 전략을 생각해 볼 수 있다. 즉 지리적 측면에서 향후 중국의 블루오션(blue ocean)이 될 중서부지역 진출과 거점을 마련하는 것, 투자진출 방식에서 중국기업 M&A를 통해 시장에 직접 진입하는 것 그리고 중국 서비스 무역 확대와 현지 서비스 시장 공략 등이다. 우선 중국의 동·중·서부지역 산업구조의 재배치와 고도화를 통한 조화 발전 정책은 한국기업에게 큰 시장공간을 열어줄 것이다. 신 중국 건립 이후 공업 및 교통운송 시설 대부분이 동부 연안 지역에 집중된 가운데 덩샤오핑의 선부론(先富論)과 차별적 개혁개방 정책에 힘입어 동 지역은 중국발전을 선도해 왔다. 무역과 투자 그리고 세제 등 동부지역에 편중된 정책이 추진되었고 동부지역의 자금조달과 도시복지를 위해 원자재 가격과 농산품 가격은 통제되었다.

이와는 반대로 정부와 국민의 무관심 속에 중서부 및 농촌지역의 발전은 답보상태를 면치 못했고 절대 빈곤층 중에서 중서부지역이 차지하는 비중은 94%에 달했다. 빈부격차 문제는 정책 조정의 시급함을 알렸고 중국은 국토의 균형발전 정책을 기반으로 농촌 및 중서부지역 인프라 투자와 국내외 투자유치 정책을 실시하게 된다. 중국정부는 1999년 '서부대개발', 2002년 '동북진흥전략'에 이어 2009년부터 '중부굴기계획'을 추진하고 있다. 중서부지역 개발 정책에 힘입어 GDP 대비 동·중·서부 3개 지역의 비중은 2010년의 53.0%, 19.7%, 18.7%에서 2016년에는 52.3%, 20.6%, 20.3%로 증가했고 고정자산투자 비중도 2010년의 42.7%, 23.2%, 22.8%에서 2016년에 42.1%, 26.6%, 26.2%로 증가하여 중서부지역에 대한 투자가 확대되고 있음을 보여주고 있다.

최근 중서부지역의 해외수입 증가율이 중국전체수입 증가율을 상회하는 가운데 동 지역의 한국산 제품의 시장점유율도 조금씩 증가하고 있다. 지역별 성장정책에 따라 거점을 공략하는 특화된 시장진출 및 제품전략이 필요한 시점이다. 동 지역의 경제특성을 개괄하면, 중국의 중요한 식량기지인 중부지역은 동서를 융합하고 남북을 연결하는 중국경제의 허리에 해당하는 지역으로 전체 국토면적의 11%, 인구의 28%를 차지하고 있다. 중국정부는 2009년에 〈중서부지역 외국인투자 장려 산업 목록〉을 제정한 후 이를 시행하고 있다. 자연자원의 보고인 서부지역은 전체 국토면적의 56%, 인구의 23%를 차지하고 있고 자연자원은 탐사 기준으로 석탄과 석유 그리고 천연가스 보유량 비중이 각각 36%, 12%, 53%에 이르고 있다. 동시에 서부지역은 많은 국가와 국경을 접하고 있고 수 많은 소수민족이 거주하고 있어 국토의 균형발전은 물론 사회안정과 안보차원에서도 매우 중요한 지역이다.

중서부지역이 아세안과 중앙아시아 그리고 유럽으로 통하는 길목에 있어 글로벌 진출을 위한 생산기지 역할과 브랜드 영향력 확대가 가능한 지역이라 2008년 글로벌 금융위기 이후 다국적기업의 중서부지역 진출이 가속되고 있다. 일본기업은 중국과의 정치적 마찰에도 불구하고 2008년 금융위기 이후부터 '정경분리' 원칙을 바탕으로 내수시장 침투를 위한 대중 투자를 공격적으로 시도하고 있다. 제조업은 물론 서비스업 투자 확대를 통해 미래 거점을 확보하자는 것이다. 외자기업은 한발 앞서 내수시장 진입의 발판을 마련하고 원가절감과 과학기술인재 확보 그리고 글로벌 산업체인망 구축을 시도하고 있다. 특히 사업의 현지화와 지속성을 위해 현지인재 확보는 매우 중요하다. 2008년 이후부터 중국인재의 자국기업 선호도가 증가하는 가운데 중국 대형기업의 약진과 다국적기업의 중국사업 확대로 고급인재 확보전 현상이 나타나고 있다. 이는 한국기업이 진출 지역의 인재를 선점하고 자체육성 시스템을 통해 한국기업의 고용브랜드 가치를 높여 나가야 하는 이유가 된다.

중서부지역으로 향하는 글로벌 다국적기업과 중국의 대형국유기업과 함께 이제 한국기업도 중국사업의 대륙화를 도모해야 할 때다. 특히 많은 국내외 IT기업들이 생산공정을 서부지역으로 이전하면서 총칭(重慶)과 청두(成都) 그리고 시안(西安) 등이 새로운 IT제조 클러스터로 부상하는 가운데 지방정부의 지원과 물류체계도 갖추고 있어 승부를 걸어볼 만 하다. 일부 저부가가치 업종은 동남아 이전이 필요할 수 있으나 아직까지 중국의 생산요소 경쟁력 우위는 상당하다. 정부의 지역발전 정책을 바탕으로 공급업체의 수준과 근로자의 숙련도 그리고 물류 인프라와 거대한 잠재시장이 있어 중서부지역 이전도 생각할 수 있다. 중서부지역은 공산당 지도부의 중시와 중앙정부의 각종 지원에 힘입어 큰 기회를 창출하고 있는 중이다. 동·서 및 도·농 간 균형발전 정책에 따른 투자 확대로 향후 중서부지역은 세계에서 가장 큰 잠재력을 지닌 내수시장이 될 수 있을 것이다.

두 번째로 한국기업, 특히 대기업은 M&A 방식을 통한 중국시장 진출을 과감히 고려해 봐야 한다. 과거 진출 모델 중 하나였던 '기술과 시장 교환'이라는 방식에서 벗어나 현지기업 M&A를 통해 즉시 현지화를 실현하는 것이다. M&A를 통한 진입은 아이템을 갖고 현지공장을 지어 진출하는 그린필드형(Greenfield) 투자방식과 양측 간에 마찰이 쉽게 발생하는 합자·합작 방식과는 달리 복잡한 단계와 리스크를 건너뛰어 바로 기존 유통망을 통해 시장에 진입하는 방식이다. 한국기업이 중장기적으로 중국시장을 제2의 내수시장과 자원 공급처로 개척하고자 한다면 양호한 재무구조와 생산시설 그리고 자체 기술력과 유통망 등 성장기반을 갖춘 중국의 상장기업을 M&A 할 수 있을 것이다.

중국정부는 자국기업에 대한 외국인의 M&A 투자가 R&D 기능을 제공하고 국내기업의 구조조정에도 도움 되지만 국유자산의 유실과 외국인의 시장독점 그리고 토종 브랜드 고사와 경제안보 위협 가능성에 대해서도 우려하고 있다. 이 같은 연유로 향후 중국정부는 다국적기업의 M&A 시도에 적극 개입하고 정기적으로 경제안보와 연관된 업종에 대한 외자기업의 시장점유 상황을 평가하고 국유경제의 통제력 확보 차원에서 전략업종에 대한 외자의 M&A는 불허할 것이다. 또한 자국기업과 브랜드를 키우기 위한 시간이 필요하므로 외국인의 자국기업 및 브랜드 M&A에 대한 보호 조치와 함께 반독점법을 보조적 수단으로 활용할 전망이다.

하지만 중국의 일부 학자는 중국에 진출한 다국적기업도 중국경제의 일부분으로 그들의 M&A과 구조조정에 대한 풍부한 경험을 빌어 국유기업의 비개혁적 요소를 개혁해야 한다고 주장한다. 이익집단의 반발과 함께 과거 외세의 침탈 기억도 가지고 있지만 발전과 함께 사고도 확장되고 있다. 외자도입을 위한 개방을 더욱 확대하고 시장 참여자 증가에 따른 자생적 시장진입 문턱이 높아지면 외자는 자본 및 기술도입 확대와 R&D를 강화할 것이고 이에 따라 중국 로컬기업의 경쟁력도 강화되는 선순환 구조를 기대하는 것이다. 중국정부는 다국적기업의 중국 내 경쟁상대 흡수를 위한 M&A 등을 우려하지만 구조조정과 함께 자원배분의 시장기능 강화와 국제산업사슬 지위 향상 그리고 선진기술 및 경영노하우 습득을 위해 외자기업의 중국 내 M&A 투자에 대한 규제를 점차 완화해 나갈 것이다. 향후 한국기업이 중국기업에 대한 M&A를 시도한다면 중국정부의 심리적 저항과 중국인의 반감을 살 수도 있을 것이다. 이를 완화하기 위해 제기된 방안이 바로 '한중 공동펀드 조성'이다. 중국의 금융기구와 공동펀드를 조성하여 기업을 인수할 경우 한국기업 독자로 M&A하는 것보다 해당기업의 불안감을 완화할 수 있는 것이다.[1]

중국기업에 대한 M&A가 연구 단계인 한국과는 달리 중국기업의 한국기업 M&A는 증가 추세다. 한국무역협회 보고서에 따르면 2015년 중국 현지기업의 한국기업 M&A 건수는 33건이었고 거래 규모는 전년대비 128% 늘어난 19억 3000만 달러에 이르렀다. 이는 지난 10년 간 중국기업의 한국기업 대상 M&A 건수의 약 70%를 차지하는 것이다. 타깃 업종도 제조업에서 보험과 문화컨텐츠 그리고 엔터테인먼트 등 서비스업으로 확대되고 있다. 미국 등 서구기업 혹은 투자자가 주로 M&A를 통해 기업가치를 키워 높은 가격에 매도하는 그림을 그리는 반면 중국은 핵심기술 및 노하우 획득과 투자금 회수에 목적이 있는 경우가 많다. 한국시장 진출에는 별 관심 없이 셈 빠른 전략을 구가하고 있는 것이다.

이와 함께 한중 FTA 발효와 함께 중국의 대 한국 직접투자도 증가하고 있다. 산업부에 따르면 2016년 1분기 신고기준 중국의 직접투자는 3억 7500만 달러로 전년도 같은 기간 대비 604%나 증가했고 이중 제조업 분야가 1억 4900만 달러로 979% 급증했다. 이는 한국을 수출 전진기지로 삼아 '메이드 인 차이나'의 한계를 극복하고 양국 시장은 물론 무역분쟁을 회피하며 선진국 시장 진출을 도모하기 위함이다. 이 밖에 중국인의 한국 부동산에 대한 관심도 꾸준하다. KB 금융경제연구소 보고서에 의하면 2016년에 중국인이 사들인 한국토지는 1690만㎡로 2011년(370만㎡)에 비해 약 5배 가량 늘었다. 상업 및 주거용 부동산 투자 규모는 20억 달러를 넘어섰고 투자대상지역도 제주에서 서울·부산 등지로 확대하고 있다. 양국의 정치외교적 갈등에도 불구하고 삶의 질과 사회 치안 그리고 상대적으로 낮은 가격에 따른 수익률 기대 등으로 중국 투자자의 관심은 여전히 높다.

향후 중국자본의 한국시장 진출이 가속될 것으로 예상되는 가운데 한국정부의 조사와 심사가 더욱 신중해야겠지만 이를 무조건 경계하기보단 실리적 사고로 판단할 필요도 있다. M&A를 방어하는 수단 마련도 중요하나 한편으로 단순 매각보다는 중국 내에 합작법인(joint venture)를 설립하거나 중국기업이 대주주 혹은 2대 주주가 되더라고 경영권은 확보하여 현지 시장에 진출할 수 있는 계기와 통로를 만든다는 전략도 필요하다. 이 과정에서 기술력과 지명도를 갖추고 현지에 시장기반을 갖고 있는 중국기업은 더욱 좋을 것이며 한국기업은 자국시장의 외연확대라고 생각하는 것이다.

2017년 초 미국의 맥도날드는 중국 국유자본(CITIC)에 중국 본토 및 홍콩 사업 부문의 지분 52%를 매각했다. 이제 중국 맥도날드는 중국기업이 된 것이다. 맥도날드는 미국의 상징적 기업으로 언제던지 불매운동의 풍파를 겪을 수 있다는 굴레를 벗고 중국의 중서부지역을 중심으로 대대적인 매장 확대를 계획하고 있다. 이는 소유와 경영의 분리로 중국과 미국이 모두 윈윈한 것으로 중국식 경영의 또 다른 방식이라 할 수 있다. 중국정부의 지원 하에 중국토종기업의 경쟁력이 커지며 중국이 외자 IT기업과 유통업체의 무덤이라는 소리가 나오는 가운데 한국기업이 좁은 시장을 벗어나 중국시장에 바로 진입하는 전략도 생각해 볼 필요가 있다. 다국적 컨설팅 회사들은 "서구 기업들이 중국시장을 노릴 수 있는 최선의 길은 인수되는 것" 이라는 조언을 하고 있다. 사례로 2016년 중국의 차량호출 기업인 '디디추싱(滴滴出行)'이 미국의 '우버(Uber) 차이나'를 인수하면서 우버는 디디의 지분 20%를 확보했고 지난 2005년에는 '야후 차이나'가 알리바바에 팔리면서 야후는 알리바바 지분 40%를 챙겼다.

알리바바의 마윈(馬云)은 "이베이(ebay)가 대양의 상어일지 몰라도 나는 양츠강의 악어다" 라고 했고 '완다(万達)그룹'의 왕젠린(王健林)은 디즈니랜드를 지목하며 "호랑이는 늑대 떼를 이기지 못할 것" 이라며 중국시장과 중국기업이 만만치 않음을 경고하기도 했다.[2] 중국시장이 세계의 시장으로 부상하는 가운데 유니크 한 기술을 가진 아이디어 기업이 좋은 조건이라면 중국기업에 인수되어 경영지분을 확보하는 것도 나쁘지 않는 전략 중의 하나다. 중국기업을 잘못 M&A 하면 중국의 모든 문제를 한꺼번에 짊어질 수 있으나 성장기에 접어든 견실한 중국기업에 M&A되면 중국의 많은 이점을 누릴 수도 있기 때문이다.

세 번째로 중국의 서비스시장 진출 준비를 서둘러야 한다. 서비스업의 발전은 산업구조의 고도화를 이끌어 제조업의 지속성장에 필요한 시장공간을 확대하고 아울러 고용과 소비를 창출하는 친환경 산업으로 그 발전 잠재력은 매우 크다. 구조조정으로 실업문제가 불거지는 가운데 농촌지역의 잉여노동력도 적지 않아 일자리 창출과 주민소득 증대 그리고 사회안정을 위한 3차 산업의 육성과 발전은 필수적이다. 중국 전역을 커버하는 도로와 철도 그리고 고속철도 수송망은 각 성(省) 간의 경제통합을 촉진시켜 기존 '제후경제(諸侯經濟)'의 폐단을 개혁하고 자원의 합리적 이용과 전국통일시장 구축을 강화하는 물류혁명을 이끌고 있다. 이는 인터넷 홈쇼핑과 전자상거래 물류시장 발전을 촉진하고 매년 과일채소 유통과정에서 부패변질로 발생하는 손실 규모가 20조원에 달하는 농촌지역 물류시스템 개혁에 결정적 역할을 하고 있다. 물류산업이 중서부지역 발전을 추동 하는 기간산업이 되고 있는 것이다. 이를 바탕으로 제조업의 서비스화, 정부 공공서비스 부문의 시장화도 가속되고 여기에 금융기구와 연계된 사회신용체계가 자리를 잡아가며 기업간 혹은 기업과 소비자간의 신용판매가 확대되어 시장은 더욱 커지고 있다.

한국은 제조업 분야에서 중국기업과의 경쟁이 격화되는 가운데 고부가가치 서비스업을 새로운 대중 수출자원으로 집중 육성해야 한다. 2016년 중국의 서비스무역 총액은 6575억 달러로 세계 2위를 기록했고 서비스무역이 전체 대외무역에서 차지하는 비중은 전년 대비 2%p 상승한 18%를 시현했다. 또한 2016년 말 중국 서비스업에 유입된 해외자본은 약 886억 달러에 달했고 2020년에는 서비스무역 1조 달러를 넘어설 것으로 예상되고 있다. 향후 중국의 서비스업 분야는 시장수요가 경쟁이 아닌 창조에 의해 만들어지는 거대한 블루오션이 될 것이다. 이는 한국의 대기업뿐만 아니라 중소기업과 개인사업자에게도 큰 비즈니스 기회를 제공할 것이다.

양국 수교 이후 25년이 지난 지금 중국에 진출한 한국기업은 대륙에 대한 2차 공략을 준비해야 한다. 물론 자신의 판단에 따라 제3국으로 이전하던지 아니면 국내로 유턴하는 것이 나을 수도 있다. 하지만 국내시장포화와 정부규제 그리고 반(反)기업정서와 노사관계 악화 등의 압박 속에 자신의 지속발전과 글로벌 시장경쟁력 확보를 위해 해외투자 진출은 불가피 한 상황이다. 세계 스마트폰 시장의 30%를 중국소비자가 주도하고 2020년에 자동차 생산 대수가 3000만대에 이를 것으로 예상되는 중국시장을 제외하고 글로벌 시장의 주도권을 유지하거나 혹은 쟁취하겠다는 것은 어불성설이다. 지난 시간 동안의 경험과 학습을 토대로 중국시장에 대한 본격적인 제2라운드를 시작하는 것은 작금의 어려움을 돌파하는 첫 번째 전략적 선택이 될 수 있다.

중국의 '13.5 규획'

2015년 10월, 중국 공산당 18기 제5차 중앙위원회 전체회의에서 통과된 〈중공중앙 국민경제사회발전 제13차 5개년 규획에 관한 건의〉는 2016년 3월에 전국인민대표대회에서 '13.5 규획(2016~2020)' 안으로 상정되어 심의되었고 표결을 통해 확정된 후 본격 시행에 들어갔다. 동 규획 기간은 중국경제의 2차 도약을 위한 기반을 다지는 5년이자 중국시장에 대한 한국의 2차 공략과 침투를 준비하기 위한 5년이다. 동 기간 중 중국경제가 연착륙하던 아니면 구조조정에 실패하여 장기침체에 빠지던 모든 상황이 한국경제에 직접적인 영향을 미칠 것이다.

중국이 5년마다 추진하는 '규획안'에 대해 부연 설명하자면, 1928년에 구 소련은 사회주의 국가로서는 처음으로 '국민경제 5개년 계획'을 실시하였다. 이후 소련의 성공 경험을 많은 국가가 채택하여 각자의 국정에 부합하는 5개년 계획을 추진하게 되었고 중국 또한 이 제도를 받아들였다. 중국은 국민경제 발전을 위한 계획과 목표를 담은 5개년 계획을 1953년부터 추진하였다. 5개년 계획은 1949년 건국 후 1952년까지 이른 '국민경제 회복 기간'과 1963년부터 1965년까지의 '국민경제 조정 시기'를 제외하고 2015년 말까지 '12차 5개년 계획'을 이어왔다. 11차 5개년 규획(2006~2010)'부터는 계획경제체제의 사고를 탈피하고 사회주의 시장경제체제에 부합하는 이념과 실천을 강조하기 위해 기존 명칭인 '5개년 계획(計劃)'을 '5개년 규획(規劃)'으로 용어 수정하였다. 통상 차기 계획안의 편제작업은 약 1년 반 전에 시작되어 '사전조사 및 중점과제 보고 - 기본 로드맵 확정 - 중전회(중국공산당 중앙위원회 전체회의)에 건의안 제출 및 통과 - 계획 요강 초안 제출 - 논증(論症) - 초안 완성 및 국무원 보고 - 계획안 양회(兩會) 송부 및 심의 - 전인대 통과 후 시행' 등의 과정을 거친다. 중전회를 통과한 계획 요강 초안은 이듬해 양회가 개최되기 전 약 4개월 동안 국무원의 각 부서별

실무자들이 합숙하면서 초안을 구체화하고 다듬어 향후 5년 동안의 국민경제사회발전을 위한 청사진을 완성한다.

최근에 제정된 '13.5'는 중국이 세운 '두 개의 100년 목표' 중에서 '첫 번째 100년' 목표를 달성하기 위한 중요한 기간에 시행되는 것이다. 중국은 2021년 공산당 창립 100주년까지 전면적 샤오캉(小康) 사회를 건설하고 건국 100주년이 되는 해인 2049년까지 '사회주의 현대화 국가 건설 완성'을 염원하고 있다. 13.5는 시진핑 주석 취임 후 처음으로 기획한 5개년 계획이자 1차 100년 목표를 달성하기 위한 마지막 일전으로 '시리(習李)조합(시진핑(習近平)주석+리커창(李克强)총리)'의 사명이기도 하다. 동시에 두 번째 100년 목표 달성을 위한 기반을 구축하는 일이자 '중국몽(中國夢)' 실현을 위한 동력을 확보하기 위함이다. 특히 시진핑 정부의 성공 여부를 가리는 핵심 정책으로 국민과의 약속이자 공산당 집정에 대한 신뢰가 달린 문제이기도 하다. 중요한 정치경제적 함의를 담고 있는 13.5는 동 기간 중에 민족중흥의 기초를 다질 수 있을 것인가 아니면 내재된 문제들과 함께 정체의 늪에 빠질 것인가를 가늠하는 중차대한 시점에서 시작된 것이다.

우선 13.5의 마감 연도인 2020년에 모든 국민들이 편안하고 풍족한 생활을 누릴 수 있는 '샤오캉(小康) 사회' 실현을 위해 동 기간 중 GDP와 도·농 주민의 소득을 2010년의 두 배까지 달성한다는 것을 목표로 잡았다. 중국정부가 이를 달성하기 위해서는 동 기간 중 연평균 6.5~7% 성장률을 유지해야 한다. 이번에 처음으로 경제 성장률의 '구간 목표'를 정한 배경은 대외적으로 중국경제에 대한 의구심을 불식시키고 대내적으로는 정책 시행 중 실업 및 물가 등의 핵심 지표가 불안해지면 경기부양 정책을 재 추진할 수 있다는 측면에서 대응 여지를 남겨놓은 것이다. GDP 라는 유일한 목표치 집착이 도리어 정책 집행의 유연성을 헤친다고 판단한 것이다. 상기 목표 달성을 위해 혁신 주도형 발전 방식을 채택하고 과학기술을 접목할 계획이다. 요소생산성을 제고하고 중점 영역에 대한 핵심기술을 확보하여 혁신형 국가의 기초를 다지고 이를 수행할 인재 강국으로 변모한다는 것이다.

GDP 대비 R&D 투자 비율을 2015년 2.1%에서 2020년에 2.5%까지 확대하고 인터넷 보급률은 57%에서 85%까지 확충하고 1000만 명의 기술기능 보유자를 육성할 계획이다. 과학기술 정책으로는 '과학기술혁신 2030 중대 과학기술 프로젝트' 란 명칭으로 국가 차원에서 중점 추진될 과학기술 중점지원분야가 제시되었다. 국민경제의 정보화 구축을 위해 역대 5개년 계획 중 처음으로 '인터넷 경제발전'이라는 표현을 명시하여 인터넷 기술을 활용한 신경제 발전을 추구하고 특히 국가 빅데이터 정책의 일환으로 빅데이터를 기초 전략 자원으로 삼아 자원의 공유와 응용을 통해 산업의 구조조정과 사회관리 혁신에 활용할 계획이다.

주요 산업정책으로는 '중국제조 2025' 정책을 들 수 있다. 이는 탄탄한 산업기술을 바탕으로 생산의 스마트화, 녹색화를 통해 과잉 생산을 통제하여 품질을 대폭 개선하고 자국 브랜드를 육성하여 시장에서 제 값 받는 고부가가치 제품을 생산하는 글로벌 제조 강국으로 변모하겠다는 것이다. 구체적으로 핵심 소재·부품의 국산화 비중을 2020년까지 40%, 2025년까지 70%로 끌어올리는 것이다. 이를 통해 제조 기술을 2025년까지 과거 산업화 실현 당시의 독일과 일본 수준으로 끌어올리고 2035년에는 미국 수준까지 도달한 후 세계 제조업 대국의 선두로 올라서겠다는 야심이다. '12차 5개년 계획(2011~2015)' 기간 동안 추진했던 신에너지 자동차, IT, 생명과학, 첨단 반도체, 로봇, 스마트 의료, 친환경 에너지 산업 등 전략적 신흥산업육성 방안을 이어받아 산업화와 시장화로 그 성과를 시현할 계획이다.

이 밖에 제조업 구조조정에 따른 실업자 흡수는 물론 내수기반을 다지기 위한 서비스업의 발전도 필수적이다. GDP 대비 서비스업의 비중을 2016년 51.6%에서 2020년에 56%까지 확대할 계획이다. 2016년 정부의 청년창업장려 정책은 IT 발전과 맞물리면서 서비스업 관련 신생 기업 수는 전체 등록 기업의 약 80%를 차지했다. 향후 서비스업의 발전은 새로운 내수를 창출하는 동력이자 산업의 구조조정을 촉진하는 역할을 할 것이다. 중국정부는 현대 서비스업의 전문화와 고품질화를 촉진하기 위해 전력, 통신, 철도, 항공 등의 공공부문은 물론 금융, 교육, 의료, 문화, 관광, 인터넷, 물류 등의 서비스업에 대한 개방도 확대해 나갈 방침이다. 중국경제가 현재 '제조경제'에서 점차 '서비스경제'로 전환하는 가운데 생산제품의 부가가치 중에서 제조단계의 비중은 갈수록 낮아지고 물류, 소매, R&D, 정보서비스 등 생산서비스가 차지하는 비중은 날로 높아지고 있다. '생산 전'과 '생산 과정' 그리고 '생산 후'로 이어지는 전 단계에서 현대서비스업 개념을 주입하고 산업조직과 생산방식의 개조를 촉진하여 산업의 고도화를 달성해 가는 것이다.

산업구조의 업그레이드와 함께 내수확대와 지속발전 그리고 사회안정을 위한 지역균형발전 계획도 매우 중요하다. 13.5 기간 중 추진될 지역균형발전 정책의 핵심은 바로 '도시화 건설'이다. 현재 중국의 도시화율은 세계 평균치(54%)보다는 조금 높지만 한국(82%), 일본(93%) 보다는 많이 낮은 수준이다. 중국정부는 동 기간 중에 공공자원을 도·농 간에 균등하게 배분하고 신형 도시와 신 농촌 건설을 유기적으로 결합하여 도시와 농촌이 함께 발전하는 국면을 조성해 상주인구 기준 도시화율을 2016년 57%에서 2020년에 60%로 확대할 계획이다. 도시화 정책은 향후 삼농(농업, 농민, 농촌) 문제 개선과 농촌지역 절대 빈곤층 구제는 물론 내수창출에 결정적 역할을 하게 될 것이므로 한국기업도 반드시 주목해야 할 국가정책이다. '국가신형도시화 계획(2014~2020)'을 통해 기초시설에 대한 뼈대를 완성한 후 전국에서 통일적으로 적용되는 의무교육, 의료보험, 실업보험, 취업보조, 최저임금, 양로보험, 주택기금 등의 사회보장체계가 갖추어지는 2030년경에 중국의 도시화율은 약 70%에 이를 전망이다. 이는 사회현대화의 3가지 축인 공업화, 도시화, 정보화 사회가 구축되는 것을 의미하며 이로 인해 지역격차가 해소되고 내수기반이 구축되어 조화로운 발전을 위한 기초가 마련되는 것이다.

중국정부의 도시화 정책에 대한 또 다른 전략적 의의는 건국과 발전의 가장 큰 공로자임에도 계급지위가 지속적으로 하락해온 농민을 위한 것이다. 농촌의 도시화를 통해 도시 호구가 없어 불평등 대우를 받고 도시의 사회보장제도 혜택을 누리지 못하는 2억 4천만 명의 도시 거주 농민공과 식솔들을 도시민으로 흡수하는 것이다. 이는 미래 중국의 가장 큰 사회위기 요인을 사전에 해소하고 지속발전을 위한 또 다른 기초를 다지는 것과 같다. 경제발전과 도시복지를 위해 더 이상 농민의 희생만을 강요할 수는 없으며 공산당 입장에서도 도시화 정책은 농민의 계급지위 회복과 당의 정체성을 재정립하는 중대한 사안이다.

한편 13.5 기간 동안 북경 수도권의 '경진기(京津冀)'와 상해를 중심으로 한 '장강(長江) 삼각주' 그리고 광동성의 광주(廣州)를 중심을 한 '주강(珠江) 삼각주' 등 3대 특대도시권을 비롯해 지역 거점 도시를 중심으로 추진하는 권역별 발전전략도 구체화 할 계획이다. 특히 북경과 천진 그리고 두 도시를 감싸고 있는 하북성 등 3개 지역의 공동발전 전략인 '경진기(京津冀) 개발'은 중국의 수도인 '북경의 안전'을 전제로 균형발전을 위한 인구분산과 빈곤지역의 생활개선을 위해 추진되고 있다. 동 프로젝트는 공산당 지도부의 지대한 관심 속에 '2022년 북경 동계 올림픽' 개최와도 맞물려 주목 받고 있다. '장강(長江) 경제벨트'는 장강(長江)을 따라 동서로 이어지는 중국의 최대경제권으로 중국 전체 인구와 GDP의 40% 이상을 차지하고 있는 지역이다. 동 프로젝트는 인접한 11개 성·시의 물류·운송 체계를 통합하여 지역경제 활성화를 도모하고 관광산업을 발전시켜 지역간 격차를 해소하는 대형 개발 사업이다. 물론 이와 같은 대형 지역발전정책 추진을 뒷받침하기 위해서는 현대 교통운송망체계 구축이 필수적이다. 동 기간 중 지역간 교통망을 연결하는 고속철도 운행 거리는 3만 킬로에 이르러 전국 80% 이상의 도시를 커버할 예정이다. 이와 함께 도시와 농촌지역에 대한 인터넷 보급으로 경제발전을 위한 온라인-오프라인 네트웍 구축이 가능하도록 만들고 있다.

금번 13.5 에서는 예전과 달리 자원에너지 활용도 제고와 환경보호를 특히 강조하고 있다. 사회적 역량을 총동원하여 생태문명을 건설하고 1차 에너지 사용 구조를 혁신하겠다는 것이 골자다. 5개년 계획으로는 처음으로 녹색환경 구축을 핵심 목표로 제시하고 저탄소 순환발전 개념에 따라 풍력, 태양광, 바이오 등 신 에너지산업 육성과 에너지절약 캠페인을 집중적으로 추진하고 있다. 에너지와 담수 그리고 토지 등 3대 핵심자원에 대한 보호는 물론 대기 및 수질 관리와 환경오염 물질 배출 기준을 강화하고 환경보호세를 통해 환경오염유발 업체를 정리해 나가고 있다. 특히 신 에너지 사용 자동차 산업을 육성하고 해당 차량을 보급하여 대기의 질을 개선해 나간다는 복안을 가지고 있다. 전체적으로 동 기간 동안 GDP 대비 에너지 소비와 용수량을 각각 15%, 23% 줄이고 GDP 단위당 이산화탄소 배출량을 18% 감축하고 비화석 에너지 비중을 12%에서 15%까지 확대하는 목표를 설정해 놓고 있다.

향후 중국경제는 각종 개혁정책 추진과 구조조정에도 불구하고 신 성장동력산업 발전과 도시화 건설 및 인구정책 전환 그리고 서비스업의 발전으로 인해 성장세를 이어갈 것이다. 13.5 동안 혁신과 개혁의 조화가 잘 이루어지고 새로운 발전 모델이 자리 잡으면 2020년 중국의 1인당 국민총소득(GNI)은 약 12800 달러에 이르러 소비중심의 성장구조 전환도 가능할 것이다. 한국기업은 중국정부가 '13.5 규획'을 통해 각종 경제사회 문제를 해결하려는 의지와 이를 위해 시행하는 정책을 면밀히 분석하여 추진 정책에 대한 장기효과를 예측하고 사전에 준비하는 것이 현명하다. 동 기간은 전환기 중국경제의 변화 흐름에 편승해 중국시장에 침투할 수 있는 좋은 기회이므로 비교우위 분야에 대한 제품력 강화와 함께 소비재 수출을 확대하고 중국 서비스업 시장 진출 준비도 서둘러야 할 것이다.[3]

한중 금융협력

한국기업의 중국 내수시장 개척과 함께 양국의 금융분야에 대한 정책협력과 금융기업 간의 교류도 증가하고 있다. 양국의 경제협력이 제조업 위주에서 금융 및 자본시장으로 확대하고 있는 것이다. 경제와 금융의 통합 추세에 금융위기의 역내 감염성은 날로 강해지고 있어 지역협력 강화는 위기예방과 경제안정에 중요한 대안이 되고 있다. 아시아 금융위기에 이은 서브프라임 사태로 한국 경제시스템의 취약성은 연이어 입증되었고 위기의 예방과 대응 조치는 한국이 타국과의 금융협력을 강화하는 근거가 되었다. 중국은 아시아 금융위기 동안 한국처럼 큰 충격을 입지는 않았으나 성장세에 일시 제동이 걸렸고 이는 중국으로 하여금 주변국과의 금융협력이 필요함을 인식하는 계기를 만들어 주었다. 중국은 과거 열강들로부터 강압적 금융시스템을 통해 국부가 침탈당한 기억으로 금융에 대한 트라우마를 갖고 있고 지금은 금융경제 노하우와 금융인재도 부족하지만 경제규모가 커지면서 더 이상 금융시스템 개혁을 방관할 수 없게 되었다.

한국은 1998년 한국금융감독원 설립 후 중국의 은행·보험·증권 감독위원회와 각각 MOU를 체결하고 쌍방의 정보교류와 글로벌 자본이동 공동감시 그리고 인력 훈련 등에 관한 협력을 논의했다. 2003년 한국은행의 북경사무소가 개설되었고 2005년에는 한국금융감독원 북경사무소가 설치되었는데 이는 중국에 개설된 첫 번째 외국 금융감독기구의 현지 사무소였다. 기능적 협력 위주로 진행되던 양국의 금융협력은 2002년 20억 달러 규모의 통화스왑 계약을 체결하며 제도적 협력의 첫 발을 내디뎠다. 2008년에는 서브프라임 사태로 인한 유동성 위기 대응을 위해 양자간 통화스왑 규모를 1800억 RMB로 확대하는 계약을 체결했다. 이는 중국의 중앙은행인 인민은행이 글로벌 금융위기 이후 외국과 체결한 첫 번째 자국통화 교환 협정이었다. 2011년에는 이전보다 두 배 늘어난 3600억 RMB 규모의 통화스왑 계약을 체결했고 양국 간의 사드 갈등에도 불구하고 2017년 10월에 다시 연장 협상을 타결했다. 금융위기 발생 시 위기의 충격을 억제할 수 있는 핵심 변수는 바로 '유동성'이다. 다양한 외부충격 요인을 모두 예측하고 파악하기는 어려우므로 충분한 유동성을 유지할 수 있는 메커니즘 구축은 매우 중요하다. 한국경제가 위안화 경제권으로 편입된다는 우려에 앞서 중국과의 통화스왑 계약은 유동성을 확보하는 좋은 수단 중의 하나다.

1997년 한국의 금융위기는 정부의 과도한 간섭과 외환관리체계의 낙후 때문에 발생했다. 반면에 2008년 글로벌 금융위기는 경제금융체계가 과도한 자유화와 관리·감독의 부실로 인해 발생한 것이다. 중국정부도 두 번에 걸친 위기는 피했으나 개혁개방의 가속과 함께 금융부문에 대한 국제투기자금의 침투가 심해지고 있어 국제간 협력의 필요성을 인식하고 있다. 향후 양국은 국제자본 이동, 특히 핫머니에 대한 정보교환과 공조를 강화해 나갈 필요가 있다. 감독 메커니즘은 점진적으로 구축해 나가는 것으로 정보소통과 공유를 통해 양국에 또 다른 이점을 가져다 줄 수 있다. 여기에 과도한 주권 양보가 필요 없어 발생하는 정치적 마찰도 적다. 최근 국제자본은 사회 변혁기를 맞고 있는 유럽에서뿐만 아니라 경제기초가 튼튼한 국가에서도 끊임없이 문제점을 들추며 투기 기회를 노리고 있어 양국 간 금융정보 교류와 협력에 대한 필요성이 더욱 커지고 있다.

하지만 이와 같은 협력 수요에도 불구하고 금융협력을 제한하는 몇 가지 구조적 요인 있다. 우선 한국의 경제주체가 채권 및 주식시장을 통한 자금의 직접조달 비중이 높은 반면에 중국은 은행을 통한 간접금융에 의존하고 있다. 한 국가의 금융시스템과 감독체계는 그 나라의 정치경제체제와 금융발전수준에 따라 결정되는 것으로 중국의 금융체계는 서구의 정치적 배경과 자본시장의 운영에 따라 시스템이 결정되는 것과는 구별된다. 다음은 미국시장과 달러에 대한 양국의 높은 의존도다. 양국 모두 대외무역은 미국 달러로 결제되고 외환보유고는 주로 미국 국채 등 장기적이고 수익률이 낮은 자산 구입에 쓰여 왔다. 양국 경제는 미국의 달러가치 등락에 즉시 영향을 받고 미국경제 침체는 바로 양국의 수출에 영향을 미친다. 미국경제와 달러에 일희일비하는 양국 경제의 구조적인 문제가 독립적인 금융협력 계획 수립을 어렵게 만드는 것이다. 이 밖에 중국의 금융기구들이 정보와 경험이 부족한 한국시장보다 성장하는 자국시장과 홍콩 그리고 미국시장에 관심이 더 있어 양국 간의 대칭적·심층적 금융협력에 한계가 있다. 마지막으로 금융협력에 대한 양국의 의도가 비대칭적이라 협력에 대한 중장기 좌표와 계획이 명확하지 않다는 점이다. 즉 중국이 주요 인접국인 한국과의 전면적 경제협력은 기대하고 있으나 위기대응에 대한 수요는 전략의 일부분에 불과하다.[4]

하지만 상기와 같은 제한 요소가 있음에도 양국의 무역투자와 민간교류 급증은 양국 금융기구가 상호 시장진출을 확대하는 조건이 되고 있다. 2016년 말 중국에는 한국의 은행 15개, 보험사 16개, 증권사 18개 사가 진출해 있고 한국에는 공상·중국·건설·농업·교통·광대(光大) 등 중국계 은행 6개 사와 증권사(초상증권) 1개 사가 진출해 있다. 2015년에 자본 순수출국으로 변모한 중국은 막대한 외환보유고와 무역수지 흑자 그리고 자본수출의 균형차원에서 한국의 제조업, 서비스업, 부동산에 대한 투자뿐만 아니라 자본시장에 대한 투자도 확대하고 있다.

2016년 3월 말 기준 중국의 국부펀드를 중심으로 한 적격국내기관투자자(QDII)가 보유한 한국의 상장채권 비중은 약 18%(17조원)으로 미국을 제치고 외국인 채권보유국 1위로 올라섰다. 한국의 주식시장에 대한 투자는 자국 증시 구제를 위해 주춤한 상태로 중국 자본의 전체 외국인 투자 대비 비중은 약 2%(10조원)로 11위에 랭크 되었다. 향후 중국자본은 M&A 방식과 함께 상대적으로 안정적인 한국의 주식 및 채권시장에 대한 투자를 확대할 전망이다. 이 외에 2007년부터는 중국기업의 한국증시 상장도 시작되었다. 중국현지에서 상장을 기다리는 업체가 수 백 개에 이르고 상장 시간도 오래 걸리는 반면에 한국증시 상장은 절차가 간편하고 자금조달이 쉬운데다 본사의 지명도 제고와 사업의 돌파구를 찾을 수도 있어 중국기업의 한국상장이 증가하는 추세다.

하지만 중국기업의 불성실한 공시와 소액주주 무시 그리고 역외 지주회사 상장과 '먹튀' 등의 사례가 발생하기도 했다. 2011년에 중국의 섬유업체가 상장 2개월 만에 분식회계 사실이 드러나 퇴출당하는 과정에서 약 2000억 원의 주주 피해가 발생하여 상장된 중국계 기업에 대한 '차이나 디스카운트(china discount)' 현상이 나타나기도 했다. 2007년부터 10년 간 한국증시에 입성한 22개 중국계 기업 중에서 9개가 상장 폐지되었다. 한국에 상장한 중국계 기업에 대한 관리감독 강화와 함께 재무구조가 양호하고 사업 잠재력이 큰 중국 기업을 한국에 유치하는 노력을 배가 할 필요가 있는 것이다.

중국정부가 정책 지원과 자금력을 앞세워 한국의 자본시장을 공략하고 있으나 한국 금융사의 중국시장 개척은 아직 미미한 수준이다. 은행의 경우 한국에서 저금리·저성장이 본격화되고 예대마진이 줄어들어 해외시장 개척에 승부를 걸어야 한다는 구호는 요란하나 글로벌 은행들이 전체 자산의 30~60%를 해외에서 운용하고 있는 반면에 한국 은행들은 총 자산 대비 해외자산 비중은 5% 수준에 불과하다. 현재 한국의 모든 은행들이 중국에 진출해 있지만 2015년 말 총자산 기준으로 중국 은행업 시장에서 한국계 은행이 차지하는 비중은 0.07%에 불과하고 중국에 진출한 전체 외국계 은행만 따져도 시장 점유율은 5%에 그쳐 한국계 은행이 중국 은행업계에 미치는 영향은 거의 없는 셈이다. 여기에 현지 중국인이 법인장을 맡고 있는 다른 외국계 은행과는 달리 한국계 은행의 법인장은 모두 중국을 잘 모르는 한국인이 단기 파견되어 현지 영업과 인맥구축 그리고 시장개척 및 노하우 축적이 불가능한 실정이다. 현지화가 안 되어 있으니 영업은 주로 중국에 진출한 한국기업과 교민들에게 의존하고 이마저도 중국경제의 성장둔화와 한국기업의 실적부진 그리고 기준금리 완화에 따른 마진 축소 등의 요인이 겹치면서 순익이 줄고 있다.

한국계 보험사도 총자산 기준으로 중국의 생명보험 시장에서 한국계 생보사가 차지하는 비중은 0.12%에 불과하고 중국의 손해보험 시장에 대한 한국계 손보사의 시장 점유율은 0.2%에 그치고 있다. 또한 손보사의 한국고객 비중이 70~80%에 이르고 생보사는 고정비용 증가로 당기 순손실을 내기도 했다. 한국계 증권사 점포도 2015년 한 해 동안 약 30만 달러의 적자를 기록했고 점포도 줄어들고 있는 실정이다.[5] 그 동안 '묻지마' 식의 맹목적·형식적 중국진출전략을 원점에서 다시 검토해야 할 시점인 것이다. 현지 영업에 뛰어들어 금융업계의 주류에 편입할 수 있는 실행 로드맵을 만들어야 하는데 무엇보다 최근 중국 금융산업에 대한 투자 환경이 급변하고 있는 것을 주목해야 한다. 중국정부는 2017년 11월 미중 정상 회담 개최 직후 자국 은행에 대한 외국인 지분율 제한을 철폐한다고 발표했다. 아울러 증권사와 선물, 자산관리사, 생보사에 대해서도 5년 내에 모든 외국인 투자 규제를 없애 내국인과 동등하게 대우할 것임을 천명했다. 한국 금융사들이 자신의 미래 생존을 위해 과감한 행보를 준비해야 할 시기가 찾아온 것이다.

금융부문에 대한 중국의 개혁개방은 몇 가지 근거를 바탕으로 예상보다 빨리 진행될 전망이다. 우선 불균형 성장의 한계를 극복하고 내수를 통한 지속성장을 추구하려면 금융기관의 건전성과 자금조달 및 배분의 효율성 제고를 통한 경쟁력 강화는 필수적이다. 자본시장 육성을 통해 내수창출의 기반이 되고 사회적 갈등도 해소할 수 있는 사회간접자본을 확충해야 하는데 중국의 개발금융기관을 통한 장기자본 확보에는 한계가 있다. 세계은행(IBRD)과 아시아개발은행(ADB) 등의 장기개발 투자자금을 확보하기 위해서는 외국자본의 유치와 국내자본시장의 육성이 필요하며 여기에는 장기 채권시장과 주식시장의 발전이 중요한 역할을 할 수 있다. 또한 자본시장 육성은 부실채권과 부실기업 정리를 통한 국유기업 개혁과 미래 국가발전의 한 축으로 부상하는 민간기업의 자금조달을 위해서도 중요하다.

다음은 중국인의 소득증가와 함께 주민들에게 다양한 저축 수단을 제공할 수 있는 금융상품 출시의 필요성이 커지고 있다는 점이다. 국민들이 의료 및 노후 대책을 위한 안전자금 운용을 선호하는 가운데 기존의 예금과 대출 등 확정급부형 금융상품 외에 주식과 수익증권 등 실적배당형 상품이 많이 개발되어야 한다. 가계의 소득 증가분이 은행으로 가는 구조를 다양하게 만들고 자본시장 육성을 통해 새로운 저축 수단을 제공할 필요가 있다. 국민들 입장에서 먹고 사는 문제를 해결한 이후의 최대 고민은 미래 안정이다. 여기엔 출산, 교육, 노후, 의료 등 예기치 않는 리스크 대비가 포함되는데 이는 모두 소득과 가치를 상이한 시공간에서 운용하는 것과 관련이 깊다. 이는 금융거래의 핵심 원리로 미래 리스크 관리는 금융시장을 통해서만 실현이 가능한 것이다.[6]

중국정부는 당분간 취약한 금융분야에 대한 통제를 계속하겠지만 실물경제를 뒷받침하고 자원배분에 대한 금융의 역할을 강화하는 금융개혁도 서두를 것이다. 중국정부는 금융기능을 살리지 않고서는 미래의 2차 30년 발전을 보장하기 힘들다는 것을 알았다. 2015년 예금 금리 상한선 폐지와 함께 예대 금리 상한선은 모두 폐지되어 향후 금리자유화 일정은 더욱 빨라질 전망이다. 금융기구의 시장가격 결정 및 리스크 관리 능력 제고와 이자율 전달 메커니즘 구축으로 이자율 시장화는 점차 완성되어 갈 것이다. 이로 인한 금융산업 혁신으로 자본시장의 다양성이 확대되고 이자 및 환율의 시장화 개혁이 가속되면 자본계정의 자유태환 실현으로 인민폐의 자유로운 유통도 가능할 수 있을 것이다. 이는 정책 및 개발에 대한 금융의 역할이 더욱 발휘되는 것을 의미한다. 금융자원의 공평한 활용과 국토의 균형발전 정책 추진 측면에서 서부지역과 빈곤계층 그리고 영세기업은 물론 자금 동원 능력이 떨어지는 혁신창업기업에 필요한 금융지원을 확대해 나갈 수 있을 것이다. 또한 민간은행 설립

이 확대되고 영세금융과 인터넷 금융 그리고 녹색금융 등 신형 금융상품 및 서비스업태도 나타날 것이다.[7]

중국의 금융개혁과 육성정책은 자연스럽게 금융 및 자본시장에 대한 한중 양국의 실질적인 협력을 추동하고 있다. 2014년 한국에 이어 2016년 중국에서도 '원·위안화 직거래 시장'이 개설되어 양국 무역에서 두 통화를 이용한 무역결제가 시작되었고 아울러 중국 내 원화의 자유로운 자본거래가 시작되어 원화 국제화의 첫 걸음도 내디뎠다. 중국은 외환시장의 투기적 거래에 대한 규제가 엄격해 원화 직거래 시장을 개설하기에 아주 양호한 지역이다. 향후 양국의 방대한 실물교류 규모를 활용해 한국의 위안화 무역결제 비중이 높아지면 한국 내 위안화 유동성이 확대되어 위안화 역외 금융허브를 구축하는 기반이 조성되고 나아가 역외 위안화 취급에 필요한 금융인프라를 거쳐 새로운 투자 기회를 창출하게 될 것이다.

또한 한국이 추진중인 '한중 위안화 경제특구'가 성사되면 한국의 은행들이 보유한 위안화를 중국으로 가져가 중국에 진출한 한국 기업은 물론 중국 현지기업을 대상으로 대출이 가능하다. 즉 대중 수출과 중국 관광객 방한으로 한국 내에 쌓여있는 20조원 이상의 위안화를 중국으로 돌려 대출에 활용하는 것이다. 이 방안이 성사되면 한국은 비 중화권 국가로는 처음으로 중국자본시장에 진출하는 것이다. 경제특구진출 기업은 저리의 자금을 편리하게 활용할 수 있고 은행들은 새로운 수익원을 확보하는 것이다. 비록 동 구상에 대해 중국정부가 타국과의 형평성을 이유로 난색을 표하고 있으나 자본시장 개방 실험과 위안화 국제화 진전 그리고 한국에 대한 정치경제적 고려 등으로 성사될 가능성이 크다. 여기에 위안화의 IMF 특별인출권(SDR) 구성통화 편입으로 위안화의 국제결제 비중과 각국의 위안화 외환보유액이 증가하여 중국자본시장 개방도 가속될 것이다. 물론 위안화 결제 확대가 거래비용 감소로 양국의 교역·투자가 촉진되고 서비스 수출이 증가하여 금융시장 발전을 촉진할 수 있으나 향후 위안화가 결제통화에서 투자 및 준비통화로 용도가 확대되고 중국의 주식시장과 금리변동 그리고 금융정책이 한국에 직접적인 영향을 주기 시작하면 양국의 경제 동조화가 실물부문을 넘어 금융부문까지 확대될 수 있다.

하지만 양국의 교역량이 3000억 달러 고지를 향하는 지금 실물경제의 지속발전을 위해서라도 중국과의 금융협력과 자본시장 교류는 필수적이다. 한국기업은 중국의 자본시장 개방을 적극 활용해야 한다. 방대한 실물거래를 다양한 금융거래와 금융상품 및 금융서비스로 연결하고 금융인프라의 업그레이드를 통해 다시 실물거래를 촉진하는 선순환 구조를 만들어가야 한다. 특히 한중 FTA는 중국 위안화의 SDR 편입 및 자본시장의 개방과 함께 양국이 새로운 금융협력의 틀을 만들 수 있는 중요한 기초다. 금융협력의 주요 역할은 무역·투자 등 실물경제를 위한 서비스를 제공하는 것으로 무역장벽이 해소되고 상품 및 서비스 무역의 각종 장애가 제거되면 양국은 각자의 비교우세를 발휘하여 생산-무역-투자의 연계를 강화할 수 있다. 이를 통해 미국과 유럽시장에 대한 의존을 줄여 금융협력 및 통화협력을 위한 기반을 다져 나갈 수 있다.

현재 한국의 대중 무역은 상당부분이 현지진출 자회사와 한국

모기업 간의 기업 내 무역(Intra-Firm Trade) 형태이기 때문에 위안화 결제가 가능하고 환전 비용도 줄일 수 있다. 특히 중국 현지법인이 제3국 수출보다 중국내수 판매를 위주로 하는 경우에 위안화 비중은 더욱 확대될 수 있을 것이다. 거대한 변화의 물결과 함께 글로벌화가 절실한 한국의 금융사들은 각자의 특장점을 살려 중국의 금융서비스 시장을 개척해야 한다. 중국경제의 미래 30년 발전에 대한 키워드는 '녹색성장'과 '금융'이며 또한 그렇게 갈 수 밖에 없다. 금융시장의 발전은 지속성장에 도움에 될 뿐만 아니라 중국 공산당이 국가사회 리스크를 관리·예방하여 국정의 부담을 덜고 집정의 연속성을 도모하는 역할까지 할 것이다. 과거 중국의 지도부가 금융에 무지했고 국가 건설공정에만 특기를 보였다면 현 지도부는 국제정세에 훈련되고 금융에 대한 이해도 깊어 중국의 금융개혁에도 힘이 실릴 것이다.

중국 공산당은 미국이 심각한 경기침체를 겪지 않는 배경에는 달러패권을 바탕으로 한 견고한 금융시스템이 있기 때문이라는 것을 알았다. 지속발전을 위한 중국금융체제의 발전은 필수적이라는 인식을 갖고 있으며 은행 감독은 강화하되 행정지도에 의존하고 있는 금융시스템의 시장화 개혁은 과감히 추진하고 있다. 향후 금융시장에 대한 개혁개방이 가속되면 시장진입 장벽도 완화될 것인바 한국의 금융사들은 자신의 새로운 투자와 성장 그리고 생존기회 확보를 위한 마인드 전환과 함께 중국 금융사에 대한 M&A 시도 등 공격적인 중국진출 방안을 세워야 한다. 한국정부 또한 한국의 금융사들이 중국의 금융개방 혜택을 누리고 중국시장의 일원으로 성장할 수 있도록 규제 개혁과 지원을 제공하고 필요 시에는 정치외교적 수단도 동원할 필요가 있다.

비즈니스 환경 급변

중국 내수시장의 팽창과 금융개혁으로 무한한 비즈니스 기회와 공간이 창출될 것으로 예상되고 있으나 동시에 중국의 비즈니스 환경도 급변하고 있어 외자기업에게 기회와 공간을 쉽게 허락하지는 않을 전망이다. 중국정부의 성장방식전환 정책에 따라 중국에 기 진출한 외자기업도 구조조정을 시작했고 신규 시장진입 조건도 갈수록 까다로워지고 있다. 특히 2008년부터 '신 노동계약법'이 실시되어 외자기업이 고용한 중국 근로자에 대한 4대 보험의 의무 가입과 임금협상을 강제하고 있다. 외자기업이 중국 근로자와 두 번 이상 기간제 계약을 맺었거나 10년 이상 근무한 근로자를 계속 고용하려면 종신계약을 체결해야 하는 것이다. 이는 당연히 실질노동임금의 급상승으로 이어졌다.

사실 동 법규는 선진국 제도를 모방한 것으로 현재 중국의 발전 수준과는 맞지 않는 면도 있다. 노동계약법 시행은 급작스런 비용 상승을 초래하여 노동집약산업 분야에 진출한 외자기업은 물론 중국의 중소기업에게도 타격을 주고 이로 인한 범용제품의 가격상승은 인플레이션을 수출하는 효과도 낳을 수 있어 국내외 전문가와 기업인의 비판이 심했다. 하지만 중국정부는 국민경제 구조조정과 근로자 소득증대를 통한 내수진작 그리고 국민지지확보 차원에서 밀어 부쳤다. '12.5 규획(2011~2015)' 기간 동안 최저임금 상승률은 경제 성장률을 2배 이상 웃돌았고 2018년에는 중국의 일부 동부지역의 도시 근로자 평균 임금이 한국의 약 90%선에 이를 전망이다. 중국진출 외자기업의 탈 중국 러시가 생길 수 밖에 없는 것이다.

같은 해 시행된 '노동쟁의 중재법'은 사용자가 재심 청구도 못하고 무조건 '지역노동쟁의 중재위원회'의 결정을 수용하도록 강제하여 향후 노동쟁의가 급증할 가능성을 열어 놓았다. 실제로 동법규 시행 이후 노사분규가 급증했는데 2015년에는 경기 둔화와 함께 전년 대비 2배 이상 늘어난 약 2700건이 발생하여 노동자의 권익 주장이 강해지고 있다. 문제는 노동자의 권리 주장은 높아지나 생산성은 오히려 떨어지고 여기에 구인난까지 겪고 있어 노사 문제가 점차 민감함 경영 사안이 되고 있다는 것이다. 현재 중국에서 도시지역으로 유입되는 숙련된 노동력의 무한 공급 상황은 이미 예전 일이다. 근로자의 권익보호 추세를 받아들여 투명경영과 소통경영을 통해 생산성을 제고하는 가운데 목표시장을 내수시장으로 전환하던지 아니면 사업장을 이전하는 방법 밖에 없는 현실이 다가왔다.

중국정부는 2008년부터 시행된 '신 기업소득세법'을 근거로 중국기업에 대한 역차별 문제를 해소하기 위해 자국기업(33%)에 비해 외자기업(15~24%)에 유리했던 법인세율을 첨단기술분야 등 일부를 제외하고 25%로 단일화 했다. 또한 2013년부터는 '외자우대세제'를 폐지하여 중국시장 진출을 희망하는 외국기업과 자본을 선별적으로 허용하고 있다. 이를 통해 순차적으로 외자기업 소득세율 인상과 수출 부가가치세 환급율 인하 그리고 범용기술 기업에 대한 특혜 축소 등 일련의 조치들이 연달아 시행되었다.

2006년부터는 통상마찰 완화와 산업구조의 고도화를 위해 자원을 낭비하고 기술함량이 낮은 노동집약형 제품을 중심으로 가공무역 금지 및 제한 품목을 확대하고 있다. 환경개선과 재생에너지 개발 그리고 녹색물류 등과 관련된 외자와 기술은 장려하나 환경오염을 유발하는 외국기업과 자본은 사양하겠다는 것이며 이미 도시 지역에 자리잡고 있는 사업장도 외곽 혹은 타 지역 이전 압력을 받고 있다. 중국정부는 2015년 강력한 환경보호법을 발효함과 동시에 2만여 개의 공장을 폐쇄하고 19만 1000여 개 공장에 약 7300억 원의 벌금을 부과했다. 외자기업은 환경 법규의 엄격한 적용으로 폐수처리시설 설치 등 추가 비용이 발생하고 생태 및 소비자 보호를 위한 책임경영을 요청 받고 있다. 특히 국내외 기업에 대한 환경 감독은 시진핑 집권 2기의 주요 정책 중의 하나로 향후 관리·감독이 강화되고 상시화 될 것이므로 미리 대비책을 마련해야 한다.

한편 외국기업의 이전가격 조작을 통한 탈세 행위에 대해서도 세무조사를 강화하고 있는데 이는 외국기업의 탈세 행위에서 차지하고 있는 비중이 가장 높다는 점 외에 과거 외국기업으로부터 국부를 유출 당한 경험이 있는 중국정부의 뿌리깊은 불신이 자리잡고 있기 때문이다. 이 외에 자국기업의 보호와 발전을 위해 기술이전은 물론 R&D 센터 설립과 중국산 독자브랜드 출시를 요구하고 있다. 자동차를 예로 들면 본국에서 가져온 모델의 개조차가 아니라 중국 현지서 개발·생산된 자주 모델을 내 놓으라는 식이다. 중국정부를 의식한 일본 도요타는 2011년 합자업체 중 처음으로 R&D 센터를 가동하기도 했다.

이와 같이 급변하고 있는 중국 비즈니스 환경으로 인해 중국에 진출한 한계기업의 철수가 이어지고 남아있는 기업도 상당한 경영 압박을 받고 있다. 2016년에 산업연구원(KIET)과 대한상공회의소 북경 사무소 그리고 중국한국상회가 공동으로 중국현지에 있는 7개 업종 230개의 한국기업을 대상으로 조사한 결과에 의하면 전반적으로 영업이익이 감소하고 있는 가운데 응답 비중 별 '4대 경영애로 사항' 으로 현지수요 부진과 경쟁심화 그리고 인력난/인건비 상승과 수출부진을 들었다. 특히 중국의 저출산 및 고령화 추세의 진전으로 경제활동 인구가 감소하는 가운데 동부지역과 2선 도시를 중심으로 제조업을 기피하고 서비스업체 입사를 선호하는 구직자와 창업을 준비하려는 대졸자 그리고 중국대학생의 한국기업에 대한 낮은 선호도 등이 한국기업의 구인난을 가중시키고 있는 주 원인이다. 그리고 자체자금부족과 현지정부규제 그리고 원자재 조달난과 가격 상승 요인도 부수적인 경영애로 사항으로 지적 되었다.

수교 이후 양국기업의 상호 보완성을 바탕으로 단순협력방식을 통해 이어온 1차 중국진출 열기는 마감 단계에 접어들었다. 돌발적인 사드 사태는 지난 25년 동안의 제1라운드를 끝내는 확실한 종을 울렸다. 한국기업은 이제 개혁개방의 충분한 경험과 학습을 거치며 많은 부분에서 진화된 중국의 경제시스템과 기업을 대상으로 제2라운드를 준비해야 한다. 중국에 대한 단순한 이해와 판단 그리고 기술력의 담보와 한국식경영 전략에 의지하다간 중국경제의 도도한 물결에 휩쓸려 가 버릴 수 있다. 달라지는 비즈니스 환경과 법규조항에 대한 분석은 물론 공산당의 정책사고와 의도까지 읽어내는 거시적 안목과 디테일한 전술로 진검 승부를 해야 할 시기가 다가왔다.

제2라운드는 한국기업이 중국시장의 진화와 팽창 그리고 이를 통해 자양분을 공급받는 토종기업의 약진으로 더욱 치열한 생존 경쟁에 직면하는 시기가 될 것이다. 많은 외자기업들이 중국에서 버티지 못하고 철수하거나 혹은 재진입 할 것이다. 전 세계 외자기업의 투자진출로 상품시장의 공급과잉과 경쟁격화가 예상되고 만만하게 봐왔던 중국기업의 약진으로 일부 외자기업은 적자폭 확대와 현지 파트너와의 갈등 그리고 본부의 중국사업 축소와 글로벌 전략조정 등의 요인으로 사업체의 현지 매각 혹은 지분양도 방식으로 철수를 고려할 것이다. 중국정부의 정책과 중국기업의 약진이 중국에 진출한 외자기업을 구조조정 하는 것이다.

현재 중국기업은 다국적기업이 시장선점을 위해 기술을 이전해주는 속도가 빨라지며 자연스럽게 자신의 기술개발 능력도 높아지고 있다. 노동-자본-기술집약 산업이 순차적으로 발전하는 방식이 아니라 기술혁신의 혜택에 힘입어 거의 동시에 업그레이드하며 발전하고 있다. 다른 개도국과는 달리 노동집약에서 첨단기술분야까지 폭넓은 풀셋(full-set)형 산업기반을 갖추고 있어 아직까지 상용기술은 미흡하나 원천·기초기술 수준이 높아 한국에 위협적일 수밖에 없다.[8] 여기에 저렴한 요소가격과 정부보조 그리고 우수한 기술인력과 방대한 시장을 등에 업고 있는 중국기업을 상대하기가 날로 버거워지고 있다.

일부 한국기업이 기술력은 있으나 인재와 자본 그리고 정보의 부족으로 개발-생산-판매로 이어지는 비즈니스 모델을 구축하지 못해 시장개척의 한계를 보이는 반면에 중국은 거점 도시를 중심으로 지역에 특화된 산업·금융·R&D·물류가 합쳐진 클러스터(cluster)를 구축하여 산업의 집약화 및 고도화로 기술혁신을 추동하며 다국적 제조업체와 경쟁하고 있다. 중국정부의 정책 효과는 글로벌 시장을 놓고 한국기업과의 수출경합이 높아지며 증명되고 있다. 산업연구원(KIET)은 2018년 전후로 반도체와 자동차를 제외한 대부분의 주력 산업 분야에서 중국의 경쟁력이 한국을 추월하는 것으로 전망했다. 국유기업을 중심으로 한 수입대체(china inside) 정책과 함께 산업과 IT가 합쳐지며 기술격차는 계속 줄어들어 한국을 능가하는 분야가 생기면 일부 분업구조가 변화되고 이에 따라 중국내수 시장을 차지하기 위한 경쟁은 더욱 치열해 질 것이다. 10년 후에는 한국 자동차시장을 놓고 중국기업과 중국에 진출한 외자기업이 만든 차종들이 경쟁할 수도 있다. 한국기업의 원천기술과 응용기술 그리고 융복합 기술에 대한 조기 확보와 프레미엄 제품 개발이 절실한 시점인 것이다.

한국기업의 주요 경쟁상대인 다국적기업과 일본 및 대만기업은 중국시장 진입과 미래시장 선점을 위해 중국 내 특허 신청을 활발히 전개하고 있다. 아직까지 중국을 '첨단제품 시장'이 아닌 '단순 제조기지'로 활용하려는 한국기업은 미래가 없을 수도 있다. 한국의 몇 개 대기업을 제외하고 주요 산업기술영역에 대한 특허를 놓고 중국기업과 경쟁하는 한국기업이 많지 않다는 사실은 첨단제품 시장으로 진화하는 중국을 공략하기 위한 중견기업의 기술역량 강화는 물론 보다 절실한 대중 전략이 필요함을 보여주는 것이다.[9]

정치적 의도 점증

수교 이후 양국의 협력은 지속적으로 확대되어 왔지만 이익을 목적으로 한 경제협력과 단발성 민간교류에만 치중되어 서로가 많이 다름을 학습할 시간이 없었고 신뢰가 쌓일 공간과 기회는 부족했다. 경제협력을 바탕으로 양국간의 물적 공백은 어느 정도 메웠으나 정서적인 공백은 채워지지 않아 상호 불신은 항상 표출될 기회만을 엿보고 있었다. 경협을 매개로 급하게 가까워지며 양국의 체제 및 시스템과 인식에 대한 차이를 확인하고 이와 동시에 통상마찰과 양국 네티즌의 반목 그리고 민간인 범죄 등 경제사회적 문제도 다발했다.

주목할 점은 최근 중국정부가 대국 외교와 주변국 관리 정책을 중심으로 한국경제의 중국의존도가 높은 가운데 경제적 카드를 활용해 정치외교적 목적을 달성하려는 의도가 노정되고 있다는 사실이다. 그러면 중국에 의존하고 있는 한국경제의 실제 상황은 어느 정도인가. 2016년 말 한국의 대 중국 수출의존도는 G20 국가 중에서 호주에 이어 두 번째로 큰 25.1%에 이르고 경상흑자 규모는 374

억 달러로 무역 상대국 중에서 가장 컸다. 블룸버그 통신은 한국의 GDP 가운데 중국과 관련된 부분은 약 11%로 싱가폴, 대만, 베트남에 이어 네 번째로 높다고 보도했다(2016.8). 한국의 대 중국 수출 10대 품목은 중국으로 가는 전체 수출의 50%가 넘고 중국의 10대 수입 품목 중에서 한국제품이 차지하는 비중도 꾸준히 늘고 있다. 2015년 상반기 한국의 중국 수입시장 점유율은 2013년에 일본을 제치고 1위로 올라선 후 처음으로 10%대를 돌파하여 10.9%를 기록했다. 사드 사태로 2017년 2월 현재 9.7%까지 떨어졌지만 일본과 박빙의 차이로 1위를 유지하고 있다.

국제결제은행(BIS) 보고서에 의하면 2015년 1분기 한국의 은행부문 전체 대외채권 가운데 대 중국 익스포져(위험노출액) 비중은 17.5%로 세계에서 가장 높았다. GDP 대비 대 중국 FDI 비중도 5%로 일본과 독일보다 높고 중국과의 수출유사성지수도 높아 중국경기 변화의 직접적 영향권에 들어있다. 한국의 석유화학과 전기전자 등 전략수출제품은 중국경기에 더욱 민감하여 대중 수출 감소는 바로 투자위축과 고용감소로 이어질 수 있는 상황이다. 이 밖에 2016년 아모레퍼시픽의 매출 가운데 중국인 구매 비중은 면세점과 수출을 합쳐 55%에 달하는 것으로 나타났다. 또한 2016년에 한국을 방문한 전체 외래관광객 중에서 중국인 관광객 비중은 47%에 이르고 이들이 창출한 내수 규모는 187억 달러에 달했다. 최근 10년 간 약 3000만 명의 중국 관광객이 방문했으며 한국 관광산업의 중국인 관광객 의존 비중도 매년 높아지고 있다.

특히 중국시장에서 한국대기업의 실적은 한국경제에 직접적 영향을 미친다. 한국의 10대 그룹 매출이 GDP의 절반 이상을 차지하고 있는데 블룸버그는 그 비중이 84%에 달한다고 주장한다. 삼성·현대차·SK·LG 등 4대 그룹을 중심으로 중국 및 중화권 시장에 대한 의존도가 날로 높아지는 가운데 이들 대기업이 중국시장에서 흔들리고 아울러 그 시간이 길어진다면 '해당기업 주가폭락-구조조정-협력업체 파산-서민생계 위협'으로 이어질 수 있다. 한국대기업의 수직계열화 구조와 대기업의 하청 신세를 면치 못하는 중소기업 입장에서 대기업의 중국사업이 부진하면 계열사와 협력사는 즉시 어려움에 빠질 수 있는 것이다. 이 외에 중국에 진출한 수 많은 한국 중소기업의 경영애로 상황도 한국의 경제사회에 직접적인 영향을 줄 수 있는 상황이다.

이와 같은 현실 속에서 중국정부는 달라진 글로벌 위상과 경제력을 바탕으로 대외 통상정책을 수세에서 공세로 전환하여 서구의 반덤핑 조사에 적극 대처하고 있다. 최근 한국에 대한 대응 수위도 높여 마치 길들이기를 하겠다는 듯이 공세를 강화하고 있는데 양국의 산업 구조가 유사해지고 경쟁이 심해지며 각종 무역제재 건수가 급증하고 있다. 현대경제연구원 보고서에 따르면 한국에 대한 중국의 관세 및 비관세 조치 실행 건수는 2000~2008년 사이 814건에서 2009~2015년 동안 1597건으로 급증했고 위생 및 검역(SPS) 건수와 기술장벽(TBT) 건수는 수교 이후 상당 기간 동안 한 건도 없었으나 2009~2015년 사이에 각각 887건, 681건으로 늘었다.

중국 공산당이 처음으로 양국의 경제통상 문제가 자국의 정치외교적 수단이 될 수도 있다는 것을 깨닫게 해준 사안이 바로 '마늘 파동' 이었다. 2000년 한국정부는 총선을 불과 10일 앞두고 농민을 의식하여 중국산 수입 마늘에 대한 세이프가드(긴급수입제한) 조치를 당정협의도 없이 발동했다. 일주일 후 중국은 '한국산 폴리에틸렌과 핸드폰 수입을 금지한다' 며 강경 대응했다. 1천만 달러도 안 되는 수입액에 비해 한국의 수출액은 5억 달러가 넘는 규모였다. 놀란 업계와 한국정부는 느긋한 중국정부에 협상을 다시 하자며 매달렸다. 이후 중국이 원하는 양을 저율의 관세로 사 주면서 40여일 만에 세이프가드는 없던 일이 되었고 중국의 수입금지 조치도 풀렸다.

이때 기회를 잡은 중국정부는 협상 기간 동안 한국정부를 몰아세워 마늘 수입을 2003년부터 완전 자유화 한다는 내용의 부속합의서에 서명하도록 했다. 명분과 실리를 모두 잃은 한국과 달리 중국은 큰 실리를 챙기고 덤으로 한국정부를 다루는 첫 경험까지 얻었다. 이명박 정부 때는 중국이 삼성전자와 LG 디스플레이의 액정표시장치(LCD) 패널 공장 투자승인을 1년 넘게 내주지 않아 고생하기도 했다. 총 64억 달러 규모의 파격적인 투자 프로젝트로 단계적 기술이전은 물론 외자기업 특혜도 포기하고 짓겠다는 신청이었다. 당시 한국정부의 친미 일변도 정책에 대한 중국의 불만이 내재된 가운데 중국정부가 한국대기업에 대한 중국의 사업승인과 감독강화를 정치외교적 불만을 표시하는 방편으로 활용한다는 의심을 받기도 했다. 이는 충분히 개연성 있는 시나리오였다.

중국정부는 수교 후 한국과의 교류 경험과 연구를 통해 한국대기업의 경제사회적 위상과 정치권과의 관계 등을 분석했고 이는 한국을 다룰 수 있는 좋은 경제적 수단이 됨과 동시에 그 효과도 즉시 나타난다는 것을 알았다. 한국대기업의 중국사업을 정책적으로 통제하여 한국으로 하여금 양국의 경제부처 장관 회담은 물론 정상회담에서도 자꾸 부탁을 하게 만들며 성과를 얻고 경험을 쌓아가고 있다. 물론 중국정부가 자국이 세계 최대의 수요를 갖고 있음에도 경쟁력이 떨어지는 분야에 대해 정책적 보조수단의 제공 외에도 외자기업을 규제하며 자국기업을 보호하고 성장할 시간을 줄 수도 있다. 하지만 종종 중국정부의 간섭과 불공정 행위가 자국산업 보호뿐만 아니라 외자기업이 속한 국가를 다루는 정치외교적 수단으로 이용되기도 했다.

사드 사태는 과거 다른 외자기업 사례에 비해 중국의 의도가 좀 더 직설적이고 구체적으로 체현된 경우다. 중국정부는 각종 비관세 장벽을 통해 한국산 수입품을 통제하며 의중을 분명히 전달했다. 이전에 발생했던 외자기업 상품에 대한 불매운동이 민간 주도의 자발적 행위였다면 사드 사태는 관방의 기획 색채가 농후했던 조치였다. 한국의 실물경제와 금융부문에 대한 중국정부의 직접 제재는 자국경제에 미치는 영향도 클 뿐만 아니라 글로벌 경제대국에 대한 국제사회의 신뢰 추락으로 이어질 수 있어 실행 가능성이 크지 않다. 하지만 중국 공산당이 한국경제와 중국에 진출한 한국기업을 옥죌 수 있는 방법과 수단을 축적한 가운데 향후 양국의 정치외교적 갈등이 다시 붉어진다면 사안의 경중에 따라 그 수단의 실행도 체계적으로 타이밍을 잡으며 반복될 것이다. 이와 동시에 작금의 한국이 처한 정치외교적 현실과 이에 따른 국론 분열은 중국의 경제제재 실행 결정에 앞서 다양한 명분을 제공하는 역할을 하게 될 것이다.

한편 한중 FTA 체결은 중국 공산당의 중장기적인 한국컨트롤 의도가 엿보이는 제도적 결합처럼 보인다. 우선 한중 FTA는 매우 성공적이다. 중국의 총교역에서 한국이 차지하는 비중이 한국의 대중국 교역비중에 비해 낮고 중국의 관세율이 한국보다 상대적으로 높아 무역자유화의 폭이 클수록 한국의 GDP 개선 효과는 중국보다 크게 나타날 수 있다. 한중 FTA는 한국의 산업시장과 임금비용 그리고 노동력 부족 문제를 해결하는데 많은 도움이 될 것이다. 한국 기업(특히 대기업)은 글로벌 경제침체로 마땅히 중국을 대신할 신흥시장을 개척하기 어려워 한중 FTA를 통해 경쟁국보다 한발 앞서 중국 내수시장을 선점하고 이를 통해 자신의 지속발전을 위한 추가 동력을 확보할 수 있을 것이다. 중국 또한 구조조정과 개방을 가속하는 시점에서 해외 자본과 기술 그리고 선진시스템의 도입이 절실하여 향후 한중 FTA의 혜택을 많이 입을 것이다.

하지만 경제적 동인을 우선하는 한국의 FTA 협상 전략과는 달리 중국은 경제적 동기와 함께 외교안보적 효과도 중시하며 협상을 해 왔다. 중국이 다른 국가들과 체결한 FTA의 특징을 분석해 보면 경제적 이익 외에 국제사회 발언권 제고와 우호세력 확대 그리고 자원확보 전략 등을 중심으로 추진되어 왔음을 알 수 있다. 특히 중국의 이와 같은 행보는 동아시아 지역에서 더욱 분명하게 나타나고 있다. 미국을 배제하고 일본을 따돌리며 자국 중심의 지역주의를 확대하여 미래 동아시아 경제통합의 주도권을 쥐고자 하는 것이다. 이와 같은 전략하에 상대국의 실정에 따라 양보할 것은 과감히 양보하며 FTA 협상을 유연하게 끌고 갔다.

2004년 ASEAN이 중국을 '시장경제국'으로 인정한 후 같은 해 11월, 양자는 FTA를 공식 체결했다. 특히 ASEAN과는 협정이 발효되기 전에 일부 농산물 품목에 대해 관세를 적용하지 않는 '선(先)자유화조치(Early Harvest Programme)'를 시행했다. 2010년에 대만과는 '농업부문 협상제외' 요청을 수용하고 대만에게 경제적 혜택이 월등히 많은 비대칭적 경제협력기본협정(ECFA)을 체결했다. 이는 소위 '자국시장과 상대국에 대한 정치·경제·사회적 영향력의 교환'이라고 할 수 있으며 동시에 중국의 국력 신장과 기술력에 대한 자신감의 표현이기도 하다. 중국의 대 한국 FTA 전략도 경제이익을 매개로 한 영향력 확대라는 정치외교적 동인이 경제적 동인보다 크다는 것이 중국 학자들의 대체적인 시각이다.

중국은 한국과의 FTA를 통해 한국의 기술과 자본 그리고 선진 경영제도를 도입하여 산업의 구조조정을 촉진하고 시장확대를 도모하나 이와 동시에 한국경제의 중국의존도 가속, 한미동맹 이간, 북한의 개혁개방 유도, 한중일 FTA 촉진, 지역경제주도권 확보, 한반도 안정을 통한 핵심 이익 수호로 이어지는 전략적 목표도 가지고 있다. FTA 협상 과정에서 경제학자와 법학자는 물론 정치외교학자의 광범위한 자문을 받았고 이를 반영하여 전체적·장기적 이해득실의 균형점을 찾았다. 중국은 이미 유럽 및 미국과 FTA를 체결한 한국과의 FTA를 한일 FTA보다는 먼저 해야겠다는 생각을 했었고 협상의 가속을 위해 농업 등 민감 품목에 대해 과감히 양보하기도 했다.

중국 입장에서 한국은 자원이 없고 최첨단 기술을 보유한 것도 아니며 시장규모는 작은 편이라 경제적 투자동인이 크지 않다. 또한 통상마찰과 M&A 확대 그리고 기술유출 등의 문제가 자칫 외교·사회적 문제로 비화할 수 있는 정치적 부담도 있다. 그럼에도 공산당 지도부는 기회가 있을 때마다 한중 FTA의 중요성을 강조해왔다. 중국은 기본적으로 양국 FTA 발효로 인한 자국의 이익과 피해 규모도 연구했지만 한편으로 국가전략 차원에서 시장 양보와 대한국 영향력 확대에 관한 함수 관계도 연구한 것이다.

중국은 FTA 발효와 함께 한국의 자본과 기술 그리고 시장을 이용하고 한편으로 한국의 대표기업에 대한 기술극복으로 한국을 점차 중국경제권으로 끌어들인다는 사고를 갖고 있다. 대만이 대륙시장을 통해 부를 일구는 사람이 많아지면 차츰 '대만독립' 이란 구호가 줄듯 한국경제의 중국의존도가 높아지면 한국이 조금씩 중국 쪽으로 기울 수도 있다는 것을 기대하는 것이다. 즉 중국시장으로 먹고 사는 사람이 많아지면 중국을 지지하는 사람도 많아진다는 기대 논리다. 한국경제의 중국화를 통해 한국정치의 중국화도 도모하는 중장기 전략인 것이다.[10]

양국 간 민간 경제활동에 대한 제재 수단을 통해 정치적 압박과 외교적 목적을 이루려는 중국 공산당의 시도는 앞으로도 재현될 것이다. 대외경제정책연구원(KIEP) 보고서에 의하면 한국의 대 중국 수출품목의 95%가 중국의 비관세장벽의 영향을 받는 것으로 나타났다. 비관세장벽을 낮추지 못하면 FTA 효과는 반감될 뿐만 아니라 언제던지 중국 전역에서 한국기업을 옥죄는 수단으로 변모할 수 있다. 국내외적으로 부담이 큰 공개적 제재보다 드러나지 않는 조치로 고통을 주며 관리하고 줄을 세우려 들 것이다.

한국정부는 한국경제의 중국의존이 커지는 가운데 중국의 정치적 의도를 혁파하기 위한 대 중국 외교전략을 원점에서 재검토 해야 할 것이다. 기업의 실행 전략으로는 탈동조화(decoupling) 혹은 자발적 동조화(coupling) 전략이 있을 수 있다. 독립적 지위와 위상으로 글로벌 시장을 주도하기 위한 탈동조화 전략은 뛰어난 기술혁신으로 미국·EU·일본·독일 등 글로벌 경제 리더국 내의 입지를 강화하고 글로벌 브랜드 가치 구축을 통한 다국적기업의 존재감을 부각시키는 것이다. 자발적 동조화 전략은 중국 내수시장 침투 강화와 고지 선점, 중국소비자의 충성도 촉진, 현지화된 기업조직 구축, 공산당 정책 실행에 대한 조력자 변신 등이 있다.

한국기업은 한국의 본사가 탈동조화 전략을, 중국 본부가 동조화 전략을 안팎에서 동시에 추진하여 중국시장과 중국소비자 그리고 중국 공산당을 공략해 들어가야 한다. 자신과 대한민국의 한계를 뛰어넘어 글로벌 초일류 기업으로 거듭나기 위해 내부 혁신과 미래 자원의 전략적 재배치를 서둘러야 할 시점이다.

한중 경협의 미래

한중 수교 이후 한국기업은 양국의 상호 보완적 산업구조에 힘입어 중국시장에서 많은 성과를 거두었다. 이와 동시에 중국에 무지한 채 제대로 준비하지 않고 진출한 한국기업이 중국에서 연달아 실패하고 전사하는 사례를 낳기도 했다. 지금은 지난 25년 동안 보병들이 몰려가 전사하며 전해진 노하우의 축적을 바탕으로 전투력을 갖춘 기갑부대가 중국시장 공략을 위해 제2라운드를 준비하고 있다. 향후 중국을 파악하고 실력을 갖춘 한국기업은 본격적으로 대륙시장을 공략해 들어갈 것이나 경쟁력이 떨어지는 기업은 제3국으로 이전하던지 아니면 폐업 혹은 귀국할 것이다.

중국 경제시스템의 업그레이드와 산업구조의 고도화 그리고 양국의 정치외교적 갈등과 소통부족 등에 따른 중국 비즈니스 환경의 급변은 중국시장을 전략적 혜안과 기술적 역량을 갖춘 선수에게만 진입을 허락하는 전장(戰場)으로 만들고 있다. 중국은 현재 구조조정의 성공과 경제의 연착륙을 통해 2차 도약을 준비하고 있다. 주민의 실질소득 증가와 함께 중장기적으로 위안화가 절상되고 실질 구매력이 증가되어 수입을 확대하면 세계 각국은 중국 내수시장을 놓고 본격적인 경쟁을 시작할 것이다. 다가오는 한판 승부를 위해 한국정부와 기업도 이제 준비를 서둘러야 한다. 일각에서는 중국에 대한 경제 종속을 운운하며 한국기업의 해외진출시장 다변화를 얘기하지만 중국의 정치안정과 시장잠재력 그리고 구석구석 깔리는 사회인프라 조건은 기타 신흥개발국과는 비교할 수 없을 정도로 양호하다. 설사 일부 신흥개발국에 시장과 자원이 있다손 치더라도 천 만리 떨어진 국가에 종족 분쟁은 끊이질 않고 철도도 없는 곳에 가서 할 수 있는 일은 없다. 당분간은 중국시장을 파야 하며 인접국에 거대시장이 있다는 사실은 한국의 행운인 것만은 분명하다.

하지만 최근 중국경제의 구조조정으로 인한 감속 성장은 글로벌 경제뿐만 아니라 한국경제에도 적지 않은 영향을 미치고 있다. 이는 중국뿐만 아니라 한국기업도 이 시점에서 구조조정을 서둘러 제2라운드를 준비해야 함을 말해준다. 국제통화기금(IMF)은 중국의 성장률이 연간 1%p 떨어지면 아시아 국가 GDP는 0.8%p 감소한다고 분석했다. 중국이 '13.5' 기간 동안 설정한 성장 목표치인 '6.5% 이상'도 구조조정이 늦어지고 글로벌 경제환경이 나아지지 않으면 장담하기 어렵다. 현재 한국의 대중 수출 비중이 전체 수출의 1/4를 차지하는 가운데 중국의 GDP가 1% 감소하면 한국의 GDP는 0.21% 떨어지는 것으로 나타나고 있다.

중국의 경제개혁과 구조조정 강화, 수입대체 정책 가속, 경기침체에 따른 수입수요 감소, 금융시장 불안정에 따른 위안화의 평가절하, 중국 토종기업의 약진과 양국간 수출경합도 상승 등의 변수가 이어지면 향후 한국의 대중 수출은 큰 폭으로 감소하고 한국경제는 상당한 부담을 안을 수 있다. 수교 후 한국기업은 중국의 싼 임금을 찾아 진출했고 이어진 중국경제의 급성장으로 한국은 원부자재 및 중간재를 수출하며 호황을 누려왔으나 최근 중국의 성장세가 하락하고 강도 높은 구조조정이 진행되면서 일시 고전하고 있다. 여기에 가공무역 중심의 대중 수출 구조로 인해 세계와 중국경제의 경기변화에 피동적일 수 밖에 없는 가운데 소비재의 수출 부진은 중국 내수시장 접근에 한계점을 드러내고 있다. 비록 중국경제의 제도적 환경은 개선되고 있으나 중국의 기술추격이 빠른데다 대부분의 신흥산업 육성분야가 한국과 중첩되어 향후 중국의 내수시장은 물론 국제시장에서도 한중 기업 간의 경쟁은 피하기 어려울 전망이다.

한편 한중 FTA 발효로 양국의 경제총량 규모로 12조 달러의 거대 시장이 열려 연간 54억 4000만 달러의 관세가 절감되고 중국내수 소비재시장 진출이 급증할 것으로 예상된다. 하지만 아직까지 중국시장을 선도할 제품이 부족한 가운데 산업별 구조조정마저 지지부진하면 FTA 효과는 반감될 수 밖에 없다. FTA로 인한 관세 철폐가 중요한 것이 아니라 중국정부가 산업의 구조조정과 기술혁신 그리고 수입대체 정책으로 생산성 및 품질 향상과 중간재의 자급률을 높이는 가운데 한국기업도 동 시기를 이용해 경영혁신과 산업기술의 업그레이드를 반드시 이루어야 한다는 것이다. 한국의 대 중국 무역수지는 1993년 12억 달러로 흑자 전환된 이후 2013년에는 628억 달러까지 확대되었으나 2016년에는 375억 달러로 대폭 감소하였다. 이는 중국의 수입대체 추진과 가공무역 규제 그리고 재중 한국기업의 현지 생산·조달과 중국의 수입구조 변화에 따른 것이다. 이제는 고부가가치 수출제품으로 중국업체와 경쟁하며 공급능력을 제고해 나가야 한다. 특히 '중국제조 2025', '공급측 개혁' 등 중국의 국산화 정책에 대한 집착은 그 성공 여부에 따라 대중 교역관계 자체가 재조정될 수도 있다.

품목별 관세가 완전 철폐되기 전까지 중국산업의 업그레이드에 부합하는 한국 수출제품의 고부가가치를 이루지 못하면 FTA 효과가 감소될 뿐만 아니라 도리어 한국시장을 중국기업에게 내 줄 수 있다. 한중 FTA 협상에 대한 중국정부의 적극적인 행동은 기술혁신과 중국기업의 경쟁력 강화로 웬만한 시장 충격은 흡수하고 회복할 수 있다는 자신감을 바탕으로 한 것이다. FTA 협상의 양허폭과 개방일정을 활용해 오래지 않아 고부가가치 업종도 따라잡을 수 있다는 자신감이다. 향후 중국기업의 기술추격으로 수입대체 효과가 발생하고 한국의 고부가가치 제품 생산의 중국이전도 점증하면 제조업에 대한 FTA 효과도 줄어들 수 있다. 심지어 발효 초기에 개방 폭이 큰 한국이 중소기업을 위주로 시장침탈의 고통을 당하다가 10년 후 개방 예정인 중국의 고부가가치 제품 시장에서조차 기술역전을 허용한다면 수출은커녕 중국제품을 수입해야 할 것이다.

특히 한국의 중소기업은 중앙 및 지방정부의 집중 지원을 받는 중국의 중소기업과 민간창업기업의 도전에 직면하여 생존의 갈림길에 접어들 수 있다. 거대한 자국시장을 기반으로 정책 지원까지 받는 중국의 중소기업과 각종 규제와 협소한 시장에서 가까스로 버티는 한국 중소기업과의 경쟁은 불보듯 뻔하다. 지금 상황으로 볼 때 일부 중국의 중소기업은 대기업으로 거듭날 수 있지만 한국의 중소기업은 갑자기 사라지거나 아니면 평생 소기업으로 남을 가능성이 크다. 농업이야 정치적 논리로 보호 받을 수도 있겠지만 중소기업은 이리떼가 몰려드는 허허벌판에 그대로 노출되는 것과 같다.

나름 자기 기술을 가지고 열악한 국내 시장에서 어떻게 해 보려다 안 되니 중국기업과의 협력을 도모하다가 이것마저 여의치 않아 보유기술과 노하우를 헐값에 넘기는 경우도 발생할 것이다. 한국대기업의 기술잠식을 피해 중국으로 왔다가 기술을 통째로 빼앗겨 버릴 수도 있다. 호랑이를 피하려다 늑대를 만나는 형국이 연출되는 것이다. 향후 한국의 중소기업은 자칫 중국기업의 사업 아이템 공급원으로 전락할 수 있다. 한국시장이 포화 상태인 가운데 자금조달마저 힘든 한국의 중소벤처기업은 한국대기업에 의존하거나 아니면 중국시장 진출을 고려하겠지만 결국 기술을 넘겨주고 흡수될 수 있다.

이와 같은 여건 속에서 일부 한국기업의 임원과 연구원의 기술유출 시도도 점증할 것이다. 한국형사정책연구원 보고서에 의하면 2010년부터 5년 동안 발생한 산업기술 해외유출 범죄는 63건으로 이중 중국으로 유출된 건수가 34건으로 절반 이상을 차지했다. 앞으로도 국책 혹은 민간 대기업 연구소의 인재들이 뿌리칠 수 없는 대우를 내세우며 삼고초려 하는 중국기업의 초빙과 연구환경 제시에 감읍하여 흔들릴 것이다. 중국측이 제시하는 고임금과 전권위임 약속 그리고 자신의 능력을 발휘하고 싶은 욕구를 뿌리치기 어려울 것이다. 향후 한국기업은 중국시장에서 개인적 원한을 품고 자신의 실력을 증명하여 자존심을 회복하겠다는 한국인 경쟁자를 만날 수도 있다. 이들을 통해 한국에서 인정받지 못한 중소기업 기술이 중국으로 건너가 꽃을 피우는 사례도 점증할 것이다. 물론 중국으로 넘어오는 한국의 반도체·자동차·조선 관련 인재와 항공기 조종사 및 문화서비스업 인력을 중국기업이 오래 잡아두지는 않겠지만 기술유출 문제만큼은 정부와 기업의 유기적인 협조체계로 철저히 예방해야 한다.

중국시장에서 한국대기업의 제품 경쟁력이 떨어지는 것 보다 더욱 위험한 것은 한국 중소기업의 뛰어난 기술이 중국기업에 넘어가는 것이다. 한국의 신기술을 흡수한 중국기업이 향후 어떤 모습으로 변모할지는 아무도 모르는 일이다. 중국기업은 상대의 기술력을 보지 기업의 지명도나 크고 작음은 상관하지 않는다. 자신에게 필요한 기술을 가지고 있으면 어떤 대가도 마다하지 않을 것이다. 중국기업이 작은 기술적 업그레이드를 통해 시장을 장악할 수 있는데 무엇이던 못하겠는가. 최근 중국 투자자는 첨단기술을 보유한 한국의 중소기업 중에서 대주주 지분이 낮거나 대기업 협력업체 혹은 기업회생절차를 밟고 있는 매물에 대해 M&A를 노리고 있어 기술 및 첨단장비 유출 우려를 낳고 있다. 그들이 M&A를 통해 시세차익을 노리던 아니면 확보한 기술 및 콘텐츠로 자국시장에서 대박을 터트리건, 문제는 중국기업이 확보한 기술로 자국의 시장을 통해 보다 업그레이드 된 기술제품으로 한국기업을 위협하는 부메랑이 되어 돌아올 수 있다는 것이다.

만약 중국기업이 하나의 한국기업을 인수하여 글로벌 기술력과 판매망을 확보한다면 동종의 또 다른 한국기업도 위험에 처할 수 있다. 한국 내에서 경쟁을 해 왔더라도 자신의 생존을 위해 백기사가 되어 경쟁사가 중국에 팔리는 것을 막을 필요도 있다. 특히 한국 대기업 협력업체의 재정적 어려움을 파고드는 중국투자는 해당 대기업에도 위협이 될 수 있어 '순망치한(脣亡齒寒)'의 상생 정신이 어느 때보다 중요하다. 그러므로 한국정부도 경제안보 차원에서 이를 관리감독 해야 한다. 한국기업의 기술과 인재 유출 그리고 중국기업의 한국기술기업에 대한 M&A를 통제하지 못하면 양국의 '협력과 상생'이란 말은 언어도단에 불과하며 양국 기업의 협력은 중국기업을 중심으로 상하 체계로 조직화될 뿐이다. 강한 중소기업의 육성과 그들이 가진 기술보호는 미래 한국경제의 경쟁력과 직결되는 문제인 것이다. 중국에 무지하여 FTA 협상 내용과 시간 계산을 잘못한 것이 아니라면 중국시장을 파고들 수 있는 길은 한발 앞서는 기술력 밖에 없다. 그렇지 못하면 중국이 기술입국 전략과 연구 결과물의 상업화를 통해 '시간은 우리 편'이라는 논리를 증명하는 것을 지켜만 보게 될 것이다.

　중국경제가 구조조정을 마무리 하고 연착륙하여 제2의 도약을 시작하면 한국기업은 과거 싼 임금을 찾아 중국으로 몰려갔듯 다시 중국시장을 찾게 될 것이다. 하지만 제2라운드는 전략을 새로 짠 대기업 위주로 진출할 것이고 한국경제는 서비스업과 유통업에 의지한 채 경제구조가 허약해 질 수 있다. 무엇보다 산업기술에서 중국기업에게 따라 잡히면 일부 한국기업은 하도급 업체로 전락할 수 있어 사활을 걸고 기술개발에 매진해야 한다. 이 밖에 차별화된 최종소비재 수출을 확대하고 현지 소비자들과 직접 소통하는 고부가 서비스업의 진출이 확대되어야 한다. 13.5 기간 동안 중국경제는 구조조정의 어려움을 감내하여 새로운 성장 모델과 동력을 창출하고 이를 통해 무역강국과 세계의 시장으로 변모할 것이다. 중국의 새로운 산업 정책과 제도 안착을 바탕으로 한국기업이 기술혁신만 이루어낸다면 '제2라운드 중국특수' 도 얼마던지 가능하다. 이는 결국 한국기업과 정부의 노력에 달린 문제다. 한국기업은 대 중국 공급 능력 유지를 위한 기술개발로 수출제품의 고도화를 달성하고 아울러 중국의 유통기업과 전자상거래 업체와의 협력 강화로 소비시장 접근성을 확장해 나가야 한다.

기술개발이 늦어지면 대중 수출과 현지 진출 그리고 제3국 시장 경쟁에서 모두 어려움에 봉착할 수 있다. 중국의 혁신 정책과 개방 확대는 한국기업 입장에서 위협과 기회 요인이 공존하는 것이므로 기술적 우위만 지킬 수 있다면 투자 및 협력의 기회는 여전히 많다. 특히 중국 서비스업 발전에 따른 교육, 의료, 문화, 관광 등 새로운 소비시장 창출이 예상되는 가운데 시장선점 전략과 준비가 필요하고 FTA의 투자·서비스 분야에 대한 추가 협상을 잘 마무리하여 서비스업의 진출 기반을 다져 놓아야 한다. 한국기업은 중국의 서비스시장이 본격적인 성장기에 접어드는 가운데 진입장벽이 낮고 수요가 많은 생활서비스 분야를 우선 고려하여 준비하되 중국에 진출한 외자기업과 외국인 고객도 주목할 필요가 있다. 아직까지 서비스업이 낙후된 중국에서 먼저 외국인 고객을 확보하여 지명도를 높인 후 중국시장의 성숙과 함께 선도적 입장에서 중국인 고객을 상대해 나가면 될 것이다.

이 밖에 '13.5' 기간 동안 중점 추진되는 일대일로, 중국제조 2025, 도시화 건설, 농업 현대화, 인구정책, 환경 및 에너지 등 핵심 프로젝트를 면밀히 검토하여 새로운 시장 진입 기회를 포착해야 한다. 특히 국내외를 아우르는 국책 사업인 '일대일로(一帶一路)' 계획에 적극 참여하여 전환기 중국경제 흐름에 편승하고 국제 인프라 시장에 참여할 수 있는 기회를 잡아야 한다. 한국기업은 개발도상국 내 인프라 건설과 생산능력 확충에 따른 양자 및 삼자 협력을 기대할 수 있으며 아울러 중국기업에게 건설사업과 지역시장 정보 및 리스크 관리에 대한 자문을 제공할 수도 있다. 최근 중국기업이 철도, 도로, 항만, 통신 등 아시아지역 인프라 시장에 본격 진출하고 있지만 견적과 입찰에 대한 경험 미숙으로 예상치 못한 손해도 많이 보고 있는 실정이다. 한국은 과거 중동지역 건설시장에 대한 성공경험을 바탕으로 중국기업에게 사업추진 노하우를 전수해 줄 수도 있다.

한반도를 둘러싼 동북아 지역은 중국의 육상 실크로드인 일대(一帶)와 해상 실크로드인 일로(一路)가 연결되는 지점이나 중국과 미·일과의 마찰 그리고 북핵 문제 등으로 전체 계획에서 빠져있는 상태다. 한반도 안정이 전제되지 않으면 전체 일대일로 계획이 흔들릴 수도 있다. 한국은 동쪽의 안정이 중요한 중국정부의 고민을 이해하고 이를 활용한다는 측면에서 동북아지역 일대일로의 벨트 연장과 사업을 위한 거점 국가를 자임할 필요가 있다. 중국-한국-북한-러시아를 연결하는 경제회랑 사업을 주도하여 지역 안정에 공헌함과 동시에 경제적 이익을 도모하는 것이다. 한국은 일대일로의 단절된 벨트를 '기회의 라인'으로 만들 수 있으며 이는 중국 공산당이 내심 원하는 바이기도 하다.

한국은 일대일로 사업 및 지분에 대한 레버리지를 확보하고 아시아인프라투자은행(AIIB) 창립 회원국으로서의 발언권을 높여야 한다. 향후 10년 간 아시아지역 인프라 수요는 약 8.5조 달러로 세계 인프라 수요의 50%를 차지할 전망이다. 앞으로 일대일로와 관련된 사업의 진척과 함께 새로운 투자자와 다국적기업이 연이어 나타날 것인바 이들과의 미래 파트너쉽 구축을 위해서라도 일대일로 지역거점 사업에 적극 참여할 필요가 있다. 특히 북한개발과 통일을 연계하여 일대일로 거점지역 혹은 지선으로 연결된 지역을 선정하여 제2의 개성공단을 설치할 필요가 있다.[11] 즉 중국정부의 협조 하에 동북3성 지역에 '남북한 기업 전용 공단'을 만들어 중국내수를 함께 개척하고 아울러 북한의 개방을 유도하는 것이다. 이와 함께 통일한국의 미래자본 소진 방지를 위해 북한 지역 인프라 건설과 자원개발에 중국기업과 함께 진출하는 방안도 적극 검토해야 한다.[12]

이밖에 한국기업은 전면적인 중국내수시장 공략을 위해 향후 홍콩 및 대만 기업과의 전략적 협력 가능성도 연구해 볼 필요가 있다. 중국은 2003년에 홍콩, 2010년에는 대만과 각각 배타적인 고수준의 경제협정체결로 중국-홍콩-대만을 잇는 대중화 경제권을 구축하고 있다. 특히 홍콩과는 매년 보충협상을 통해 다른 FTA 협상국에는 개방하지 않은 서비스 분야를 개방하여 선진 제도 학습과 더불어 제도적·정치적 통합을 가속하고 있다. 이 역시 경제적 혜택과 영향력의 교환이라는 의도를 내포하고 있으며 물적·인적 교류의 확대와 함께 미래 대만과의 통일을 염두에 둔 장기 포석이기도 하다. 한국기업은 상기 협정을 활용해 홍콩의 서비스 기업 혹은 대만 기업과 협력하거나 M&A를 통해 중국내수시장을 공략하는 전략을 검토해 볼 필요가 있다. 동 전략은 '이이제이(以夷制夷)'와 '차도살계(借刀殺鷄)' 그리고 '흑묘백묘(黑猫白猫)'와 비슷한 맥락으로 북경정부에 의존하지 않고 야전에서 대중화권 시장을 공략하는 수단을 갖고자 함이다. 이는 중국 전통의 전술을 응용하는 것으로 기회가 되면 검토해 볼 가치가 충분하다.

현재 중국의 정치·경제·사회 시스템이 진화를 거듭하고 있는 반면에 한국은 국가발전시스템의 한계가 노정되고 저출산·고령화의 가속은 미래 한국경제에 대한 전망을 어둡게 하고 있다. 이제 한국기업은 경영·기술 혁신과 함께 자원의 재배치를 통한 지속생존 방안을 마련하고 동시에 '중국식 경영'이라는 새로운 패러다임으로 대 중국 진출 전략을 세워야 한다. 향후 중국 공산당의 정치경제적 힘 자랑이 갈수록 세질 것으로 예상되는 가운데 중국기업은 해외시장에서 한국제품을 밀어내는 한편 한국의 기술기업과 인재를 노릴 것이다. 한국이 이를 대비하지 못한 상태에서 중국의 기술혁신과 구조조정이 성공하면 한국의 산업구조는 물론 중국과의 분업구조도 바뀔 수 있다. 만약 이 같은 상황이 도래한다면 중국 공산당은 정치적 목적 달성을 위해 더욱 쉽게 경제제재 수단을 들이댈 것이며 심지어 일반 중국인조차 양국의 민간 교류를 악용하려 들 것이다. 한국기업이 중국시장을 선도할 수 있는 기술적 역량을 갖추지 못한 채 기술역전을 허용한다면 한국경제는 더욱 중국에 의존하게 되고 한국의 정치외교 또한 피동적이 될 수 밖에 없다. 현대 자본주의 사회에서 정치는 경제를 이기기 어렵기 때문이다.

수교 후 한국기업은 어수룩한 중국정부와 시장을 상대로 비교적 수월하게 중국발전의 혜택을 입어 왔다. 하지만 지난 25년의 제1라운드와는 달리 향후 25년의 제2라운드는 모든 면에서 진화된 중국과 겨루고 시장을 쟁취해야 하는 시기다. 지난 25년 간의 경험과 학습을 총결하고 새로운 시각과 전략으로 제2라운드를 시작해야 한다. 한국기업의 경영혁신과 핵심기술 확보 그리고 오너 마인드의 대 전환이 필요한 시기다. 한국기업은 중국기업의 포위망을 부단한 기술혁신으로 뚫어야 한다. 이를 통해 중국내수를 선점하고 중국소비자의 마음을 사로 잡아야만 비경제적 위협으로부터 자신을 보호할 수 있다.

2016년 말 중국정부의 국가발개위(國家發改委)는 내수확대를 위한 소비진작책을 발표했다. 주요 골자는 관광·문화·의료·체육·양로·교육 분야의 내수확대를 위한 세부 계획을 마련하고 관련된 국내 상품의 품질을 글로벌 수준으로 끌어올려 중국인의 해외소비를 국내로 유턴시킨다는 것이다. 중국인 해외관광객 1억 2000만에 관광수지 적자가 1100억 달러에 이르는 가운데 수요가 많은 품목의 관세와 소비세를 인하하고 면세점을 증설하여 자국소비자의 국내소비를 적극 유도할 계획이다. 중국의 내수시장 고도화 정책과 중국소비자의 소비의식 및 패턴의 변화는 한국의 소비재 수출기업에게 큰 기회를 제공할 것이다.

다소 고무적인 현상은 중국인의 실용주의로 인해 개인의 소비행위가 조금씩 정치외교 이슈와 분리되고 있다는 점이다. 사드 사태로 촉발된 한국제품 불매 운동에도 불구하고 2017년 상반기 동안 한국산 라면 수출은 전년 동기 대비 202% 늘었고 혼합주스의 중국 시장 점유율은 53%로 압도적 1위를 유지했으며 기초 화장품의 수입시장 점유율은 29%로 프랑스를 제치고 1위를 차지했다. 일부 중국인이 집에서 한국산 라면을 먹고 한국산 화장품으로 화장을 한 후 길거리로 나와 한국산 음료를 마시며 한국제품 불매 구호를 외치기도 한다. 한국기업은 중국의 신 세대 소비자의 기호와 트렌드를 추적하며 끊임없이 신제품을 출시하여 정치적 제약과 사회적 인식을 돌파해 나가야 한다. 한국기업은 새 버전의 중국시장 연구와 전략을 수립하고 이를 현장에서 수행할 핵심 인재를 자체 육성해야 한다. 중국시장의 성공은 개별 한국기업의 명운은 물론 한국의 구조개혁, 잠재성장률 제고, 신흥전략산업 육성, 일자리 확대, 복지 및 통일 비용 조달 등에도 직간접으로 연관되어 있다. 한국정부는 한국기업이 중국에서 기업 활동을 잘 할 수 있도록 불필요한 규제를 없애고 정부 산하 기관은 유기적인 협조 체계를 구축하여 기업들에게 실질적 도움을 주어야 한다.

무엇보다 중요한 것은 산업의 업그레이드와 기술혁신을 위해 민관이 힘을 모을 수 있는 '기술입국' 정책을 마련해야 한다는 것이다. 중국정부는 기술혁신을 위해 과감한 규제개혁은 물론 정직한 실패를 장려하고 심지어 '실패를 추구(求敗)'하는 관용 정책을 통해 연구자로 하여금 최상의 결과를 도출하게 만든다. 반면에 한국의 R&D 문화는 실패를 용인하지 않는 조직문화와 단기 실적 그리고 개인의 명리에 목매는 연구환경과 사고에 함몰되어 있어 설사 성공했다는 발표를 하더라도 믿을 수가 없다. 그러므로 과학기술 연구가 정권의 국정 방향에 따라 수시로 바뀌어 예산과 시간이 낭비되지 않도록 독립적이고 장기적인 정책을 마련하는 것이 중요하다. 또한 정치권은 정치외교 문제가 경제문제와 섞이지 않도록 만드는 방안을 마련해야 할 것이다.

현 중국정부의 구조조정은 한국기업에게 제2라운드를 준비할 수 있는 시간과 기회를 제공하고 있다. 한국경제는 중국 공산당의 전략을 예측하여 자기 것으로 만든 후 대륙을 경영할 수도 있고 아니면 대책 없이 시간만 보내다가 중국의 주변국 경제권의 일부로 전락할 수도 있다. 한국기업이 새로운 대중 전략과 뛰어난 기술로 무장한다면 중국내수시장에 뿌리 내릴 수 있을 뿐만 아니라 양국의 상호보완 관계도 유지되어 현실적·정서적으로 장기 협력도 가능할 것이다. 미래 한중 경협의 맑고 흐림은 한국의 대 중국 인식 전환과 전략수립 그리고 기술혁신에 달려 있다. 한국이 역사적 변화를 인식하는 가운데 중국 공산당을 다루는 소통의 지혜를 발휘하고 기술력으로 스스로를 도울 수 있다면 민족통일과 민족번영의 가치관을 함께하는 한중 경제협력의 미래는 밝다고 할 수 있다.

4장 성찰과 혜안

성찰과 혜안

본 장은 '성찰과 혜안'이라는 제목을 달았다. 중국에 무지한 채 중국시장에 대한 아름다운 보고서에 현혹되어 충동적 환상으로 눈 먼 진출을 시도하는 한국인의 대 중국 사고와 행위를 비판하고 이를 통해 반성과 성찰 그리고 싹트는 혜안을 기대하고자 한다. 일부 사람의 병증(病症) 진단을 통해 현재 중국 비즈니스를 잘 하고 있는 이의 면역력은 높이고 준비하는 이들에게는 경종을 울리며 예방 접종을 하겠다는 것이다. 본 장은 중국에 대한 이해와 학습 효과를 위해 다소 자극적인 표현도 마다하지 않았다.

실패의 예견

　중국경제가 발전하고 시장이 팽창한다는 수 많은 연구자료와 매체보도는 중국시장에 대한 호기심을 자극하고 진출 욕구를 불러일으킨다. 이어서 중국역사와 학창시절 읽은 삼국지를 떠올리고 낯설지 않는 한자(漢字)와 몇 차례 중국여행을 통해 대륙의 꿈을 품기 시작한다. 하지만 사업 아이템을 갖고 나름 계획을 세워 건너오지만 겉으로 준비된 것과는 달리 중국시장에 대한 실제 경험과 지식이 없는데다 사고의 기저에 깔려 있는 대 '중국관'은 실패를 예견하게 만든다. 진출 초기에 자신의 비즈니스 성공에 대한 착각과 더불어 저돌적으로 추진하나 예기치 못한 미시적 문제에 끊임없이 봉착하며 추진 동력은 점차 소진되고 정신은 피폐되어 간다. 중국의 실체를 모른 채 거대 시장에 대한 환상만으로 진출을 결정하고 중국기업과의 협력을 시도하는 것은 실패로 가는 지름길이다.

　일단 환상에 빠지면 중국인이 시장개척을 해 줄 것이니 자본과 기술을 대라는 황당한 유혹에도 넘어가고 여기에 비슷한 정세를 보이는 중국인 혹은 한국인까지 달라붙어 지옥으로 안내한다. 중국 관련 책 몇 권 보고 여유자금 조금 있다고 '중국의 인구가 얼만데'와 같은 근거로 중국에 진출하면 생존율은 거의 제로에 가깝다. 준비 없이 진출했다간 중국이라는 바다에서 탈진해 익사하고 만다. 고장 난 등대(燈臺)와 같은 중국 관련 보고서와 검증되지 않은 주변의 영웅담에 현혹되어 손에 잡히는 것도 보이는 것도 없으면서 몇 차례의 방문과 조사를 거쳐 중국진출을 결정하는 일부 한국인은 대단한 강심장의 소유자다.

한국인의 '대박 심리'는 중국시장에 관한 행복한 통계 데이터와 연결되어 판단을 흐리게 만들고 병적인 '투기 심리'에 불을 붙인다. 치밀한 준비 없는 충동적 진출은 스스로 무덤을 파는 것으로 집착과 아집은 고통의 시작이고 중국시장은 독배(毒杯)와 같다. 중국에 대한 학습과 중국어 기초도 없이 추진하는 '돌격식' 사업은 초기 반짝하다가 점차 가까스로 유지하는 '버티기식' 사업으로 전환되고 시간이 지나며 나타나는 정신적 피폐는 사업과 건강을 망치는 첩경이 된다. 중국인과의 거래와 협력에 문제가 생기면 상대방의 말을 통한 뉘앙스로 사전 감지가 가능함에도 일천한 중국어 실력에다 현지 조력자도 없는 상태에서 밀어 부치다가 수습이 불가능할 정도가 되어서야 정신을 차린다. 진출 전과 현지 실패로 이어지는 과정에서 한국기업인 혹은 개인사업자의 심리변화 궤적은 일반적으로 성공에 대한 자기 소설을 시작으로 독선 - 실망 - 분노 - 불안 - 자학을 거쳐 자포자기로 마무리 된다.

중국사업 초기, 한국인은 중국인에게 습관적으로 자기과장을 하려 들고 비즈니스를 단번에 성사시키려는 욕심에 자신의 약점을 노출시키며 스스로 협상 여지를 갉아먹는다. 내재된 오만함으로 혼자서 할 수 있는 일에 한계가 있음에도 지인과 직원의 조언을 구하지 않아 시간과 정력을 조기에 소진하기도 한다. 자기과장은 중국에 진출하는 한국인의 특질 중의 하나인데 중국인과 사업을 협의하는 과정에서 순진하게 자신의 기업 현황과 경영 노하우 그리고 마케팅 전략 등을 자랑하듯 얘기하는 경우가 많다. 여기서 상대방의 탄성을 들으면 증상이 더욱 심해지고 중국인은 사업의 핵심과 가능성을 좀 더 알아내기 더욱 대접하고 격찬한다.

중국인과의 협상에서 쾌감을 위해 협상 카드를 낭비하면 안 된다. 입을 조심하는 연습과 함께 협상이 길어지더라도 말 수를 절반으로 줄이고 한 템포 늦게 대화를 이어가는 것이 필수다. 향후 비즈니스 계획에 대한 설명도 너무 구체적으로 설명하면 약점 잡힐 수 있다. 사업을 펼칠 곳이 한국이 아닌 중국임을 깨달아야 하는 것이다. 중국측이 애당초 원하는 비즈니스 방식을 구심점으로 조금씩 협상을 구체화하고 상대를 파악해 나가면 충분하다. 과도한 자기과장은 상대로 하여금 "아! 이런 방법도 있었구나"라는 것을 깨닫게 만들고 이는 후일 부메랑이 되어 돌아와 자신의 사업을 파탄 낼 수도 있다.

중국 속담에 "처음 보는 사람을 만나면 30% 정도만 얘기하고 마음을 모두 보여주면 안 된다"라는 말이 있다. 중국인은 선천적으로 말을 많이 하는 것은 손해고 많이 듣는 것이 이익이라는 것을 잘 아는 사람들이다. 그리고 중국인은 이성적 비판이 오가는 대화에 익숙하지 않는 사람들로 상대의 장단점을 파악하는데 아주 능한 사람들이다. 자기자랑을 일 삼고 계획을 쉽게 노출하는 것은 은연 중에 상대로 하여금 수 많은 대응 수단과 핑계거리를 만들게 하고 어느 순간부터 상대의 논리에 함몰되기 시작한다. 중국파트너의 주장을 사업에 대한 열정으로 자기 합리화하며 협력을 시작하나 이미 주도권은 넘어가 피동적으로 끌려 다니는 일만 남게 된다.

무역 비즈니스의 경우를 한번 보자. 몇 번의 협상과 유흥을 통해

서로가 가까워졌다고 착각하지만 시간이 흐르는 가운데 계약에 대한 압박과 조급함이 더해지며 결국 최저가(bottom price)에 가까운 가격 조건을 제시해 버린다. 하지만 중국인은 이 가격을 협상의 시작이라고 판단한다. 그 이후부터는 협상이 끌려가거나 아니면 거래 포기만 남게 되는 것이다. 중국인은 협상에 치밀하고 그 수단도 출신 지역마다 각기 다르다. 태극권(太極拳)처럼 부드럽다가도 강한 주장을 제시하기도 해 초점을 잡기 어렵다. 여기에 협상이 순차적으로 진행되지 않고 비즈니스와 상관없는 주변 얘기만 오가면 급속히 지치게 된다. 중국인의 첫 번째 협상 단계는 그저 상대방을 파악해 보는 것이지 계약에는 별 관심이 없다.

통상 광활한 땅을 차지하고 살아온 대륙 국가의 민족 기질은 자기 중심적 사고를 한다. 이중에서 중국인은 단연 으뜸으로 비즈니스에서도 이와 같은 특질을 십분 드러내며 사업 수완을 발휘한다. 협상 시 상대의 모든 행위와 제안을 자신에게 유리하도록 몰아가며 양보를 이끌어내는데 아주 능하다. 상대의 양보가 한계에 도달할 때까지 그들의 협상은 멈추지 않는다. 처음부터 중국인이 국제 비즈니스의 관례 혹은 상도의를 이해하고 있다거나 상식이 통하는 선에서 신사협정을 맺을 수 있다는 가정 그리고 지속거래 가능성이 있다고 기대하는 것은 순진한 발상이다. 눈 앞의 비즈니스 협상에 실패를 두려워하지 말고 자신의 이익을 수호해야 한다. 명분 없는 양보를 통한 거래 성사는 한 차례의 성공일 지 모르나 이후 반복되는 저 자세는 이미 중국인의 상술에 휘말린 것으로 점차 사업이 피곤해지고 오래 가지 못한다. 시간을 할애해 중국의 저잣거리에서 중국인의 상거래 방식과 흥정의 기교를 배워 그대로 실행하는 연습을 해야 한다. 처음엔 어색하겠지만 점차 적응하며 얼굴과 마음이 두꺼워지면 상당한 효과를 보게 될 것이다.

여기서 한국인의 비즈니스 협상태도와 사고방식을 다시 한번 살펴보자. 2007년에 코트라(KOTRA)가 비즈니스 협상 전문가인 미국 노스웨스턴 대학의 '진 브렛(Jeanne M. Brett)' 교수에게 의뢰해 한국·일본·중국·미국·독일 등 16개국 경영자 2450명을 상대로 항목별 비즈니스 협상방식에 대한 설문 조사를 실시했다. 결과에 따르면 한국인은 상대를 배려하지 않고 자신의 이익을 최대한 챙기려는 '이기심' 항목에서 1위를 차지했고 반면에 협상을 얼마나 책임감 있고 창의적으로 이끄는지를 묻는 '협상주도력'에서는 최하위를 기록했다. 또한 상대방의 전통과 입장을 배려하는 '사회적 책임감'에서도 한국인은 하위권에 머물렀고 상대방의 지위에 따라 태도가 달라지는 '계급의식'에서는 서구 국가들보다 높았다.[1] 다소 오래된 조사 자료지만 한국인의 사고 방식은 지금도 크게 달라지지 않았을 것이다.

한국인은 중국의 지방 혹은 기업을 방문했을 때 자신을 '열렬히 환영한다' 라는 플랜카드가 걸려있는 것을 보고 마치 국빈 대접이라도 받은 양 무장해제가 된다. 중국에서 받아온 '○○당서기', '○○주임'이라는 명함을 내세우며 환대 받았음을 주변에 자랑한다. 지역별로 차이가 크지만 중국의 일부 지방의 소도시에는 권한 없고, 능력 없고, 할 일 없는 '3無 간부'들이 부지기수다. 남은 것은 체면밖에 없어 출근 길에 집을 나서며 문 입구에 걸어둔 돼지 고기를 입에만 바른 후 아침에 고기 먹고 나왔다고 자랑하는 간부도 적지 않다. 평상 시 항상 자신의 위상과 능력을 강조하지만 민감한 문제가 발생하면 즉시 사라져 버린다. 또한 그들은 아주 무능함에도 매우 친절해 더욱 위험할 수 있다. 물론 그들조차 현지 진출 사업과 관련된 공무원이라면 잘 관리해 나가야 한다. 가끔 소인배가 일을 번잡하게 만들거나 혹은 개인적 불만을 품고 보이지 않는 곳에서 큰 사고를 치기 때문이다. 중국에서 아주 융성한 대접을 받았다면 상대적으로 낙후된 지방 소도시에 있는 지방정부 및 관료의 외자유치 실적을 위한 행사에 초대받았을 가능성이 크다. 최근 북경과 상해 등 대도시의 관료와 기업인은 업무시간이 부족할 뿐만 아니라 명분 없는 술자리 모임에 참석하지도 않는다.

한국인의 자기과장과 상대방 무시 그리고 목메는 단기 실적과 중장기 전략 부재 등에 관한 인식구조와 태도는 중국 비즈니스 현장에서도 고스란히 투영되어 설사 협상 결과가 있더라도 향후 진행될 협력사업에 비효율과 고통을 잉태시키는 요인이 된다. 한국인의 독선적 경영방식은 현 중국의 제도구조와 사회문화 환경에서는 통하지 않는다. 과거 한국의 개발경제 시기, 정부의 지원 하에 기업인의 저돌적 경영과 사회자원의 독점과 희생을 바탕으로 성공했던 방식은 중국에서 용납되지 않는다. 더구나 개별 중국인이 국제 비즈니스를 시작한 시기는 거의 최근의 일로 그들에게 외국인과의 비즈니스는 자신의 수 많은 사업 기회 중의 한 가지일 뿐이다. 중국인에 대한 한국인의 행태도 문제지만 국제 비즈니스 개념과 경험이 일천한 중국인을 상대로 일일이 이해시키고 그들의 방식을 받아들이며 협력의 기회를 봐야 한다는 사실이 죄라면 죄다. 하지만 분명한 것은 무모한 계획과 건성으로 살피는 계약서 그리고 단기이익에 집착하는 조급증과 현지인에 대한 무시는 중국을 떠날 시간을 미리 맞춰놓고 시작하는 것과 같다.

1997년 이마트는 한국 할인점 최초로 중국에 진출한 후 한국의 성공을 바탕으로 중국에 1000개 매장을 내는 목표를 세웠다. 중국 시장을 통한 아시아 1등 유통업체 부상과 한국본사의 중국이전 운운하며 진출했으나 중국에 대한 무지와 전문가 부재 그리고 한국식 운영 집착과 중국 중간상과의 인맥구축 실패로 20년 만에 전면 철수를 결정했다. 진출 초기에 지역마다 다른 중국인 소비행태 연구와 매장 확장을 위한 집중력이 부족했고 한국식 매장의 포맷을 고집했다. 하지만 실용주의의 중국인은 외관 이미지에 신경 쓰지 않았다. 식(食)을 최우선으로 하는 중국인의 의식주 문화에 비해 냉동 및 신선식품 매장은 협소했고 점포의 근접성은 떨어졌다.

중국에서 외국계 유통기업은 현지 사정에 익숙하고 상품조달 네트워크를 구축한 가운데 전국에 걸쳐 조금이라도 더 싸고 신선한 상품을 하루라도 먼저 판매하는 중국토종 유통기업과의 경쟁이 어렵다. 이는 한국의 이마트가 철수를 결정한 주된 이유다. 중국소비자가 일상 식료품과 기초생활용품을 구입하면서 점포 수가 적어 접근성이 좋지 않고 가격도 싸지 않는 외자기업에 갈 이유가 없다. 반면에 중국기업은 점포 수도 많고 상품조달에 대한 정보와 인맥을 갖추고 있어 외자기업보다 단 1위안이라도 더 싸게 팔 수 있다. 중국의 유통업체가 소비자들에게 좋은 물건과 싼 가격 그리고 접근성의 3대 요소를 모두 만족시키고 여기에 온라인 유통 방식도 발 빠르게 도입하고 있으니 외자기업과의 승부가 빨리 날 수 밖에 없는 것이다. 이마트는 진출 초기 임대료와 인건비가 저렴할 때 과감히 점포를 확장하여 규모의 경제를 할 수 있는 시점을 놓쳤다. 한국시장의 입지를 바탕으로 대륙시장을 공략하겠다는 꿈을 꾸었겠지만 중국시장을 이해하는 오너였다면 우선 한 개 성(省)을 목표로 정한 후 집중적으로 파고 들었을 것이다.

후발 주자인 롯데마트는 경쟁사(이마트)와의 과도한 경쟁심리에 따른 성급한 진출과 초기 현지화 구축 실패 그리고 현지 파트너와의 불협화음 등으로 누적 경영손실을 겪고 있었다. 이 와중에 사드 사태의 직격탄을 맞으며 결국 중국 매장 112개를 전부 매각하기로 결정했다. 한국의 대표 유통기업의 철수로 인해 경쟁력 있는 한국상품이 중국의 복잡한 유통구조와 정치·문화적 리스크를 피해 시장을 개척하고 유통업체와 제조사가 함께 매출과 인지도가 상승할 수 있는 기회가 없어지게 되었다. 롯데마트의 철수로 한국기업의 중요한 중국시장 유통망이 하나 없어진 것이다.

한편 금호타이어는 2011년에 진출지역 환경오염을 이유로 생산정지와 강제이전을 통보 받고 품질불량 기업으로 선정되어 CCTV가 매년 기획하는 고발 프로그램인 '3.15 소비자의 날'에 방송되기도 했다. 동 프로그램은 14개 국가기관이 공동으로 기획하는 것으로 중국에서 선전하는 외자기업은 종종 하이에나와 같은 중국매체의 집중 표적이 되곤 한다. 금호타이어는 내부 생산규정을 위반한 사실이 알려져 타이어 30만 개를 리콜 했고 이후 중국시장에서 입지가 좁아지며 회사가 중국자본에 매각될 위기에 처하기도 했다.

상기와 같이 한국기업을 포함한 외자기업이 중국에서 실패하는 원인은 주로 사업성 연구의 불충분으로 인한 의사결정의 착오와 합자 측과의 이익충돌과 시장예측과 제품전략 상의 실수로 인한 적자 확대 그리고 조달 네트웍과 판매 채널에서 중국측의 힘을 합리적으로 이용하지 못하는 것 등에서 기인된 것이다. 실패 원인을 한국대기업에 적용해 찾아보면 중국에 대한 오너의 무지와 현지 CEO의 소극적 경영, 중국시장을 한국처럼 생각하는 본사의 일방적인 중국전략과 대기업 병, 현지시장의 특성 및 소비자 특성 분석 실패, 인맥에 의존하는 시장개척과 범용제품 판매전략에 안주, 중국의 체제구조와 소비자 권력에 대한 몰이해 등이 있을 것이다.

실패를 맛본 한국기업은 향후 재도전하거나 재기하더라고 이미 혹독한 경험과 엄청난 수업료를 지불했고 현재 고전중인 한국기업은 중국을 알아가며 무지에 대한 대가를 치르고 있다. 개인이든 기업이든 중국에 대한 환상과 자기맹신은 현지 진출 시에 자신의 취약점을 가장 쉽게, 가장 빨리 드러내고 사업역량을 가장 빨리 소진하며 거덜 내는 독소다. 중국의 실체와 중국시장에 대한 꼼꼼한 학습은 물론 철저한 현지 조사와 현지 경험자의 자문을 바탕으로 능력 범위 안에서 계획하고 시작해야 한다. 환상은 절대 금물이며 독단적이고 미심쩍은 결정은 반드시 잘못된다.

실패의 연속

　중국에 진출하여 실패 할 확률이 가장 높은 부류는 별 준비 없이 사업자금을 조금 마련하여 들어오는 개인사업자들이다. 경쟁력을 갖춘 대기업과 비장하게 준비해 오는 중소기업과는 달리 중국을 대충 생각하고 건너오는 한국의 개인사업자가 문제다. 이들은 사업 실패로 인해 일시에 빈곤층으로 떨어질 가능성이 가장 큰 부류다. 만약 개인이 생계 자금을 털어 중국에 진출한다면 이는 기름을 지고 불에 뛰어드는 것과 같다. 이들은 중국시장에 가장 진출하지 말아야 되는 부류로 사업을 시작함과 동시에 아무도 모르는 고통을 아주 오래 겪을 수도 있는 한국인이다. 이들은 공통적인 특질을 하나 가지고 있는데 바로 자기확신 없이 결정하고 중국에 건너와 한국식으로 중국사업을 한다는 것이다. 중국에서 살아남으려면 아이템의 경쟁력도 중요하지만 현지에서 마음 다스리는 법도 알아야 하는데 '한국식'은 되나 '중국식'이 안 되는 것이다. 이는 한국에서 누구도 알려줄 수 없는 것으로 중국 경험자의 조언을 통한 사전인지와 현지에서의 빠른 적응력으로 터득할 수 밖에 없다. 중국에 진출한 개인사업자도 노력은 하지만 이는 결코 쉬운 일이 아니며 이 과정 속에서 사업은 겉돌고 희망이 없다고 판단하는 직원은 하나 둘씩 떠난다.

　중국사업에 적성이 맞는 사람과 그렇지 않은 사람이 따로 있는 것은 아니나 일단 중국사업을 전개하는 과정에서 그 차이는 극명히 드러난다. 적성에 맞는다는 것은 치밀한 사전준비로 중국의 이질적 환경에 빨리 적응하여 사업을 안정되게 추진해 나가는 경우다. 적성에 맞지 않는 경우는 '조급증'이 심한 사람들로 상당 수의 한국기업인이 여기에 해당된다. 하지만 '조급해 하는 자와 사업하지 말 것'이라는 말이 있는데 중국인은 그 의미를 누구보다 잘 알고 있다. 코트라(KOTRA) 보고서에 의하면 2014년부터 3년 동안의 무역 사기 건수를 국가별로 볼 때 전체 408건 중에 57건이 중국으로부터 발생하여 1위를 차지했다. 직접 방문 혹은 전화 상담까지 포함하는 실제 안건은 훨씬 많을 것이다. 중국의 사기업체는 한국의 피해자가 비용과 시간이 드는 중국법원 소송을 포기할 것임을 알고 있다. 중국인은 한국인의 무지와 조급증 그리고 어수룩함을 파고들어 이용하고 있는 것이다.

한국인은 중국학습을 통해 중국을 바라보는 사고의 스펙트럼을 확장해야만 한다. 자국의 작은 시장을 다루어 봤다고 중국시장을 쉽게 봐서는 안 된다. 현지에서 평심(平心)을 갖고 상황을 냉정히 대처하지 못한 채 결과에 조급해 하는 기업인은 생존 시간이 급격하게 줄어든다. 만약 자신에게 조급증이 있다고 판단하면 1-2년 해보다가 과감히 미련을 접고 떠나는 것이 가장 좋다. 이 외에 현지 시장만 보고 중국의 실체를 알려고 노력하지 않는 사람도 순탄치 않을 것이다. 이들 중에는 사업은 뒷전이고 골프와 음주가무에 더 열심인 기업인도 있다. '조급증'과 '게으름'은 중국사업의 한계를 사전에 규정해 버린다.

현실을 직시하고 향후 중국에서 '금의환향(錦衣還鄉)' 하던 아니면 '엑소더스(exodus)' 하던 명확한 목표를 세워야지 그냥 중국시장의 역동성에 함몰되어 시간만 보내다간 큰 곤경을 겪을 수 있다. 일일 생활권이 가능한 양국의 지리적 인접성과 한중 FTA의 발효로 거대시장이 열리고 있으나 가족과 떨어진 채 단기필마로 중국 현지에서 사업을 추진하며 중국의 모든 문제를 한 몸으로 극복해 나가긴 벅차다. 특히 가장의 사업이 가족의 안정과 직결되는 한국의 사회구조에서 홀로 중국으로 건너와 사업한다는 것은 너무나 위험한 일임을 깨달아야 한다.

꿈을 안고 시작한 후 초기엔 무지와 객기로 덤벼들다 실패하고 중국을 좀 알게 되면서 재도전을 시도한다. 하지만 체류시간이 길어지며 자금 압박을 받는 가운데 기회가 찾아왔음에도 살리지 못하고 실패해 버리는 경우가 많다. 중국의 경제발전이 자신과 별 상관이 없음에도 무언가 벌이면 될 것 같아 중국생활을 이어가며 비즈니스 실험을 계속한다. 중국의 실체와 자신의 무모함을 깨닫는 순간 이미 때는 늦을 것이다. 더욱 안타까운 사실은 몇 차례 실패를 경험했음에도 중국시장에 대한 환상에서 벗어나지 못하고 같은 행동과 실패를 반복하는 경우가 많다는 것이다. 마치 도박판에서 잃어버린 본전만 되찾으면 된다는 식으로 유혹을 떨쳐내지 못하는 것이다.

중국의 발전이 마치 자신의 발전인양 한국과 중국을 끊임없이 오가며 시간과 정력을 낭비한다. 특히 중국사업 경험이 있고 일부 중국기업인과 교류도 하고 있는 한국인은 나름 자신의 논리를 내세우며 사업 기회와 추진 방향에 대해 상상의 나래를 편다. 하지만 그동안 관리해 왔던 몇몇 중국친구와의 협력도 성공하지 못하고 때로는 한국대기업 임원을 마치 옆 집 친구 부르듯 소개해 달라는 중국인의 부탁도 들어주지 못해 그나마 있던 인맥 관계도 소원해 진다. 중국에 진출하는 개인사업자의 착각과 객기는 많은 실패를 불러와 개인과 그 가족의 불행은 물론 한국 전체의 손실로 연결되고 있다. 여기에 한국의 정부기구와 단체 그리고 기업과 매체는 너나 할 것 없이 중국에 지사와 대표처 그리고 사무소를 개설하며 자원을 낭비하고 있다. 이들 현지법인 혹은 사무소와 주재원의 운영비용에다 비즈니스를 위해 양국을 오가는 한국인의 출장 경비와 체재비를 계산해 볼 때 한국은 매년 엄청난 돈과 기회비용을 중국에서 소진하고 있는 셈이다.

더 큰 문제는 중국에 거주하며 중국사업에 올인하고 있는 한국의 중소기업인과 개인사업자들이다. 2016년 말 현재 중국에서 생활하고 있는 한국인은 약 80만 명으로 추정된다. 이들은 한국정부의 대 중국 외교전략이 낙후된 가운데 현지에서 한국을 알리는 민간외교의 첨병들이다. 각자 친한 중국친구를 포함해서 평상시 접촉하고 있는 중국인을 10명 이상만 알고 지내도 약 1000만 명에 이르는 중국인을 대상으로 실질적인 민간외교를 펼치고 있는 셈이다. 나아가 미래에 미국과 일본처럼 공고한 교민사회가 뿌리내릴 수 있게 기반을 다지는 밑거름 역할을 하고 있다. 하지만 지난 25년 동안 개인사업자는 중국이라는 전장(戰場)에서 각개전투를 수행하는 보병처럼 각종 실패를 거듭하며 한국이 중국을 제대로 알아가는 과도기의 산물이 되어 왔다.

이들은 주거비와 생활비 그리고 자녀 교육비는 물론 양국을 정신 없이 왔다 갔다 하는 출장비로 일년에 수 조(兆)의 돈을 현지에서 쓰고 있음에도 사업이 여의치 않아 생활이 힘든 경우가 많다. 심지어 중국사회와 어울리지도 못한 채 같은 지역에 모여 살며 고정된 일과 수입도 없이 버티며 삶을 이어가는 사람도 있다. 태생적으로 근면한 한국인이 현지에서 중국의 성장 열매를 향유하지 못하고 있다는 조바심과 자괴감은 현지생활에 대한 만족지수를 더욱 끌어내리고 있다. 여기에 중국사업이 쉽지 않음에도 자녀들은 중국학교가 아닌 비싼 학비를 지불하는 국제학교에 보내고 졸업 후 다시 미국 등 선진국으로 유학을 보내려는 부모도 있다. G2 국가인 미국과 중국의 무늬만이라도 입혀주려는 생각으로 본인과 자녀들의 인생에 도박을 건다.

무엇보다 중국의 힘든 비즈니스 환경에 시달리고 마음을 주지 못하는 중국에서 억지로 끌고 가는 사업이 잘 될 리 만무하다. 그러므로 기왕에 중국을 선택했다면 중국사업에 애착을 가지는 것은 자신과 가족을 위해 매우 중요하며 특히 중국서 일하는 동안 함께 있는 가족과 많은 대화를 나눌 필요가 있다. 만약 자녀가 중국문화에 큰 흥미를 보인다면 중국의 요리와 전통악기 그리고 고전 패션 등을 전공으로 권해보는 것도 좋을 것이다. 자녀가 출중한 언어능력을 보인다면 중국남부지역, 홍콩, 동남아, 해외 화교 등이 사용하는 '광동어(廣東語)'를 하나 더 배우게 하는 것도 괜찮은 선택이다.

한편 중국 현지에 파견된 한국기업 임직원으로 일하다가 독립한 후 모기업 혹은 지인의 도움으로 개인사업을 벌이는 경우도 있다. 하지만 이전 회사소속으로 중국에 파견되어 상당한 체류 경험을 했음에도 회사 바깥의 현실은 잘 모르는 가운데 독자 비즈니스를 시도하지만 오래가지 못한다. 현지 생활을 유지하기 위해 비교적 안전한 요식업을 운영하며 다른 사업 아이템을 찾지만 서울보다 물가가 비싼 북경과 상해지역의 임대료와 식재료 그리고 인건비의 지속적인 상승은 식당 운영을 어렵게 만든다. 한식이 원래 숟가락을 주로 사용하는 주식 개념이라 메뉴 개발이 어려워 식단이 간단할 수밖에 없고 식재료도 한국토양에서 자란 것을 사용할 수 없어 중국인 입맛에 맞춘 현지화를 통해 매출 확대를 꾀해 보지만 제조업과는 달리 음식 등의 문화 상품은 전통과 색깔을 잃어버리면 차별성을 가질 수가 없다. 결국 현지 중국인과 외국인 그리고 한국 교민들 모두 외면하게 되는 것이다.

그리고 현지 사업경험이 부족한 가운데 주변의 그럴듯한 사업제안에 쉽게 넘어가 한국인과 중국동포 그리고 중국인 지인에게 사기를 당하는 경우도 많다. 한국은 2013년 세계보건기구(WHO)가 발표한 '범죄 유형별 국가 순위'에서 세계 1위의 사기범죄 다발 국가다. 타고난 이타적 정서에 귀까지 얇아 사기를 많이 당한다. 또한 주변에는 중국정부와 국유기업의 고위관료와 간부를 잘 안다는 사람이 적지 않다.

통계에 나타난 재중 한국인의 현실과 고충을 한번 살펴보자. 주중 한국대사관 자료에 의하면 2013년 한 해 동안 중국에서 돌연사, 병사, 자살, 사고사 등으로 숨진 한국인은 118명 이었다. 같은 해 현지 한국인을 대상으로 한 범죄는 598건이 발생했다. 2016년 10월 말, 중국 내 한국인 수감자는 279명으로 이중 184명은 형이 확정돼

복역 중이며 관할 공관별로는 심양 내 수감자가 128명으로 가장 많다. 고령자를 제외하고 일부 장기형을 선고 받은 기결수들은 한국으로 돌아가는 것을 원하지도 않는다. 한국 외교부 자료에 따르면 2015년에 중국에서 원인도 모른 채 사라진 한국인은 19명이었고 최근 5년 동안 71명이 실종 처리된 것으로 나타났다. 이 외에 강도·납치·감금·폭행 등 강력범죄 피해를 입은 중국 내 한국인은 344명으로 전년대비 약 40% 증가했다. 피해 사례는 폭행사건, 경기침체로 인한 임금 체불, 물품대금 체납으로 인한 납치 및 감금 등이 있다. 최근에는 보이스 피싱 등 조직범죄가 국경을 넘나들어 양국의 수사 공조가 2010년 9건에서 2016년에 56건으로 급증했다.

문제는 통계에 잡히지는 않지만 각종 사연으로 비명횡사 혹은 돌연사 하는 경우가 많을 것이라는 추정이다. 공식 통계는 없지만 1992년 한중 수교 이후 수 천명에 달하는 한국인이 중국에서 삶을 마감했을 것이다. 지금도 한국인 특유의 자존심으로 현지 사업이나 생활 속에서 고통을 감내하며 가까스로 버티는 사람이 적지 않을 것이다. 앞으로도 한국사회의 '저출산-고령화'의 가속과 함께 중국시장에 대한 아름답고 행복한 보고서와 기사를 접하며 두 번째 인생설계를 꿈꾸는 사람들이 건너올 것이다. 또한 중국에서 실패를 경험했음에도 불구하고 다시 돌아오는 사람들 혹은 돌아올 수 밖에 없는 한국인이 늘어날 것이다. 이들 중 일부는 또 다시 사업실패로 병에 걸리고 가정이 흔들리거나 혹은 불법체류자로 전락할 수 있다.

중국에 진출하는 것은 개인의 결정이지만 정부와 중국연구기관 그리고 중국사업 경험자들은 이들에게 정확한 현지실태와 주의사항 그리고 대처방안을 교육하고 실패사례에 관한 강의와 자료 배포를 통해 신중한 판단을 할 수 있도록 계도해야 한다. 한국시장의 포화에 따른 개인사업자의 맹목적 중국행을 방치했다가는 중국에서 돌연사로 숨지거나 혹은 불법체류자로 전락하여 오도가도 못하는 사람들이 증가하여 후일 양국의 외교 문제가 될 수도 있다. 거대한 잠재력을 가진 중국시장을 놓칠 수는 없지만 준비와 역량이 부족한 가운데 현지에 장기 거주하며 기회를 도모하는 것은 위험천만한 일임을 알려주어야 하는 것이다.

한국인이 조금씩 중국을 알아가겠지만 중국인과 이익을 도모하는 비즈니스를 할 때는 전혀 새로운 중국을 접하게 된다. 언어소통의 한계로 인해 상대의 밑바닥 생각을 읽을 수가 없고 서로 간의 정보를 공유할 수도 없어 계속 끌려가는 입장이 될 가능성이 큰 것이다. 불안한 심리는 의구심을 키우고 흐릿하게 전개되는 협상 과정은 내재된 편견을 강화한다. 결국 또 하나의 비즈니스 기회가 흐지부지되는 것이다. 중국시장의 팽창으로 수 많은 사업 아이템을 시도해 볼 수는 있으나 상황 전개는 항상 비슷할 것이다. 바로 가까이 보이는 무지개를 잡으러 산을 넘으면 무지개가 저 넘어 산에 걸려있는 것을 보게 되고 똑같은 시도가 반복되면서 인생을 소모한다. 매년 달라지는 중국도시의 화려함을 바라보며 실패를 거듭함에도 저 산 너머에 걸려있는 무지개를 언젠가는 잡을 수 있다는 착각 속에서 과감히 떠나지를 못하는 것이다. 오히려 한 차례의 실패를 거울 삼아 한국으로 돌아가 자신의 중국지식과 경험을 활용하는 방안을 찾아보는 것이 훨씬 나을 것이다.

중국인은 돈을 버는 장사에 관한 한 자비(慈悲)가 없다. 철저하게 챙긴다. 그래서 그들은 타고난 비즈니스맨이다. 이에 비해 정 많은 한국인은 종종 어리석고 착하다. 그래서 중국 비즈니스를 잘 하지 못하고 자주 위험에 빠진다. 중국인과 마주하고 있을 시에는 뱃속에 능구렁이가 열 마리 이상 들어 있어야 하고 손오공의 변신술과 분신술도 구사할 줄 알아야 하는데 한국인은 그러질 못한다. 중국인은 태생적으로 상대가 자신에게 어떤 이익이 될 지를 정확히 알아내고 인간적인 관계 설정 여부는 그 다음 고려 대상이다. 우연히 알게 된 중국친구와 사업 얘기를 오래 동안 진행하다가 계약단계에서 돌연 문제점을 제기하며 협상을 원점으로 되돌리는 친구에게 왜 생각을 미리 말하지 않았는지를 따지지 마라. 중국인은 상대방의 모든 생각과 행동을 파악한 후에야 자신의 요구 사항을 말한다. 그들에게 친구 관계는 별개의 문제이며 아울러 깊은 신뢰를 쌓은 관계도 아닌 것이다. 오히려 중국경험에도 불구하고 아직까지 중국인을 잘 모르는 순진한 자신을 탓해야 할 것이다.

중국에서 자신의 사업과 경영에 대한 명확한 기준과 목표도 없이 현지 인맥만 믿고 추진하다간 중국인의 현지 논리에 함몰되어 그들의 뒤치다꺼리만 하게 될 것이다. 중국을 모르는 한국인이 무작정 건너와 장사의 귀재(鬼才)들을 상대하는 것이다. 중국기업과의 협력 시 중국인은 필요해서 같이 지내고 협력하는 것이지 한국인을 성공시켜 주려는 것이 아니다. 그것을 알고 자신만의 계획과 자리를 잡아나가야 한다. 순진한 의탁과 기대는 금물이며 어느 날 갑자기 벼랑에 설 수도 있어 정신차리고 사업해야 한다. 무엇인가를 바라는 이타주의는 항상 스스로를 옭아매는 굴레가 됨을 깨달아야 한다. 현재 눈부시게 발전하는 역사적 시간을 함께하고 있지만 물질적 풍요로움에 비해 정신적으로는 상당히 피폐된 중국에서 비즈니스와 사교활동을 하고 있다는 사실도 인식해야 한다. 괜찮은 중국인 파트너를 만나 큰 사업을 이루기가 쉽지 않은 것이다.

냉철한 판단으로 스스로 중심을 잡아야 하며 중국인에게 의지하려 들거나 감성팔이는 금물이다. 오래 사귄 중국친구가 사업을 도와주려 하겠지만 '중국식 방식'을 주장하며 자기합리화로 귀결되는 경우가 자주 나타나면 이는 그 친구의 능력과 사회적 접촉면의 한계를 보여주는 것이다. 자신만의 중국관과 노하우가 없다 보니 중국인의 논리에 쉽게 무너지고 인맥을 놓치지 않으려는 마음에 기회만 자꾸 주며 행운을 노린다. 의구심은 품고 있지만 자신의 인맥에 대한 기대감에 매번 똑 같은 결과를 야기하는 것이다. 자신의 인맥을 활용해 비즈니스를 확대하려 해도 중국친구의 인맥 서클 범위에 한계가 있으면 사업 수준도 그 인맥 수준을 넘지 못할 것이다. 설사 중국친구가 도움이 될 지인을 소개하더라도 유유상종의 관계로 인해 횡적으로만 확장될 뿐 시간은 낭비되고 돌파구는 찾기 어렵다. 즉 중국친구의 인맥 계급은 높지 않으므로 자신의 인맥을 과대평가하고 기대해서는 안 된다는 말이다. 유리천장을 넘지 못하는 이들에게 매달려 사업 얘기를 이어가다간 자신의 자산은 물론 한국에 있는 자신의 인맥자원도 급격하게 소진될 것이다.

중국에서 많은 한국인이 홀로 용감하게 혹은 중국전문가로 칭송

받으며 사업을 벌인다. 하지만 여전히 중국을 잘 모르는 아마추어임에도 위험한 비즈니스를 전개하곤 한다. 급변하는 중국 경제사회의 흐름 속에서 외국인은 그저 '관찰자'일 뿐 전문가가 되는 것은 어렵다. 중국인도 믿지 않는 '내일'을 위해 함부로 계획을 세우고 자원을 동원해서는 안 되며 자신의 의지를 볼모로 잡아서도 안 된다. 자신을 유일하게 보호할 수 있는 것은 상황 추이에 따라 떠날지 남을지를 결정하는 판단의 기회뿐이다. 중국에서 성과가 나지 않는데도 주위 시선과 명분에 사로잡혀 사업을 지속하다간 자신의 육체와 영혼이 조금씩 해체되어 갈 것이다.

실패의 방조자

한국에서 갈수록 많은 중국전문가가 등장하고 많은 중국관련 책과 보고서 그리고 기사가 쏟아져 나오는데도 중국에서 실패하는 한국기업과 개인은 계속 나타나고 있다. 직접적 연관성은 없으나 한국정부와 국책 및 민간 연구기관 그리고 개별 전문가의 대 중국 가이드 역할이 부족하고 그들의 분석과 자문이 중국 진출자 혹은 예정자 입장에서 심리적 의지가 안 되고 있다. 한국의 중국전문가는 중국경제의 팽창과 함께 자신의 대 중국 이해의 폭도 함께 확장하고 있다는 최면에 빠져 있는 경우가 많다. 중국의 급변에 연구가 따라가지 못하는 가운데 피자 크기를 늘리면 두께가 얇아지듯 중국을 관찰하는 스펙트럼도 좁아지고 분석도 피상적으로 흐를 수 있는 것이다.

심지어 중국경제의 급성장과 함께 중국시장을 예찬하기 바쁜 논조가 있는가 하면 중국의 부정적 요소만 집중 조명하여 중국에 대한 객관적 이해와 판단을 흐리게 만드는 경우도 있다. 특히 중국경제의 '나 홀로 성장'은 전세계 식자들과 매체의 경계와 질투를 불러일으켜 중국의 취약점을 파헤치는 것이 유행처럼 되어 왔다. 일부 중국전문가는 매체와 독자들의 흥미를 끌기 위해 중국의 문제점만 다룬 책을 아주 쉽게 편집해 내기도 한다. 한국에서도 양국을 오가며 자신의 여권에 중국입국 도장이 많이 찍혀 있다며 자칭 중국전문가로 나서는 '얼치기 중국통'들이 시류에 편승해 중국을 호도하고 일부 한국기업은 현지 중국인과 결탁하여 불량 제품을 수입하여 정직하게 사업하는 대다수 사업가를 욕 먹이고 있다.

중국경제의 현재와 미래를 진단하려면 중국의 역사철학과 현 정치사회 구조 그리고 정치경제학에 대한 기초적 섭렵이 있어야 연결 및 전개가 가능하다. 설사 이와 같은 양서(良書)가 나오더라도 극히 지엽적인 부정적 사례만을 들어 반박하고 이를 매체와 네티즌이 부화뇌동 한다면 편견 없는 순수 중국전문가의 지혜를 경험할 기회는 놓치게 되는 것이다. 현재 중국을 평가하고 미래 중국을 전망하는 서적은 두 가지의 상반된 시각을 담고 있다. 즉 중국은 '희망 없는 국가다'라는 것과 중국은 '희망 있는 국가다'라는 것이다. 논조의 지향점이 양 극단을 달리는 것은 실제 중국생활 경험이 있던 없던 간에 저자의 긍정적 혹은 부정적 시각이 투영될 수 밖에 없고 각자의 입장에서 진행하는 자료 수집과 전개 방식이 쉽고 편하기 때문이다. 급변하는 중국의 얼굴을 스케치하고 있으나 양쪽 모두 미래 중국에 대한 '두려움'은 기저에 깔고 있는 듯 하다.

그럼에도 독자(獨自) 견해도 없이 양비론으로 중국에 대해 소설 같은 견해를 펴며 훈수만 두려는 책보다는 훨씬 참고할 만한 가치가 있다. 중국진출을 준비하는 한국기업과 개인사업자 입장에서야 '중국은 이렇다'라는 족집게 과외를 해 주길 원하겠으나 현실적으로 이를 제시할 수 있는 현자를 찾기는 어렵다. 중국의 지식인도 자기 나라를 잘 설명하지 못하는데 외국인이 어떻게 중국을 알 수 있겠는가. 그래도 사실에 가장 가까이 접근할 수 있는 방법은 있다. 바로 중국에서 오랜 기간을 거쳐 성공을 일군 외자기업과 기업인을 벤치마킹 하는 것이다. 그들은 긴 시간 동안 중국에서 희노애락을 겪으며 자신만의 중국관과 생존 노하우를 터득한 사람들로 중국 비즈니스의 실체를 가장 잘 아는 부류다.

한국의 중국연구 방법론에는 한 가지 부족한 점이 있다. 즉 정부 기구와 연구자들이 미국을 위시한 서구의 이론 프레임과 자료를 근거로 중국을 분석하고 재단하려 든다는 것이다. 전 세계 화교는 물론 홍콩, 대만, 동남아 등지의 중국인조차 중국서 사업을 시작할 때 사회문화적 충격을 겪는다. 중국의 정치체제와 대륙인의 사고방식을 이해하고 적응하는데 수 년씩 걸리기도 한다. 한국의 중국연구 조직에는 서구 유학 출신 연구자가 많아 대 중국 연구도 개인적 관심사와 전공분야에서 서구의 논리와 관점을 대변할 수 밖에 없다. 특히 중국경제를 연구 함에 있어서는 기본적인 분석능력도 중요하지만 정치·사회·역사·문화적 요인을 배제한 순수경제학만으로는 정확한 설명과 예측이 어렵다. 팩트를 집어내 제시하기가 거의 불가능에 가까운 것이다. 상이한 학문의 융복합을 통해 중국을 다양하고 입체적으로 연구하는 방법론 개발이 절실한 시점이다.

현재 한국의 많은 연구기관과 단체는 미흡한 중국연구를 보완하고 학습과 객관적 시각을 갖기 위해 하루가 멀다 하고 중국학자를 초청하고 있다. 하지만 여기에도 문제점이 있다. 초청된 중국학자는 중국경제에 대한 자신의 객관적 견해와 비판 없이 마치 중국정부를 대변하듯 중국의 굴기와 장밋빛 미래만 늘어 놓아 초청 강연이 한 차례의 이벤트로 끝나버리는 경우가 많다. 비용 대비 학습 효과가 전혀 없는 연중 행사가 끊임없이 반복되고 있는 실정이다. 간혹 중국에서 상당히 유명한 학자가 중국의 경제체제를 정면으로 비판하고 심지어 다당제와 언론자유 실시 등 정치적으로도 민감한 이슈까지 과감히 언급하는 립서비스에 열광하는 경우도 있다. 하지만 정부정책을 지지한다고 해서 관변 학자 혹은 친 정부 인사라고 할 수 없으며 동시에 비판한다고 해서 반골인사라고 볼 수도 없다. 정부정책 옹호론자가 국가사회 발전에 냉소적인 사고를 가졌거나 공산당 비판론자가 농후한 민족주의 정서를 가진 사람일 수 있어 초청 강사의 말만 듣고 판단해서는 안 된다. 중국에서는 공산당 집정을 대 놓고 비판하는 지식인의 막말이 오히려 골수 당원이거나 민족주의자로부터 분출되는 경우가 많다. 중국 공산당은 이와 같은 개인적 오버가 집권의 당위성과 집정능력을 선전하는데 도움이 된다고 판단하는 반면에 정작 외국의 매체와 청중들은 이들의 말을 액면 그대로 받아들여 마치 중국에서 머지않아 격변이라도 일어날 수도 있다는 생각을 갖곤 한다.

중국에 관련된 어떤 분야던 초청된 중국인으로부터 한 두 시간 만에 중국을 이해할 수 있는 내용을 들을 수는 없으며 현재 직위 혹은 지명도가 높은 강사로부터는 더욱 그렇다. 사실 직책과 유명세에 상관없이 전문성과 시대성이 떨어지는 피초청자도 아주 많다. 일부 중국학자는 외국에서 중복 초청되면서 쇼비니즘(chauvinism) 언사를 남발하고 오만함은 날로 커진다. 중국 명문대에 재직하고는 있으나 실력과 인성에 문제가 있어 더 이상 출세가 어려운 일부 저명 학자들이 자신과 공산당에 대한 불만을 외국에서 배출하는 것이다. 이들은 중국 현지에서 자기들끼리 한국이 개최하는 행사의 성격과 형식 그리고 대우에 대한 정보를 나누기도 한다.

초청 받는 중국인 입장에서 한국의 세미나 참석은 몇 가지 좋은 점이 있다. 우선 이동거리가 가까워 하루 만에 소화가 가능하고 대우도 좋다. 인도나 브라질에 갔다오는 것 보다 훨씬 편해 자신의 직장이나 집에서도 환영이다. 둘째, 한 가지 정치경제적 이슈가 붉어지면 단시일 동안 초청이 집중되어 똑 같은 얘기만 반복하면 되고 참석한 패널과 청중의 반응도 유사해 준비를 대충해도 된다. 행사를 위한 행사가 많아 사용한 강연 원고를 재 활용하거나 자신의 제자가 대충 만들어도 된다. 셋째, 일단 행사에 참석하면 다음 번 강연 기회가 잡히고 때로는 자신의 연구에 필요한 정보와 자료도 많이 얻어 올 수 있다. 넷째, 무엇보다 토론과 대화가 깊게 들어가지 않아 경계할 필요가 없어 마음이 편하다는 것 등이다.

중국 거시경제연구원 부원장인 천둥치(陳東琪) 교수도 한국인

방문자는 질문의 범위와 방향이 거의 정해져 있어 시간만 할애하면 되는 반면에 미국과 일본 등지에서 온 방문자는 그 시점의 이슈뿐만 아니라 관련 질문도 날카로워 사전준비는 물론 자신의 답변 실수 방지를 위해 긴장하게 된다고 술회한다. 한국으로 초청된 중국 학자가 상대방의 수준 및 대담의 수위에 따라 지식의 보따리를 풀 능력이 있으나 이와 같이 기획되는 행사가 거의 없는 것이다. 일부 중국측 인사의 무성의와 방자함은 지난 25년 동안 한국정부와 연구단체 그리고 매체와 민간조직이 그렇게 만들었다고 해도 과언이 아니다.

그들이 스스로 심혈을 기울여 원고를 만들고 사전 대비를 하는 경우는 당 지도부와 중앙정부에 제출할 보고서를 작성할 때와 대외적으로 권위 있는 국제세미나 참석 및 국제학술지 게재 그리고 미국 및 EU 등지의 유력기관 초청에 따른 경우가 대부분이다. 앞으로 한국의 연구기구와 관변조직은 중국인 강사 초청자 풀을 폭넓게 하여 주제에 가장 적합한 전문가를 선정하고 강연 프로그램은 깊이 있고 치밀하게 만들어 피초청자들로 하여금 사전 준비를 충분히 하게끔 해야 한다. 이와 더불어 한국의 국제세미나 수준이 높다는 인식이 중국 현지에서 회자되도록 만들어야 할 것이다. 유익하고 의미 있는 초청 강연회 개최를 위해 현실감과 비판력을 갖춘 소장파 학자를 초청하여 관리하는 한편 이들의 경계심을 자극하는 과도한 홍보는 자제할 필요도 있다. 필요하다면 이들과 함께 비공식으로 세미나를 자주 갖는 것도 좋다. 효과가 있다면 강사의 말문은 터지고 참석자의 학습효과는 배가 될 것이다.

한편 중국경험이 없는 한국 내 중국전문가는 물론 중국생활 경험이 풍부하고 현지에서 오래 체류하고 있는 사람들도 중국진출을 계획하는 이들에게 자문해 줄 수 있는 것이 제한적이다. 한국 내 중국전문가들이 중국연구에 천착(穿鑿)하고 있으나 현장을 잘 몰라 중국전체를 입체적으로 설명하기엔 한계가 있다. 반면에 중국 현지 장기 체류자는 많은 것을 보고 느꼈을지 모르나 시간이 지날수록 중국의 복잡함과 자신의 부족함을 깨달아 중국을 정리해볼 엄두를 내지 못한다. 물론 중국이해에 대한 깊이는 구체적 일을 통한 현지인 접촉 시간에 비례하여 사업의 성취 혹은 고통에 따라 무한히 확장되는 것이지 단순히 오래 거주하고 있다는 것과는 별 상관이 없다.

그럼에도 어떤 이들은 자신의 경험과 시각을 바탕으로 논술 소재를 무한정 제공해 주는 중국에 힘입어 여러 곳에 자문을 하고 글솜씨를 뽐내기도 한다. 하지만 거대한 발전도상국으로서 각종 경제 사회 문제와 해외 토픽감의 뉴스가 끊임없이 발생하는 중국의 경제 사회를 묘사하긴 쉬우나 국가발전을 이끄는 그들의 저력과 원칙 그리고 미래를 전망하는 글은 웬만한 공력과 매의 눈을 가지고 있지 않으면 쉽게 써 내려 가기 힘들다. 중국의 실체를 알고 싶은 일반인과 중국진출을 구상하는 기업인 그리고 대 중국 전략을 고민하는 정부와 대기업이 중국에 대한 참 지식과 혜안을 갖기 어려운 상황인 것이다.

정부기구와 대기업의 중국 대표처와 지사에 잠시 머물렀던 한국인은 체류기간 동안 되는 일보다 안 되는 일을 더 많이 겪어 중국에 대한 부정적인 시각이 강해 이를 마치 중국의 전부인양 얘기한다. 이들은 중국에서 비즈니스와 업무 추진이 안 되는 이유를 100가지 이상 댈 수 있지만 될 수 있다는 이유에 대해서는 논리가 궁하다. 이는 파견된 직원의 문제가 아니라 한국정부와 기업본사의 대 중국 전략 부재가 근본 원인이다. 짧은 체류 기간 동안 부정적 시각에 눈이 멀면 긍정적인 요소가 보이지 않는다. 현지 사업에 대한 자신감이 줄어들고 소속 회사에서 자신의 미래가 불확실하다고 판단하면 현지에서 일을 추진하려는 의욕이 생길 수가 없다.

북경 혹은 상해지사에서 본사로 돌아오더라도 그저 '북경 및 상해 생활 전문가' 일뿐 본부의 전략 수립을 위한 활용 가치로서는 부족하다. 본사의 현지사업 추진을 위해 그들이 접촉한 계층의 범위와 레벨이 극히 제한적이라 이해와 생각의 수준도 여기에 맞춰져 있을 수 밖에 없다. 중국은 계급평등을 이념으로 삼고 있는 사회주의 국가임에도 실은 사회적·암묵적으로 계층구조가 촘촘히 나눠져 있는 전형적인 계급사회다. 중국은 고대로부터 종교철학을 바탕으로 국가와 가정의 위계질서가 강조되고 강자와 약자의 체제 하에 각자 타고난 신분을 기준으로 국가와 사회안정을 위한 도리를 다하는 것이 미덕임을 강요해 왔다. 현대 중국사회도 여전히 보이지 않는 고급·중급·하급 계층이 존재하고 지배계층이라 볼 수 있는 고급은 또다시 상류·중류·하류로 나눠지고 상류는 또다시 상중하로 나누어지며 정점(頂點)으로 수렴된다.

그렇다면 현 체제 하에서 계급사회의 정점은 시진핑 주석이라 할 수 있다. 중·하급 계층은 고급보다는 덜 복잡하지만 이 역시 분화되어 있다. 말하자면 중국에는 A부터 Z까지 모든 레벨의 부류가 있는 것이다. 중국사회는 한국의 '유유상종'이란 개념이 훨씬 강해 각자가 속한 계급끼리만 정보를 공유하고 위아래로는 소통도 잘 하지 않는다. 일반 중국인은 타고난 신분을 천명으로 받아들여 계급 상승을 위한 동인도 약하다. 이와 같은 사회구조와 인식 속에서 중국생활을 경험한 한국인이 중국의 어느 지방에서 어떤 레벨의 중국인과 접촉했고 어떤 조직과 교류했는가는 그 한국인의 중국관에 직접적인 영향을 미친다. 즉 중국 경험자의 중국얘기는 모두 맞는 말이면서도 모두 틀린 말일 수 있다.

진정한 중국고수는 수 많은 중국의 조각을 잘 맞추어 특정 시점의 중국그림을 보여주는 사람이다. 이는 간단한 일이 아니며 많은 경험과 시간 그리고 사고의 연속성이 유지되어야 가능한 일이다. 물론 하나의 조각만 갖고 중국을 얘기해도 틀린 말은 아니다. 이 또한 중국의 일부분이기 때문이다. 하지만 현장에서 시간학습을 하지 않으면 계속해서 전체 그림은 맞출 수 없고 조각들만 얘기할 뿐이다. 최고위층과의 접촉은 불가능하고 최하위층의 생활경험도 없을 것이란 것을 전제하면 결국 일반 외국인이 중국의 실체를 알기는 어렵다. 중국 내에 또 다른 중국이 수 없이 있듯이 급수와 타입이 각기 다른 수 많은 중국통이 있을 수 밖에 없다.

이들의 중국이해 수준을 평가하면 중국경험은 전무하나 보고서와 기사를 통해 좀 안다는 '노점상' 수준, 중국을 왕래하며 중국을 얘기하는 '소매상' 수준, 중국현지를 개척하며 중국을 터득하고 있는 '도매상' 수준 그리고 이미 현지에 뿌리를 내려 자신만의 중국관을 구축한 '생산자' 수준으로 나눌 수 있다. 생산자는 조용히 살고 있어 보이지 않고 도매상은 너무 바빠 만날 시간이 없는 가운데 한국과 중국에서 활동하는 많은 중국통은 대략 소매상 수준이다. 중국진출을 준비하는 기업과 개인이 이들에게 자문을 구할 필요는 없을 것이다. 중국을 주마간산(走馬看山) 식으로 아는 것은 전혀 모르는 것과 마찬가지기 때문이다.

결국 중국에서 기회를 잡으려는 기업과 개인은 철저한 사전조사와 필드학습 그리고 치밀한 경영계획과 출구전략을 세워야 한다. 자신의 기초지식과 사회의 중국정보에 의탁해서는 안 된다. 중국시장의 화려함에 열광하는 책과 보고서, 한 차례의 작은 성공으로 대륙시장을 점령한 듯한 기업인의 영웅담, 한국에서 중국시장 천국론을 설파하는 중국학자, 양국을 들락거리는 자칭 중국통의 얼치기 이론과 유혹, 현지에서 중국 초보자를 홀려 이익을 취하려는 일부 한국인과 중국인 등은 모두 직간접적으로 '중국실패'를 부추기는 요인이자 방조자들이다. 중국시장을 준비하는 기업과 개인이 중국실패를 피하는 유일한 방법은 자기 확신을 바탕으로 현지에서 성공한 한국인의 생존자문을 받는 것이다. 물론 최종 결정은 스스로 내리고 진출 후에도 알아서 생존해야 됨을 미리 인식해야 할 것이다.

실패의 종착역

한국에서 중국진출에 대한 실제적 자문을 받지 못한 채 중국시장에 대한 무지와 환상 그리고 독선과 아집으로 시작한 중국 비즈니스는 혼란과 고통으로 점철되며 실패의 종착역에 이르다 '야반도주'라는 방식을 통해 종지부를 찍기도 한다. '야반도주'란 아무도 몰래 비정상적 방법으로 회사를 청산한 후 본국으로 무단철수 해 버리는 것을 말한다. 불법임을 알면서도 마지막까지 내몰려 결정하는 생존 탈출인 것이다. 자신의 어리석은 준비와 선택 그리고 어쩔 수 없는 중국 비즈니스 환경의 급변은 사태 발생의 직접적인 원인을 제공했다.

중국정부의 구조조정과 외자정책의 변화 속에서 신 노동계약법과 노동쟁의중재법 그리고 신 기업소득세법 등이 연달아 시행되고 현지 채용 근로자에 대한 4대 보험 가입이 의무화 되었다. 외자우대혜택이 폐지되고 가공무역 금지업종이 확대되는 가운데 위안화의 평가절상과 수출 환급세가 인하되었다. 환경규제와 인력난 등 전반적인 생산원가 상승 요인은 기업경영을 압박하는 가운데 중국에 진출한 한국대기업의 협력업체에 대한 단가 조정 압력도 점증했다. 이와같은 사업환경의 급변은 노동집약형 업종과 자원소모 및 환경오염 기업 그리고 임가공 업체에 직접적인 타격을 주었고 홍콩과 대만을 포함한 수 많은 화교권 기업도 회사이전을 위한 등록변경수속을 시작했다.

일부 합자형태로 중국에 진출한 외자기업도 경영적자와 중국파트너와의 충돌 그리고 본사의 구조조정 등으로 투자철수를 결정했다. 다국적기업은 지분양도 방식으로 투자원금이라도 건지지만 중소기업은 투자보호를 받기도 어렵다. 외자기업에 대한 중국의 정책

변화는 자본력과 기술력이 부족한 중소 노동집약형 업체로 하여금 동부지역의 사업을 접고 '이전, 철수, 내수전환' 등 3가지 생존방식 중에서 결정하도록 강박하고 있다. 하지만 문제는 해당기업이 방향을 정하더라도 조정과 정리가 쉽지 않다는 것이다. 공장 이전도 지역 이기주의와 절차의 번잡함으로 시간이 오래 걸려 아예 청산을 선택하는 경우가 생겨난다. 청산절차 또한 길게는 2년이 소요되고 공장소재지 정부로부터 우대조치 취소에 따른 예상치 못한 비용을 청구 당해 결국 무단철수 강행을 결심한다. 이제는 중국사업도 기획 단계부터 이전과 철수 그리고 청산까지 염두에 둬야 하고 중국의 정책 변화 추세는 물론 한중 관계 변화까지도 예상하는 생존 전략을 짜야 하는 것이다. 중국의 '기업파산법'은 2007년 6월부터 시행되어 외자기업의 청산과 매각 등이 법적으로 보호받을 수 있으나 여전히 외자기업이 들어오긴 쉽지만 나가기는 어려운 구조다. 관련 법 구조가 마치 중국인과의 거래 시 돈을 돌려받기 어려운 사회문화와 일맥상통하고 있다.

외자기업의 무단철수 사태는 현지 공무원의 부패와도 관련 있다. 외자기업의 오염배출 행위가 적발되면 공무원은 사례금을 받고 눈감아 주기도하고 벌과금이 매겨지면 분할 납부 조치까지 해 준다. 하지만 지역정부가 요구하는 규정에 따라 시설 개선을 하더라도 이미 코가 걸린 기업은 계속되는 감독시정과 뇌물요구에 시달린다. 과감한 결정을 해야 할 시기인지 여부를 판단해야 하는 것이다. 주변관계가 불안한 가운데 사전인지와 대비책 없이 문제를 키우다가는 어느 날 중국의 경쟁업체가 지적재산권을 침해 당했다며 고발하거나 혹은 사업장 소재지 정부가 그간 면제 받았던 우대세금을 일시에 징수하거나 심지어 자산몰수 및 강제추방 등의 조치를 취할 수도 있다.

중국정책의 급변과 공무원 부패 등의 요인과는 달리 한국기업이 의도적·계획적으로 무단철수를 강행하는 경우도 적지 않았다. 한국기업의 현지 공장에서 한국으로 수출하는 제품의 이전가격 조작을 통한 탈세, 현지 근로자 급여 및 하청업체 납품대금 횡령, 지역 은행채무를 정리하지 않고 잠적하는 것 등의 사례가 적발되었다. 한때 중국 산동성(山東省) 청도(靑島) 시에서 무단 철수한 120여 개 외국인기업 중 100개 이상이 한국기업이었다. 실제 한국기업의 중국사업에는 각종 비리가 난무한다. 중국제품의 수출입 가격 조작은 물론 중국기업을 통한 현지 비자금을 조성하여 중국에서 유학하는 자녀의 학비와 생활비로 사용하기도 한다. 현지 공장에서 필요한 원부자재 구매와 재활용 산업 폐기물 처리를 담당하는 한국직원이 중국의 수거업자와 결탁하여 입고 및 반출되는 양과 무게를 속여 장부에 기재하는 방식으로 회사 자산을 야금야금 빼먹기도 한다.

이 밖에 한국기업이 사전 계획 하에 공장설비투자를 아끼기 위해 일부 기계를 임대해서 생산하다가 사업 악화로 몰래 야반도주한 경우도 발생했다. 이후 해당지역의 중국 은행들이 한국기업의 신용등급을 일괄적으로 한 단계 낮추고 기계설비는 담보로 인정하지 않기도 했다. 일부 한국기업인의 야반도주와 각종 민·형사상의 범죄행위로 인해 지방정부는 한국기업에 대한 감시와 옥석 가리기를 하고 네티즌은 인터넷을 통해 정보를 주고 받기도 했다. 나아가 중앙정부는 한국기업을 염두에 두고 비상식적으로 철수하는 외자기업에 대해 외교적 역량을 동원해 끝까지 책임을 묻고 필요 시 소송을 통해 중국측의 합법권익을 보호하겠다고 밝히기도 했다. 한국기업이 중국현지 진출지역을 물색 중이라면 비청산을 하고 도주한 사례가 발생했던 지역은 피하는 것이 좋을 것이다.

물론 준법경영을 통해 노사 및 지방정부와의 관계를 잘 관리해 온 기업은 경영난으로 청산을 결정하더라도 지역 정부의 중재 하에 별 문제없이 순조롭게 절차가 마무리 된다. 일부 사례가 정직하게 사업하고 있는 대다수 한국기업의 이미지에 타격을 주는 것이다. 최근 중국기업과 외자기업과의 거래가 많아지면서 중국기업인들 사이에 각국 기업의 신용에 대한 평가가 회자되고 있다. 한중 수교 이후 양국기업의 협력은 급증했으나 성공 미담보다 한국기업에 당한 극소수의 사례가 중국측의 과장과 함께 빠르게 전파되었고 상기와 같은 야반도주 사례는 한국기업에 대한 부정적 이미지에 기름을 부었다. 일본을 싫어하고 한국을 더 좋아하는 것 같으나 양국의 기업 이미지와 신용에 대한 평가는 다를 것이다.

산동성 청도 지역은 원래 한국기업이 많아 무단철수 사례도 많았지만 그 외 지역에 진출한 대만 및 홍콩계 기업의 행위는 더욱 심각했다. '야반도주'란 단어를 한국매체가 사용하며 오히려 중국당국의 관심을 불러 일으켜 전체 한국기업의 신뢰가 훼손당한 것이다. 그럼에도 동 사태는 중국의 외자정책과 사업환경의 급변을 분석하고 기업을 계도해야 할 정부기관의 무능과 중국정부의 투자혜택에 안주하여 리스크 관리를 소홀히 한 채 안일하게 경영 활동을 해온 한국기업의 합작품이라 볼 수 있다. 정부기구는 기업에 별 도움이 안 되는 거시정책 분석과 의전에만 매달려 현장을 소홀히 하고 기업은 고물 설비를 가져와 한몫 잡겠다는 생각을 했다. 정부기구 및 기업의 활동과 지원 자원이 각자 따로 놀아 체계적 협업을 통한 시너스 효과를 낼 수가 없는 것이다. 최근 무단철수 사례는 대폭 줄었지만 현재 잠복기를 거치고 있는 기업들이 적지 않을 것이다. 향후 중국경제의 구조조정과 한중 FTA에 따른 시장경쟁의 가속 그리고 양국의 정치외교적 갈등이 반복되면 한국기업인에 대한 감금 및 협박, 불법체류, 야반도주, 실종 및 돌연사 등의 상황은 얼마던지 재현될 수 있다.

준법경영을 원칙으로 환경보호 설비는 반드시 갖추고 노동계약과 중재신청에 대비한 사실관계를 입증할 수 있도록 평상시 노무·인사 관리에 대한 문서화는 필수적이다. 충동적으로 발생하는 중국 근로자의 무리한 요구와 공장점거 및 기업인 감금 등은 실정법 위반과는 상관없이 발생할 수 있으므로 사전에 철저히 대비해야 한다. 이 때 다른 외자기업의 사례와 경험자의 노하우 청취는 중요한 역할을 할 것이다. 한국기업은 중국소재 한국정부기관의 자문과 도움에 의지하지 말고 사후에 뒷북 치는 정부의 실태조사단 및 현지 간담회 등을 기대해서도 안 된다. 제한된 인력으로 중국의 정책과 시장변화를 쫓아가며 분석하기도 힘에 부치는데 필드에 있는 개별 한국기업을 챙길 여유가 있겠는가. 한국기업은 스스로 대비책을 세우고 보호막을 만들어야 한다.

중국기업도 파산하면 신변 안전을 위해 사업장의 문을 닫아 버리던지 아니면 잠적하기도 한다. 그들도 중국의 법과 행정 절차가 답을 주지 못한다는 것을 잘 알고 있는 것이다. 사실 외자기업들이 조령모개와 같은 중국정책에 불만을 토로하지만 중국정부가 준비하는 것을 사전에 인지 못하는 경우도 많다. 예로 외자기업에 대한 '내국민 대우 정책'은 이미 예고된 것으로 명분을 만들어 계획을 세운 후 결정하고 실행하는 것이지 갑작스런 정책변화가 아니다. 외자기업에 대한 혜택 축소와 선별 투자심사를 통해 양극화 해소를 위한 재원 마련과 시장경쟁시스템을 구축하고 나아가 산업구조의 고도화를 통해 국민경제의 구조조정을 도모해 온 것은 사전에 알려진 것으로 갑자기 시행된 정책들이 아니다. 일부 지방정부의 실적주의와 중앙-지방 간의 정책 시행에 대한 해석과 시간 차이가 혼란을 야기하는 것이다.

한국기업은 중국 중앙정부의 정책변화와 지방정부의 대응 그리고 이에 따른 사업환경변화 가능성을 면밀히 모니터링 함과 동시에 자신의 중국사업에 대한 구조조정, 경쟁력 강화, 공장이전 혹은 투자철수 등의 대안들도 사전에 준비해야 한다. 급변하는 중국상황에 무지한 채 외자우대 혜택만 보고 진출했다가 혜택이 사라지자 철수를 준비하는 우매한 투자진출이 더 이상 답습되어서는 안 될 것이다. 이 밖에 중국자체의 정책 변수 외에 양국의 정치외교적 갈등으로 상황이 일시에 급변할 수도 있으므로 이에 대한 모니터링은 물론 '비상 시 출구전략'도 세워놓아야 한다. 이와 같은 상황이 도래하면 도움 청할 곳은 없으며 중국의 거래처와 지인들도 일시에 등을 보일 수 있다. 파산이 눈에 보이는 가운데 야반도주를 생각할 수 밖에 없는 것이다. 지난 1차 사드 사태는 이와 같은 상황이 언제던지 발생할 수 있음을 증명했고 향후 어느 시점에 이르러 무단철수는 다시 계획되고 실행될 것이다.

한국 정치인과 관료

중국을 방문하거나 파견되는 한국의 정치인과 관료는 양국 정부 간의 상호이해 증진을 위한 매개체 역할을 한다. 정당 및 정부부처 간의 교류 협력을 책임지고 국익을 위한 현안에는 적극적으로 대응해야 할 책무가 있다. 하지만 수교 이후 일부 한국 정치인과 관료들의 행태는 국격을 훼손하고 중국정부와 중국인의 반감을 불러 일으켰으며 현지에 있는 한국기업과 한국인에게도 불편함을 안겨 주었다. 우선 사례를 하나 들면, 2011년 발생했던 '상해(上海) 스캔들'이 있다. 이는 상해 주재 한국 외교관이 중국 여성과 부적절한 관계를 가진 후 편의를 제공하고 내부 정부자료를 유출한 사건이다. 동 사건은 실적에 목매는 관료와 후진적 통제시스템이 만들어낸 합작품으로 한국 외교관과 국가 이미지는 일시에 추락했다.

양국의 민간교류가 급증하며 중국 주재 외교관(특히 영사)들이 격무에 시달리는 것은 다들 알고 있다. 중국의 택시 기사들도 사람들이 항상 줄 서 있는 곳이 바로 미국 아니면 한국 영사관이라는 것을 알 정도다. 이와 같은 업무 여건 속에서 잠시 거쳐가는 보직이라는 생각은 한국 외교관으로 하여금 외교 할 시간도 의욕도 없게 만든다. 맡은 업무 외에 중국을 방문하는 정치인과 본부 출장자에 대한 의전을 통해 다음 행보를 생각하기에도 바쁘다. 이리저리 스트레스를 받고 있는 그들은 주재국에 체류하는 동안 자기 규율이 느슨해지며 종종 업무실적 혹은 개인욕망에 대한 유혹에 노출된다. 현지에 대해 아는 것은 없고 실적은 쌓고 싶은 마음을 가진 외교관은 현지 브로커의 좋은 표적이 된다. 더구나 개인 비리는 한국의 국가위상 제고와 함께 중국, 몽골, 칠레 등 개발도상국 혹은 후진국에서 그들의 잔재주가 더 잘 먹혀 들고 아울러 일단 사건에 엮이면 자신도 모르게 급격하게 빠져든다. 이론적으로 무장된 국가관과는 달리 자기 수양과 방어 훈련이 부족해 외부 유혹에 쉽게 흔들리는 것이다.

이와 더불어 지난 25년 동안 중국 공산당과 정부로 하여금 한국의 위정자와 공무원에 대한 파악과 대응 방법을 알게끔 도와준 사례는 수도 없이 많다. 몇 가지만 나열해 보자. 한국기술의 중국시장 진입 요청에 연구해 보자는 중국측 답변을 허가해 주기로 했다며 청와대에 침소봉대하여 보고하는 전 재정경제부 장관, 개인 일이 생겼다며 중국 현지의 모든 일정을 사전 통보도 없이 취소해 버리고 떠난 전 집권당 대표, 지방 공안국장의 만찬 일정을 개인 골프를 위해 취소해 버리는 국정원 고위 간부, 중국의 모 군부대 시찰과 이들이 준비한 훈련시범 참관 일정을 역시 개인 골프 약속을 이유로 취소하고 거짓말로 둘러대는 경찰청 고위 간부, 천안함 사건으로 양국 관계가 곤궁에 빠졌는데 개인 휴가를 내고 미국 학회에 참석한 전 주중대사, 중국 지방의 시장이 만나주지 않는다고 중앙정부에 항의 공문을 발송하여 후임자의 외교 공간을 줄여버린 전 주중 상해총영사, 양국 경제장관회의에서 뜬금없이 중국 국가주석 찬양에 바빴던 전 기획재정부 장관, 일개 젊은 공산당 조직 간부에게 "양국 교류가 밥 먹고 폭탄주 마시는 게 다는 아니다" 라며 훈계 들은 한국 집권당의 방중 대표단, 중국 기관과의 교류 시 면담·의전·촬영에만 신경 쓰는 정치인, 국내외 이슈가 생기면 무작정 중국기관을 방문하여 하나같이 똑 같은 질문만 반복하고 돌아가는 정치인들, 개인 선전을 위한 중국대학의 특강을 위해 중국학자와 학생들을 동원하고 내용 없는 강연으로 중국 학생들의 비웃음을 산 전 총리와 야당 대통령 후보, 방한한 시진핑 주석에게 사전 교감도 없이 자신의 저서를 불쑥 건넨 전 집권당 사무총장, 한국에서 총선에 실패하거나 공직에서 물러난 후 중국 명문대의 직함을 하나 구해 중국통으로 깜짝 변신을 준비하는 전직 의원과 장관 등등. 몇 가지 사례만 들었을 뿐이나 지난 25년 동안 각 정당 및 정부부처 별로 중국 각지에서 얼마나 많은 크고 작은 문제들을 일으켰을까 짐작이 가는 대목이다. 삶의 기회를 찾아 중국에 들어가는 일반인은 현지에서 중국인과 갈등을 일으키고 실수도 할 수 있다. 하지만 이를 계도하고 모범을 보여야 할 정치인과 관료 그리고 지식인의 공식적인 결례와 무례는 결국 현지 한국기업의 경영활동에 영향을 주고 국가에 손해를 입히는 결과를 초래한다.

한국의 관료 혹은 대기업 임원은 공식 행사에 초청받아 어눌한 중국어로 행사 분위기를 띄우려다 오히려 분위기를 썰렁하게 만드는 경우가 다반사다. 낯간지러운 중국어 자랑이 이어지면 중국손님도 행사의 격을 파악한 후 자리를 뜨고 나중엔 대부분 한국인만 남는다. 지금까지 북경과 상해에서 하루가 멀다 하고 국제 행사가 열렸으나 시간을 쪼개 참석한 중국손님에게 매번 들려주는 한국식 중국어는 이미 소음이 되어 버렸다. 중국인은 보여주기 식 이벤트에 들러리로 참석했다고 판단하고 거마비와 한 끼 식사 그리고 선물에 만족하고 돌아간다. 한국 정치인이 중국의 지도부 혹은 당·정의 고위층을 만난 후 필수 옵션인 고사성어 한 구절 암송과 더듬거리는 중국어 의사 표현을 하면 상대는 "정말 중국말을 잘 하시네요"라며 다소 과장된 표정으로 감탄한다. 면담이 끝난 후 한국 정치인의 무용담은 예정대로 한국언론을 통해 보도되고 이는 즉시 중국의 당과 정부 내에서도 회자되며 가십거리가 된다. 출중한 중국어 실력으로 상대와 끝장 토론할 수 있는 수준이 아니라면 중국 내 어떤 형식의 공식 면담 자리에서도 국가를 대표하는 자는 상대의 눈을 주시하며 면담 의제를 통역으로 정확하게 전달하는 것에 집중해야 한다. 혹시라도 '자기 홍보'에 염두를 둔 언행을 하는 것은 자신의 가치는 물론 면담 효과와 국격까지 떨어뜨리는 것이다.

이 외에도 은퇴했거나 도태된 전직 고위공무원과 위정자들도 한국서 마땅히 할 일도 없는데다 거리는 가깝다 보니 자꾸만 찾아와 자식뻘 같은 중국간부 앞에서 시효 지난 낡은 주장과 자신의 영웅담을 널어놓는다. 젊은 중국간부는 외국 손님을 위해 인내심을 가지고 면담 시간이 끝나기만을 기다린다. 심지어 방문자에게 해줄 말이 없어 대화를 빨리 끝내고 일정에 포함된 만찬도 건성으로 하며 은연 중에 무시하는데도 이를 눈치채지 못하고 하고 싶은 말만 계속한다. 한국의 방문자가 중국에 무지한 채 자기 말만 하는데 바쁜 중국측 인사가 진지할 필요는 없는 것이다. 여기에다 가당찮게 자신의 면담 대상이 자신의 전 직급과 맞지 않다며 약속을 일방적으로 취소하고 귀국해버려 중국측 담당 실무자의 원한을 사는 경우도 있다. 이들 실무자들이 바로 미래 중국을 이끌어갈 국가급 인사가 될 수도 있는데 말이다. 일부 몰지각한 한국의 전현직 위정자들은 지난 25년 동안 양국 간 우호 증진을 위한 공헌은 고사하고 중국의 반한(反韓) 관료를 양성하는 역할을 해 온 셈이다.

중국의 지도부와 관료는 일단 일선에서 물러나면 현 지도부의 위상 확립과 조직 안정을 위해 세상의 시선에서 사라져 버린다. 이는 고위급으로 올라 갈수록 엄격히 적용되는 일종의 불문율이다. 반면에 한국의 경우는 단지 세상의 시선에서 사라지는 것을 가장 두려워한다. 자기 주관에 함몰되어 세상의 변화를 읽지 못하고 주변과 소통이 어려워 문제를 일으키며 민폐를 끼친다. 실제 한국 정치인과 관료의 중국방문은 정기 교류와 실무 협의 외에도 개인의 실적과 선전을 목적으로 하는 경우가 많다. 이전엔 중국에 대해 잘 알지도 별 관심도 없었으나 미국과 함께 G2로 부상한 중국으로 인해 한국외교의 접촉면이 넓어지면서 자신의 언론노출 빈도를 높일 수 있는 기회가 생긴 것이다. 일부 기민한 사람은 몇몇의 중국학자를 만나고 대도시를 여행하며 나름 충격을 받은 후 관련 자료를 대충 모아 '한국경제는 향후 10년이 마지막 기회'라며 목소리를 높이고 책도 급조해 낸다. 제목도 주로 '아니면 말고'라는 공식이 성립되는 '10년짜리' 미래 예측이다.

한국의 공직자가 중국측과 협의를 시작하더라도 협상력과 논리력 그리고 설득력 차원에서 내공의 부족함이 드러나고 정치인은 국사(國事)보다 자기 세일즈에 신경을 더 많이 쓴다. 중국과의 회담에서 공직자의 실력과 국가관이 부족한데 생각을 말로 표현하는 혀가 바로 돌아가겠는가. 대의 명분이 옳지 않으면 말도 이치에 맞을 수가 없어 대응하기 힘든 것은 당연하다. 국민 여론을 공산당이 통제하는 체제하에서 상술한 바와 같이 한국 정치인과 관료의 무례하고 무지한 행태는 현지 한국인과 한국기업의 일탈과 범법 행위보다 그 부정적 영향이 훨씬 강해 어느 날 갑자기 한국기업에 대한 불이익으로 체현될 수 있다. 양국의 민간교류와 한국기업의 생존을 도와야 할 의무를 지닌 사람들이 상황을 더 악화시키고 입으로는 '한중 관계와 미래'를 달고 살지만 오히려 현지 한국기업의 발전 공간을 앞서 갉아먹는 것이다.

특히 한국은 향후 중국의 민족·애국주의가 팽배한 차세대 엘리트 그룹과 신뢰를 쌓아가지 못하면 양국 갈등의 불똥은 언제던지 한국기업들에게 튈 수 있다. 중국 공산당의 사고 변화는 현지에 있는 한국기업의 경영활동에 실제적 위협이 될 수 있으며 아울러 중국시장에 진출하려는 한국기업에게는 또 다른 진입장벽이 생기는 것과 같다. 중국시장은 한국의 지속발전은 물론 통일을 위해서라도 절대 놓쳐서는 안 되는 시장이다. 그러므로 중국과 관련된 모든 활동을 국익과 연동하여 수립하고 이를 수행하는 정치인과 관료에 대한 국가관 재무장과 중국학습 그리고 실행지침을 주입해야 할 시점이다. 모든 한국의 공직자는 중국 출장을 떠나기에 앞서 중국측과의 면담과 협상을 위한 시뮬레이션 학습은 물론 국격을 지키는 특별 교육을 이수할 필요가 있다. 무엇보다 국내외의 각종 회의나 인터뷰에서 '한국경제의 중국종속화'와 같은 저자세 언급은 절대 금물이다. 이는 중국매체에 즉시 이용되고 네티즌 사이에 회자되면서 한국의 위상이 중국 때문에 먹고 사는 국가라는 인식까지 줄 수 있다. 싸우기도 전에 스스로 자해하는 행위를 해서는 안 된다.

한국의 정치경제사회 구조에 대해 어느 정도 이해한 중국과는 달리 한국의 대 중국 전략 부재는 계속될 것이며 일선 위정자의 일탈행위는 앞으로도 발생할 것이다. 사실 중국정부는 이미 오래 전에 일부 한국 위정자들의 영혼 없는 대화와 가식적 친밀감 그리고 이용하려는 인맥관계 구축에 대한 사고방식을 알아차렸다. 이는 중국 공산당이 한국정부를 무시하기 시작한 요인의 하나가 되었다. 한국인은 중국을 무시해도 한국정부는 중국을 무시하지 못하지만 중국은 공산당이 한국을 무시하면 중국인 전체가 한국을 무시하려 든다. 사드 사태는 외교안보 문제를 떠나 미래 한중 관계에 대해 많은 시사점을 던져 주고 있다.

공산당 일당독재 국가인 중국을 방문하는 한국의 위정자와 공직자는 현지에서 언행에 특별히 유의해야 한다. 이들의 일거수일투족이 보고되어 공산당의 대 한국 전략 수립에 활용되고 나아가 현지 한국인과 한국기업에게도 영향을 준다. 그러므로 개별 중국 방문자의 인격과 품격을 통해 대한민국의 국격을 지키는 처신은 아무리 강조해도 지나치지 않다. 국익에 반하는 행위를 통제하지 못하는 조직과 시스템은 그 결과에 대한 암묵적 배후이자 은유적 공범자라

할 수 있다. 시간이 걸리더라도 한국 위정자와 공직자에 대한 체계적인 중국교육이 필요하며 이를 통해 국익을 최우선으로 내세워 명분과 기 싸움에 능한 정치인과 관료들이 중국 공산당에 맞서야 한다. 기업은 시장을, 정치인은 공산당을 상대하는 분업 구조가 조속히 정립되어야 하는 것이다.

한국의 언론

한국의 교민 역사가 오래된 미국과 일본과는 달리 이제 막 25년을 지난 중국의 한국인 사회는 아직까지 불안정하고 현지 중국인과의 마찰도 적지 않다. 이해와 포용에 대한 학습과 훈련 기간이 없었던 가운데 중국의 급성장에 따른 민족주의 정서의 팽배로 향후 양국 간의 정치·경제·사회적 갈등이 점증될 조짐을 보이고 있다. 특히 사드 사태로 인해 언론 매체가 상호 대응하면서 양국 신세대의 건강한 교류와 소통도 방해하고 있는 실정이다. 사실 수교 이후 일부 한국 언론의 중국관련 보도는 중국사회의 병폐를 들추고 경제적 성과에 흠집을 내려는 내용이 적지 않았다. 물론 이 같은 기사는 중국의 굴기를 인정하고 싶지 않은 일부 편협한 독자들의 수요에 영합한 부분도 없지 않아 있지만 그 부정적 이미지는 중국을 알고자 하는 일반인과 청소년들에게 직접적인 영향을 미치고 나아가 현지 한국인과 한국기업에게도 부담을 주었다. 중국사회의 '희한한 토픽감' 기사와 함께 중국의 3류 매체가 사실을 왜곡한 '한국 폄하' 혹은 '혐한(嫌韓)' 관련 보도를 한국 언론이 그대로 인용하며 갈등을 유발하기도 했다.

중국은 최근 성장의 혜택을 입은 자와 패자집단 간의 갈등이 나타나며 허위 소문이 쉽게 사실로 받아들여지는 여론 환경이 조성되고 있다. 온라인을 통해 조작된 사실이 중국 지식인들에게 인용되고 이를 다시 한국 언론을 통해 기사화되는 경우도 있다. 이 같은 기사는 각자의 자질과 시간을 낭비하는 것이며 미래 한중 관계 증진에 들어가는 부대비용만 추가시킬 뿐이다. 중국 공산당이 비록 사회안정을 위해 언론을 통제하고 있지만 과거처럼 더 이상 사실과 실상을 가리고 숨기기가 어렵다는 것을 인식하고 있다. 민의(民意)가 폭발적으로 다원화되고 있는 것이다.

시진핑 정부가 들어선 이후 중국 공산당의 정치사상에 대한 색채가 강해지며 2015년 이후에 중앙정부를 비판하고 선정적이고 폭력적인 내용을 담고 있는 1만3000여 개의 인터넷 사이트와 1000만여 개의 웨이보 등 소셜미디어 계정을 삭제 혹은 폐쇄했다. 그리고 반체제 인사의 상호 소통과 확산을 막기 위해 해외 인터넷 접속을 차단하기도 했다. 비록 중국이 세계에서 인터넷 규제가 가장 심한 국가에 속하지만 중국정부는 경제사회 문제를 과거처럼 은폐하기보단 일부는 과감히 공론화하여 바로잡고 한편으로 IT기술의 도움 하에 정보화 시대의 국가관리를 어떻게 할 것인가에 대한 고민도 많이 하고 있다. 2017년 말 중국의 인터넷 사용자가 7억 5100만 명에 이르는 가운데 약 100만 명 이상의 매체 종사자가 각종 사회문제를 보도하고 있고 네티즌은 블로그 및 SNS 등을 통해 14억 인구가 사는 중국사회의 후미진 곳까지 관찰하며 얘기 거리를 실어 나르고 있다.

오히려 외국의 언론 매체가 중국의 몇 가지 문제점을 가지고 마치 특종을 발견한 것처럼 과장 보도하고 이를 체제안정 문제와 연결시키곤 한다. 마치 중국경제의 일시적 경기지표 하락을 두고 경제위기를 운운하는 것과 같은 맥락이다. 복잡다기한 수 많은 정보가 노출되어 전파되는 정보화 시대에 중국정부도 잘 모르는 여론과 민심을 외국 언론이 어떻게 상황을 진단하고 규정할 수 있겠는가. 이슈에 포커스를 맞추는 언론 매체의 특성도 있지만 현실적 변화와 괴리된 편견을 가진 일부 언론이 문제인 것이다. 결국 이 같은 논조의 지속은 한국독자가 중국을 좀 더 이해할 수 있는 학습기회를 놓치게 만들고 언론인 자신의 사고 공간도 줄어들게 한다.

한국의 언론 매체가 중국을 불편하게 했던 사례를 한번 보자. 지난 일이지만 중국정부의 싱크탱크 역할을 하는 중국사회과학원에서 동아시아 및 중일 관계를 연구하는 학자가 한국 기자를 만나 한반도 정세 분석과 함께 김정일 건강이 좋지 않은 것 같다 라는 의견을 피력한 후 얼마 지나지 않아 공안당국에 소환되어 홍역을 치르고 풀려난 일이 있었다. 중국학자를 면담한 후 한국의 언론이 '김정일 와병설'이란 제목으로 기사를 낸 것이 파장을 일으킨 것이다. 관련 분야 전문가의 개인적 견해와 추측이 '와병설'과 함께 내용이 확인된 것처럼 침소봉대 되어 나간 것이다. 당연히 동 연구원은 기밀유출 및 금품 수수 여부에 대한 조사를 받는 정신적 충격을 겪었다. 이후 중국사회과학원 연구원들은 내부 회의를 거쳐 향후 한국의 기자와 외교관 그리고 방문 학자들과의 면담은 가급적 자제하기로 했다. 군이 만나야 한다면 2인 이상이 조를 이루어 이미 공개된 이슈를 공개된 장소에서 대담의 수위를 조절하고 상호 경계하며 면담에 응하자는 의견을 모았다.

또 다른 사례로 2008년 북경 올림픽 때 한국의 모 방송사가 개막식 리허설 장면을 사전에 보도하여 중국 올림픽 조직위원회가 공식 항의한 적이 있었다. 개혁개방 후 공산당 집권 하에 급성장한 중국의 발전상을 전세계에 알리는 국가잔치를 한국 매체가 망쳤다고 분노한 것이다. 오래 동안 기다린 꿈을 바탕으로 10년 동안 치밀히 준비한 국가적 행사에 초를 쳤으니 화를 낼 만 했다. 편의를 제공했던 한국 방송사의 중국 친구들은 매우 난처한 입장에 빠지면서 '출매붕우(出賣朋友·친구를 팔아먹다)'라고 생각했을 것이다. 급히 공을 세우고 눈앞의 이익만을 추구하는 '급공근리(急功近利)'의 대표적 사례였다. 동 사건을 계기로 중국은 인접국인 한국의 정계와 언론계 그리고 학계와 업계 등과 교류의 폭은 넓혀가되 면담 대상의 조직과 인물, 의제 선정, 대화 내용, 수위 조절에 대해서는 신중해야 함을 다시 한번 깨달았다.

한중 관계 발전에 언론의 역할은 참으로 중요하다. 중국에 대한 건전한 비판과 객관적이고 긍정적인 기사들이 주한 중국대사관을 통해 중국정부에 보고되면 중국의 언론사들로 중앙정부의 지침에 따라 긍정적으로 바뀔 수 있으며 이는 중국인의 대 한국관에도 영향을 줄 것이다. 현재 공산당의 지침에 따라 발생되고 있는 중국의 신문은 약 2000종(이중 전국지 224종)으로 한 해 동안 500억 부 이상을 발행하고 있다. 만약 중국 공산당 기관지인 '인민일보'가 한국과의 협력과 우의를 강조하는 목소리를 낸다면 이는 모든 중국 언론사에 직접적으로 논조 방향을 제시하는 것과 같다. 또한 순방향의 기사를 통해 중국소비자의 심리에 이입되어 한국산 제품 구매에 영향을 줄 수도 있다. 공산당의 의견이 중국인의 사고에 영향을 미치는 것은 당연한 일이다.

양국의 경제협력과 민간교류의 확대에도 불구하고 아직까지 한국의 대 중국 이해는 초보 단계에 머물러 있다. 반세기 이상 단절되어 있다가 서로를 알기도 전에 교류부터 급증해온 결과다. 중국에서 활동하는 한국언론의 중국 보도는 한국인이 중국을 읽는 창이다. 투영되는 중국의 모습을 객관적으로 전달하고 중국의 실체를 정확히 분석하여 한국의 대 중국 인식을 올바른 방향으로 이끌어야 한다. 이는 국익에도 직결되는 문제다. 한국언론의 중국 주재원은 중국 굴기의 역사적 의미와 그들의 고민 그리고 한중 미래와 대 중국 전략 등의 주제를 놓고 많이 공부해야 하며 본사 또한 이 같은 심층적 기획 기사를 많이 주문해야 한다.

중국의 각종 문제점과 이를 비하하는 보도의 연속은 한국인의 대 중국관을 왜곡시키고 여기에 민간교류 과정에서 파생되는 각종 문제가 더해지며 부정적 인식이 고착될 수 있다. 이는 필연코 공산당의 반감과 중국인의 혐오를 불러일으켜 양국 간의 문제를 복잡하게 만들고 소통을 방해할 것이다. 한국언론의 중국 보도와 올바른 계도는 중국을 공략하려는 한국기업은 물론 미래 청소년에게도 영향을 미치게 된다. 한국의 정치외교가 우왕좌왕 하는 가운데 국민들에게 사고의 중심을 잡아줄 언론의 역할이 갈수록 중요해지고 있다. 특히 한국 청소년의 대 중국 인식은 지극히 초보적이고 부정적이다. 한국의 언론 매체는 중국관련 교양 프로그램을 기획하여 중국에 대한 사고의 폭을 넓혀 줄 필요가 있다.

친한(親韓)과 반한(反韓)은 한 뿌리에서 나온 것이며 변하는 방향은 양국의 정부와 언론의 역할에 달려있다. 혐한(嫌韓)의 바람도 언제던지 호한(好韓)의 순풍으로 바뀔 수 있으며 일단 바람의 방향이 바뀌면 반대자들도 그 바람을 타려는 습성을 가진 사람들이 바로 중국인이다. 한국을 싫어하는 중국인이 많다는 것은 그만큼 한국을 좋아하는 중국인도 많다는 것이며 싫어하는 정도가 강할수록 좋아하는 정도도 강할 수 있다. 지금은 지지자는 더욱 관리하고 반대자는 지지자로 돌아서게 만드는 국가적 마케팅이 필요한 때이며 그 과정의 중심에 바로 언론의 역할이 있다. 한국이 중국보다 높은 소양과 도덕적 우위를 유지하는 것은 중국을 다루는 중요한 미래 전략으로 이를 한국언론이 이끌어야 한다.

한국을 알아가는 중국

중국의 실체에 대해 아직까지 모호한 인식을 가진 한국과는 달리 중국은 지난 25년을 거치며 한국에 대한 1단계 경험과 연구를 마쳤다. 여기엔 한국의 정치시스템, 안보의 미국의존, 분단국의 한계, 경제의 대기업 의존, 내수시장 포화, 한중 FTA 미래 등 여러 가지 요소를 포함한다. 중국 공산당은 이들 요인을 바탕으로 양국의 민간교류와 자국의 경제정책 그리고 한국의 대기업을 통해 '한국 다루기'도 시험하기 시작했다. 현재 한중 관계는 비교적 양호이지만 한편으로 큰 변화의 조짐도 나타나고 있다. 중국은 경제이익과 외교안보이익이 상충되어 국가전략의 딜레마에 빠진 한국에게 선택을 강요하기 시작했다. 중국 격언에 '말랑말랑한 감만 골라 만진다(柿子挑軟的捏)'라는 말이 있다. 딱딱한 감은 떫어 건드리지 않고 익어 보이는 감은 누구나 건드려 본다는 것으로 말랑한 상대는 쉽게 목적한 바를 이룰 수 있다는 뜻이다.

이는 최근 한국에 대해 중국의 고압적인 자세가 점차 노골화되고 있는 상황에 비유된다. 한국에 대한 중국의 영향력이 전방위로 확산되는 가운데 한국의 정계와 업계 그리고 학계 및 시민단체는 중국과의 교류와 인맥을 만들기 위해 저자세를 무릅쓰고 있다. 수교 직후 중국을 무시했던 상황이 역전되어 지금은 중국이 한국을 대놓고 무시하는 사례가 점증하고 있음에도 대응해야 할 정부와 민간 조직은 반응 하지 않는다. 양국 간의 외교안보 현안을 해소하기 위한 만남을 갖더라도 한국 위정자의 논리전개능력 부족과 개인적 보신주의로 훈계만 듣고 돌아온다. 중국이 외교안보 사안과 연계하여 한국의 순수 민간기업을 대상으로 부당한 조치를 취해도 별 대응을 하지 않고 분열하는 것을 보며 한국이 처한 정치경제적 환경과 상황에 대한 연구 효과가 더욱 업그레이드 되고 있다.

불과 몇 년 전에만 해도 북경을 중심으로 중국의 관료와 저명 학자들이 한국측의 끊임없는 요청에 골머리를 앓았으나 지금의 중국정부는 한국 방문자의 지위와 만남 의제에 따라 선별하여 결정한다. 양국 만의 모임은 점차 백안시(白眼視)되어 향후 한중 간의 모임은 정부차원의 회의와 미국 등 강대국도 참여하는 회의 그리고 양국의 오랜 친목으로 다져진 회의 등을 제외하고는 점차 성사되기 어려울 전망이다. 초청 받은 중국학자는 한국 초청자의 신분 조회는 물론 메인 행사 외에 원치 않는 다른 행사에 참석하지는 않는지 여부를 확인한다. 여기에 조건을 수락하는 초청자의 채근에도 최종 답변은 늦어지기 일쑤다.

한국 위정자의 특강 요청은 강연 주제와 강연 언어 그리고 특파원 대동 여부를 따지며 거부감을 보이나 자신들의 연구역량이 떨어지는 분야에 대해서는 파격적인 비용을 들여서라도 해당 분야의 한국 전문가를 초청한다. 중국교수들은 한국의 박사유학생을 받으며 출신 대학을 체크하며 고르고 한국언론 인터뷰는 주력 매체만 상대하고 한국과 공동행사를 기획하면 한국측 VIP 참석을 요구하기도 한다. 중국으로 몰려드는 해외 손님이 폭증하는 가운데 한국인의 위상은 떨어지고 북경을 중심으로 소위 '코리아 디스카운트(korea discount)' 현상도 생기고 있다. 이는 중국이 향후 저자세로 찾아오는 한국의 정치인과 관료 그리고 각종 관변·민간 조직을 다루기가 점점 더 쉬워질 것이란 얘기다.

설사 한국측 인사와 만남이 이루어지더라도 이전처럼 시간을 할애해 방문자를 대접하고 얘기를 들어주는 분위기와는 다를 것이다. 앞으로도 양국 간에 정부 혹은 민간 차원에서 협력 의향서(MOU)를 많이 체결하겠지만 이미 중국정부는 한국의 정부 관변단체와 지방

자치단체 그리고 대학 등의 실적용·전시용 MOU 체결 요청이 많다는 것을 알았다. 행사를 주관한 조직의 대표가 바뀌거나 퇴임하면 무용지물이 되는 것도 많이 봐 왔기 때문이다. 물론 수 많은 교류 중에도 자신들에게 도움이 될 만한 것은 주도적으로 지속적 만남을 요청한다. 아직까지는 참고할만한 것들이 많은 한국에 대해 실사구시(實事求是)적 판단으로 대응하는 것이다. 분명한 것은 중국이 양국 교류를 통해 한국을 학습하고 한국을 다루는 패턴을 점차 체계화시키고 있다는 사실이다.

예나 지금이나 중국은 주변국과의 관계 설정을 비슷한 방식으로 진행한다. 즉 중국이 강대해지면 주변국은 정치적 혹은 경제적 필요에 따라 스스로 찾아오고 중국은 이를 맞이한다. 하지만 이미 파악이 끝난 상대가 문제를 일으키면 관리하려 들기 시작한다. 현재 중국은 지속성장에 대한 자신감을 바탕으로 한국과 북한은 경제 수단만으로도 관리할 수 있고 조급한 한국이 힘이 빠질 때까지 기다릴 수 있는 시간도 넉넉하다고 판단하고 있다. 중국이 북한에게 실질적 영향력을 행사할 수 있는 유일한 국가라는 사실은 논외로 하더라도 한국은 양국의 지리적 인접성과 중국의 시장팽창 그리고 지속적인 민간 교류 확대 등의 요인으로 '결국 중국' 쪽으로 기울 것이란 판단이다.

앞으로도 중국에서 성공신화를 써가는 한국기업들이 나오겠지만 사업 실패로 중국 땅에 버려지는 중소기업과 개인사업자도 많이 생길 것이다. 기업의 성공을 지켜주던 아니면 패자를 구제하던 한국정부가 나서야 하는 상황이 자주 발생할 것이며 이는 언제던지 중국이 한국을 통제하는 수단으로 변모할 수 있다. 양국 간에 심각한 외교 트러블이 다시 발생한다면 중국이 한국정부에 고통을 주기 위한 타깃은 또 다시 한국대기업이 될 가능성이 크다. 정글과도 같은 중국시장에서 스스로 살아남아야 하는 중소기업과 함께 한국의 대기업은 시장에서뿐만 아니라 중국의 정책과 중국인의 민족주의 정서도 대적하며 경쟁하게 될 것이다. 이제 한국대기업은 자신의 지속발전은 물론 중국의 '한국 다루기'에 대응하기 위한 새로운 차원의 중국 연구가 필요한 시점이다.

한국경제가 저출산·고령화 추세의 가속으로 복합적 장기 불황기에 접어들 가능성 커지는 가운데 선대의 가업을 계승 발전시켜야만 하는 대기업 오너에게 중국은 지속성장의 담보가 될 수도, 아니면 독이 될 수도 있는 상황이 연출되고 있다. 서구 교육을 받은 경우가 대부분인 한국재벌의 후계자들은 자신들이 배우고 경험한 것에 비추어 완전히 다른 세상처럼 느껴지는 중국과의 교류사업에서 관념적 괴리와 인식의 미스매치 그리고 사고 방식의 충돌로 인한 다중 충격을 체험하고 있다. 양국 기업인의 생존 환경과 경영철학이 근본적으로 다르기 때문이다. 그러므로 그룹차원에서 현대 중국을 심층 학습해야 할 필요성이 대두되고 있다. 중국실체에 대한 감을 잡지 못한 채 중국사업을 추진해 나가다간 점차 판단력이 상실되고 중국의 체제 및 문화와의 충돌로 인해 사업이 곤경에 빠질 수 있다. 어떤 이유로던 문제가 발생하면 중국정부는 한국기업이 아직까지 중국을 잘 모른다고 치부해 버릴 것이며 이 같은 내상(內傷)과 손실이 반복되면 그룹의 글로벌 전략에도 영향을 미친다.

한국대기업은 중국에 진출한 수 백 개 다국적기업 중의 하나에 불과하며 중국정부의 지원을 받는 본토 기업들도 상대해야 한다. 여기에 민족·애국주의에 함몰된 중국 언론과 네티즌은 한국대기업의 실수를 호시탐탐 노리고 있다. 한국대기업은 '하늘 바깥에 또 다른 하늘이 있고, 사람 위에 또 다른 사람이 있다(天外有天, 人上有人)'는 겸손의 지혜를 배워 자신을 지켜야 한다. 파워 엘리트 그룹인 한국대기업은 중국을 공부해야 하며 오너를 비롯한 핵심 경영진은 국가적 소명의식도 가져야 한다. 간혹 중국의 지도자가 다국적기업의 총수를 정부 간 교류행사에서 만나지만 개별로 독대하는 경우도 있다. 이 경우는 배석한 참모관료와 함께 실무적인 얘기도 주고 받지만 예방한 총수의 글로벌 시각과 중국관 그리고 개인적 풍모 등을 듣고 보고자 한다. 한국대기업 오너의 중국에 대한 식견과 개인적 매력은 매우 중요하다. 중국의 당·정 지도부는 한국대표기업의 수장을 유념해서 지켜보기 때문이다.

오너가 지도부 독대는 못하더라도 당·정 고위 간부 혹은 국유기업 CEO를 만나는 일은 자주 있다. 이 경우에도 중국사업에 대한 철학과 개인적인 매력을 발산하여 상대로 하여금 대인의 기풍을 느낄 수 있게끔 준비해야 한다. 만나는 손님들 중에 누가 중국의 차기 지도자로 올라설지는 아무도 모르지만 만남을 지속하는 가운데 향후 지도자를 만날 확률도 높아지는 것이다. 기업의 경영활동이 중국사회와 시장에서 인정 받아 중국정부의 신뢰를 얻는다면 설사 양국 관계가 일시 경색하더라도 보이지 않는 보호막으로 인해 큰 타격은 피할 수도 있을 것이다. 한국대기업 오너의 중국 행보는 자신과 기업은 물론 한국에 대한 이미지 제고에도 영향을 줄 수 있다.

중국의 일부 관료와 지식인은 사석에서, 왠지 몰락한 일본의 소니(Sony)는 언젠가 부활할 것 같고 한국의 삼성전자는 비록 현재 잘하고 있지만 과거 일본의 소니처럼 두렵게 느껴지지 않는다는 얘기를 한다. 실제 소니는 2017년에 카메라 이미지 센서와 비디오게임기 호조에 힘입어 1998년 달성한 역대 최고치인 약 5000억 엔 수준의 영업이익을 낼 것으로 예상하고 있다. 아직까지 중국인에게 과거 청일전쟁에서 패하고 2차 대전 때는 3000만 명 이상의 자국민이 숨지며 국가존엄이 유린당한 트라우마가 남아있는 가운데 오히려 패망했던 일본이 지금도 여전히 세계 강대국으로 존재하는 것에 대한 일말의 두려움이 일본기업과 제품에 투영되고 있는 것이다. 이와 같은 중국 지식인의 정서는 다른 서방 강대국에 대해서도 마찬가지로 서구에 대한 중국인의 사대(事大)와 동경(憧憬) 의식도 만만찮다.

반면에 한국에 대한 적당한 친밀감과 만만함의 정서 역시 한국기업과 제품에 반영되고 있다. 지난 역사적 사실과 이미지가 현재 국가의 위상에 영향을 주고 이로 인해 최고의 제품이 소비자로부터 심리적으로 평가절하되는 것은 억울한 일이다. 과거 한국의 생존코드였던 대 중국 사대와 문약함의 흔적을 한꺼번에 씻어내기는 어렵겠지만 한국대표기업이 중국에서 탑 클래스 수준의 제품으로 현지 문화를 리딩하는 아이콘이 되고 나아가 민심을 파고드는 끈질긴 CSR 활동과 오너의 선 굵은 행보는 충분히 중국인의 인식을 바꿔 놓을 수 있다. 심지어 지속성 여부에 따라 모국인 '한국'의 이미지와는 조금씩 분리되어 독자적 이미지를 구축할 수도 있을 것이다. 한국대기업의 오너는 개인 학습과 함께 자원을 재배치하여 '한국계 중국기업'처럼 현지화를 구축해 나갈 필요가 있다. 중장기 중국사업 추진에 있어 대기업 수장의 이해와 판단은 결정적 요소다. 향후 한국대기업의 대 중국 전략은 비즈니스 차원을 넘어서는 것을 요구할 것이기 때문이다. 지금까지 경험하고 인식하지 못한 한·중과 한·미 그리고 미·중 간의 역학 관계는 물론 한중 민간외교 역할까지 염두에 둬야 하는 특수한 '중국식 경영전략'이 요청되고 있는 상황이다.

성찰과 혜안

한국인은 중국사업 초기에 신선한 아이디어와 제품으로 조그만 성공을 거두기라도 하면 돌연 '중국시장을 석권하겠다', '중국 국민 브랜드로 키우겠다'며 호기를 부린다. 본인은 벌써 중국시장에서 세계시장까지 꿈꾸고 있을지 모르겠지만 사방이 유혹으로 넘실대는 중국시장에서 참담한 실패를 겪을 수도 있음을 알아야 한다. 오히려 어느 정도 중국 체류경험이 있고 중국통이라 일컫는 사람이 중국에서 사기 당하거나 실패할 가능성이 더 크다. 초보적인 중국 인지와 경험에 겉멋만 들어 생각이 짧고 귀가 얇아지기 때문이다. 중국은 겪은 만큼 알고 안 만큼 눈에 보인다. '길이 멀어야 말(馬)의 힘을 알 수 있고 세월은 흘러야 사람의 마음을 알 수 있다'는 중국속담이 있다. 사람은 같이 살아봐야 알고 말은 타 보아야 안다는 뜻도 있다. 중국인도 가늠하기 어려운 중국인의 속 마음을 외국인이 알아차리는 것은 쉽지 않다. 중국사회는 서구처럼 투명하고 논리적이지 않다. 혼란 속에 원칙이 있고 무질서 속에 질서가 있으나 일반 외국인의 눈에는 혼란과 무질서만 보인다. 중국은 역사적 배경과 언어문화적 특성을 학습하고 실제 겪어보지 못한 사람은 제대로 알수 없는 나라다. 만약 외국인이 평생 중국에서 생활했다면 말년에 책 한 권 정도는 낼 수 있을 것이다.

단순 비유를 하나 들어 보자. 현재 중국인과 외국인이 가장 많이 사용하는 '현대한어사전(現代漢語詞典)'에는 약 6만 5천 개의 단어가 수록되어 있다. 중국어가 바로 중국문화라고 가정한 후 중국문화에 대한 이해도를 대략 중국어 단어 구사 능력으로 계산해 보자. 중국에서 오래 생활하며 사업하는 한국인이 평상시 구사하는 중국어 단어가 많아야 2000개 정도라면 이들의 중국문화에 대한 이해도는 3.07%다. 중국의 역사문화와 중국인의 사고방식이 농축되어 있는 고사성어, 속담, 속어, 신조어 등을 포함하면 이해도는 더욱 미미할 것이다. 평소 중국인만 접촉하며 중국사회에 깊이 들어가 사업을 펼치거나 혹은 연구하는 외국인도 20% 정도 알면 대단한 것이다.

'중국을 안다'는 것에는 중국생활의 체험 시간에 따른 직관적 판단과 일부 착시에 의해 형성된 인식 부분이 포함되어 있다. 정부 기구나 기업본사에서 잠시 중국에 파견되어 일을 마치고 돌아가는 이들의 중국어 단어 활용도는 전체 1%에도 미치지 못할 것이다. 이들은 생존 근거가 자신이 소속된 본부에 있어 중국을 이해할 시간도 그럴 필요성도 별로 못 느낀다. 이들은 중국을 잘 모르나 종종 자기 착각은 심해 마치 '중국체류경력' 라벨이 붙어 있는 빈 꽃병과도 같다. 경제발전과 개혁개방으로 매년 수 백 개의 새로운 단어가 생기고 있는 중국사회의 변화를 중국인조차 쫓아가기 급급하다. 한국인의 어줍잖은 중국어 실력으로 얼마 못 가서 끝나버리는 대화는 자칫 전달하고자 하는 의미가 곡해되고 또 다른 문제를 야기하기도 한다.

중국인은 한국인의 비즈니스 아이템에 관심이 있어 귀를 기울이며 알아듣는 것이지 한국인의 중국어 실력이 뛰어나 알아듣는 것이 아니다. 중국인이 돈 벌기가 어렵다고 판단하고 관심을 거두면 돌연 알아듣지 못한다. 중국경제의 발전과 함께 자국에서의 사업 기회가 급증하는 가운데 한국인의 사업 아이템에 대한 관심이 줄면서 어눌한 중국어 설명을 들어줄 중국인도 줄고 있다. 설사 한국인이 중국인과 사업 협력을 하고 있더라도 중국파트너는 중국어 실력 부족으로 인한 실수를 이해하려 들지 않는다. 미약한 중국어 수준은 상대방에게 마음을 읽히고 각가지 핑계를 대는 구실을 제공하기도 한다. 중국어 수준이 소통과 설득을 위한 도구가 아닌 자신을 자랑하는 수단에 불과한 것이다.

그럼에도 한국기업인이 너무 실망할 필요는 없어 보인다. 많은 한국인이 예전 중고등 학교 때 '한문교육용 기초한자 1800자'를 배운 것을 감안하면 중국어 구사 능력과 중국문화 이해를 위한 기초는 갖추고 있는 셈이다. 다른 외국인이 가지기 힘든 자산을 보유하고 있는 것이다. 중국인의 필독서인 손문(孫文)의 삼민주의(三民主義) 사상집과 모택동 선집 그리고 중국 현대문학의 거두 노사(老舍)의 대표 소설 '낙타상자(駱駝祥子)'의 내용은 수 십만 자로 채워져 있지만 이중에서 중복 없이 사용된 한자 수는 각각 2434자, 2981자, 2413자에 불과하다. 대가들은 민중을 위해 많지 않은 글자 수와 쉬운 단어를 가지고 자신의 사상을 쉽게 표현하며 웅변할 수 있는 능력을 가진 사람들이다. 이들 대가들이 집필 중에 사용한 단어 수를 놓고 볼 때 한국인은 각자의 학습과 노력 그리고 경험과 실천을 통해, 외교 혹은 비즈니스 방면에서 중국사회 침투가 가능한 인재가 될 수 있고 무기도 가질 수 있다는 얘기다.

다만 현재 한국기업인의 중국에 대한 지식은 과거 학창시절 배웠던 세계사와 국사에 나오는 중국 얘기 그리고 소설 삼국지와 무협지 독파 정도다. 양국은 과거 수 천년 동안 교류했지만 왕조정권 및 사대부의 교류와 조공무역 외에 일반 백성이 전문적으로 중국과 중국인을 연구한 적은 거의 없었다. 지금도 매체를 통해 중국의 정치상황과 거시적인 발전상을 전해 듣는 것 외에 중국경제의 미시적 분야에 대한 체계적 연구는 매우 부족한 실정이다. 순자(荀子)는 일찍이 "소인의 학문은 귀로 들어가 입으로 나온다"고 했다. 스스로 정제되고 체화된 실사구시적 경험과 식견이 아닌 언론 매체 혹은 타인으로부터 전해들은 얘기가 단순히 배달되며 중국정보로 둔갑하는 것이다. 이와 같은 상황 속에서 중국에 진출하고자 하는 한국 기업인은 실제로 중국에 대해 아무 것도 모른다고 해도 과언이 아니다. 그러므로 자신의 비즈니스를 위해 무엇에 기대려 하지 말고 반드시 자기 스스로 길을 찾아야만 하는 것이다.

　최근 젊은 중국기업인이 협력을 원하는 한국기업인 상은 사업에 대한 자신감과 자기과장을 조절하는 겸손 그리고 협력에 대한 공명정대한 모습이다. 과거 자신의 영웅담과 관련 자료를 보여주는 것보다 오히려 거래 물량을 한 개의 컨테이너부터 시작한 후 이를 점차 늘려가며 서로를 검정하고 신뢰를 쌓는 것이 큰 협력을 기대할 수 있는 첩경이다. 중국이 금방 따라잡을 수 있는 평범한 기술을 가지고 세계적 기술 운운하며 상대를 얕잡아 보는 사고를 가졌다면 설사 협력계약을 체결했더라도 일순간에 깨질 수 있다. 중국에는 예로부터 "먼저 친구가 된 후 장사를 하라"는 말이 있으나 현재 글로벌 사업을 꿈꾸는 젊은 중국기업인은 "먼저 사람이 되고 사업을 통해 진정한 친구가 되자"는 것을 강조하고 있다.

　시간을 소모하는 비즈니스 대화는 필요 없고 존중·신용·원칙·공평 등 기업인의 기본 소양이 없으면 비즈니스도 친구도 될 수 없어 함께 술잔을 기울일 필요도 없다는 것이다. 중국의 경제제도와 산업의 업그레이드와 함께 젊고 뛰어난 중국기업인의 사고방식도 업그레이드 되고 있음을 알아야 한다. 중국인은 본능적으로 자기중심적인 사고를 하는 민족이다. 태생적 이기주의자로 이성적 이타주의 성향도 갖고 있는 한국인과 구별된다. 하지만 사람은 결국 자기중심적일 수 밖에 없는데 하물며 중국 비즈니스에서 상대방의 이해와 양보를 바란다는 것은 매우 순진한 발상으로 타협은커녕 갈등만 키울 뿐이다. 오히려 자신의 이익을 분명히 주장하는 중국기업인의 자세가 솔직하여 문제 발생 소지도 사전에 차단할 수 있다.

중국 현지에서 좋은 중국인 파트너를 만나는 것은 귀중한 자산을 얻는 것과 진배없다. 하지만 체제 차이에서 비롯된 성장환경 및 기업관의 차이 그리고 공통점이 있으면서도 확연히 다른 비즈니스 관념 등 도저히 메우기 힘든 공간이 존재하고 있음도 알아야 한다. 중국경제의 급성장과 빠른 생활리듬으로 대도시에 사는 중국인은 과거처럼 넉넉한 정신적 삶의 전개가 불가능하여 군자지교(君子之交)는 영화 속 얘기가 된지 오래다. 물질적 풍요에 따른 사유의 공백이 점점 더 정(情)과 의(義)를 퇴색시키고 있다. 당면한 현실 속에서 협력을 통해 성과를 내야만 교류가 지속될 것이다. 중국사업을 한다며 중국에 건너와 활용하지도 못하는 중국친구를 자랑하는 것은 바보와도 같다.

중국에서 운이 좋았던 아니면 우여곡절을 거쳐 안착했던 초기 성공을 거둔 이후 한국기업인의 행보는 더욱 중요하다. 양국이 역사문화를 공유하고 있다는 사실이 오히려 쉽게 오해를 부르는 경우가 많아 언행에 주의할 필요가 있다. 동방을 모르는 서양인의 일탈은 용인되나 한국인과의 오해는 문제가 커질 수 있기 때문이다. 특히 한국대기업은 성과에 대해 겸손하고 언행에 더욱 주의해야 한다. 조금 잘 나간다고 공개석상이나 언론과의 인터뷰에서 "최고가 되겠다"는 식의 언변은 덕보다 실이 많을 것이다. 자부심을 느끼는 회사 직원은 괜찮지만 대기업의 현지 CEO와 고위 간부는 항상 겸손해야 한다. 오만한 언행은 이를 조용히 지켜보고 있는 다수의 경쟁자와 그들의 배후 세력을 적으로 만들 수 있기 때문이다.

회사 내에서는 직원들 동기부여를 위해 최고를 외쳐도 무방하나 밖에서는 겸손하게 대처하는 것이 가장 좋다. 작은 성공에 도취하여 튀는 언행을 보이면 경쟁자의 정치적 협잡이 시작되고 원래 우호적이었던 지방정부 관계자도 외자기업과의 접촉으로 인한 오해를 사고 싶지 않아 등을 돌릴 수 있다. 중국에서 잘 나가는 외자기업의 행보를 숨어서 관찰하고 있는 잠재적 위험은 어디서나 존재하고 있다. 현지 CEO는 사업이 잘 될수록 나서고 싶은 유혹에 시달리겠지만 자신도 모르게 실언과 교만이 드러날 수 있음에 유념해야 한다. CEO는 공개석상에서 내세우고 싶은 말을 삼키며 내공을 쌓고 인터뷰에 응한다면 겸손해야 한다. 이는 자신을 보호하는 길이자 중국에 대한 혜안을 갖게 만드는 가장 좋은 훈련이다. 몸을 낮추면 중국의 더 많은 것들을 보고, 듣고, 알게 될 것이다.

한국에서는 다소 오버해야 주목 받을 수 있으나 중국에서는 오버하면 수명을 단축시킬 요소가 바로 나타나기 시작한다. 겸양(謙讓)은 중국의 정치, 사업, 학술, 사교 등 거의 모든 사회활동 분야에 적용될 수 있다. 출세의 야심을 가진 당·정 혹은 국유기업 간부는 회의 석상에서 주변인이 자신을 공개적으로 치켜세워 주는 것을 극히 경계하면서도 능력과 자질이 부족하다고 생각하는 자신의 상관은 더욱 지지하고 추천하기도 한다. 그는 이미 상관의 낙마가 멀지 않았음을 알고 있는 것이다. 준비 없이 서두르면 올라가더라도 빨리 떨어진다는 사실과 함께 주변의 지지 속에 조용히 올라가면 권력이 집중되어 또 다른 기회를 도모할 수 있음을 알기에 자신을 낮추며 기다릴 수 있는 것이다.

중국 학계에서도 상호 교류 시 암묵적으로 배척되는 3가지 부류의 학자들이 있다. 즉 '조그만 실력을 과시하고 타인을 무시하며 화합을 해치는 자', '글로벌 추세를 따라가지 못하고 자기 학문에 함몰되어 발전이 없는 자' 그리고 '실력 없는 자'가 그들이다. 어떤 이도 이견을 달 수 없을 정도의 확실한 실력을 가지고 있던지 아니면 겸손하게 행동하라는 의미다. 중국에서 '겸손'이라 함은 "내가 실력으로 당신을 충분히 제압할 수 있으나 스스로 그렇게 하지 않겠다"는 뜻으로 쓰인다. 중국에서 '겸손'이란 단어는 이미 대가가 된 사람들에게 적용하는 것으로 '비즈니스에서 자신의 협상 조건을 숨기고 상대의 마음을 파악하기 위한 것', '사교의 확장과 클래스를 높이기 위한 것', '이미 상당한 교분이 쌓인 관계를 더욱 깊게 하는 것' 그리고 '자신의 품격을 높이는 것' 등을 위한 고차원의 처세술이다.

그리고 '총명함보다 어수룩하게 보이는 것이 더 어렵다'는 말도 있다. 자신을 낮추는 자세를 주문하는 말이지만 이를 비즈니스에 적용하면 이미 많은 것을 알지만 모르는 척하며 상대의 경계를 허물고 나아가 상대의 약점까지 파악하겠다는 적극적인 전술이다. 특히 '겸양'은 중국정부의 고위 관료로 성장하는 인재가 자신을 다스리고 지키는 강력한 무기가 된다. 중국에 진출한 다국적기업들이 자사 제품에 대해 자국의 문화와 국가브랜드 프리미엄을 활용하고 적극적인 홍보 이벤트를 펼치고 있으나 한국대기업은 나서지 않고 '조용한 강자'를 추구하는 것이 낫다. 때로는 급변하는 중국의 비즈니스 환경에서 뒤따라 가며 살피는 것이 훨씬 많은 것을 볼 수도 있기 때문이다. 이는 지나친 겸손이 아니라 오히려 적극적인 경영전략이다. 튀어 본들 얻는 것도 별로 없는 순간적 쾌감일 뿐이며 몸을 낮추는 것만이 생존의 공간과 시간을 확대하고 아울러 상황 판단과 대처를 위한 지혜도 얻을 수 있다.

지난 수 천년 간의 양국 관계 속에서 한국이 중국을 앞섰던 시기는 극히 짧았다. 중국에 대해 필부(匹夫)가 안다는 경험과 지식은 보잘것없고 이마저도 중국의 급성장과 함께 용도 폐기되어 버린다. 중국을 연구하던 사업을 하던 중국대륙에서 발생하는 하나의 사건과 현상을 놓고 이를 일반화하는 오류를 범하지 말아야 한다. '중국은 어떻다'라고 규정하는 순간 각자가 추구하는 목표는 타깃에서 이탈해 버려 영점 조정을 다시 해야 한다. 하지만 오래 시간의 다양한 경험을 통해 통찰력을 얻을 수만 있다면 흔들리는 타깃도 맞출수 있다. 중국에서는 어떤 시각도 다른 시각을 완전히 배제하면서모든 답을 줄 수는 없으며 아울러 그 복잡함을 다 포괄하려면 모든 시각이 필요할지도 모른다. 일반화 외엔 대안이 없을지라도 중국의 경험에 대한 대부분의 일반화는 오도의 가능성이 높다.[2] 중국 체류기간이 길어질수록 중국을 점점 더 모르게 되는 것이다. 중국의 시간에 자신의 사고가 함몰되어 무슨 말을 하고 싶으나 뱉어 내지를 못한다. 직관력과 판단력이 흐려져 시간만 죽이고 있는 것이다. 그러므로 중국을 떠나던 아니면 다시 들어오던 계속해서 학습하며 성찰을 통해 혜안을 찾아야 한다.

중국시장진출 희망자는 절대 함부로 계획을 세워서는 안 된다. 중국은 수 천년 동안 자기 방식대로 서구세계와는 별도로 시장경제를 해 왔으며 중국경제에 대한 서구의 본격적인 연구는 개혁개방과 함께 시작되어 채 40년이 안 된다. 중국경제와 시장환경 그리고 소비자문화에 대해 그 어떤 국가도 축적된 정보가 없다. 이는 중국과 수교한 지 25년을 지난 한국도 마찬가지로 현대중국에 대해 설명은 가능하나 정확한 분석틀과 그들의 사고 방식을 꿰뚫는 통찰력을 가지려면 앞으로도 많은 시간이 필요할 것이다. 중국 도전을 꿈꾸는 이들은 스스로 연구한 판단과 지혜를 가져야 하며 무엇보다 현지에서 오래도록 성공하고 있는 경험자의 말을 경청해야 한다.

시장에 떠도는 자료와 정보 그리고 몇 차례 여행으로 중국진출을 결심하는 것은 고통의 시작이 될 것이다. 중국시장의 화려한 면만 보지 말고 속을 들여다 보며 자기 비즈니스의 가능성과 리스크 그리고 지속성 여부를 판단해야 한다. 결국 자신의 학습과 판단 외에 근거할 것은 없으며 현지에서 스스로 자리를 잡아야만 중국이라는 바다에서 방향을 찾고 행동으로 옮길 수 있다. 초기 시행착오를 통한 자기성찰로 혜안을 얻을 수만 있다면 이는 주변 자원을 활성화시키는 불쏘시개가 되어 본격적인 중국시장 공략이 가능하도록 만들어 줄 것이다.

5장 중국기업인 비판

중국기업인 비판

    본 장은 현대 중국기업인을 조명하고 그들 사고구조의 해부를 통해 중국의 인적 비즈니스 환경을 좀 더 이해하기 위한 내용이다. 이를 바탕으로 중국기업인을 관조하는 시야를 넓히고 상호 교류의 적합성 여부를 가리는 능력을 키우기 위함이다. 중국에서 역사적 영웅담 속의 주인공처럼 신의를 중시하고 쾌도난마와 같이 일을 명쾌하게 처리하는 사례도 듣고, 한번 맺어진 인연을 오래도록 가져가는 사람도 있을 것이다. 하지만 실제로는 질이 좋지 않는 파트너를 만나거나 혹은 괜찮은 중국인을 만났지만 서로를 알기도 전에 관계가 끝나버리는 경우가 더 많을 것이다. 한국기업인은 시금의 중국사회가 그들의 전통적 미덕과 장점을 발휘하지 못하게 만드는 환경임을 이해해야 하며 중국사업을 당장 그만둘 것이 아니라면 좋은 능력과 인성을 겸비한 중국기업가를 찾는 노력을 게을리 해서는 안 된다.

중국사업의 출발점

중국에 진출한 외자기업은 중국의 역사와 문화를 어느 정도 이 해하지 않고서는 중국인과의 사업적 교감에 한계가 있다. 광활한 영토에다 문화대국의 특성을 가진 국가들이 그렇듯 중국인들도 외국인이 자국시장으로 몰려들던 아니면 합작을 원하던 이에 대한 관심과 간절함이 덜하다. 그들 스스로 넉넉하기 때문이다. 하지만 외국인과의 협력을 통해 자신이 돈을 벌 수 있다고 판단하면 그 어떤 민족보다 적극적으로 반응한다. 세상의 비즈니스 생리는 모두 같지만 중국인과의 교류 시에는 비즈니스 협상 외에 정서적·문화적 욕구 충족도 상호 협력의 변수가 될 수 있다. 비즈니스는 물론 정서적으로도 친구가 될 수 있다면 사업 아이템만 보고 시작한 파트너보다 협력 관계가 더 안전하게 오래 갈 수 있을 것이다. 하지만 앞장에서 언급했듯이 중국인이 서구기업과 협력할 때는 서양인은 원래 중국문화를 모른다고 치부해 버려 불필요한 오해가 덜 생기나 한중협력은 양국이 유교와 한자문화 등을 공유하고 있는 가운데 상대방이 자신의 생각을 어느 정도 이해할 것이라는 전제를 깔고 있어 오히려 오해가 빈번하고 그 상태도 심해질 수 있다. 때로는 동양인과 서양인의 연예·결혼 보다 같은 동양인끼리의 결실이 더 어려울 수 있는 것이다.

외자기업이 중국사업을 시작하면 반드시 중국문화를 섭렵해야 하는데 그 중에서 가장 중요한 것이 바로 중국어 훈련과 중국 음식 문화에 대한 이해다. 중국인의 삶의 낙은 '말하는 것'과 '먹는 것'이다. 중국인은 이 두 가지를 위해 산다고 해도 과언이 아니며 집권자는 백성들에게 이 두 가지를 즐길 수 있는 환경만 마련해 주어도 집정에 별 탈이 없다. 중국사업에서도 현지인과 이 두 가지만 소통할 수 있어도 절반의 성공을 거둔 것이나 다름없다.

우선 중국어의 언어적 특성과 비즈니스 중국어의 중요성을 살펴 보자. 중국어는 한 글자마다 모두 뜻을 가지고 있는 표의(表意)문자고 영어와 한국어 등은 각 글자의 조합을 이루어야만 뜻을 전달할 수 있는 표음(表音)문자 구조다. 중국어는 중국문화의 정수(精髓)이자 동양문화를 대표하는 것 중의 하나다. 중국어는 지방마다 발음이 전혀 달라 자기네들끼리도 소통이 힘드나 동일한 한자(漢子) 표기로 인해 중국은 통일국가와 통일사상을 유지해 오고 있다. 만약 각 지방의 문자가 달랐으면 현재의 중국은 존재하지 않을 것이다. 그렇다면 문제는 이를 배우고 이해해야 하는 외국인인데 중국어의 어휘가 너무 풍부한데다 함축성이 뛰어나 상호 의사 교류나 문건으로는 내면의 본의를 100% 파악하기가 쉽지 않다는 것이다. 귀납적인 논술 형식에다 바깥에서 그린 원이 중심으로 수렴해 들어가는 진술 방식이라 문제의 핵심이 잘 보이지 않고 나중에 나타나기도 한다. 중국어의 문자구조 특성 상 아무리 좋은 번역 프로그램이 개발되어도 별 소용이 없을 것이다. 사드 사태를 비롯한 외자기업에 대한 불매 운동은 중국 공산당이 행정문서를 사용하지 않고 구두 지도로 시작되나 백성들은 이를 개전(開戰) 신호로 받아 들이고 길거리로 나선다. 존재하지는 않지만 이보다 더 명확히 전달되는 문서도 없을 것이나 종종 외국인은 그 맥락을 짚지 못하는 경우가 많다.

또한 의사 전달이 수평적·논리적으로 전개되는 표음문자 방식과는 사 못 달라 난독증과 오해를 유발하기도 한다. 여기에 서로 다른 상황에 모두 적용될 수 있는 단어 수량도 너무 많아 웬만한 학습과 실제경험이 없으면 중국인의 중국어 유희에서 갈피를 못 잡을 수 있다. 중국은 그렇게 반 만년의 역사문화를 이어온 것이다. 중국에서 쏟아져 나오는 새로운 정책의 일관된 흐름을 파악하고 예상하여 이를 사업 전략에 적용하는 일은 고난도의 작업이나 반드시 해결해야 할 과제이기도 하다. 중국정부가 선택한 단어와 의미의 조각들을 끼워 맞춘 퍼즐을 봐야지만 비로서 무슨 그림인지 알 수 있는 것이다. 그러므로 중국의 정치경제 관련 정책 문건에 대해 전문 연구팀이 분석방법을 개발하고 결과를 축적하며 사업추진 방향과 좌표를 잡아 나가야 한다.

이와 같은 작업을 수행하기 위한 기초는 바로 중국어다. 중국어는 중국인을 대하는 기본 자세로 중국 비즈니스에서 중국어 구사능력은 기본이자 필수 조건이다. 뛰어난 중국어 실력은 각 방면에서 가히 '동방불패(東方不敗)'의 위력을 발휘한다. 또한 협력을 넘어 서로의 목표를 공유하고 인생을 논할 수 있는 사교의 핵심 도구이기도 하다. 중국어는 국내뿐만 아니라 전세계 화교상을 연결하고 있는 정신적 고리로 중국어에 얼마나 자신의 사고가 융합될 수 있는지 여부는 향후 중국사업의 성공 가능성을 가늠해 볼 수 있는 척도다. 이 같은 노력을 통해 한국기업인은 많은 경영수단을 확보할 수 있을 뿐만 아니라 중국인과 중국시장을 바라보는 혜안도 가질 수 있다. 중국어 구사능력에 따라 접촉하는 인간관계 레벨이 달라지고 결과 또한 판이하다. 유창한 중국어는 중국파트너에게 신뢰감을 주고 다양한 협상 전략을 구사할 수 있어 비즈니스를 활성화시킨다. 특히 감정이 억제된 고급 중국어 구사는 상대를 무장해제시켜 인간관계와 사업을 주도적으로 이끌 수 있는 동력이 된다.

중국인은 외국인과의 대화 중에서 상대가 선택하는 중국어 단어의 적절성과 함축성을 들어보고 상대가 중국어를 체계적으로 배운 사람인지, 필드의 생존 언어인지, 중국사회 경험과 이해도는 어느 정도인지, 중국에 우호적인지 여부를 가늠할 수 있다. 단 몇 마디만 들어도 대략 알아차린다. 사교의 클래스와 대화의 주제 및 방식에 따라 선택되는 중국어 단어와 뉘앙스가 달리 적용되는 경우가 많아 기본 실력과 오랜 경험이 없으면 상대방의 클래스는커녕 자신에 대한 그들의 평가조차 파악하기 어렵다. 반면에 중국어 실력과 현지 경험이 있다면 중국친구가 공개석상에서 자신을 소개할 때 사용하는 단어를 통해서도 친구 마음 속에 있는 자신의 지위를 확인할 수 있다. 상호 교분의 시간과 깊이에 따라 친구를 지칭하는 중국어 단어가 열가지도 넘기 때문이다.

한국인이 중국의 정신문화가 함축되어 있는 고사성어와 속담 그리고 격언 등을 정리하고 학습하여 적절한 타이밍에 활용한다면 뜻밖의 상황을 연출할 수도 있다. 미팅과 연회 혹은 사적 교류 시 맞받아치는 고사성어 한 마디가 중국인에게 신선한 충격을 주며 그들 마음의 빗장을 푸는 열쇠가 되기도 한다. 중국인과의 비즈니스를 추진할 때는 상대방의 페이스에 말려들지 않는 감정 조절 능력 아니면 문제점을 지적하고 풀 수 있는 중국어 능력 중 한가지는 갖고 있어야 한다. 유창한 중국어 구사는 협상효과를 배가시키고 여기에 개인적 매력이 더해진다면 좋은 결과를 기대할 수 있을 것이다.

하지만 틀에 박힌 인사치레용 중국어만 사용하는 것은 죽은 중국어에 속한다. 교분이 오래되지 않았고 사업적 이해 관계도 없는데 경박하고 어눌한 중국어에 신경을 곤두세워 듣고 앉아 있을 중국기업인은 없다. 그들은 시간을 낭비하는데 인내심을 가질 이유가 없다고 생각하는 것이다. 상대방의 감동을 자아내는 '웅변'을 하지 못할 바엔 아예 통역을 쓰고 자신의 중국어는 친분을 나누기 위한 양념으로 활용하는 것이 더욱 효과적이다. 다만 분명한 것은 중국어던 영어던 아니면 통역을 쓰던 어중간한 의사소통은 반드시 문제를 일으킨다는 것이다. 언제던지 위험에 노출되어 사기를 당할 수도 있고 설사 파트너와 협력을 시작하더라도 신뢰구축은커녕 사업 전개도 어려울 수 있다.

그러므로 중국 비즈니스에서 중국어 실력은 중국인의 마음을 읽어 사업 리스크를 예방하고 최소화 할 수 있는 가장 확실한 수단이 된다. 고수는 언제 어디서던 중국인을 자신의 지지자로 만들어 주도적으로 인맥자산을 구축한다. 이들은 현재 누굴 많이 알고 있다고 자랑하지만 언제던지 관계가 단절될 수 있는 피상적인 인맥을 가진 사람들과 구별된다. 전자가 되기 위해서는 탁월한 중국 인사이트(insight)와 중국어 능력이 필수다. 한국기업인은 세계의 어느 나라보다 한자를 많이 알고 있음에도 타고난 자산과 재주를 활용하지 못하고 있는 실정이다. 최근 젊은 중국기업인의 영어 실력이 일취월장하는 가운데 한국기업인의 언어 구사능력은 갈수록 중요한 비즈니스 무기가 되고 있다. 만나서 명함만 줄 것이 아니라 중국어던 영어던 출중한 언어 실력으로 무장해야 하는 것이다. 한국기업 입장에서도 중국에 대한 견실한 인문학 지식을 갖추고 탁월한 중국어를 구사하는 인재를 가진다는 것은 천군만마를 얻는 것과 마찬가지다.

다음은 중국인의 삶의 축인 '먹는 것'과 중국 비즈니스와의 연관성에 대해 논해 보자. 중국문화 중에서 음식문화와 비즈니스의 연관성은 생각보다 크다. 상대와 함께 식사를 한다는 것은 사업의 중요한 일부분이다. 한국의 민생들이 추구하는 삶의 기초는 '의식주(衣食住)' 해결이라고 말하나 중국인은 '식(食)-주(住)-의(衣)' 순서로 해결하고자 한다. 중국은 고대왕조부터 '백성에겐 먹는 일이 가장 중요하다(民以食爲天)' 라고 했다. 즉 '먹는 것'은 중국인 삶의 가장 중요한 가치이며 입고 치장하는 것은 별로 중요하지 않다. 한국인이 동방예의지국이라고 불리던 아니면 겉치레만 중시하는 민족이라 인식되던 중국인은 자신의 배만 곯지 않으면 다른 조건은 상관하지 않는 주관적 욕구를 가지고 있다. 그래서 중국인은 걸인이 몇 일 굶었다고 구걸하면 웬만하면 돈 몇 푼을 쥐어준다.

중국의 저명 사학자인 '이중톈(易中天)' 교수는 예로부터 중국의 정치는 바로 '먹는 것'으로, 먹고 마시는데 능하고 이런 행위를 이해하고 해낼 수 있는 자가 사람을 잘 다스리는 탁월한 관료가 될 수 있고 나아가 천하를 얻을 수 있을지 여부를 판가름하는 근거가 되어 왔다고 분석 한다. 현대 중국의 비즈니스 과정에서도 손님들과 원형 식탁에 둘러앉아 술과 음식을 즐기며 상대의 의중을 살피고 배포를 가늠하고 장단점을 파악한다. 때로는 회사 직원들과의 회식을 통해 문제가 있는 혹은 문제를 일으킬 가능성이 있는 직원을 판단하고 직무활용에 대한 적합성을 엿보기도 한다. 예로 한 직원이 주문한 요리의 양과 가격을 따지고 자기가 먹은 만두 수까지 알고 있다면 사장은 나중에 재무회계 업무를 그에게 맡길 것이다. 중국의 음식문화는 사회생활을 하고 사람을 판단하는데 중요한 준거(準據)가 된다.

중앙정치에는 관심 없는 중국인의 '식(食) 문화'에 대한 전통은 산해진미와 진수성찬의 요리를 발달시켰고 풍부한 식 재료는 요리를 더욱 풍성하고 다양하게 진화시켰다. 중국의 요리는 생존 수단이 아니라 즉석에서 즐길 수 있는 일종의 문화예술이다. 죽기 전까지 다 맛보지 못할 정도로 많은 요리 종류와 조리 방법이 있다. 중요한 모임과 접대 시 요리를 통해 교감하고 저명한 요리사는 사회적 존경의 대상이자 성공의 표본이 되고 요식업은 영원히 좋은 사업 아이템이 된다.

개혁개방 이후 중국인이 서양의 패스트푸드를 즐겨 왔지만 최근 이에 대항하는 중국식 패스트푸드 기업도 나타나기 시작했다. 중국의 외식문화와 음식에 대한 애착은 향후 수 많은 토종 요식업 프랜

차이즈 기업을 탄생시킬 것이며 이중 몇 개는 맥도날드, KFC 처럼 다국적 요식그룹으로 성장하게 될 것이다. 2016년 말 중국의 가맹점식 요식업체 수는 324만개에 이르고 이중 요식업 프랜차이즈 3대 브랜드인 KFC와 맥도날드 그리고 피자헛은 각각 5000여 개, 2200여 개, 1600여 개의 체인점을 보유하고 있다. 그리고 명품 브랜드 '구치(Gucci)'는 2015년 상해에서 고급 레스토랑을 오픈 했다. 명품시장 포화에 따른 사업다각화와 브랜드가치 유지 및 강화가 주 목적이지만 부자가 폭발적으로 늘고 있는 중국에서 고급사교 방식을 통한 차별화를 추구하는 중국인의 감성소비를 창출한다는 것이다. 대중 판매뿐만 아니라 전통적 주문제작 방식을 회복하여 럭셔리한 삶을 디자인 해 주겠다는 것이다. 이와 함께 고객 정보에 대한 빅데이터를 구축하고 미래의 부자소비자를 발굴하는 것도 사업 목적 중의 하나다. 한편 생활여건이 넉넉해지는 가운데 중국인이 치아가 부실해 음식을 즐기지 못한다는 것은 재앙과도 같다. 그들이 미식을 계속 즐길 수 있게 도와 준다면 마치 구세주와 같은 존중을 받을 것이며 이는 중국에서 임플란트 시술 등 치과 서비스업의 무한한 발전 가능성을 말해 주고 있다.

이처럼 중국에서 음식문화는 각종 비즈니스에 큰 영향을 주고 있다. 상대방의 지위와 존중 그리고 협상의 진전 상황에 따라 차려지는 요리가 다르다. 간혹 중국인이 자기 집에 초청하여 자신의 가족과 함께 가정식을 대접한다면 이미 사업 상의 중요한 쟁점은 해결된 것일 수 있다. 물론 중국 원형식탁의 공평함과 즐거움 을 나누되 접대 받을 시 유의해야 할 식사 에티켓도 있다. 예로 바닥이 보일 정도로 한 가지 요리만 먹지 말고 골고루 먹으며 칭찬을 아끼지 말고 생선은 뒤집지 말고 주량은 정확한 의사를 표하고 객기 부리지 말아야 한다. 중국음식이 느끼하다고 고추장 같은 것을 찾거나 꺼내지 말 것이며 자기 젓가락으로 요리를 집었다 놓았다 하지 않는 것이 좋다. 한국기업인도 마찬가지로 비즈니스 협상이 공전되어 휴식을 위한 작은 이벤트가 필요하다고 판단되면 상대와 성찬을 한번 즐기는 것이 좋다. 의외로 협상태도에 변화가 생겨 돌파구를 마련할 수도 있을 것이다. 서로의 마음이 열리면 한국 농가에서 시골 전통의 밥상을 즐겨도 좋다. 중국인도 결국은 다들 농민 출신이므로 농촌의 미식을 겸한 교분은 좋은 추억을 남겨 비즈니스에 적지 않은 도움을 줄 수 있다. 다만 한국에 초청할 때도 주의할 점이 있다. 양국 식(食) 문화의 차이겠지만 중국기업인은 한국 출장을 다녀온 직후 일성으로 뱉는 말 중에 '배 고팠다' 혹은 '창자가 꼬인 것 같다'라는 말을 하며 우유를 들이키거나 돼지고기를 찾는 경우가 있다. 그들 생각에 생소하고 기름기가 적은 한국 음식은 그저 배를 채우기 위한 것이지 요리라고 생각되지 않고 접대를 받아도 양껏 먹은 것 같지 않아서다.

특히 겉모습은 화려하지만 종종 중국인이 먹는 가장 평범한 술과 요리만 올라오는 한국의 차이나 레스토랑은 가급적 피하는 것이 좋다. 중국 손님을 청해 놓고 중국 식당에 데리고 가서 중국 요리에 대한 기본 지식도 없는 주문과 대접을 하는 것은 자신의 무지함을 드러내는 것이다. 오히려 길거리 패스트푸드 가게에 들러 햄버거를 함께 먹으며 소박한 정을 나눈 것만 못하다. 프랑스인과 함께 세계적인 미식가인 중국인에게 한국전통음식을 찾아 대접하는 것도 좋을 것이다. 하지만 최고급 호텔 한식당에 가서 가야금 독주를 감상하며 전통 갈비탕 한 그릇을 대접했다면 이후 연락이 끊길 수도 있다. 배고픈 중국인은 한국파트너가 가난해 비즈니스 능력이 없다고 생각했을 것이다. 민간 교류가 급증하며 양국의 음식 문화에 대한 이해의 폭도 넓어졌으나 아직도 많은 중국 식도락가들이 사업차 한국을 방문해 상담을 마친 후 한끼의 미식을 기대하고 있음을 알아야 한다.

중국인의 비즈니스 사고

중국인의 비즈니스 사고방식의 시작과 끝에는 '자기중심적' 사유구조가 관통하고 있다. 수 천년 동안 발생했던 수 많은 변고 속에서 자신을 지키기 위해 그렇게 살아왔다. 그래서 모든 것이 자기 중심으로 진행되어야 하며 이를 벗어나면 협상 및 계약 내용도 즉시 달라진다. 자신의 이익이 침해되면 결코 상대방에 대한 배려는 없다. 자신의 이익과 직결된 일이 아니면 평상시 '미리' 혹은 '사전에'라는 개념은 거의 없다. 차를 운전할 때도 방향 등을 미리 켜지 않고, 일을 하며 시계도 잘 보지 않는다. 공공건물에 시계가 아예 없는 곳도 많다. 사회규칙과 시간약속은 자신의 필요에 따라 판단하고 정하면 된다. 중국인은 끊임없는 전쟁과 정치사회의 변혁을 겪어와 내일을 믿지 않는다. 실용주의의 화신(化身)이 될 수 밖에 없는 이유다. 이 같은 사고는 문화대혁명을 거치면서 더욱 고착화되었고 각자의 인생관과 사회관에 투영되어 나타나곤 한다.

반면에 한국인은 봄에 논밭에 나가 농작물을 심지 않으면 당해 가을에 굶어 죽을 수도 있는 척박한 자연환경을 물려 받은데다 미리 준비하지 않으면 배곯는 삶을 살고 신분상승을 꾀할 수도, 자식의 미래를 챙겨줄 수도 없어 '미리', '사전에'라는 관념에 매우 익숙하다. 이와 같은 양국의 역사적·지리적 배경과 관념의 차이는 종종 현대 비즈니스에 투영되어 사고방식의 충돌을 일으키며 협력의 실패로 이어지기도 한다. 특히 국제 비즈니스 경험이 일천한 중국기업인을 상대로 설득하려 드는 것은 별 소용이 없다. 중국인은 역사적으로 자신들의 방대한 시장을 바탕으로 국내 비즈니스에 집중해왔으며 정권의 직속 조직을 제외한 일반인의 해외 비즈니스 경험과 인식은 거의 제로 수준이었다.

중국인의 국제 비즈니스 경험 부족은 현장에서 바로 확인할 수 있다. 중국측 한마디에 중요한 미팅이 허무하게 취소되거나 미리 준비한 사업계획이 원점에서 다시 시작되어 신뢰와 명분이 사라지기도 한다. 한 사람의 중국인과 협상하고 있는데도 매번 다른 중국인의 생각을 듣는 것처럼 계속해서 얘기가 달라진다. 중국인은 자신의 이익을 챙길 방법을 찾지 못한 채 생각나는 데로 얘기를 던지고 한국인은 이를 관심으로 여기고 열심히 설명하며 끌려간다. 한국인은 상담 차 몇 차례 상호 방문하며 교분을 쌓았더라도 핵심이익에 대해서만은 단전호흡을 하듯 말을 줄이고 참아야 한다. 제품에 대한 자신이 있다면 시간을 벌면서 중국인의 의중을 파악하는 것이 중요하다. 종종 중국측이 큰 관심을 보이기라도 하면 조급한 한국인은 많은 정보를 한꺼번에 주기도 하는데 이는 비즈니스 게임에서 지는 길이다.

중국인은 수 천년 동안 자국시스템을 기준으로 살아와 비즈니스 사고도 자기중심적일 수 밖에 없다. 개혁개방 이후 중국기업이 대외 교류와 글로벌 규범에 따라 국제 비즈니스를 전개하고는 있지만 사적인 판단 기준과 협상 전략은 역시 자기중심이라 상대방의 입장을 감안한 협상 타결을 도출하기 쉽지 않다. 그들과 비즈니스를 하고자 한다면 오히려 그들의 입장에서 사업 리스크를 방지하고 이익을 창출해 주는 방안을 제시하는 것이 빠른 길이다. 배려 차원에서 색다른 아이디어를 제시하고 조언을 하는 것은 그들의 불안감만 가중시킬 뿐이다. 그러므로 관심을 보이지 않는 제품은 얘기하고 설득해도 소용없으니 시간 끌 필요가 없다. 설사 관심이 있더라도 우선 시장조사와 관계자 접촉을 위한 활동 경비를 요구하거나 추진 상황을 지켜보며 자신의 개입 여부를 판단한다. 반면에 한국기업의 제품 혹은 콘텐츠로 확실한 비즈니스가 되겠다고 판단하면 상대의 조건을 흔쾌히 수용하고 자신의 조직과 업무까지 재배치 한다. 마치 중국의 한 지방방송사가 한국의 최신 인기 오락프로그램 수입에 성공하면 기존에 편성했던 자체 프로그램의 시간을 줄이거나 조기 종영해 버리고 수입 프로그램을 황금 시간대에 편성한 후 사전 뉴스보도와 실시간 홍보까지 해 주는 것과 같다.

중국인은 상대방의 협상 자원과 생각을 파악하고 끌어내는데 능한 장사의 고수들이다. 그러므로 '최선을 다하자'라는 최면에 걸려 자신의 협상 카드를 소진하지 않도록 해야 한다. 중국 비즈니스에서 한국인 특유의 '소진(消盡) 비즈니스'는 헛힘만 쓰다가 차츰 몸과 마음의 '탈진(脫盡)'으로 귀결되는 경우가 많다. 설사 양측의 협상이 깨지더라도 중국인은 공짜로 좋은 정보와 국제 비즈니스 수업을 받은 셈이다. 중국기업인에 대한 확신이 안 서는 비즈니스에 자신의 자원을 소모하지 말아야 한다. 자신의 판단과 선택에 따른 자원 배분 능력은 중국사업의 성공과 자신을 보호하는 중요한 경영 노하우다.

상담을 하고 다시 만나기로 했던 중국인이 약속을 지키지 않았다면 후일 상대가 사과를 하던 핑계를 대던 자신의 아이템에 별 흥미가 없는 것이므로 관심을 접는 것이 좋다. 중국인의 '약속'은 반드시 지켜야 하는 것이 아니고 자신의 일에 대한 한가지 변수에 불과하다. 복잡한 사회구조로 인해 약속을 못 지킨 이유를 수 십 가지도 들 수 있어 잘못으로 인정되지도 않는다. 중국이라는 나라가 약속을 지키기 어려운 시스템과 문화를 가지고 있기 때문이다. 중국인과의 약속은 약속이 아닐 수도 있어 중국인과의 사업 경험이 없다면 첫술부터 큰 기대를 갖는 것은 금물이다. 하지만 중국인은 한국인의 약속에는 집요하게 반응한다. 약속을 한번 어겼다면 협력을 시작하더라도 계속해서 의심을 받을 것이다. 그러므로 구체적인 약속을 하지 않은 채 결과가 예상보다 좋으면 능력자로 존중 받을 것이고 좋지 못해도 그만인 것이다. 한국은 정치던 사업이던 중국인들에게 구체적인 약속을 하지 않는 것이 좋다.

중국인의 생존방식은 과거 수 많은 전란(戰亂)을 겪으며 체득한 지혜를 통해 형성되었다. 철저한 자기중심적 사고로 상황을 지켜보며 살 길을 찾는 것이다. 자신을 보호할 수 있는 시간적 여유와 공간적 여백을 두고 상대의 반응을 살피며 결론을 내린다. 그래서 사진처럼 자세히 묘사된 유화보다 여백의 공간을 살리며 사물의 특징만 살린 수묵화를 더 선호한다. 물 속을 유영하는 새우는 눈을 나타내는 두 개의 검은 점과 몇 가닥 선으로 충분히 표현할 수 있다. '여백의 문화'는 현대 중국인의 비즈니스 사고방식에도 그대로 나타나 세세히 적시된 계약서보다 대략적 협력 방향만 명시한 MOU를 먼저 만들어 놓고 상황을 지켜본다. 양측의 MOU 체결 시 중국측 대표가 탁자에 놓인 공용 펜으로 서명하는 것과 자신의 펜을 양복주머니에서 꺼내 서명하는 것은 참모 직원에게 전달하는 의미가 완전히 다르다. 전자는 좀 더 지켜보자는 것이고 후자는 추진하겠다는 의미다. 중국측이 새로운 제안을 하고 계획의 변경을 요청하기도 하는데 이는 상대방을 테스트하며 자신의 답을 찾아가는 과정이다. 상대가 중국을 잘 모르고 조급해 하거나 혹은 협상력이 떨어진다고 판단하면 이와 같은 실험의 강도와 횟수는 더욱 늘어난다. 설사 계약을 체결했더라도 최종 협상이 끝난 것은 아니며 얼마든지 수정될 수 있다.

중국인은 애당초 자신의 협상 방식과 목표를 정해 놓고 있어 불필요하다고 생각하는 얘기에는 귀를 기울이지 않는다. 협력에 관한 제안을 많이 할수록 약점만 잡히고 협상 공간은 줄어들어 주도권이 중국측 흐름으로 넘어갈 수 있다. 그러므로 사전에 중국측의 비즈니스 능력과 의지를 읽어내는 것이 중요하다. 상대가 다소 미온적이나 그래도 기회를 보고자 한다면 올인하지 말고 시간을 적당히 배분하며 접촉하면 될 것이다. 그들의 사고처럼 시간과 공간의 여백을 두고 협상을 진행하는 것이다. 중국에서는 같은 사업 아이템으로 여러 업체를 동시에 접촉하는 행위가 상도덕을 위배하는 것이 아니며 오히려 중국인의 신뢰와 조바심을 이끌어 낼 수도 있다. 가장 큰 자원 낭비는 불명확한 하나의 타깃에 집착해서 결론 없는 미팅만 지속하는 것이다.

중국인의 '여백의 사고' 구조는 중국어에서도 충분히 체현되고 있다. 중국말 중에 '큰 차이가 없다', '대충 같다'라는 의미인 '차부둬(差不多)'가 있다. 이 단어를 애용하는 중국파트너와 협력하면 골치 아픈 일을 많이 겪게 될 것이다. '다시 얘기하자(再說)', '고려해 보자(考慮)' 등과 같은 중국식 비즈니스 용어는 협상을 원만히 이끄는 음률이자 박자이기도 하나 때로는 상대가 관심이 없어 거절하는 것일 수도 있다. '문제 없다'는 말이 실제론 문제투성일 수 있고 '방법 없다'라고 하더라도 자신은 이미 방법을 알고 있거나 혹은 상대로 하여금 방법을 알아서 찾아와 보라는 얘기다.

그들 중에는 백설탕과 흑설탕의 차이가 한 글자 차이라는 이유로, 십(十)과 천(千)의 글자가 한 획 차이라는 이유로, 섬서성(陝西省)과 산서성(山西省)의 발음이 같다는 이유로, 오늘과 내일은 하루 차이라는 이유로 모두 '차부둬'라고 말한다. 일을 미루고 대충하자는 사고를 가진 사람들이 적지 않아 명확한 협력사업을 추진해 나가기 어렵다. 이처럼 처신이 분명하지 않은 중국인이 최악의 사업 파트너일 수 있다. 능력은 떨어져 보이나 '사람은 좋다'라는 것에 착각하여 사업을 시작하게 되면 소통하는 과정에서 고통이 커지고 그 고통은 차츰 공포로 변할 것이다.

중국인의 불투명한 '회색 사고'가 형성된 배경에는 많은 역사적 고초를 겪었음에도 꿋꿋하게 견지해온 '자기중심주의'와 '문화 우월주의' 그리고 '현실주의'가 자리 잡고 있다. 근대 중국, 서구 열강들에게 국권이 유린 당하고 국부가 침탈되어 나라가 망한 이유는 자신들이 아닌 외국 때문이며 현재 중국의 대성공은 완전히 자신들만의 공로라 여긴다. 또한 오늘날의 발전은 중화문화에 그 뿌리가 있어 세계의 발전과는 무관하다고 생각한다. 즉 중국인들은 자신의 곤경은 타인에 의한 것이고 자신의 성공은 모두 자신의 공로라 여기고 있으며 중국의 문명은 항상 무조건적으로 우월하다는 것이다.[1]

상기와 같은 중국인의 심리를 파헤친 책이 2016년 말 출간되었다가 관련 법규와 정책을 저촉했다는 이유로 판금 조치 되었다. 중국의 심리학자 우즈홍(武志紅)이 20년 동안의 사색을 거쳐 집필한 '큰 애기의 나라(巨嬰國)'가 바로 그것이다. 저자는 책에서, 중국인의 극도로 철저한 자기중심적 사고구조는 마치 큰 애기 심리와 같아 보살핌과 숭배를 원하고 있으며 그렇지 못하면 피해 망상에 시달리고 무력감과 불안감에 빠져 광적으로 남을 제압하려 들며 분노를 표출한다는 것이다. 대부분의 중국인이 황제가 되어 권력을 갖고 싶어하는 큰 애기 같은 꿈을 꾸므로 중국식 인맥을 넓히고자 한다면 반드시 중국인은 모두 큰 애기라는 것을 이해해야 하고 아울러 큰 애기에게 가장 중요한 것은 바로 보살핌이라도 분석했다. 이 같은 관념은 일반 가정의 가장과 업체 대표 그리고 관료 집단의 머리 속에 보편적으로 녹아있다는 것이다.

저자의 논리에 따르면 한국의 사드 배치는 중국인을 돌보지 않고 숭배하지 않았으며 황제의 권위에 도전한 셈이다. 사드의 효과 여부를 떠나 공산당이 한국을 길들이는 것이 필요했다면 당연히 관료와 군(軍) 그리고 매체는 자발적으로 각자의 수단을 통해 겁박(劫迫)하고 일반 중국인은 길거리 행동에 나서야 한다. 자연스럽게 '주군-신하-백성'으로 이어지는 암묵적 역할 분담이 실행되는 것이다. 하지만 보다 실체적인 것은 국가와 민족을 외치는 3자 모두에게 '자기중심주의' 사고가 깔려있다는 사실이다. 즉 주군은 '권력과 명분'을 위해, 신하는 '충성과 출세'를 위해, 백성은 '자신의 이익'을 지키기 위한 것이다.

백성들 입장에서는 사회안정을 유지시켜 자신들이 돈을 벌 수 있게 해 주는 정권이 최고의 정권이다. 또한 중국기업인 관점에서도 사업 기회를 만들어 주는 공산당을 지지하는 것은 자신에게 이익인 것이다. '강자는 항상 옳다'는 생존 철학이 몸에 베인 사람들에게 강자에 대한 도전으로 사회불안을 야기해 자신의 이익 창출 기반을 흔드는 세력은 모두 배척된다. 이는 민족주의와 애국주의와는 또 다른 개념이다. 분명한 것은 중국인은 철저히 자기중심적이고 실사구시적 사고를 한다는 것이다.

현대 중국인의 정서에 가장 큰 영향을 끼쳤던 것은 암울했던 근대 시기의 혼란기다. 현실을 만든 것은 시간적으로 현실과 가장 가까운 역사이기 때문이다. 중국의 현실에서 시간적으로 가장 가까운 것은 근대 중국의 슬프고도 비참한 역사다. 중국인의 마음 속에는 여전히 이러한 근대사의 낙인이 깊이 찍혀 있다. 극도로 예민하고 강렬한 민족주의적 언행이 이를 대변하고 있다. 당대 중국인의 '국민성'을 해독하는 것도 여기서 출발해야 하며 루쉰(魯迅)과 같은 중국의 사상가들이 과거에 내린 민족 특성에만 얽매어서는 안 된다.[2] 하지만 이와 같은 자기중심적 사고와 민족주의적 행동이 개인의 이익만 추구하고 국가와 사회에 대한 의무는 전혀 고려하지 않아 망국으로 이어진 사례도 많았다. 동시에 사람의 도리는 강조하되 누릴 수 있는 권리는 공평하지 않는 문화우월주의에 대한 허구성도 보여주고 있다.

상하 계급을 막론하고 자신의 문화와 조상에 대한 숭배만 있을 뿐 국가사회 전체를 아우르는 종교적·통념적 사회규범이 뿌리내릴 공간은 부족했다. 극도의 혼란 속에서 자신과 가족을 보호하며 살아가기에도 급급했으나 중화문명의 일원으로 남아있는 것에 만족했다. 그들이 자부하는 유구한 역사와 문명이 오히려 개인 삶의 입장에서 볼 때 떨쳐버릴 수 없는 굴레인 것이다. 전란과 의문투성이 시대를 겪으며 현실과 타협하고 적응하며 자기 합리화를 통해 스스로를 보호하고 생존을 이어왔다. 이와 같은 생리는 집권 세력들 입장에서도 별반 다를 바 없어 중국의 역사평가는 과거의 분석이 아닌 당대의 통치체제와 직결되는 현재의 과제다. 당연히 현 체제 중심으로 유리한 분석과 해석이 진행되는 것이다.

이를 현대 중국인의 비즈니스 사고에 적용해 보자. 일단 양자 간 협력사업에 문제가 발생하면 지난 일들을 따지고 증거를 제시해도 소용없다. 중국인은 자기 합리화를 통해 이미 책임을 회피할 충분한 논리를 갖추었고 자신의 이익보존과 출구전략도 마친 상태일 것이다. 중국인은 협력사업이 어렵다고 판단하면 관계를 오래 유지해왔음에도 불구하고 냉철하게 사업을 정리하려 할 것이다. 옛정을 운운하며 원만한 관계 청산을 위해 시간이 필요한 한국인과는 달리 중국인은 장사에 매우 비정하다. '자기중심주의'에 의지해 생존해온 중국인에게 동정심을 기대하긴 어렵다. 이는 겉으론 이기적인 것 같지만 이타적 사고도 깔려 있는 한국인과 대비된다. 헤어지는 중국파트너가 향후 기회가 되면 다른 사업을 같이해 보자는 말은 인사치레에 불과하며 중국인은 상대가 정리되면 미련 없이 잊는다. 어차피 중국은 사람 천지다. 그러므로 중국에 진출한 한국기업인은 협력 과정에서 끝이 보일 수 있으므로 미리 정리할 시간계획을 세울 필요도 있다. 조바심과 우유부단함은 상황을 파국으로 이끌어 결국 모든 것을 잃게 될 것이다.

중국인의 사유방식에 대한 진화는 느리지만 반면에 태생적으로 타고난 말솜씨는 자신의 책임을 면하고 스스로를 보호하는 무기로 작동된다. 일 처리는 엉성하지만 결과에 대한 구실과 도리를 완벽하게 조합한다. 모든 일의 귀결을 배경과 환경에 근거시키고 개인의 책임을 객관적 요인을 들어 회피할 수 있는 능력을 가지고 있다. 자신의 잘못을 인정하지 않고 설사 마음 속으로 인정하더라도 공개적으로 인정하는 데는 오랜 시간이 걸린다. 잘못을 범하거나 실적이 없으면 회사, 상사, 동료, 심지어 체제의 탓으로 돌릴 것이다. 중국은 이견과 구실이 많은 대국이다. 중국인은 자국은 물론 전세계에 대해 수 많은 이견을 제기하나 오직 자신에 대해서만은 이견이 없다.

비즈니스 상에서 중국인의 말에는 두 가지 주장 밖에 없다. 즉 자신의 도덕, 능력, 인격, 결백, 실적, 양심을 열심히 증명하려는 것과 또 다른 하나는 사장, 체제, 회사, 동료가 잘못되었다는 것이다. 중국인은 잘못에 대한 인정과 반성을 잘 이해하지 못하며 종종 자신의 잘못을 덮기 위해 더 크고 더 많은 잘못을 저지르기도 한다.[3] '실패는 성공의 어머니'를 외치며 실패의 평계로 삼으려 하나 '대충주의'로 인해 일들은 연달아 실패한다. '성공의 어머니'는 자신의 '어머니'가 아니므로 대충 건성으로 일하기 때문이다. 중국인의 고질적인 전통사유방식은 사회 진보를 더디게 하고 열심히 살면서도 스스로를 힘들게 만들어 삶의 질과 효율을 떨어트린다. 사람 사이의 관계 처리에 과도하게 집착했던 자신들 선현의 가르침은 격동의 역사를 거치며 '모략의 대가'를 양산하여 현대 중국에서도 정치 사회 영역 곳곳에 자리잡고 있다.

중국인이 진짜 중국인의 내면을 알고 싶어 하는 외국인 친구에게 조용히 일독을 권하는 책이 한 권 있다. 바로 1985년 대만에서 출판되어 베스트셀러를 기록한 '추한 중국인(醜陋的中國人)'이 그것이다. 중국인의 근성을 신랄하게 비판한 내용으로 중국대륙에서는 17년 동안 금서로 지정되기도 했다. '추한 중국인'은 지금까지 전세계 중국인에게 가장 널리 읽혀진 중국인의 심리 해부서(解剖書)다. 작가 바이양(柏楊)은 수 많은 중국인이 하나로 힘을 모으면 세상에 당할 자가 없어, 하늘이 세상 모두를 위한 은혜를 베풀어 중국인에게 단결하지 못하는 DNA를 심었다고 한다. 유머를 통해 내부 암투에 집착하고 협력하지 못하는 중국인의 특질을 비판한 것이다. 생존과 체면을 위해 종종 10개의 잘못으로 1개의 잘못을 숨기고 100개의 잘못으로 10개의 잘못을 가리는 일이 발생하고 매일 경쟁 상대를 분석하고 인맥관계를 구축하는데 인생과 정신을 낭비하고 있다는 것이다. 작가는 중국인의 추한 근성은 오직 중국인만이 해결할 수 있으며 아울러 국제사회의 문화적 도움이 필요하다고 주장한다.

이와 같은 역사적 배경과 사유구조를 지닌 중국인을 대상으로 중국에 무지한 외자기업이 그들과 소통하며 사업을 추진하기는 쉽지 않다. 로마에 갔으니 로마법을 따르던지(入鄕隋俗), 중국파트너가 문제를 일으키면 체면을 챙겨주며 시간을 주던지, 최악의 상황을 막기 위해 이별을 결단하던지 아니면 법적 해결을 준비하던지 해야 할 것이다. 분명한 자기만의 로드맵을 가지고 있지 않으면 작위적인 일들과 대화 속에서 허송세월만 보낼 수 있다. 무엇보다 진출 시 좋은 중국파트너 선택과 사업초기 중국직원과의 소통채널 및 관리체계를 잘 구축하는 것이 매우 중요하다. 그들과의 소통은 또 다른 시험이 될 것인바 빠른 시일 내에 학습하고 이해하여 활용할 정도로 숙련되어야만 할 것이다.

예로, 중국에서 제품 판매는 대리점 방식을 채택하는 경우가 많은데 우선 이들 대리점 주의 미수금에 대한 약속을 믿어서는 안 된다. 중국에서 거래 대금을 받아내는 것은 매우 힘든 일이다. 여러 가지 구실을 댈 수 있으며 지극히 자기중심적으로 결제 시기를 조율

한다. 여기에 막 중국시장에 진입한 외자 공급업체에 대해 길을 들이고자 하는 습성도 있다. 그러므로 비용 구조가 약한 기업일수록 사전에 대금 회수에 대한 원칙은 확고히 세워 놓아야 한다. 외상 거래는 반드시 실패한다. 대금 회수 업무로 인해 전체 사업이 엉망이 돼버릴 수 있기 때문이다. 중국에서 물건을 먼저 가져가서 팔리면 주겠다는 조건을 인정한 것은 물건을 넘겨준 사람이 모든 책임을 지는 것을 의미한다.

외상 거래는 현금 부족에 따른 흑자 도산의 시작이다. 규모가 작은 기업일수록 중국시장 진입 시 시장확대보다는 현금 흐름에 훨씬 더 집중해야 한다. 애초에 담보를 세울 수도 없는데다 분쟁이 발생하여 중국법원으로부터 미결제 대금 지급 판결을 받아 내더라도 시간과 환경은 대리점 주 편이라 외국인이 받아 내기는 거의 불가능하며 심지어 소송 과정에서 아예 탈진해 버린다. 제조업체가 대리상을 회사 직원처럼 관리하며 신뢰를 쌓은 후 제품의 채권확보 차원에서 대리상과 공동으로 구좌를 관리할 정도가 되면 이상적이나 현실은 그렇지 못하다. 초기에 제품이 잘 팔려 협력 관계가 구축되더라도 시장 환경의 변화로 미수금이 쌓이기 시작하면 대리상은 미수금을 공동자산으로 생각하고 정리할 생각을 하지 않는 경우가 많다. 친분 관계가 담보로 잡혀 끌려가기 시작하고 이를 따지는 시점이 되면 돈과 사람을 모두 잃는 것이다.

초기 중국파트너 선정 시 상대의 자금력, 상도의(商道義), 평판, 인성, 과거 행적, 관상 등을 면밀히 체크하는 것은 아주 중요하다. 자신의 직관력과 느낌에 귀를 기울여야 한다. 필요 시 신용조사를 해 주는 국내외 기구에 의뢰하여 상대방의 경영실태, 은행거래, 채권·채무 상황 등을 체크해 봐야 한다. 중국인의 약속을 사업 계획과 연계하다간 큰 곤경에 빠질 것이다. 자기 제품에 대해 자랑만 할 것이 아니라 이를 어떻게 판매하여 제때 현금화 할 것인가를 사전에 정해야 한다. 파트너와 함께 유통채널을 구축하고 이를 위해 각자의 책임소재를 명확히 하는 계약서를 작성함과 동시에 이를 보완할 자신만의 또 다른 원칙과 방안도 가지고 있어야 한다. 자신의 제품에 자신 있다면 현금 판매를 고수해야 하며 일단 원칙이 통하면 고생한 시간은 바로 만회된다. 중국 거래처 또한 자신이 직접 돈을 지불하고 사온 물건을 팔아 재고를 남기지 않기 위해 최선을 다 할 것인바 이를 통해 상거래와 인적 교분은 차츰 자리를 잡아갈 것이다. 한편 중국기업과 무역거래를 할 때도 신용장 거래와 현장 확인 등의 원칙을 세워 놓아야 한다. 거래를 막 시작한 시점보다 거래가 몇 차례 오고 간 다음부터 더욱 경계해야 한다.

상기 언급한 중국인의 비즈니스 사고 특성을 모든 중국기업인에게 일률적으로 적용하긴 무리다. 하지만 분명한 것은 한국기업인이 그들의 느림과 포커페이스를 이기기는 쉽지 않다는 것이다. 무엇보다 '자기중심주의'를 바탕으로 자행되는 '중국특색의 시간'에 대한 개념을 빨리 이해하고 면역력을 키워 대응해 나가야 한다. 중국인은 1년 단위로 경영목표를 설정하는 한국인을 이해하지 못하고, 한국인은 목표조차 없는 중국인에 대해 무책임하다며 불안해 한다. 하지만 중국인은 일단 돈 벌 기회를 포착하면 초를 다투어 일을 추진한다. 평상시와는 다르게 이익이 목전에 있으면 세상에서 동작이 가장 빠른 사람들이 바로 중국인이다. 평상시 긴밀한 소통으로 함께 춤출 수 있는 기회를 잡아야 하는 것이다.

수교 이후 양국은 산업의 보완성과 문화적 유사성으로 민간교류가 급증했으나 상호 이질적인 관념의 차이는 미처 발견하지 못했다. 서로 간에 착시·착각 현상이 내재된 가운데 이익을 둘러싼 문제와 맞닥뜨리면서 양측의 체제와 사고방식에 엄청난 갭이 존재하고 있다는 사실도 알게 되었다. 특히 중국에는 아직까지 북경·상해 등 대도시와는 달리 주민과 공무원의 사고와 소양이 전근대적 수준에 머물러 있는 지방 소도시도 많다. 마치 현대를 살아가는 옛날 사람과 대화하는 것처럼 다양한 시대상이 공존하고 있는 가운데 현지에 진출하는 한국기업인이 개인적 노력으로 시대적 사고 차이를 메우기는 불가능하다. 그럼에도 자신의 의지로 이들 지역에 진출한다면 우선 사고와 언행을 그들의 눈높이에 맞추어야 할 것이다. 그들의 내부 차이, 판단과 실속, 느림과 여유 그리고 시간과 약속에 대한 개념을 어떻게 이해하고 이를 필드에서 활용할 것인가는 '중국식 경영'의 중요한 일부분이다. 이는 누구도 도와 줄 수가 없어 스스로 체득하는 수 밖에 없다. 일단 중국사업과 생활을 시작했다면 한국식 시간 개념과 생체 및 사고 리듬을 현지에 맞추어 조정해 나가는 훈련부터 시작해야 할 것이다.

문혁(文革)과 중국기업인

　현대 중국기업인의 정신세계를 이해함에 있어 과거 '문화대혁명'을 참고할 필요가 있다. 1949년 신 중국 건국 이후 중국에서는 여러 가지 큰 사건들이 있었으나 그 중에서 대규모 정치·사상 투쟁이었던 문혁은 중국인의 사고구조에 지대한 영향을 미쳤다. 현재 중국의 국유기업 혹은 민간기업의 대표 혹은 간부들 중에는 1960년대 중반기부터 약 10여 년간 지속된 문혁 시기 때 유년시절을 보낸 사람들이 많다. 연령으로는 대략 50~60대에 집중되어 있고 이들이 겪었던 왜곡된 '생존법'은 다음 세대까지 전수되었다. 현 중국의 관료와 지식인 그리고 중국기업인의 내면세계를 좀 더 정확히 알기 위해서는 문혁에 대한 이해가 중요하다. 문혁에 관한 실제 자료는 물론 관련 소설, 수필, 영화, 다큐, 고백록 등을 섭렵하여 그들이 살아온 삶과 시대적 배경을 학습하고 현대 중국기업인들의 이면적 정신세계를 들여다 볼 필요가 있다. 이를 통해 중국인과의 비즈니스 협상은 물론 공공관계 설정과 경영전략에도 참고해야 할 것이다.

　문혁 기간은 한마디로 정신의 광기가 난무하고 본능을 억압하는 처참한 운명의 시대였다. 순수와 정직은 실험 대상이 되어 분쇄되고 위선과 기만으로 살아남던 시대였다. 문혁이 끝나고 개혁개방이 시작된 이후 어떤 이는 과거의 정신적·육체적 고통을 승화시켜 남보다 빨리 세상에 눈을 뜨고 새 사람으로 거듭나기도 했으나 아직까지 과거의 광기를 감추고 미소 짓는 가식적인 군상도 아주 많다. 중국의 사회신용체계는 종교적 신앙이 부족하고 도덕관이 낙후된 사회적 배경 하에 문혁까지 거치며 거의 붕괴되었다. 스스로 잘못을 인정하는 것은 곧 죽음이라 어떤 것도 미리 준비할 필요가 없었으며 모든 것을 상대방의 탓으로 돌리거나 극렬히 발뺌해야만 했다. 문혁이라는 소재를 많이 다룬 중국의 베스트셀러 작가 '위화(余華)'는 "중국에서 성공한 사람들의 특징은 타인에게 절대로 상처를 받지 않는다는 점이다. 하지만 그들이 타인에게 상처 주는 것에는 아주 유능하다"라며 과거 문혁을 겪은 세대의 뒤틀린 생존법을 비판하고 있다.

개혁개방 이후 중국 사회에서 크게 성공한 경제인 중에는 사회 밑바닥부터 시작하여 인격적으로 자수성가한 사람들도 많지만 현 정부관리나 회사대표 중에는 문혁을 거치며 수단 방법을 가리지 않고 오직 살아남는 법만 터득한 이들도 적지 않다. 지난 시절의 어두운 삶에 대한 트라우마를 갖고 있는 이들의 과장된 언행은 짐짓 애국자로 포장되기도 하나 사석에서는 숨 죽여 살아온 실제 모습을 여지없이 드러내며 정치사회에 대한 격정적 비판과 불만을 토로한다. 또한 문혁은 중국학계에도 영향을 미쳐, 광풍(狂風)의 시기 때 많은 엘리트들이 중국을 떠났고 남은 자들은 사상의 자유가 구속된 가운데 집권 세력을 위해 천편일률적으로 연구하는 '관변학문'의 한계를 벗어나지 못했다.

중국사회는 문혁 이후 신앙을 잃어버렸고 이어진 개혁개방 이후에는 도덕성이 자라날 토양을 상실했다. 길 바닥에 쓰러진 노인이 도움을 준 사람을 도리어 가해자로 몰고, 부를 일군 자들의 인명 경시 풍조도 생겨났다. 서로 치명적인 상처를 주고 받던 시기를 겪은 중국인이 같은 중국인을 의심하고 존중하지 않는 것이다. 중국에 거주하는 외국인은 가끔 일시적 충동으로 범죄를 저지르곤 하지만 중국인은 일년 내내 자기보다 못한 중국인을 무시하는 경향이 있다. 문혁의 격변기를 보내며 자생된 뒤틀린 정서가 아직까지 치유되지 않고 있음을 보여준다.

중국기업인과의 교류 시 겉으로는 사고의 균형감각을 갖추고 있는 듯 하나 때로 비즈니스 얘기 외에 자유, 영토, 인권 등 민감한 주제를 다루면 갑작스레 격양되는 모습을 보이기도 한다. 심지어 문혁과 무관한 세대들조차 정치사회적 이슈를 놓고 문혁 시대와 비슷한 장면을 연출하고 있어 아직도 문혁은 중국사회 저변에 치유되지 않은 흔적으로 남아 있다. 좀더 구체적으로 살펴보면, 중국기업인은 자본주의 개념과 자유기업 사상에 대한 무지함을 보완하기 위해 기업경영에서 '중국문화철학 사상'에 과도하게 의존하고 시비가 분명치 않은 회사 운영을 시도한다. 전통적 사회윤리 도덕관이 시장경제가 요구하는 현대상업윤리 도덕관과 혼재되어 아무 규칙도 없는 사내 환경을 조성하는 것이다.

중국기업인이 겉으로는 현대기업인의 모습을 하고 있지만 내면에는 여전히 오래된 봉건사상과 문혁에 의한 행위규범 및 가치관이 자리잡고 있어 시시각각 그들의 경영방식과 일상관리 등의 행위를 통제하고 있다. 한번씩 외자기업이 중국기업인의 황당한 행동과 결정을 이해하지 못하는 것은 바로 이 때문이다. 더욱 무서운 것은 평상시엔 이 같은 사고구조를 전혀 감지하지 못하다가 결정적인 순간에 터져버려 대책이 없는 경우다. 한국인과 손해 봤던 장사를 한적이 있어 억울했거나 혹은 무시당한 경험이 있었다면 사드 사태로 사회적 분위기가 바뀌는 것에 편승하여 한국의 거래처를 골탕먹이고 해코지 한 사례도 있을 것이다. 왜곡된 관념이 '전통사상'으로 포장되어 기업경영에 접목되어 도움이 되기는커녕 기업의 발전을 가로막고 있는 주범이 되기도 한다. 회사 간부는 내부개혁과 시장 개척에 힘쓰기보다 직원들의 언행을 규제하며 가진 권한을 지키는 것에 집착하고 자신의 조직을 통해 경쟁자를 배척하고 공격한다. 개인의 분발을 촉구하는 각종 허위적인 구호는 직원들로 하여금 형식주의와 보신주의에 빠지게 하고 복종으로 위장한 채 개인의 이익만 도모하는데 시간을 보내게끔 만든다.

기업대표의 권위주의 경영은 직원들의 창의성과 적극성을 유도하는 것이 아니라 생존만을 생각하는 범용(凡庸) 직원만 남고 인재는 몰아내는 풍토를 조성한다. 집체주의(集體主義)를 위해 능력보다 친분으로 사람을 선발하고 이에 따라 중국의 또 다른 전통인 사내 암투가 시작되기도 한다. 내부의 계파는 경영이념 혹은 목표 상의 차이가 아닌, 중간 보스를 중심으로 갈라진다. 각 계파 세력의 강함과 약함은 발언권의 높고 낮음에 달려있지 경영성과 혹은 능력에 달려있지 않다. 회사발전을 위해 솔직한 의견을 개진하는 간부는 모두가 싫어하는 공공의 적이 되어 버린다. 결국 우매한 기업주를 중심으로 범용인재와 소인배만 득실거리는 것이다.

이 같은 환경에서 기업인의 합리적인 사고는 발아(發芽)되기 힘들고 경영 상의 문제는 종종 전통적 사고방식의 틀 속에서 봉합되어 버린다. 또한 경영 실패를 최소화하기 위한 노력은 조직시스템이 아니라 사업주 개인의 능력과 경험에 의존하여 기업문화는 점차 권위주의 색채를 띤다. 이에 따라 회사는 사내 계급질서 확립을 더욱 중시하고 사업은 시장경쟁이 아니라 인맥활용에 더욱 골몰하며 추진한다. 공정 경쟁을 통한 적자생존이라는 시장규율이 적용되는 것이 아니라 기업대표의 권모술수의 활용 정도에 따라 경영성과가 좌우되는 것이다. 이를 통한 몇 차례의 성공은 기업인으로 하여금 명리(名利)에 빠져들게 하고 맹목적으로 사업을 벌이다가 가진 지식과 경험의 한계에 부닥치며 파산한다. 중국기업 특히 민간기업의 생명주기가 단기에 그칠 수 밖에 없는 사회문화 환경인 것이다.

개혁과 제도건설이 중국경제의 발전 속도를 따라가지 못하는 가운데 시장메커니즘에 의해 분배되어야 할 사회자원이 상당부분 권력과 인맥에 의해 통제되고 있다. 인맥이 있으면 변통이 되고 정리가 되며 처리가 되는 시스템인 것이다. 아직까지 문혁 세대를 포함한 수 많은 중국기업인은 정책과 시장 그리고 제도와 법률을 활용하는 것이 인맥에 의존하는 것보다 못하다고 여긴다. 청탁(請託)의 주체는 고관(高官)부터 일반 백성들까지 모두 아우르고 청탁의 객체는 공공자원을 장악한 부문에서 일하고 있는 크고 작은 관원들이다. 청탁하는 자가 동시에 청탁 받는 자가 되고, 청탁 받는 자 또한 청탁하는 자가 된다. 이렇게 상하좌우로 교차되고 확대되며 중국의 거대한 '청탁도(請託圖)'가 그려지는 것이다.

이와 같은 청탁도에 중국의 '인정(人情)' 요소까지 녹아 들어 원래 사회구제기능 제도로 문제를 해결해야 할 일들이 청탁으로 변모되어 진행된다. 청탁이 일상화되면서 인간관계는 일종의 잠재 규정이 되고 정신적 가치는 탈색된다. 나아가 권력과 금전 거래가 이루어지고 특권이 형성되면서 청탁 범위는 계속 확대된다. 청탁을 들어 줄 수 있는 권력자에 선을 대기 위한 인맥구성과 소통·유지를 위해 조직과 가정 그리고 개인의 자원과 정력이 투입된다. 권력을 기초로 한 인간관계로 엮인 사회에서 인정이라는 요소는 상식과 능력보다 더욱 중요한 결정요인이 된다. 이 같은 사회는 인재의 재능이 인맥구축과 권모술수에 사용되어 사회의 혁신기능을 갉아먹게 된다. 청탁자가 도처에 있고 이익이 거래되는 상황 속에서 일상의 사회교류는 정신적 스트레스가 되고 인정은 부채가 되어 모두가 피곤해지는 관계사슬이 되는 것이다.

문혁 시기에 일부 국유기업 대표와 간부들은 강한 처세술로 살아남았고 민간기업 대표들은 계획경제시스템 속에서 틈새 기회를 발견하고 인맥을 통해 사업을 시작했다. 이들은 현대기업제도와 기업경영에 대한 이해도는 낮지만 강한 생존정신으로 무장하고 있다. 이들과의 비즈니스 협상과 교류에는 그들의 성장 환경과 시대적 배경을 이해한 후 접근하는 것이 중요하다. 이들 중에는 설사 기업대표라 할지라도 협력의 파트너로 삼기에 부적합하고 혹은 현지에서 중견 관리자로 채용하기에 부적절한 이들이 많이 숨어있다.

최근 중국사회에서 과거 문혁 시기를 재조명하여 공과(功過)를 따지고 개별적으로는 당시 자신이 고통을 안겨준 이들에게 공식적인 반성과 사과를 표명하는 사례가 줄을 잇고 있다. 이는 잘못을 인정하는 전통이 부족한 현 중국사회에서 경제발전과 더불어 아직까지 인성은 살아 있음을 증명하는 것이다. 일부 중국 지식인의 고백과 참회는 향후 중국사회의 건강한 발전을 촉진하는 역할을 할 것이다. 하지만 당분간은 문혁의 그림자가 기성 세대의 사고 판단에 계속해서 영향을 미치는 귀신으로 남아 있을 것이다.

돈 많은 중국인 사업가

광란의 문혁 시기를 벗어나 1979년에 개혁개방이 시작되면서 재빠른 중국인들은 무한한 사업 기회를 포착했다. 냉탕이 열탕으로 바뀌듯 문혁의 암울했던 사회가 개혁개방으로 인해 중국인의 머리가 어지러울 정도로 달아올랐고 연안 지역에 설치된 경제특구는 중국인의 잠재된 사업 욕구가 분출하는 해방구가 되었다. 경제사회의 대변화를 목도하며 중국기업인의 공산당 찬양은 문혁 시기의 생존 수단이 아니라 이익 창출을 위한 기회 포착 수단으로 바뀌었다. 개혁개방 이후 중국은 이념적 독자노선에, 공산당 지도부의 신념을 축으로, 자본주의 시장경제체제의 기본 원리를 바탕으로, 자국의 특수성을 가미한 중국식 발전 모델을 추구했고 기업인은 특수한 시장환경에서 기회를 잡아 부를 축적했다.

개혁개방 직후에는 계획경제체제 시스템이 남아있는 가운데 민간기업인은 한몫 잡기에 열 올리는 장사치에 불과했다. 좋은 정보와 인맥을 통해 아이템을 정한 후 생산 혹은 무역으로 일시에 거금을 손에 쥐는 경우도 많았다. 하지만 현대기업경영 경험에 무지하여 국내외 시장 급변과 오더 감소는 즉시 파산으로 이어졌다. 관

(官)을 낀 영업과 인맥을 통한 경영에만 집착하다가 경기가 침체되고 인맥이 끊어지면 줄 도산하며 시장에서 사라지는 패턴이 반복되었다. 정부의 정책만 쫓아가는 일시적 노점상형 기업경영을 하는 장사꾼이 많았고 장기사업계획 없이 유행을 쫓아 광고에만 매달리며 한몫 노리는 환경 속에서 보편적 상도덕을 갖춘 '기업가(企業家)'가 배양되긴 어려웠다. 이는 개혁개방 초기 사회신용체계 부재, 시장질서 혼란, 금융자원의 국가독점과 중소기업의 자본조달 곤란, 중소기업에 대한 비우호적 시장 환경 등에 기인된 결과이기도 하다. 원죄(原罪)를 안고 시작된 개혁개방과 이어진 경제성장으로 많은 졸부가 탄생했지만 사회 시선은 곱지 않았다. 예로부터 스스로 재물을 일군 자를 동경하는 중국인이지만 개혁개방 이후의 부호는 정당한 수단으로 부를 축적한 사람들이 아니다라는 편견을 가졌다. 중국경제의 급성장과 시장경제의 실험의 장에서 많은 민간기업이 사라지고 일부 외자기업도 중국시장을 실험하고 동시에 자신도 실험되는 가운데 국가의 '전체적 발전'이라는 구호와 논리에 모든 불공평과 불합리 그리고 부조리는 묻혀버렸다.

사실 문혁과 정치체제의 영향으로 중국기업인은 체질적으로 관료적 사고로 기업을 운영하려는 경향이 강하다. 이 역시 정부의 관료가 되는 것은 가문과 개인의 영광이자 아래 사람을 부릴 수 있다는 계급사고가 기업관리에서도 체현되는 것이다. 직원이 어리석을수록 관리가 쉽다는 생각을 가진 채 기업이 잘 나갈 때는 자신의 능력을, 기업이 어려우면 직원들 책임으로 돌리는 것이다. 기업경영에 대한 관료적 사고는 중국의 특수한 기업관리 형태로 이는 변화를 거부하는 회사의 안정제일주의 경영, 직원들의 수동적 언행, 임금 외 회색수입 추구와 같은 부작용을 양산했다. 회사의 발전전략은 고사하고 기업주의 우둔한 경영관과 조직을 이용해 개인의 이익을 도모하는 분위기 속에서 암투에 능한 고수만 배양되었다.

규범은 없고 수단만 있어 목표를 위한 협력이 어려운 중국기업문화가 경제사회의 급성장과 함께 많은 문제점들이 가리워져 있다. 고질병을 덮어둔 채 전통가치관을 운운하며 시장경제와 배치되는 중국특색의 경영방식이 성행하고 있는 실정이다. 기업의 목표는 경쟁을 통한 부가가치 창출로 달성되는데 중국기업은 기업인의 체면과 현재가치 유지가 목표인 경우가 많다. 직원의 창의성과 인격의 독립성 부재는 기업의 혁신능력 상실로 이어지고 내부의 적을 통해 기업자산이 계속 유실되기도 한다. 설사 일부 기업이 소유와 경영을 분리하고 있더라도 '신탁책임'이라는 개념이 없어 소유권자는 끊임없이 전문경영인을 의심하게 된다.

현대기업가 정신이 싹틀 수 없는 중국의 정치적·문화적 토양으로 중국기업이 어느 정도까지는 정책과 시장에 힘입어 급성장하겠지만 일정 수준에 이르면 재도약에는 한계가 있다. 경쟁과 효율이 아니라 인맥 자원에 의지하여 단기이익 창출로 성공한 기업의 제품과 경영방식을 무조건 카피하는 행위는 중국기업의 '경영의 동질화'를 가져와 해당 제품 분야에서 탁월한 선도기업이 출현하는 것을 막고 있다. 여기에 기업을 영위하는 목적이 개인재산을 축적하는 수단에 불과하고 한번 성공하면 몇 대가 먹고 살 만큼 돈을 벌 수 있는 자국시장이 있어 현대기업전략 운운하는 것은 그들의 관심사가 아니다.

세계에서 가전, 핸드폰, 자동차, 의류 등 많은 제품의 가장 큰 시장을 보유하고 세계의 모든 그룹(Group)과 총재(總裁)의 숫자를 합한 것 보다 훨씬 많은 '집단(集團·Group)'과 '총재'가 있음에도 성장세를 지속하고 세계적 독자브랜드를 갖고 있는 선도기업은 몇 개 되지 않는다. 이는 앞으로도 진정한 의미의 현대기업가 철학을 가진 중국기업인이 국제 사회에 출현하기는 쉽지 않음을 반증하고 있다.[4] 권력 임대와 편법 그리고 부패를 기반으로 한 전근대적 사업마인드는 개혁개방 40년을 지나고 있는 지금에도 기회주의와 배금주의의 확산과 함께 여전히 강력한 힘을 발휘하고 있다.

중국에 진출한 한국기업인은 정직하고 성실하게 기업을 일구어 온 중국파트너를 만나려 노력하겠지만 그래도 역시 눈에 먼저 들어오는 파트너는 능력을 가진 중국기업인일 것이다. 하지만 분명한 것은 개혁개방 후 운 좋게 부를 일군 중국기업인과의 협력은 매우 신중해야 한다는 것이다. 그들은 때로 방자하여 협력을 건성으로 여기고 심지어 사업을 장난처럼 생각할 수 있다. 자신의 성공담과 재산 규모 그리고 인맥을 자랑하고 다소 위험해 보이는 비즈니스 수법을 제안하며 상대를 떠보기도 한다. 뜬금없이 한국에서 조만간 전쟁이 날 가능성과 한국 내 금융서비스를 받기 어려운 점 그리고 한국과 할 만한 사업거리가 없다는 투로 한국을 평하기도 한다. 말하자면 한국인의 비즈니스 제안에 별 관심이 없는 것이다. 국제 비즈니스를 일시적 재미로 생각하는 사람에게 사업과 협력에 대한 가치관, 사회와 직원에 대한 존중, 개인적 품격을 기대하는 것은 어불성설이다. 화려해 보이지만 절대 사업을 같이 하면 안 되는 부류를 알아채야 하는 것이다.

중국인 입장에서 타국인 한국인의 사업 제안은 자신이 선택할 수 있는 수 백 가지 비즈니스 중의 하나에 불과하다. 현재 매우 쉽게 돈을 벌고 있고 자국 내에 사업거리도 늘렸는데 뭐가 아쉬워 잘 모르는 외국인과 사업을 하려 들겠는가. 이들이 외국회사와 체결하는 MOU는 대외 과시용·선전용에 활용되고 사업보다는 자녀 유학과 해외재산 은닉에 관심을 두는 경우가 더 많다. 한국인은 돈 많은 중국사업가 친구가 있음을 주변에 자랑하고 중국친구가 무심히 내뱉은 사업 얘기를 비즈니스로 엮어 보겠다는 생각을 해서는 안 된다. 쉽게 부를 쌓은 사람은 친구 관계도 협력도 쉽게 생각할 수 있다. 그들이 중국에서 쉽게 돈 벌 수 있는 방법은 너무도 많다. 한국인 중에는 학력 콤플렉스를 갖고 있는 중국사업가를 중국의 명문 대학이 개설하는 교육사교 프로그램에서 알게 되어 소기의 목적을 달성했다고 생각하는 사람들이 있다. 하지만 사람 자체보다 겉으로 드러난 능력만 보고 사귀다간 어느 날 갑자기 중국친구가 잡혀갔다는 소식을 들을 수도 있다. 오히려 동 교육 프로그램에 중국정부의 초급 공무원이 등록했다면 장기적금을 든다고 생각하고 꾸준히 교분을 이어가는 것이 훨씬 가치 있을 것이다. 초급 공무원 친구가 후일 정부의 고관(高官)이 될지도 모르는 일이다.

돈 많은 중국사업가 중에는 선대로부터 부를 물려받은 2세들도 많다. 이들은 생각보다 숨겨진 부(富)가 많고 사업은 소일거리에 불과해 이들과 관계를 엮어 보고자 괜한 시간을 낭비할 필요가 없다.

일부 중국지식인이 이들을 두고 놀리는 것처럼 '무리끼리 먹고 마시며 놀다가 죽기를 기다리는(混吃等死)' 부류의 사람이 적지 않은 것이다. 세상의 변화를 읽는 사고가 미숙한 기업인이 너무 빨리 부를 축적하는 것은 자신은 물론 주변인 모두를 위험에 빠뜨릴 수 있다. 한번의 좌절도 없이 손쉽게 거금을 손에 쥐어 자신의 경영방식이 최고라고 생각하는 사람들에게 선진기업경영 이론과 원칙 그리고 기업가정신을 논하는 것은 무의미 하다. 이들은 개혁개방 초기에는 쉽게 돈을 벌고 근로자도 찾기 쉽고 말도 잘 들었으나 지금은 임금상승과 구인난은 물론 세무와 환경 그리고 노조 설립 등에 관한 정부규제가 많아져 어떻게 하면 사업을 관두거나 혹은 양도할 것인가를 고민하고 있다.

중국 속담에 '썩은 나무는 조각이 안 된다(朽木不可雕)'라는 말이 있다. 기업가정신이 각인되기 어려운 일부 졸부와 2세는 먹고 마시며 즐기는 가운데 사치품 매매, 고급 요식업, 엔터테인먼트, 온라인게임 사업 등에만 관심을 보인다. 이는 모두 제조와는 달리 골치안 아프고 경기침체도 상관없이 중국인들이 평생 즐길 수 있는 사업 분야다. 외국인이 이들과 동 사업을 같이 할 수도 있겠지만 유의해야 할 점은 만에 하나라도 이들의 일탈 행위가 사회에 회자되면 일순간에 공산당의 제재를 받을 수 있어 검증되지 않은 돈 많은 중국사업가는 되도록 멀리 하는 것이 좋다.

아일랜드의 시장조사업체인 '리서치앤마켓(Research and Markets)'의 보고서에 의하면 2016년 한 해 동안 100만 달러 이상의 자산을 보유한 중국인 9000여 명이 자신의 나라를 떠났다. 잇단 대형 테러에 두려움을 느끼고 있는 프랑스(12000명)에 이어 2위를 차지했다. 이들 중에는 정상 이민자도 많지만 부정부패로 부를 축적하여 사정당국과 사회적 시선이 두려워 엑소더스(exodus) 하는 사람도 많다. 이들이 향한 국가는 대부분 호주·미국·캐나다 등지였다.[5] 이들 중에는 권력자 자제들이 민간대기업의 뒤를 봐주는 대가로 해외 자산을 취득한 경우도 많을 것이다. 비즈니스 경험이 없는 이들이 단시일 내 거부가 되는 것은 기존 민간대기업에 대한 사업정보 제공과 권력지분 확보 그리고 기업간 거래 등을 통해 충분히 가능하다.

중국의 동방망(東方網) 조사에 따르면 2003년부터 약 10년 간 중국의 부호 중 70 여명이 질병, 자살, 타살, 사형으로 비명에 갔고 이들 사망 후 유산을 둘러싼 분쟁은 극단으로 치달았다. 이중 자살 원인은 정신질환, 채무관계, 해외 재산도피 적발, 가정사, 돌발적 경영위기 등이 있다. 중국기업인이 쉽게 부를 일군 탓에 외부충격과 자기컨트롤에 상당히 심약한 모습을 보이는 것이다. 39세의 나이로 중국 최대의 가전유통업체인 궈메이(國美)를 일구어 한때 중국부호 1위에 올랐던 황광위(黃光裕)를 비롯하여 2000년대 들어 중국부자 랭킹 순위에서 추락한 28명의 민간기업인을 분석해 보면 창업한 기업의 운명은 채 20년을 넘기지 못했고 창업자는 부자랭킹 순위에 오른 직후 바로 당해 연도 혹은 길어야 5년 안에 몰락했다.

짧은 기간 동안 '미래 기업가의 별', '10대 민간기업인', '가장 영향력이 큰 기업가' 등의 칭호를 받으며 화려하게 등장했다가 바로 사라져 버린 것이다. 이들은 주가조작, 농지 불법 점거, 계약서 위조, 사기, 탈세, 뇌물공여, 국유자산 침해, 공금횡령, 회계 조작, 변칙 상장, 공문서 위조, 신용장 위조 등의 죄목으로 현재 감옥에 있던지 아니면 해외 도피 중이거나 행방불명 상태다.[6] 중국 공산당 일당 독재의 사회주의 국가인 중국에서는 민간기업인의 이름이 세상에 알려지는 순간부터 사업과 인생에 리스크가 따라 붙는 것이다.

사업 초기 총명하고 성실했던 중국의 민간기업인이 불행한 말로를 겪는 이유는 체제 상의 특수한 비즈니스 환경에다 현대기업경영 경험과 철학이 없는 가운데 중국의 시장팽창과 함께 쉬운 성공을 맛보기 때문이다. 편법과 불법의 수단을 배우고 맹목적 다각화 투자로 사업확장의 쾌감을 느끼고 욕망은 더욱 커지는 것이다. 중국 민간기업인의 실패는 기본적으로 도덕경영 의식이 부족하고 법률과 시장질서를 무시하는 것에서 기인되나 좀 더 근원적인 문제는 지방정부와 결탁하고자 하는 민간기업인의 심리와 함께 사업 규모가 커지고 국유기업의 영역에 도전하는 과정에서 산업정책 변화에 따른 거시조정의 희생양이 될 가능성 크기 때문이다.

여기에 민간기업인이 회사를 키우는 과정에서 주변에 많은 적을 만들었다면 성공과 함께 그 동안 기회를 엿보던 주변의 적들과 경쟁자의 공격이 시작된다. 매체보도를 통해 기업인과 회사의 치부가 드러나면 정부는 조사에 들어가지 않을 수 없고 그 동안 뒤를 봐주던 세력은 종적을 감춘다. 일단 조사를 시작하면 범법 행위가 발견될 수 밖에 없어 돌연 사망하는 것은 이미 정해진 수순이다. 민간기업의 소재지역 정부와 공무원이 불법을 조장한 측면도 있지만 중앙정부 입장에서 민간기업의 불법경영에 대한 단죄는 상황을 정리함과 동시에 사례를 통해 시장 참여자에게 경고할 수 있는 기회도 얻은 셈이다.

중국의 민간기업은 스스로를 계도하여 내실을 다지고 주변을 살피며 준법경영을 하지 않으면 언제던지 공격받아 몰락할 수 있는 체제의 약자 부류다. 향후 중국의 민간기업은 국유자본과 국제자본 그리고 국유기업과 다국적기업 사이에서 쉽지 않은 생존의 길을 갈 수 밖에 없다. 관련 매체를 통해 항상 바뀌는 부자 순위와 부가 존중받지 못하는 사회 분위기 그리고 혹시 있을 지도 모르는 정부의 살생부(殺生簿)로 인해 불안해 하는 부자 등 중국경제의 지속발전과 함께 앞으로도 중국의 부자들이 시장에서 나타났다 사라지기를 반복하는 현상은 계속될 것이다. 한국기업인은 현 중국의 체제 하에 민간기업의 발전은 태생적 한계를 지니고 있음을 인식하고 중국기업인과 협력을 도모할 때는 부를 일군 중국인의 겉모습만 보지 말고 가능하다면 상대의 인성과 가정 배경 그리고 과거 사업과정에서의 적법성 여부도 조사해 봐야 한다. 그렇게 해야만 미래를 가늠해 볼 수 있기 때문이다.

돈 많은 중국사업가는 마치 자신이 중국발전의 증인이라도 된 듯 "중국은 시장이 크다"는 말을 끊임없이 반복한다. 중국의 관료와 학자들은 사석에서, "중국은 정말 돈 벌기 쉬운 국가"라고 말하기도 한다. 이들의 말 뜻은 공산당 독재체제 하에서 발전 목표가 명확하고 정책과 제도의 진화로 비즈니스 기회가 계속해서 창출된다는 것이다. 다른 각도로 표현하자면, 중국시장은 정부구조와 시장 시스템의 낙후, 실수를 거듭하는 관료의 아마추어리즘, 쉽게 획득할 수 있는 정책 정보, 강자로 수렴되는 경쟁구도, 갱신되는 상품 시장, 미성숙한 소비자, 용인되는 선의 부패 공간 등 허술한 요인이 혼재하고 있어 길목만 잘 지키면 큰 돈 벌기가 아주 쉽다는 얘기다.

한국인이 중국의 발전을 목도하고 있는 가운데 모든 중국인이 내세우는 "시장이 크다"는 말은 점차 세뇌작용을 하고 한국인은 기회를 놓쳐서는 안 되겠다는 쪽으로 사고가 전개된다. 하지만 자기 확신의 시장을 발견하지 못한다면 중국시장이 아무리 크고 화려해도 자신과는 상관 없음을 알아야 한다. 중국시장이 크다는 것은 오로지 자신만이 확인할 수 있다. 근대 중국의 사상가이자 대문호인 루쉰(魯迅)은 다른 사람이 당신에게 뭔가 주겠다고 하는 말을 곧이 듣지 말라고 했다. 전국시대 법치주의자인 한비자(韓非子)는 다른 사람이 나를 위해 선함을 믿지 말라고 했다. 중국인을 가장 잘 꿰뚫어본 중국 선각자의 관찰과 논리는 중국인과 중국사업을 파악하고 전개함에 있어 큰 영감을 던져준다.

중국인의 기업가 정신

중국인의 기업가 정신은 국유기업의 경우 '공산당 정신'에 다름 아니다. 정부의 경제시스템 개혁과 국유기업 개혁 그리고 중국경제의 글로벌화 진전으로 과거보다는 많이 진화되고 있으나 여선히 세획경제의 정책적 요인과 정치공학적 사고가 기저에 깔려있기 때문이다. 민간기업은 비교적 자유로운 사고로 기업을 경영하며 시장경제의 수혜를 입고 있으나 정부의 통제와 국유기업의 시장자원 독점 그리고 미래의 불확실성으로 인해 기업가 정신이 뿌리내릴 수 있는 토양을 갖지 못하고 있다. 개혁개방 초기 사업에 뛰어든 민간기업인은 국가경제시스템이 미흡하고 현대기업경영의 성공 전례와 조언을 해 줄 선배 기업인도 없는 가운데 동료들과 정보를 나누고 학습하며 기업을 일구었다. 총명한 이들은 기지를 발휘하여 무한한 기회의 땅에서 비교적 쉽게 돈을 끌어 모으기도 했다.

민간경제의 역량을 주목한 중국정부는 관방 협회를 설립하여 이들을 지원하며 통제했고 민간기업은 정부정책에 보조를 맞추며 정보를 획득했다. 또한 중국 비즈니스 역사의 관례대로 재계 및 정계의 인맥을 구축하기 위해 모임을 조직했고 상호 정보교환과 심리적 불안감을 해소하기 위한 사교 클럽도 만들었다. 편법·불법 경영으로 민간기업인이 계속해서 낙마하고 관(官)을 숭배하고 상(商)을 비하하는 중국인 정서와 제도적 차별은 민간기업으로 하여금 경제분야에서는 거인이 될 수 있으나 정치권력 아래에서는 난쟁이라는 위기감을 항상 가지도록 했다. 국가의 경제개혁 과정에서 그들의 권익은 존중 받지 못해 자신의 운명을 스스로 결정할 수가 없었다. 난세에는 법이 없다는 이치를 잘 알고 있는 민간기업은 변고 없는 국가의 지속발전과 민영경제에 대한 사업환경과 인식이 개선되기만을 기대하며 기업활동을 이어갈 뿐이었다. 그저 자신들의 모임과 조직을 통해 서로에게 의지하며 공동생존을 모색하는 것이다.[7]

일반적으로 중국의 민간기업은 공산당의 품을 못 벗어날 것 같은 두려움을 갖고 있다. 이런 연유로 혁신적 사고가 생길 여지가 부족하고 체제상의 한계를 인식하고 있어 작은 위협과 도전에 쉽게 포기하고 만다. 미리 자신의 탓은 아니라고 단정짓고 마는 것이다. 마치 아이가 엄마에게 의지하듯 사업의 모든 과정을 정부에 의탁하려는 심리가 다분하다. 과거 계획경제시절 몸이 조금만 이상해도 거의 공짜나 다름없고 별 효과도 없는 약을 입에 털어 넣고 위안을 삼는 것처럼 정신적으로 여리고 약한 면이 있다. 기업을 키워봤자 언젠가 뺏길 것이라는 정서를 깔고 사업을 해 나가는 것이다.

현재 중국의 민간기업은 중국 GDP의 60%와 일자리 80% 그리고 세수 50%를 창출하는 국민경제의 한 축으로 자리매김 했다. 하지만 국가기간산업을 장악하고 있는 대형국유기업에 대적하는 존재로 성장하기는 어렵고 아울러 중국 공산당도 원치 않는다는 심리는 중국 민간기업 성장의 태생적 한계가 되고 있다. 최근 민간기업이 금융 및 세제 지원과 정부 조달 그리고 원자재 가격 등의 차별 대우에도 불구하고 시장팽창에 따른 사업 기회의 폭증으로 우후죽순 설립되고 있지만 여전히 존재감은 부족하다. 이는 세계 각국이 운영하는 중국펀드가 잠재 리스트가 큰 민간기업에 대한 투자를 기피하고 주로 국영 대기업 주식에 집중 투자하는 것만 봐도 알 수 있다.

비록 중국 500대 기업에 민간기업이 속속 진입하고 있지만 기초산업 분야를 국가가 독점하고 있는 가운데 민간기업은 레드 오션 (red ocean) 영역에서 치열하게 경쟁하고 있다. 하지만 지속성을 유지하기 어려워 일부 기업은 파산하거나 국유기업에 편입되기도 한다. 국유기업이 우량 민간기업을 인수하고 심지어 국유기업의 합병을 거부하는 민간기업을 의도적으로 파산시키는 경우도 있다. 중국 공산당이 강호의 강자로 떠오르는 자를 포섭하여 자기 사람으로 만들던 아니면 후환의 싹을 미리 제거하던 향후 중국시장에서 나타날 대형 민간기업도 상황에 따라 결국 공산당(국유기업)에 흡수되는 쪽으로 갈 가능성이 크다.

때로는 대형 기업을 일군 민간기업인이 자발적으로 기업인을 포기하고 정치인으로 변신하기도 한다. 어찌 보면 평범한 중국인이 창업을 통해 부를 일구고 이를 통해 강자의 조직에 합류하는 것은 가장 빠른 출세의 길이다. 중국인의 생존 방식과 현 체제의 특성 상 향후 중국에서 민간기업인 출신의 다국적기업이 출현하는 것은 쉽지 않다. 중국 공산당도 국민경제에서 중요한 역할을 맡고 있는 민간기업을 지원하여 국부와 민부가 함께 쌓이는 것을 원하나 '전체적 안정'은 무엇보다 중요하여 민영경제의 실패 가능성까지 염두에 둘 수 밖에 없다. 중국의 민간기업은 화려해 보이지만 여전히 약하고 불안한 존재인 것이다.

중국에서 민간 중소기업이 성공하기는 쉽지 않다. 역사 자체가 집권층과 가진 자의 역사였고 집권세력과의 결탁으로 극 소수 민간기업이 성공했던 사례는 있지만 지역의 작은 성공은 몰라도 전국구 기업이 나타나 오래 유지되기는 어렵다. 가끔 뛰어난 아이디어와 도전 정신으로 무장한 입지전적의 민간기업인이 출현하지만 너무 빨리 목표를 달성해버려 기업가 정신이 생길 틈이 없다. 사업이 커지면서 기업의 지속발전과 혁신을 위한 사고가 확장되는 것이 아니라 차츰 체제와 시장의 불안을 느끼며 사업을 등한시 하게 된다. 가족과 자식의 미래를 챙기기 시작하고 개인 인생을 즐기기나 아니면 공산당과 관변 조직에 투신하여 새 삶을 살고자 하는 경우도 생긴다.

세계 최대 전자상거래 기업인 알리바바(Alibaba)의 마윈(馬雲) 회장도 사석에서 "창업이 인생의 가장 큰 실수였고 회장직은 오래 맡지 않을 것"이라 언급했다. 세계가 주목하는 유망 기업을 키웠음에도 불구하고 가족을 데리고 홀연히 미국으로 떠난 후 복귀하지 않겠다며 선을 긋는 기업인도 나타나고 있다. 중국이라는 나라가 광대하여 중국기업인도 큰 사고와 야망을 가졌을 것이라 생각하면 오산이다. 현 정치체제로 인한 요인도 있지만 중국인은 선천적으로 스트레스 받는 피곤함 삶을 증오하고 현실에 안주하려는 습성을 가지고 있어 큰 기업을 일구기 어렵고 설사 어느 정도 성공했더라도 스스로 만족하여 기업의 쇠퇴를 재촉한다.

이와 같은 중국기업인의 특성은 현실주의자인 그들의 삶의 지혜이자 생존 방식이기도 하다. 중국의 부호 조사기관인 '후룬(胡潤)'에 따르면 중국부자의 특성은 유산상속형 비율이 많은 서양부자와는 달리 개혁개방에 힘입어 단시일 내에 부를 일군 자수성가형이 많다. 중국의 자수성가형 기업인 중에는 권력과 결탁하여 쉽게 부자가 된 경우도 많은데 이들은 종종 거액의 기부금을 쾌척 하기도 한다. 그들이 원하는 삶은 화려한 과거를 덮고 '편하게 살고 즐겁게 일하는(安居樂業)' 것이다. 자신의 후대가 가업을 잇는 것은 오히려 자식의 미래를 남보하지 못힐 가능성이 큰 골치 아픈 일이라고 생각한다. 내일을 믿지 못하는 역사적 체험을 바탕으로 나라가 넉넉하고 광활해 삶의 좌표를 빨리 잡아버리는 것이다.

최근 개혁개방과 함께 출발했던 대부분의 1세대 민간기업인이 은퇴 연령에 접어들면서 전례 없는 2세 승계 문제에 부딪히고 있다. 의지와 본능으로 사업을 일군 선대와는 달리 2세 경영인은 서구식 교육을 받고 개방된 사고를 가지고 있어 가족기업에 서양식 경영시스템을 도입하고 싶어한다. 하지만 부모들은 서구 방식이 중국 내의 사업과 양립할 수 없다는 입장을 고수한다. 2세 기업인 중에서 가족기업을 물려받아 발전시키려는 경우도 있으나 보통 해외에서 교육받고 생활한 2세들은 금융이나 IT 같은 '폼나는' 분야로 진출하고 싶어한다.[8] 최근 중국의 권력층 자녀들은 영국 유학과 부동산 구입은 물론 졸업 후에 JP모건과 같은 다국적 금융기업에 입사하는 것을 선호한다. 물론 관련 다국적기업도 이들의 희망과 인맥을 십분 활용하고 있다.

중국의 1세대 기업인은 대부분 하나뿐인 자식이 외국에서 생활하고 공부한 경우가 많아 부모와 자식 간의 사고방식 차이에 시달리고 있다. 2세가 선대 계획을 스스로 따르고 경영 수업을 마치지 않는 한 선대가 사업을 물려주고 자식을 보호해 주기는 쉽지 않다. 그럼에도 향후 10년 동안 중국의 민간기업은 사회에 적지 않은 파장을 일으키며 새 옷으로 갈아 입을 것이다. 일부 기업은 안정된 승계로 업계의 강자로 떠오르는 경우도 있겠지만 적지 않은 기업이 내부 갈등으로 사회적 물의를 일으킬 것이다. 아직까지 중국사회에 사농공상(士農工商) 관념이 내재하고 있는데다 민간기업이 개혁개방 이후 정부의 특혜로 부를 쌓았다는 시각도 많아 2세들의 돌출 행동은 사회의 반감을 키울 수 있다. 민간기업이 기업공개(IPO) 혹은 전문경영인체제로 거듭 날 수도 있겠지만 반대로 매각 혹은 파산하거나 아니면 국유기업에 흡수될 수도 있다. 전체적으로 기존의 민간기업은 정부정책의 지원 하에 새로 창업하는 세대에 의해 점차 대체될 것이다.

승계 작업을 마무리한 2세대 민간 대기업과 새롭게 등장하는 신생 기업은 향후 한국기업의 전략적 파트너가 되거나 혹은 강력한 경쟁자가 될 것이다. 현 중국의 정치체제 하에서 특정 민간기업이 자국 시장을 제패하고 글로벌 혁신을 선도하는 다국적기업으로 성장할 가능성은 좀 더 두고 봐야겠지만 최근 중국의 민간기업인 중에도 알리바바의 마윈과 같이 탁월한 비즈니스 DNA를 가진 기업인이 연이어 출현하고 있다. 이들에 대한 정부의 관리·감독은 앞으로도 계속되겠지만 중국 공산당이 국민경제발전과 사회안정 그리고 글로벌 위상 제고를 위한 민간기업의 역할이 중요하다는 점을 점차 인식하는 가운데 향후 민간기업의 위상도 한층 높아질 전망이다.

'2017년 중국 500대 기업' 중에서 국유기업과 민영기업은 각각 274개, 226개가 랭크 되었다. 이중 국유기업 비중은 54.8%로 2002년 순위 발표를 시작한 이후 처음으로 60% 아래로 떨어졌다. 하지만 매출, 순이익, 자산, 납세, 고용인 수에서 전체 500대 기업의 약 50~70%를 차지하여 여전히 중국경제의 주도적 지위를 확보하고 있다. 500대 기업에 선정된 민영기업 수는 역대 최고를 기록했고 아울러 '2017년 세계 500대 기업'에도 23개가 진입했다. 최근 몇 년 간 매출 및 이익 증가율도 국유기업을 앞서고 있다. 하지만 규모 면에서는 아직까지 국유기업에 비교하기 어렵다. '2017년 중국 500대 민영기업' 순위에서 1위(500대 기업 순위 17위)를 차지한 '화웨이(華爲)'의 매출액은 '중국 500대 기업'의 1위인 '국가전력망공사(SGCC)'의 24%에 불과했다. 향후 공산당의 권력 기반인 국유기업과 급성장하는 민간기업이 조화롭게 경쟁하고 발전할 수 있을 것인가 여부는 중요한 관전(觀戰) 포인트가 된다. 이는 미래 중국경제의 지속발전은 물론 중국의 경제민주화 진전과 사회적 변화에도 큰 영향을 줄 수 있는 변수이기 때문이다.

중국의 정치체제와 기업인 가치관 그리고 비즈니스 환경이 한국과 너무 달라 한국기업이 중국기업과 협력하기는 쉽지 않다. 하지만 굳이 중국파트너가 필요하다면 안하무인의 교만함에 젖어있는 중국인보다 창업한지 얼마 되지는 않았지만 기업가정신을 이해하고 자기사업에 열정적인 젊은 중국기업인을 찾는 것이 중요하다. 중국의 민간기업 2세들 중에는 선대의 부를 물려받아 방탕한 생활을 하는 이들도 많지만 한편으로 서구 유학을 통해 글로벌 마인드를 장착하고 가업승계에 대한 사명감으로 미래를 고민하는 2세 기업인도 적지 않다. 이들은 선대가 자국의 급성장과 정책의 혜택을 보며 비교적 수월하게 업적을 쌓은 시기와는 판이하게 다른 시장환경을 맞이했다. 그럼에도 이들 중에는 자국시장의 팽창과 함께 새로운 시각으로 기회를 포착하고 과감하게 비즈니스를 전개하는 혁신적 마인드의 소유자도 적지 않다.

한국기업은 이와 같은 민간기업 2세를 주목할 필요가 있다. 패가망신할 중국인과 도약할 마인드를 가진 중국기업인을 잘 분간해야 하는 것이다. 물론 앞서 강조한대로 가정 환경과 선대와의 관계도 살펴볼 필요가 있다. 선대가 물려준 사업에는 관심 없고 전문적 지식도 없이 자신이 좋아하는 사업에만 열을 올리다 가산을 탕진하는 경우가 많기 때문이다. 이런 경우는 개인 사생활도 십중팔구 문제가 있다. 최근 강소성(江蘇省), 복건성(福建省), 사천성(四川省) 등의 지방정부는 민간기업 2세를 위한 '집단훈련 프로그램(集訓民企富 二代)'을 운영하고 있다. 동 프로그램은 사회 위화감 조성, 정부와 민간기업의 미래 결탁, 정부의 교육 장사, 교육자원의 불공정 분배와 같은 비판을 받고 있음에도 국가관·사회관 교육을 통해 지역소재 민간기업 2세의 일탈을 예방하고 건전한 기업가정신 교육과 함께 '부자 2세'를 '창업 2세'로 육성하기 위해 힘쓰고 있다.

현재 중국의 민간기업 중에서 가족기업이 약 85%를 차지하고 있는데 각 지방정부도 지역경제의 지속발전을 위해 이들을 중시하고 있다. 이들은 한국기업이 목표시장에 진입하고 지방정부와 간접 인맥을 구축하는데 유용하게 활용할 수 있는 자원이다. 지금 중국에서는 1세대 민간기업인과는 달리 권력과 편법에 의존하지 않고 아이디어와 열정만으로 부를 개척하는 신형 부호들이 나타나고 있다. 향후 산업구조의 고도화와 기업의 국제화 그리고 신흥 미래 산업의 발전으로 신세대 부호들이 쏟아져 나올 것이며 이들이 중국 민간기업의 위상을 재정립해 나갈 것이다. 한국기업은 중국 민간기업에 대한 공산당의 사고와 사회인식의 변화 그리고 민간기업에 대한 정부의 지원정책과 성공 사례를 계속해서 모니터링하고 분석할 필요가 있다.

투시와 선택

세계 어디서나 이익을 추구하는 기업인의 생리는 모두 같다는 논리로 중국기업인과 협력을 추진하면 기업운영에 대한 현격한 사고 차이를 알게 되고 사소한 일이 큰 오해를 낳으며 결국 자원만 낭비하게 된다. 일부 중국기업인은 서구의 기업과 연구소가 중국을 이해하기 위해 논어(論語)와 중용(中庸) 그리고 손자병법(孫子兵法)을 연구한다는 얘기를 듣고 중국의 전통경영이념과 사상이 세계 제일이라고 착각한다. 쉽게 성공한 중국인은 기업경영에 대한 파트너의 조언과 충고를 경청하기보다 오히려 체제의 차이와 중국특색의 관리방법 등을 내세우며 반박한다. 자신은 이미 기업을 일구어 능력을 충분히 증명했다는 것이다. 최근 중국기업도 현대기업시스템을 도입하고 있으나 기업인의 경영관념은 여전히 낙후된 상태로 그들의 독선과 무지는 개인적 성과에 가리워져 있다.

사실 중국의 전통사상 철학과 역대 왕조의 국가관리 경험 속에는 현대기업인이 기업경영에 적용할 수 있는 지혜도 아주 많다. 하지만 문혁을 거쳐 개혁개방이 시작되고 시장경제 경험이 일천했던 중국기업인은 선인의 지혜를 살리지 못한 채 돈 벌기에 급급해 실패를 거듭하고 있다. 임기응변식 기업운영, 공동 창업자가 원수가 되는 경우, 체면을 따지는 사업 전개, 온정주의적 내부 관리, 투기적 사업확장, 쉽게 도취하는 성취감, 기업내부의 정치적 투쟁, 교활하지 못하면 장사를 할 수 없다(无奸不商)는 사업철학, 나눔이 없는 부의 독점, 인재를 둔재로 만드는 기업문화, 정책만 기다리는 소작

농 천수답 경영, 매체로 흥하고 매체에 망하는 기업전략, 조령모개의 사업계획, 문제점을 짚지 못하는 경영진단, 사업방안이 없는 아이템 지상주의 등은 현대 중국기업인의 자질과 내면적 특성을 보여주고 있는 대표적 사례다. 시공을 뛰어넘는 관념의 미스매치 현상과 동서양 기업문화의 차이로 인해 현대기업제도와 경영이념이 자리잡지 못하고 있는 실정이다.

상기와 같은 사례는 모두 중국기업인의 전통적 생존방식과 시대적 환경에서 기인된 것이나 향후 시장경제발전과 더불어 중국기업인도 학습과 실천을 통해 시장의 룰을 접목하여 중국특색의 경영관리 모델을 만들어 갈 것이다. 즉 학습단계인 '제도관리' 시스템을 도입하여 착근시키고 동양철학의 요소를 가미한 '감성관리'를 융합한 후 전면적 '혁신관리' 체제로 나아갈 수 있을 것이다. 100년 전 미국처럼 자본도 없고 비즈니스 경험도 없는 가운데 뛰어난 기업이 연이어 탄생했듯이 현재 중국에서도 국가발전과 시장에 힘입어 걸출한 민간기업이 나타나고 있다. 하지만 이전의 미국과는 달리 체제 상의 한계로 시장경제 이념과 기업경영 철학에 대한 세례를 받지 못한 가운데 기업이 혁신을 주도하는 경제주체세력이 되기엔 시간이 필요하다. 시장경제의 최전선에서 사업을 통해 공정과 신뢰의 가치관을 배우고 전파하는 주체가 되어 향후 중국에서 가장 개명(開明)한 계층이 경영하는 민간기업이 출현할 수도 있겠으나 지금은 어렵다.[9]

중국기업과의 협력을 원하는 외자기업 입장에서 중국경제가 발전하고 시장이 팽창하고 있음에도 개명한 민간기업인을 찾기 어렵다는 것은 오히려 중국의 사업환경이 악화되었음을 의미한다. 실제로 경제의 급성장은 보편적 상도덕과 윤리관이 자리잡는 것을 방해했고 중국 역사상 가장 많은 비즈니스 기회와 공간을 창출하고 있음에도 '관포지교(管鮑之交)'를 기대하기는 어려운 사회가 되고 있다. 중국인의 배금주의와 민족주의 정서는 진솔하고 실질적인 대화를 방해하고 신뢰는 쌓을 수 없어 교류·협력 하기가 더욱 힘들어지고 있다. 얻는 것이 많으면 잃는 것도 많듯이 개혁개방 후 중국기업인은 부와 명예를 얻었으나 원칙과 상식은 매몰되어 중국에 진출하는 외국인은 그들의 몰상식과 불합리 그리고 천박함과 궤변을 온몸으로 겪고 있다. 비록 중국정부가 선진시장시스템을 구축하고 기업의 경영자유지수도 높아지고 있지만 인적 교류 측면에서 외자기업 특히 중소기업의 중국사업 리스크는 더욱 커지고 있다.

한국기업은 다음과 같이 열거한 10가지 부류의 중국인과 협력하는 것은 피해야 한다. 만약 협력이 진행 중이라면 미리 출구전략을 마련해 놓는 것이 좋을 것이다. 이들 부류는 사전 정보를 바탕으로 세세히 관찰하면 초기 교류 시 실체 파악이 가능한 유형들이다. 중국기업의 매출액과 재무구조 그리고 CEO의 배경 등에 관한 자료보다 상대를 더욱 정확히 판단할 수 있는 근거가 될 수 있다. 즉 ① 협력의 원칙과 시스템구축 그리고 이익배분 구조에 모호한 입장이면서 상호신뢰와 의기투합만을 강조하는 자, ② 인맥을 만병통치 약으로 생각하는 자, ③ 의사결정을 심복에 의지하고 체면만 내세우는 자, ④ 요행을 바라는 미신(迷信)을 숭상하는 자, ⑤ 사고방식에 일관성이 없는 자, ⑥ 사업의 고충을 주색잡기로 해소하는 자, ⑦ 하는 일은 놔두고 다른 아이템에 관심을 두는 자, ⑧ 자기과시 혹은 개인적 콤플렉스로 골프와 EMBA 과정 그리고 예술품 등에 집착하는 자, ⑨ 배우는 것에 담을 쌓고 사는 자, ⑩ 관상이 별로이면서 언행이 표리부동하고 주변 평판이 좋지 않은 자 등이다.

한국기업은 중국기업과 상호 보완적인 장점이 있어 협력이 필요하더라도 현대기업경영을 학습 중인 그들의 과도기 과정을 함께 할 필요는 없을 것이다. 이는 시간이 흘러야만 해결되는 문제이기 때문이다. 우선은 국유기업이던 민간기업이던 중국측이 먼저 구애하는 상황 속에서 협력의 성공가능성을 진단해야지 중국측에 먼저 제안하여 설득하거나 혹은 상대의 이점을 이용해 무엇을 엮어 보려다간 실패할 가능성이 크다. 국유기업과의 협력은 끌려 다니는 을(乙)의 역할 밖에 못 하고 민간기업과의 협력은 정책 변화의 희생양이 되어 함께 공멸하거나 혹은 내부 충돌이라는 시한폭탄을 안고 가는 것일 수 있다.

그렇다면 전면적 협력은 지양하고 독자로 진출하여 필요에 따라 현지 파트너를 물색하는 것도 좋을 수 있다. 독자 진출은 중국에서 발생하는 모든 변화의 파고를 홀로 헤쳐나가는 초인적인 의지력을 요구하지만 문제를 스스로 해결하며 자신만의 중국식 경영 노하우를 쌓아 나갈 수 있다. 하지만 독자로 진출하더라도 현지 기업과의 협력 가능성 여부는 계속 탐색할 필요가 있으며 아울러 자신을 보호하기 위해서라도 그들과 교류하고 사고방식을 이해하는 노력을 멈춰서는 안 된다. 이를 위해서라도 부단한 중국연구와 중국어 학습은 필수적이다. 특히 중국의 미래를 예측하기 위해 과거 중국역사를 연구하듯 중국기업의 현재 모습을 좀 더 이해하기 위해 과거 지역별 민간기업의 활동 역사를 학습할 필요가 있다. 자신이 진출한 지역의 자연지리적 특성과 과거 동 지역에서 활동했던 중국상인의 특징 그리고 그들의 상업전략을 통해 주변의 중국기업과 중국인을 판단하는 혜안을 키울 수 있을 것이다. 지역 물산(物産)에 밝았던 중국 상인방(商人幫)을 중심으로 지역관리와 소비자와의 소통방법 그리고 시장개척 전략을 연구하고 행적을 학습하다 보면 미처 생각지 못했던 방법이 떠올라 얽혀있던 실타래가 풀릴 수도 있을 것이다.

과거 중국의 지역시장을 주름잡았던 전통상인의 특징을 분석한 문헌에 의하면, 정치문화를 논하기 좋아하고 관상(官商)의 기질을 갖고 있는 '북경 상인', 자신의 이익을 최우선 가치로 삼고 상대방 몫에는 별 관심 없는 '상해 상인', 돈을 벌 수 있다면 많은 것을 포기하고 바쁘게 뛰는 '광동(廣東) 상인', 장사에 성깔은 부리나 감성에 약한 모습을 보이기도 하는 '동북(東北) 상인', 전통을 중시하고 관료를 잘 활용하나 계약 관념이 미흡한 '안휘(安徽) 상인', 맨 손으로 성공한 상인이 가장 많은 지역답게 성실함으로 고객을 부르고 박리다매에 능한 '산서(山西) 상인', 본전과 눈앞의 이익에 집착하고 머리를 잘 굴리나 장기적 안목이 부족한 '하남(河南) 상인', 타고난 상인이 많은데다 근면성실하고 사업을 크게 일으켜 자금 회전에 능한 '호남(湖南) 상인', 양심을 속이지 않고 신용을 중시하며 호방하게 음주를 즐기는 '산동(山東) 상인', 임기응변에 강하고 상대가 어떻게 생각하던 상대방의 돈을 버는 능력이 탁월한 '절강(浙江) 상인', 장점을 살리고 리스크를 최소화하는 능력이 출중하여 안정된 기반을 바탕으로 큰 장사를 도모하는 '강소(江蘇) 상인' 등이 있었다.[10]

이중에서 특히 '절강상인(浙商)'의 과거와 현재는 좀 더 연구해 볼 가치가 있다. 현재 중국에서 민간경제와 시장경제 개념이 가장 발달되어 있는 절강성(浙江省) 지역 기업인의 활약은 '절강 현상', '절강 모델'이란 명칭으로 비즈니스 교재에 실리기도 하고 심지어 정부 관료들도 동 지역을 자주 시찰하고 학습한다. 알리바바의 마윈을 비롯한 수 많은 절강성 출신 기업인은 새로운 영역에 과감히 도전하여 부를 일구는 능력이 탁월하다. 협력 파트너와의 관계를 중시하고 스스로 겸손하며 실패에 미련 두지 않는다. 정부의 경제 정책 변화 속에서 비즈니스 기회를 포착하고 앞서가는 감각이 탁월하며 먼저 큰 이익 탐하지는 않지만 후일 기회를 잡아 공급체인의 일부분을 장악해 버린다. 중국 '제1의 상인 그룹'인 절강 상인의 생존 능력을 빗대, 대만 상인들은 '대륙의 늑대'라 부르고 유럽인들은 그들의 기민함과 치밀함을 놓고 '동방의 유태인'이라 칭한다. '2017년 중국 500대 민영기업' 중에서 절강성 소재 기업은 120개로 연속 19년 간 부동의 1위를 지켰고 이중 절강성 성도(省都)인 항주(杭州)에만 44개가 몰려있다. 항주는 연속 15년 간 중국의 500대 민영기업을 가장 많이 보유하고 있는 도시다. 이 밖에 해외에서 활동하는 약 800만 명의 절강성 출신 싱인들이 매년 절강성 GDP와 맞먹는 부를 창출하고 있다.

비록 지역의 사회역사와 자연환경에 적응하며 발전해온 중국기업인이 서로 다른 특징을 갖고 있지만 현대 비즈니스는 시장경제규범 하에 진행되므로 지역별 전통관념과 행위는 별 의미가 없을 수 있다. 하지만 개별 상담과 교류를 진행하는 과정에서 지역적 기질은 자연스럽게 협상의 태도와 전술에 투영되어 나타난다. 이는 종종 동부지역보다 발전 수준이 떨어지는 중서부 지역에서 더욱 두드러진다. 북쪽지역 출신은 언행이 듬직하나 어리석은 면이 있고 남쪽출신은 머리가 영특하나 교활한 면도 있다는 것을 알게 된다. 아직까지 지역별로 남아있는 중국기업인의 잠재된 특질과 비즈니스 패턴을 잘 이해하고 있다면 협상의 교착상태를 극복하여 의외의 결과를 도출할 수도 있을 것이다. 중국인은 오랫동안 수 많은 전란과 자연재해의 고통을 겪으며 마음의 화(火)를 다스리는 방법을 터득했다. 이 같은 지혜는 비즈니스를 할 때 변화무쌍하게 대응하면서도 때로는 순리에 순응하는 태도를 가지도록 했다. 정신이 바로 서 있는 중국인은 자신을 통제하지 못하고 만용을 부리는 사람을 소인(小人)이라 부르며 배제한다. 중국기업인과의 세부 협의사항이 실타래마냥 얽혀 뾰족한 돌파구가 보이지 않을 때 순리에 따르는 대인(大人)의 호방함이 필요할 때도 있을 것이다.

시진핑(習近平) 정부는 경제의 지속발전과 공산당의 부담 해소 그리고 민족 자긍심 함양에 대한 민간기업의 중요성과 역할을 깨달았다. 정부 차원에서 민간기업의 성장을 옥죄는 정책과 규정이 바뀌고 시장은 팽창하는 가운데 향후 중국의 민간기업은 한국기업의 무서운 경쟁자가 될 수 있다. 대형 국유기업은 국내 기초산업 독점과 글로벌 전략사업 추진으로 한국기업이 직접적으로 맞닥뜨릴 가능성이 크지 않으나 '화웨이(華爲)', '쑤닝(蘇宁)', '롄샹(聯想)', '완다(万達)' 등 기존의 민간대기업과 일부 신세대 대형 민간기업은 경계할 필요가 있다. 물론 이들 중에서도 권력층과 결탁하여 부정부패를 저지른 사실이 밝혀지거나 혹은 중앙정치파벌 투쟁과 정책 급변의 희생양이 되어 몰락하는 경우도 나오겠지만 동시에 열정의 젊은이들이 방대한 자국시장을 기반으로 과감한 실험 정신과 뛰어난 아이디어를 통해 급성장한 민간기업이 한국기업에게 창 끝을 겨눌 수도 있다.

만약 한국기업인이 필드에서 인연(因緣)이 되어 중국인의 철저한 '자기중심적' 사고방식을 파트너와 함께 하는 '우리중심적' 사고로 전환시킬 수만 있다면 경영 리스크는 절반 이상 줄어들고 경영 효율은 배로 증가할 것이다. 중국에서 발생하는 문제는 현지 중국인을 통해서만 해결할 수 있는 경우가 너무나 많기 때문이다. 기업가 정신을 갖춘 정직하고 유능한 중국기업인과 전략적 파트너쉽을 구축하는 것은 큰 행운이 아닐 수 없다. 비록 금전만능주의와 전민부패가 횡행(橫行)하는 가운데 '군자의 사귐은 물과 같다'는 말은 이미 화석이 되었으나 중국 공산당이 개혁개방과 제도건설을 가속하고 사회자원의 분배정의를 실현해 나갈 수만 있다면 중국 민간기업의 발전 공간은 더욱 확장되고 중국기업인도 한층 더 성숙해질 것이다. 이는 한국기업 입장에서 중국 파트너와의 인간관계가 상식선에서 원만히 유지되어 정신적 스트레스가 대폭 줄어들 수 있음을 의미한다. 중국 공산당의 선택과 이에 따른 중국기업인의 진화를 기대하며 면밀히 지켜보자.

6장 중국식 경영

중국식 경영

수교 이후 한국은 중국에 대한 다양한 스펙트럼을 갖게 되었음에도 중국이라는 나라에 대해 여전히 모호한 개념이나 견해에 머물러 있다. 스펙트럼의 폭이 너무 넓어 한국인의 시각과 사고가 닿지 않아 그럴 수도 있을 것이다. 세계 속의 또 다른 세상인 중국을 잘 모르는 가운데 시장이익만 추구하려는 한국기업의 대박 심리와 아집 그리고 순진함으로 이미 진출한 자와 진출을 준비하는 자가 시차를 두고 실패를 이어가고 있다. 그럼에도 불구하고 글로벌 사회는 중국의 개혁개방 40년에 즈음하여 계속해서 신규 진출을 도모하고 기존 현지 기업은 증자와 M&A 방식을 통해 시장침투를 가속하고 있다.

외자기업이 중국내수시장을 놓고 토종기업과의 정면 승부에 돌입하면서 중국의 특수한 정치체제와 사회문화의 배경 속에서도 경쟁하고 살아남을 수 있는 근본적인 사고의 전환이 요청되고 있다. 중국 공산당이 모든 게임의 룰을 정하는 가운데 중국식 공공관계와 내부관리 그리고 마케팅 전략 수립은 중국 비즈니스 승패에 직접적인 영향을 미치고 있다. 말하자면 중국 비즈니스 환경에 특화된 경영전략을 세울 수 있는 '중국식 경영'이 필요한 것이다. 각국의 정치·사회·문화적 특성에 따라 '미국식 경영'과 '일본식 경영' 그리고 '한국식 경영'이 있듯이 중국에는 기본 원칙 외에 중국에서만 통할 수 있는 '중국식 경영' 방식이 내재하고 있다.

중국인조차 변화를 따라가지 못하는 중국을 이해하기도 전에 무작정 건너가 그들의 체제와 논리의 늪에 빠져 실패를 거듭하고 있거나 혹은 중국시장 진출을 준비하고 있는 한국기업들에게 '차이나 리스크'를 최소화 할 수 있는 특수경영전략은 매우 절실하다. 자신의 편견을 극복하고 중국의 현 사회수준에 최적화된 수단으로 대응함과 동시에 그들의 역사를 관통하는 변하지 않는 원리를 깨달아 이를 현실에 적용하는 사유와 실천이 바로 '중국식 경영'이다. '중국식 경영'은 경험적 현실주의 사고를 바탕으로 더욱 현지화하고 이를 통해 축적되는 지혜를 발판으로 중국을 극복하자는 것이다.

하지만 서구의 합리주의적 사고만으로 작금의 중국을 어떻게 활용해보겠다는 심리와 오만함은 실패의 첩경이라 할 수 있다. 현실주의적 '중국식 경영'은 자신의 사고를 해방하고 초기 경험을 통해 빠르게 상대방의 장점을 흡수하여 안정과 목표를 달성하는 것으로 중국과 중국인을 파악하는 '한국인의 중국경영방식'이라 할 수 있다. 복잡계(複雜系)의 나라 중국에서 중국식 경영을 간단하게 설명하고 규정하기는 어렵다. 이는 경험과 실천으로 사례와 이론을 축적하고 수요자의 학습과 조합 그리고 구체적 행동을 통해 수 많은 중국식 경영 방식으로 체현될 것이다. 중소기업과 대기업에 적용되는 중국식 경영의 방식과 범위가 다를 수 있지만 본질을 꿰고 있는 공통 원리를 깨닫고 '인사이트(insight)'를 키우며 자신만의 중국식 경영 전략을 구축하는 것이다.

진출 형태와 중국 파트너

중국진출 형태는 크게 두 가지로 나뉘어진다. 중국인과 협력(합자 혹은 합작)하거나 아니면 독자 진출하는 것이다. 우선 협력하는 방식은 양자 협상과 신용 조사 그리고 계약 체결 후 회사를 출범시키는 것이다. 합작 방식은 향후 경영주도권 갈등과 기술유출 그리고 계약조항을 둘러싼 마찰과 이익회수 혹은 사업철수 등에서 분쟁이 발생할 가능성도 다분하나 중국인의 도움을 받아 현지시장을 개척하고 큰 꿈을 그려볼 수도 있다. 중국파트너 입장에서도 한국의 자본과 기술 그리고 선진경영시스템 도입에 힘입어 성공을 거둔 사례를 많이 봐서 큰 기대를 걸기도 한다.

사실 중국기업들은 정부와 시장의 도움에 힘입어 온실 경영을 해온 자신이 향후 국내외 기업과 무한경쟁을 하게 되면 생존할 수 있을까라는 걱정을 하기도 한다. 그 동안 괜찮은 아이템을 하나 잡아 차입경영과 인맥으로 돈을 번 일부 중국기업은 물론 자수성가로 기업을 일구어 건전한 기업관을 가진 중국인도 어떻게 구조조정을 해야 할 지 갈피를 못 잡고 공산당 구호에 따라 '창신(創新)'만 외치고 있다. 하지만 창신·혁신이라는 것이 어느 정도의 기업역사를 토대로 시장 경쟁력을 가지고 있어야만 가능한데, 말만 외친다고 하루 아침에 실현되는 것이 아니다. 자기 스스로 경쟁력이 떨어진다고 판단하면 더욱 불안할 것이다. 한국기업 입장에서 이 같은 문제의식을 갖고 있는 중국기업인이 그래도 최소한의 기업가정신은 갖고 있다고 볼 수 있다. 중국기업이 외자기업의 힘을 빌어 2차 도약을 준비하려는 시도는 양호한 파트너가 될 수 있음을 반증한다. 이와 같은 자세를 지닌 중국기업과 협력하는 것은 한국기업에게도 기회가 될 수 있어 전시회 참가나 개별상담 시 눈 여겨 볼 필요가 있다. 혹은 중국사정에 밝고 인맥 활용이 가능한 대만과 홍콩 그리고 동남아 화교기업과 공동으로 진출하는 것도 고려해 볼 만 하다. 좋은 파트너 선정은 절반의 성공을 거두고 시작하는 것과 마찬가지기 때문이다.

하지만 한국이 자본과 기술을 대고 중국이 유통판매를 책임진다는 소위 '자본·기술과 시장교환'이라는 협력 제안은 일고의 가치도 없다. 지인의 유통망을 가지고 중국시장을 열어줄 것처럼 말하는 사기성이 농후한 파트너다. 이들은 전형적인 '안되면 말고' 식의 사람들로, 안되면 다른 외자기업을 찾아 이용하면 된다고 생각한다. 또한 '기술의 지분 대체'라는 계약을 믿어서도 안 된다. 후일 사업이 잘 안되면 기술 탓을 할 것이고 사업이 잘 되면 운영 경비로 이미 기술에 대한 보상이 끝났다고 말할 것이다. 그렇다면 남은 일은 함께 가던지 아니면 헤어지는 일만 남았는데 그 협의의 기준은 합작 계약 시 기술과 함께 현금도 출자했는지, 했다면 얼마나 했는지 여부에 달려있다. 결국 현금 지분을 많이 가지고 있거나 혹은 현금 출자를 계속 할 수 있는 쪽이 결정하는 것이다. 애당초 자신의 기술만 가지고 들어가 대박을 기대했다면 그 사람도 한심한 양반이다. 중국에서 공정한 합작 마인드를 갖추고 시장개척 의지가 있는 파트너를 찾기는 쉽지 않은 일이다.

지금 중국에서는 비즈니스 실험이 무수히 시도되고 있으며 연초에 수 만개의 회사가 만들어졌다가 연말에 수 만개가 문 닫기도 한다. 천천히 꿈을 일궈보겠다는 것 보다 모방 기회를 쫓아 즉흥적으로 회사를 차린 후 전시회를 돌아다니다 포기하는 경우도 많다. 여기에 중국인이 걸핏하면 강조하는 14억 시장에 덩달아 흥분하여 그들 실험의 일부분이 돼 버리는 한국기업도 적지 않다. 설사 양측의 협력이 성사되더라도 실패로 끝나는 경우가 많은데, 우선 한국기업의 경우 중국의 체제와 시장시스템에 대한 이해 부족과 중국기업문화와 중국기업인에 대한 판단 착오가 그 주요 원인이다. 또한 본사의 일방적인 결정, 현지 소통부재, 현지법인의 내부파벌 경쟁, 중국 인력에 대한 무시, 단기 경영성과 중시 그리고 이로 인한 잠재력 손실과 기존 협력업체와의 유대관계 단절 등이 실패를 부추긴다. 이 밖에 합작계약에 대한 맹신과 신사협정만 믿고 중국측 경영진에 대한 방임과 모럴 해저드가 쌓이며 협력이 파국으로 치닫는 경우도 많다.

한국기업은 중국시장을 공략하기 위해 유통망을 보유한 중국기업과 협력하길 원하고 중국기업은 비즈니스의 업그레이드와 국제화를 도모하기 위해 협상을 시작하나 협상이 구체화 될수록 양측의 경영방식에 대한 충돌과 오해가 점증한다. 때로는 중국기업이 정부 시책임을 내세우며 양보할 것을 압박하기도 한다. 중국체제에 대한 한국인의 무지와 욕심에서 출발한 진출계획이 중국인의 사고와 미스매치 현상을 일으키며 실패로 귀결되는 것이다. 양측의 협력이 시작된 후에도 한국인의 독단적인 경영이 실패를 불러 오기도 한다. 평상시 회사운영에 별 문제가 없어 중국파트너와의 소통을 줄이고 상대방의 언행에 대한 안테나 가동을 게을리 할 때, 회사 외부와의 교감이 줄어들 때, 주변 의견을 경청하지 않고 무시할 때, 조직 내 한 사람의 권위에 집착할 때 경영위기 지수는 급격히 상승한다. 문제는 이 과정에서도 자신이 위험에 처하고 있다는 것을 알아채지 못하는 경우가 많다는 것이다. 중국파트너와의 소통이 부족한 독선 경영은 오래가지 못하므로 소통하며 빌미를 제공하지 말아야 한다. 만약에 중국파트너가 현재 합작을 하나의 기회로만 생각하고 집중하지 않는다면 협력 사업을 종료하는 것도 고려해야 한다.

또 다른 중국진출 형태로 독자 방식이 있다. 이는 중국에 연락사무소를 먼저 설립하여 시장조사에 집중하거나 혹은 홍콩에 사무소를 설치하고 중국 내지에서 임가공위탁 방식으로 제품을 생산하는 소위 '유사독자(類似獨資)' 방식이다. 시장조사와 경험을 쌓은 후 단독으로 진출하는 것이다. 독자 방식은 자본차입이 자유롭고 지분 관계가 분명하여 기업지배가 용이하다는 장점이 있다. 동업에 익숙하지 않는 한국인이 중국인과 협력하여 사업을 시작하면 중국은 배우겠지만 실패할 가능성도 크다. 동업관련 법규를 대충 숙지하고 파트너만 믿고 어설프게 시작했다가 나중에 회사가 성장하면 통째로 뺏길 수도 있고 계약에 코가 꿰어 상대방의 이익을 위해 끌려 다닐 수도 있다.

독자진출의 좋은 점을 합자·합작 방식의 병폐를 통해 살펴 보면 다음과 같다. 첫째, 중국인은 시장경쟁을 통해 회사를 키워보려는 기업가정신이 부족하고 태생적으로 스트레스 받는 것을 싫어한다. 둘째, 비판과 검증 그리고 반성하고 조정하는 내부시스템 구축이 어려워 문제점을 덮고 지나간다. 셋째, 협력의 절실함이 없다면 기업의 시작과 운영도 그럴 것이며 심지어 한국파트너는 언제던 떠날 사람이라고 생각할 수 있다. 넷째, 이익배분과 미래구상을 조율하기 어렵고 타민족이라는 관념이 내재되어 언제던 갈등을 불러올 수 있다. 다섯째, 자본주의 시장경제 경험이 일천하여 중국식 사고방식에 함몰되어 있는 파트너를 한국인은 이해하지 못해 결별을 생각하게 된다. 여섯째, 대박을 꿈꾸는 한국인의 조급함을 중국인은 이해하지 못하며 이는 한국인의 약점으로 노출된다. 일곱째, 외자기업과 협력하고 있다는 껍데기만 필요한 중국기업이 있을 수 있고 지역정부의 외자유치 실적이라는 동인으로 협력이 건성으로 추진되는 경우가 있다.

이와 같은 원인으로 최근 중국에 진출하는 외자기업의 독자(獨資)진출 방식에 대한 선호가 뚜렷해지고 있다. 향후 외자기업의 단독투자 및 M&A를 통한 시장진입 방식은 주류가 될 것이며 아울러 중국정부는 '반독점법' 등으로 이에 대응하며 감시·감독을 강화할 것이다. 중국의 낙후된 경제시스템에 신뢰가 가지 않고 중국파트너와 함께 하는 것이 번거롭다고 판단되면 단독으로 도전할 수도 있다. 하지만 중국시장에 대한 노하우가 없고 자문을 해 주는 현지인이 없는 가운데 초기자본에 대한 부담과 판매망 확보 및 대금회수 그리고 노무관리 및 공공관계 등 경영상의 모든 문제를 스스로 감당해야 한다. 경영상의 어려움은 물론 중국인의 도움 없이 중국에서 발생하는 모든 비정상적 상황을 홀로 헤쳐 나가야만 하는 것이다.

일부 한국기업인이 선호하는 독자진출은 한국인의 도전 정신과 고집을 반영하고 있다. 문제는 진출 준비가 미흡한 가운데 시장 경쟁력이 떨어지는 아이템으로 독자진출을 선택한다는 것이다. 진출 초기에는 자신의 경영철학을 지키며 중국의 환경을 자유롭게 이용하는 것 같으나 항상 불안하다. 인내심을 요구하는 상황이 늘어나며 대응력도 갈수록 떨어진다. 중국시장에 적응하려는 것이 아니라 자신이 환경을 바꾸려 들기 때문이다. 그러면서도 비즈니스는 중국에 진출한 한국대기업에 의존하려 들고 회사의 주요 업무와 통역은 중국동포 직원에게 의지한다. 계획과 실행의 앞뒤가 맞지 않아 점차 스스로 엮은 실타래에 얽혀버린다. 한국식 사고방식을 중국에서 그대로 답습하는 것이다. 작은 총명함과 객기로 진출한 중국시장에서 오래 못 버티는 것은 당연한 결과다.

어떤 형태로 진출하던 사업초기에 현지인 파트너와 조력자는 필요하며 아울러 인연이 되어 도움을 줄 수 있는 현지인의 실력과 인성은 매우 중요하다. 중국에서 이루어지는 계약과 약속은 상황에 따라 해석이 달라지고 수 많은 이유가 따라 붙을 수 있어 자신의 사업과 안전을 100% 담보하지 못함을 염두에 둬야 한다. 현지에서 이 같은 경영 리스크를 보완하고 예측할 수 있는 방법은 자신의 사람을 찾는 수 밖에 없다. 중국 현지에서 자신을 보호하고 네비게이트 역할을 해 줄 중국인 조력자는 많을수록 좋다. 특히 중국정부와 기업을 대상으로 어느 정도 교섭력을 갖고 있는 대기업과는 달리 각 지방에 흩어져 진출해 있는 한국의 중소기업과 개인사업자는 중국의 각종 경제사회시스템 개조실험에 노출되어 있는 취약한 존재다. 그러므로 협력 방식으로 같은 배를 탄 중국파트너는 물론 독자로 진출한 자신에게 자문을 해 줄 현지 조력자와 소통하고 교감하는 것은 중요한 중국식 경영 활동이다.

진출지역에 집중하라

　중국시장은 수 많은 다양한 형태의 시장이 존재하는 집합체다. 지역별, 계층별, 소득별, 연령별 소비시장과 소비성향도 뚜렷이 구분되고 여기에 체면과 과시 그리고 감성소비 요인 등이 더해지며 서로 다른 특색의 시장이 형성되어 있다. 명품 브랜드를 고집하는 최고급 소비세층이 있는가 하면 물건 값이 싸면 무조건 가짜라고 의심하거나 혹은 비싸면 사고는 싶지만 체면 때문에 필요 없다고 말하는 중간층도 있고 체면보다는 생존이 우선이라 가짜던 진짜던 무조건 싼 것만 찾는 빈곤층도 있다. 또한 처해진 상황에 따라 사고 방식도 서로 달라 정치에 관심 있는 부류는 온통 정치와 고위 관료 얘기만 하고 부를 일군 자들은 어떻게 하면 집을 한 채 더 사거나 아니면 이민 갈 생각만 한다. 이 밖에 별로 가진 것도 할 일도 없는 사람들은 국내 정치사회에 불만을 품은 채 가끔 외국상품 불매 운동에 적극 가담하기도 한다. 이와 같이 다양한 사고와 소비격차를 보이는 중국에서 특정 사업 모델과 마케팅 전략이 전 지역에서 통할 것이란 생각은 바보스럽다. 중국은 지역별로 자연조건과 사회발전 그리고 시장특성이 다르며 산업별 비교우위도 달라 한국제품에 대한 수입수요도 다양할 수 밖에 없다.

한국기업은 진출 목표 지역의 사회적·지리적·정책적 환경을 충분히 감안한 진출 전략을 마련해야 한다. 진출 초기에는 지역에 우선 착근하는데 경영자원을 집중해야 한다. 우선 지방의 유통망과 인맥을 구축하여 일부 시장을 차지해야만 전국을 공략할 수 있는 자격과 기회를 얻을 수 있다. 지도에 나타난 광활한 중국은 염두에 두지 말고 자신의 아이템이 적합하다고 판단되는 한 개의 성(省) 혹은 도시를 심층 조사한 후 진출 방식을 정해야 한다. 나아가 목표지역의 연착륙에 성공하더라도 곧바로 다른 성(省)에 대한 신출을 노리지 말고 우선 지역 내 시장을 확실히 공략하며 자신이 붙거나 혹은 좋은 파트너가 생기면 그때 전국의 거점지역을 노려도 늦지 않다.

이는 마치 중국정부가 새로운 국가정책을 실험할 때 우선 몇 개의 시범지역을 정해 그 효과를 검증한 후 점차 전국적으로 시행 폭을 넓히는 것과 같다. 한국기업은 이 같은 중국정부의 사례와 전개방식을 잘 연구할 필요가 있는데 이는 많은 중국기업도 모방하며 따라 하고 있기 때문이다. 중국에 진출한지 얼마 되지 않아 타 지역 시장을 노리는 것은 중국측의 경영자산을 활용하지 못할 뿐만 아니라 중국파트너로 하여금 한국기업이 언젠가 떠날 것이라는 불안감을 갖게 해 협력사업에 최선을 다하지 않을 수 있다. 중국인은 같은 자기 나라임에도 외자기업이 다른 성으로 사업체를 이전하는 것을 마치 다른 나라로 가서 새 파트너를 찾는다는 생각을 한다.

일단 진출지역 공략에 성공하면 타 지역에 대한 사업확장 계획이 없어도 주변에 자연스럽게 알려지고 협력 요청이 들어온다. 중국시장 개척은 이와 같은 방법으로 확대해 나가는 것이 가장 정석이라 할 수 있다. 결국 초기 진출지역의 정부와 소비자 그리고 NGO와 지역매체 등과 호흡을 같이하며 조금씩 자리잡는 것이 가장 중요한 것이다. 다방면의 노력을 통해 '기획-R&D-조달-생산-판매'로 이어지는 현지 완결형 경영체제가 구축되면 현지화가 완성되어 지역사회가 떠나지 않기를 바라는 기업이 될 수 있고 이와 동시에 주변지역, 나아가 전국적으로 알려질 수도 있다.

중국진출을 결정했다면 중국의 중서부지역 혹은 전국의 2선 및 3선 도시를 사업 거점지역으로 연구해 볼 필요가 있다. 현재 빈부격차와 도농 격차가 커지는 가운데 중국정부는 시진핑 주석 재임기간 동안 이를 확실히 개선하기 위해 중앙정부의 개발 및 지원 정책이 중서부 지역으로 경사되고 있다. 2선 및 3선 도시의 구매력이 증가하고 도시로 나갔던 농민공들이 비싼 도시생활비로 인해 실질

임금이 상대적으로 낮아진 동부 지역에서 중서부 지역으로 이동하고 있어 노동시장 여건도 좋아지고 있다. 이와 같은 변화에 편승해 한국기업이 지방에서 성공을 거둔다면 마치 농촌이 도시를 포위하듯 주변 대도시를 개척할 수 있는 계기와 동력을 마련할 수 있을 것이다.

사업추진과 생활지역을 정할 때 한인 사회의 존재 여부와 자녀들 교육문제로 무작정 북경 혹은 상해 등 대도시만을 고집하다가는 오래지 않아 자금 부족으로 사업과 생활이 모두 곤경에 빠질 수 있다. 자신의 비즈니스 경쟁력이 미흡함에도 대도시 지역에서 먼저 자리 잡은 후 내륙으로 확대하겠다는 계획은 초기자본의 조기소진은 물론 내륙시장 진출 기회마저 잃어버리는 결과를 초래할 수 있다. 북경 및 상해와 같은 특1급 도시는 이미 다국적 기업과 중국 토종 대형기업 간의 경쟁이 치열하고 수요가 포화 상태인데다 소비구조도 바뀌고 있다. 반면에 2선 및 3선 도시는 시차를 두고 예전 1급 도시의 소비 행태를 따라가고 있어 기회도 많다.

비록 이들 중형 도시의 사업환경이 1급 도시보다 낙후하고 지방 부패도 심하나 이 또한 빠른 속도로 개선되고 있어 중국에 처음 진출하는 한국기업이 시간을 두고 뿌리 내리기에 적합할 수 있다. 향후 중국의 중서부지역은 정치사회 안정을 전제로 국가경제균형정책을 통해 발전하지 않을 수 없는 지역이다. 다만 진출 전에 지방정부의 정책과 해당지역 소비자의 소득구조 그리고 소비패턴과 소비심리 등을 조사한 후 지역시장 수준에 적합한 제품부터 런칭해야 한다. 중국 내에 있는 또 다른 특성을 지닌 소비시장에 들어가는 것이나 마찬가지기 때문이다. 중소기업이 전체 중국시장을 대상으로 사업 계획을 짤 수는 없는 노릇이다.

진출지역을 정했다면 해당 지방정부의 정책목표와 장려산업 그리고 사회적 관심사와 공무원의 태도 및 개방성 등을 파악하는 것도 중요하다. 자신의 사업 아이템이 지방정부의 목표에 부합하고 중국파트너와 공무원과의 소통이 원활하다면 현지 사업의 불확실성이 줄어드는 것과 같다. 한국의 대기업이 중국전역을 무대로 사업을 펼치듯 한국의 중소기업은 진출지역에서 한국의 대표기업이 충분히 될 수 있다. 지역별로 진출한 한국의 강소(强小)기업의 성공사례가 증가하면 이는 자연스럽게 한국과 한국기업의 이미지와 경쟁력 강화로 이어질 것이다. 진출지역에서 좋은 제품과 봉사로 존경 받는 한국기업이 많아지는 것은 그 어떤 정치적 행위보다 뛰어난 민간외교다.

향후 중국대륙은 지방중점도시를 중심으로 한 다극화 발전의 양상을 띨 것이다. 중국 공산당 입장에서도 지역균형발전은 자신의 부담을 분산하고 정치업적을 선전할 수 있는 좋은 정책이다. 중앙정부는 지역의 중복투자를 단속하면서 한편으로 지역특색의 발전을 위해 권한을 위임하고 지역 내 국가프로젝트를 시행하는 방식으로 지방경제 활성화를 지원할 것이다. 한국기업은 중국의 지역별 특장점에 따라 다르게 구축되고 있는 지역경제발전 전략을 토대로 자신의 사업에 부합하는 최적의 지리적 요건과 비즈니스 환경을 갖춘 목표지역을 결정해야 한다.

한국기업이 진출지역 연착륙을 위해 실행해야 할 몇 가지 지침이 있다. 첫째, 진출 준비 시기, 중국기업과의 접촉은 1개 기업에만 치중하지 말고 복수의 기업을 타진하여 그들의 반응과 태도에 따라 상담의 폭과 깊이를 조절해 나가야 한다. 한국인의 사고 특성 상, 공략 목표로 정한 1개의 중국기업은 대도시에서 유명세를 타고 있는 동종 업체로 중대형 규모의 기업일 가능성이 크다. 물론 중국기업도 다른 외자기업을 동시에 접촉하며 한국기업을 하나의 옵션으로 생각할 수 있다. 한국기업이 들러리 역할만 하고 헛물 켤 가능성도 많은 것이다. 그러므로 파트너 선택의 폭을 넓힐 수 있게 복수의 중국기업이 자발적으로 찾아오게 만들어야 한다. 중국에서는 양다리를 걸치지 못하는 상대를 능력 없는 기업으로 보기도 한다. 자신만 찾는 한국기업이 오히려 불안하고 부담스러운 것이다. 한국기업의 아이템과 사업계획서로 2개 이상의 중국업체가 경쟁하는 구도로 협상이 진행되면 비교적 이상적인 상황이다. 애초 타깃기업을 정해 밀어 부치기 식으로 협상하는 것은 힘만 쓰고 결과는 없을 가능성이 크다.

이 외에 한국기업이 자체 개발한 새로운 기술제품이 있다면 양국 정부기관이 지원하는 기술교류협력 행사에 참가하여 중국의 자본 유치를 시도해 보는 것도 좋다. 이 같은 행사에 참석할 때 유의할 점은 자신의 아이템과 비슷한 것을 취급하는 중국파트너를 찾아야 협력의 시너지 효과를 볼 수 있다는 것이다. 지인을 통해 중국기업을 소개 받더라도 상대가 생소하게 여기는 것을 소개하면 별 반응이 없을 것이다. 그들이 현재 자신의 아이템으로 돈을 잘 벌고 있어 생소한 분야에는 관심이 없는 것이다. 그들은 한국에서 '장영실상', '중소기업 아이디어 대상'을 받았다고 자랑하는 한국인 앞에서 아무 생각이 없다.

일부 중국기업은 한국의 상품시장에 대한 신뢰와 한국소비자의 까다로움을 알기에 한국시장에서 히트한 상품을 원하기도 한다. 일단 한국시장에서 성공한 제품을 중국어 이름으로 중국시장에 런칭하는 것은 고려하나 한국서 무슨 상을 받은 신제품이나 중국소비자 맞춤형 제품이라고 소개하면 의심만 할 뿐이다. 중국기업과 소비자는 현재 한국인이 즐겨 사용하는 상품 혹은 한국 여행에서 확인했던 똑 같은 제품을 원하는 것이다. 한국측이 소개하는 신 기술상품이 현재 중국의 연구기관과 다국적기업이 연구 중이거나 혹은 이미 사업화 된 경우도 많다는 것을 알아야 한다.

둘째, 한국서 중국을 학습한 것으로는 부족하므로 중국에서 자리 잡은 한국기업인을 찾아 수시로 자문을 구해야 한다. 현지 진출 이후 사업이 진전을 보이면 '언제까지 할 것인가'에 대한 고민을 해야 한다. 중국의 경제발전이 자신의 사업 성장과 정합 관계에 있는 것은 아니므로 자신의 사업과 중국인과의 협력에 대한 냉철한 판단과 미래 계획이 필요하다. 사업 확장에 대한 구체적인 계획도 없이 한국과 중국을 계속 오가며 시간을 낭비하다간 도끼자루 썩는 줄 모르고 10년을 훌쩍 흘려 보낼 수 있다. 그러므로 시간이 날 때마다 현지에 먼저 진출한 선배 기업인을 찾아 노하우를 배우며 향후 계획을 구상해야 한다. 중국에 진출한 후 갖가지 고난을 겪으며 중국을 깊이 이해하고 중국만의 비즈니스 환경을 온 몸으로 체험하며 자리 잡은 경영인은 말이 없다. 오히려 적당히 성공하고 있거나 혹은 실패로 빠져들기 시작한 기업인이 성공담과 고생담을 더 많이 얘기한다.

반면에 경험과 인내 그리고 소통과 수양으로 현지에 착근한 한국기업인은 '중국식 경영'의 달인들이다. 이들은 현지에서 피눈물로 터득한 생존 노하우를 갖고 있으며 어려울 때 기꺼이 돕는 중국 친구들도 있을 것이다. 매출과 비용구조, 유통채널 구축, 노무관리, 대안제시, 공공관계 등 이들의 오랜 중국 경험은 빅데이터처럼 축적되어 있어 각종 문제를 해결하고 미래를 예측할 수 있게 만드는 살아있는 교본과도 같다. 중국사회의 중심에 들어가 오랫동안 생활한 이들은 리트머스 시험지처럼 중국인의 행동과 말투 그리고 눈빛과 접대 등을 통해 상대방이 지금 같이 일을 하고 싶은지 혹은 발을 빼고 싶은지 아니면 무엇을 숨기도 있는지 여부까지 거의 100% 느끼거나 알아낼 수 있다. 한국의 중국연구기관과 연구자들은 도저히 알 수 없는 중국시장의 노하우를 갖고 있는 것이다. 이들의 경험과 조언을 듣는 것은 긴 시간을 압축해서 짜낸 지혜의 엑기스를 마시는 것과 같다. 중국에서 사업하는 한국의 대기업과 중소기업 그리고 개인사업자는 이들의 생존 비결을 경청하고 연구해야 한다. 중국시장에서 성공하면 어떠한 황당한 논리도 진리가 되나 실패하면 어떠한 논리도 웃음 거리가 된다. 중국을 선택했으니 홀로 성공하여 증명해 보이는 수 밖에 다른 도리가 없다.

셋째, 현지에서 꾸준히 우호세력을 만들고 핵심 조력자 몇몇을 관리해 나갈 필요가 있다. 현지사업 시작 후 지역의 관변조직과 소비자협회 그리고 지역매체 등을 대상으로 관계를 발전시켜 나가야 한다. 자신의 업종이 속한 협회에 가입하여 간부들과 인맥을 쌓고 정보를 나누며 안전을 도모하는 것도 좋다. 중국문제는 중국인이 해결책을 제일 잘 알고 있기 때문이다. 중국에서 태어나 살고 있는 중국교포나 오랫동안 중국에 거주하고 있다는 한국인 조차도 자기들끼리만 어울리는 경우가 많아 상황 파악과 대처 방안을 잘 모른다. 이들은 중국지역사회에 대한 접촉면과 경험이 제한적이라 실질적인 답을 줄 수가 없다.

한국기업이 현지에서 준법경영을 하더라도 사업의 규모가 커지고 시장점유율이 높아지면 도전자는 물론 음해세력도 나타나기 시작한다. 외자기업에 대한 배타적 정서가 존재하는 가운데 일단 사업장 내에서 제품하자와 직원부패 그리고 환경오염 등의 문제가 드러나면 음해세력이 패자집단과 손 잡고 트집을 잡을 수 있다. 공무원이 모호한 규정을 들이대며 업무를 방해하거나 뇌물을 요구할 수도 있다. 심지어 인력확보를 방해하고 현지금융 이용과 수도·전기와 같은 산업인프라를 통제하기도 하고 사업장의 타 지역 이전을 방해하기도 한다. 이외에도 본의 아니게 음해세력과 부정부패에 연루되어 예기치 못한 경영타격을 받을 수도 있다. 주위에 억울함을 호소하더라도 중국이 원래 그렇다고 하면 그걸로 끝인 경우가 많다.

한국기업은 중앙 및 지방 경제정책의 변화와 추세를 항상 모니터링하고 사전 대책을 가이드 해 줄 중국인 책사(策士)나 공무원 한 명쯤은 알고 있어야 한다. 공무원은 그들만의 인맥 서클이 있어 어려울 때 도움을 받을 수도 있다. 보험 든다고 생각하고 몇 명을 꾸준히 관리하는 것이 좋다. 진출지역 정부와의 관계 구축은 중요한 사안으로, 담당 공무원을 사적으로는 친구처럼 교감할 수 있어야 하고 관변기구와 단체의 행사에도 초청받을 수 있을 정도는 돼야 한다. 평상시 잘 관리해온 우호세력은 제갈량이 병법을 부리듯 문제를 해결 줄 수 있다. 현지 문제는 중국시스템으로 풀고 현지인의 문제는 중국인으로 하여금 푸는 수 밖에 없는 것이다. 현지에서 곤경에 처했을 때 주변에 도움을 줄 중국지인이 하나도 없다면 스스로 뭘 하고 있는지 자문해봐야 한다. 본인의 비즈니스는 차치하더라도 상당히 위험한 한국인이 아닐 수 없다.

넷째, 현지 사업이 완전히 자리 잡기 전까지는 자신의 사업에 집중하고 가능하면 한국과 관련된 다른 일에 관여하지 않는 것이 좋다. 현지 법인을 잘 운영하고 있는 가운데 다른 욕심이나 혹은 지인의 부탁으로 한국과 중국기업의 중간에서 일을 중재하거나 아니면 지인의 중국진출에 대한 자문을 해 주는 일은 삼가야 한다. 아직 타인에게 자문을 해줄 만한 수준이 아니면서 양측을 중재하다가 협상이 진행될수록 양국에서 발생할 수 있는 모든 오해들이 자신의 문제가 돼 버릴 수 있다. 중간에서 설명과 설득을 할수록 양측으로부터 이해보다는 의심만 받는 것이다. 대가 없이 도와주었음에도 양측으로부터 감사의 말은커녕 원망만 듣게 될 것이다.

자신의 중재로 양국의 기업문화와 비즈니스 사고관념의 차이를 좁힐 수 있다고 생각하는 한국기업인은 아직 중국에 무지한 사람이다. 이는 향후 오랜 시간이 지나더라도 거의 불가능한 일이기 때문이다. 굳이 도와줘야 한다면 기한을 정한 후 자신이 주재하여 결론을 내던지 아니면 필요에 따라 양측의 의사 및 정보를 중간에서 자신이 가공하며 원만하게 진행시킨 후 빠져 나가는 것이 좋다. 양측이 도저히 이해할 수 없는 문화적 · 정서적 문제까지 소통시켜 주려다 오히려 진흙탕에 빠질 수도 있다. 만약 남을 도와주는 것이 아니고 자신의 중국법인이 한국에 있는 한국기업과 비즈니스를 한다면 마음 속에 한 · 중 두 가지 버전의 비즈니스 사고와 타임테이블을 준비하는 것이 좋을 것이다. 사업초기부터 양측이 의견 일치를 보며 비즈니스가 원활하게 추진되는 것은 쉽지 않다. 거의 모든 협상 단계에서 양측의 사고와 전술에서 미스매치 현상이 발생하기 때문이다.

한국기업인은 다른 외국인과는 달리 중국에서 사업과 생활을 영위하며 중국문화에 녹아있는 지혜를 매 순간 느끼고 배울 수 있다. 하지만 이를 깨닫고 자신의 것으로 체화(體化)할 수 있는 정신적 · 물리적 시간과 여유가 없어 약해지고 위험에 빠지기도 한다. 중국사업이 불안하면 한국에 신경 쓰고 찾아오는 손님에게 시간을 할애하기 시작한다. 중국사업이 순조로워 바쁘다면 손님은 한 가지 부탁만 들어줘도 감사할 것이나 중국사업이 어려워 한국을 찾으면 손님은 열 가지 부탁 중에서 한 가지만 못 들어줘도 섭섭해 하거나 심지어 무시하려 든다. 일단 중국에 진출했다면 현지사업에 집중하던지 아니면 빨리 접고 돌아가는 것이 상책이다. 중국을 이용해 한국에서 뭘 어찌하려 하지 말고 한국을 활용해 중국에서 뭘 하려 들며 시간을 낭비하지 않는 것이 좋을 것이다.

자신의 사업이 중국 현지에서 뿌리 내리기 전까지는 자신의 일에 최선을 다할 시간도 부족하다. 한국기업이 진출 지역에서 자신은 물론 후발주자를 위한 성공 사례를 만들기 위해 분투하고 있다면 한 눈 팔 시간이 없어야 정상이다. 쓸데없는 일에 시간과 정력을 허비하는 중간자 역할로 양측의 문제와 오해를 모두 뒤집어 쓰는 일을 해서는 안 된다. 중국에서 뿌리내리고 있는 한국기업인이 현지경영과 시장개척에 집중하지 않고 한국과 연계한 또 다른 사업을 시도하다간 이미 일궈놓은 기반도 무너질 수 있다. 우선 현재 있는 지역에서 하고 있는 일에 집중해야 한다.

성공의 조건

상기 내용을 바탕으로 한국기업 특히 중소기업과 개인사업자가 중국에서 성공하기 위한 몇 가지 조건을 제시하면 다음과 같다. 우선 철저한 사전 준비 과정이다. 중국진출을 결정하기 전에 충분히 학습하고 조사했다면 현지에서 방황하는 시간을 크게 줄일 수 있다. 사전 고뇌와 사후 고통은 반비례 관계로 스스로 납득이 될 만큼 충분히 조사하고 경청해야 한다. 두 번째는 진출 목적 설정이다. 자신의 비즈니스 모델과 아이템, 중국파트너 및 현지 직원과의 소통, 현지 마케팅과 매출 목표 등의 체크도 중요하지만 어떤 진출 명분을 갖고 도전할 것인가가 더욱 중요하다. 이는 진출 지역에서 자신을 지탱하고 사업의 뿌리를 내리게 만드는 정신적 힘이 되기 때문이다.

세 번째는 정직해야 한다는 것이다. 이는 아무 때나 순진하게 속을 내 보인다는 것이 아니라 비즈니스의 신용과 원칙을 지킨다는 자세다. 현지 사업이 진행되다 보면 정직함은 드러나기 마련이다. 입으로만 떠드는 과장과 거짓은 잠깐 속일 수는 있어도 결국 사실이 드러나며 화를 자초하게 된다. 정직하지 못한 거래가 한번 성사되더라도 나중에 상대가 알게 되면 다음 기회는 없을 것이며 심지어 이로 인해 방해세력이 만들어 질 수도 있다. 중국사업의 규모가 커질수록 실수할 위험도 커지고 동시에 일탈하는 기회를 엿보는 세력도 많아질 수 있음을 경계해야 한다. 자고로 권한이 커지면 책임도 커진다는 것은 중국 강호(江湖)의 불문율이었고 이 원칙을 받쳐주는 덕목이 바로 '정직함'이다. 한국인 정서의 기저에 깔려있는 몰이해와 무시 그리고 경멸의 언행을 통제하지 못하거나 혹은 잠시의 이익을 위해 정직함을 버리면 참극은 언제던지 찾아올 수 있다. 정직한 소통과 거래는 중국사업에서 중요한 생존 비결이다.

네 번째는 함께 성취하고 나누는 것이다. 중국사업에서 한 차례 성과를 거두었다고 자만해서는 안 된다. 성과를 회사 차원에서 공유하고 어떤 형태로던 성과의 일부를 나누며 중국파트너와 직원이 동기부여를 가질 수 있도록 해야 한다. 예로부터 중국의 많은 조직의 수장들이 부하들을 '슝디(兄弟)'라 칭하며 큰 일을 도모했던 사실을 음미해 볼 필요가 있다. 비즈니스 관계던 사적 관계던 슝디(兄弟)와 같은 관계를 구축할 수 있다면 회사는 직원들과 목표의식을 공유할 수 있다. 이를 통해 회사 내에서 핵심 역할을 할 인재를 발굴하고 키울 수도 있다. 탁월한 슝디(兄弟) 한 명은 물리적 사업 확장보다 더욱 중요한 자산으로 회사 업무의 절반을 짊어질 수 있고 아울러 자신을 지켜주는 근위병과도 같다.

이외에도 한국기업은 양국관계의 경색으로 인한 정치적 불똥이 튀지 않도록 평상시 책잡히는 일을 삼가고 현지인과 교감하는 외자기업으로 자리매김 하는 것이 중요하다. 필요하다면 전담부서를 두고 주기적으로 지역정부 관계자와 소비자의 평판을 체크하고 평상시 지역민과의 소통 상황을 점검할 필요가 있다. 어느 날 지역사회와 갈등이 생겼다는 것은 미처 파악하지 못했던 문제들이 간과되어 온 결과다. 지속적인 현지 인맥구축을 통해 급작스런 외부 변화에 대응할 수 있는 인적 방패를 미리 준비할 필요가 있는 것이다. 한국의 중소기업이 중국에서 살아남기 위해서는 사업의 아이템과 경영계획 그리고 하드웨어적 조건 외에 현지 관료든 기업인이든 아니면 이웃이든 내 편이 되는 중국인을 많이 확보하는 것이 중요하다. 이는 실패를 예방하고 성공을 촉진하는 주요 수단이 된다. 사업을 추진함에 있어 자신의 역량도 중요하지만 소소한 일들로 시시각각 중국인의 도움이 필요할 수 있어 내편이 될 수 있는 현지인에게 미리 투자하는 것은 아주 현명한 행보다.

다행히 중국에서 가장 싼 것은 중국인의 마음을 사는 것이다. 꾸준함을 유지하는 소박한 성의와 발 품을 좀 파는 것을 제외하고 큰 비용이 들지 않는다. 예로 중국친구가 자신의 자녀를 한국 혹은 미국 등지로 유학을 보내고 싶어하면 도와주면 될 것이다. 파트너와의 관계가 한 가족이라는 층면으로 승화될 수 있어 사업의 지속발전도 기대할 수 있다. 매년 중국수능시험(高考)의 응시생 수가 수

십만 명씩 줄어드는 것은 응시 학생 수 감소와 대졸 취업률 하락과 같은 구조적 요인도 있지만 많은 정부관료와 기업인이 자녀를 외국에 유학 보내며 미래를 도모하기 때문이다. 배금주의와 이익지상주의가 판치는 현 세태에 지친 그들에게 외국친구의 진솔함은 마음의 빗장을 푸는 열쇠가 된다.

중국파트너는 물론 진출지역의 공무원과 주민들의 마음을 내 것으로 만드는 것은 최고의 투자라 할 수 있다. 경우에 따라서 상대를 감동시키는 이벤트가 필요할 지도 모르겠다. 중국에 진출하면 현지인들에게 부탁할 것이 많은데 선물 하나로 때우려 하면 곤란하다. 무엇보다 파트너와의 관계만 확실히 구축되면 보이지 않고 인식하지 못했던 문제점까지 지적해 준다. 이를 바탕으로 준법경영과 봉사활동을 통해 호감이라는 신뢰를 쌓아나간다면 지역에서 회사 이름이 회자되며 은연 중에 보이지 않는 보호막이 생길 수도 있다. 중국인의 마음을 사겠다고 생각하면 실천할 수 있는 일들은 주변에 널려있어 기회의 전략적 선택과 실천이 중요하다. 중국의 지도자가 국민의 마음을 사려고 노력하듯 한국기업이 중국인의 마음을 사는 것은 비용대비 그 효과가 지속적이고 강력하다. 그러면 여기서 그들의 마음을 사기 위한 실질적 인맥구축 방안을 살펴보자. 주변의 인맥은 사업 외적인 풍파를 막아주고 유사시 자신의 사업을 보호하는 역할을 한다. 보이지 않는 경영 리스크를 예방하고 때로는 인적 네트워크를 이용한 마케팅 도구로도 활용이 가능하다.

첫 번째 단계는 우선 파종하고 수확하듯 인맥을 키워 나가는 것이다. 농부가 허심(虛心)으로 파종하듯 인맥 농사를 위한 씨를 뿌린

후, 한 그루만 집착하지 말고 전체 묘목을 관리해 나가는 것이다. 한국인 특유의 정(情)과 근면성을 바탕으로 진솔하게 꾸준히 관리해 나가야 효과를 볼 수 있다. 당장 함께 할 사업이 없더라도 일단 씨는 뿌려 놓는 것이 좋고 심지어 현지 진출을 결정하지 않은 한국기업도 지인의 소개로 인연의 씨를 뿌려놓고 가끔씩 돌본다면 후일 큰 도움이 될 수도 있을 것이다. 인연이라는 적금을 미리 하나 들어 놓는 것이다.

두 번째는 다양한 인맥 채널을 구축해 놓을 필요가 있다는 것이다. 자신이 어떤 중국사회 모임에 소속되어 있다고 중국 전체의 인맥인양 내세워선 안 된다. 자신의 사업이 부진하면 지속적인 관계를 엮어 나가기 힘들고 은연중에 도태될 수도 있다. 이는 어떤 중국 조직과 교류하더라도 마찬가지다. 그러므로 자신의 능력을 토대로 상하좌우로 확장되는 다양한 조직과 레벨을 통한 인맥으로 무형자산을 축적하며 비즈니스 기회를 도모해야 한다.

세 번째는 한 포도 나무에 여러 개의 포도송이가 열리듯 각기 독립적인 인맥군을 구축해야 한다. 중국거주 시간이 오래된 한국인은 현지 인맥이 어느 정도 형성되어 있어 자신의 인적 자산을 주변에 과시하기도 한다. 이런 경우 최초로 알게 된 중국인을 통해 계속해서 다른 중국인을 소개받으며 인맥을 확장한 경우가 많다. 하지만 어떤 문제가 발생하여 처음 만난 중국친구와의 관계가 틀어지거나 단절되면 그와 관련된 지인들과의 관계도 함께 단절되는 경우가 발생한다. 오랜 시간 공 들였던 인맥구조가 일시에 흩어지는 것이다. 이는 마치 가지가 부러지며 달려 있던 모든 포도송이가 땅에 떨어지는 것과 같다. 그러므로 교류하는 방식과 시간에 따라 상황은 달라질 수 있겠지만 포도나무 가지마다 각기 다른 포도송이가 달릴 수 있도록 기존의 한 사람으로부터 시작된 인맥군과는 상관없는 새로운 인맥군을 형성해 나가야 한다. 이를 위해 평상시 교류하는 중국인의 주변 친구들을 유심히 살펴볼 필요가 있다. 비즈니스를 하고 있는 사람이라면 의외로 뜻이 맞아 협력할 수 있고 사업을 하지 않는 공무원이라면 뜻밖의 도움을 받을 수도 있을 것이다. 생각지도 않았던 곳에서 또 다른 포도송이가 만들어지는 것이다.

몇 명 되지 않는 인맥 자랑보다 인적자원고갈 대비책을 세운다는 측면에서 기존 인맥의 가지치기를 통해 또 다른 인맥군을 만들어야 할 것이다. 만약 한 포도나무에 자신의 사업 파트너와 지역 공무원 그리고 지역단체 등을 중심으로 서로 다른 인맥의 포도송이가 달릴 수 있다면 최종적으로 자신의 '포트폴리오식' 인맥이 구축되는 것이다. 이는 자신의 사업에 대한 조력자와 자문단이 생기는 것이자 한편으로 또 다른 비즈니스 기회를 만들 수도 있는 현지자산을 보유하는 것과 같다. 결국 자신의 인맥 범위 내에서 기회가 생길 가능성이 크기 때문이다.

'호설암(胡雪岩)'은 "상인은 이익을 중시하기 때문에 이익이 되는 일이라면 칼날에 묻은 피를 핥는 것도 마다하지 않는다. 사업을 하다가 친구를 한 명 더 사귀면 장사의 길이 하나 더 트이지만 적을 한 명 더 만들면 담장이 하나 더 생기게 된다. 장사를 하며 상대에게 위협을 주고 적대관계가 형성되면 누구에게도 이익이 되지 않는 만큼, 최대한 화해할 수 있는 방법을 찾아내는 것이 가장 현명한 행동이다. 상인에게는 금전관계도 중요하지만 인간관계도 이에 못지않게 중요하다. 따라서 사업 상대에 대해 '금전 출납부'만 쓸 것이 아니라 '인간관계 출납부'도 함께 써 나가야 한다. 금전 출납부의 밑바닥에 존재하는 인간관계가 금전보다 훨씬 중요한 것이다"라며 인맥의 중요성을 강조했다.[1]

한 사람의 좋은 중국친구를 사귀는 것은 그 사람의 중국 노하우를 통째로 받아들이는 것과 같다. 여기에 친구의 신분까지 높다면 자신이 몰랐던 또 다른 중국을 얻는 것과 같다. 레벨이 낮은 중국인과는 오래 교류해도 그 사람의 사교 범위와 인식을 뛰어 넘기 어렵다. 외국인으로서 자신의 중국인맥이 좋다 함은 두 가지 의미를 갖고 있다. 하나는 투자한 세월을 대가로 수적으로 많은 중국인을 알고 있다는 것과, 다른 하나는 자신의 능력을 바탕으로 언제던지 목표 인맥을 만들 수 있는 능력이 있다는 것이다. 전자는 피동적이고 피상적이며 소진되는 인맥이고 후자는 필요 시 자신의 추종자도 만들 수 있는 대단한 능력인 것이다. 대부분 한국인의 인맥은 전자에 머물고 말 것이나 의지와 능력에 따라 기존 인맥을 공고히 함은 물론 또 다른 인맥을 공격적으로 구축할 수도 있다.

한편 중국친구가 많아졌다면 때로는 비즈니스를 통해 인맥을 활용하고 검증할 필요도 있다. 현대 중국에는 소위 세 가지 종류의 법이 있다. 국가의 통치체제와 국민의 기본권을 명시한 헌법(憲法)과 공산당의 헌법인 당장(黨章) 그리고 성문화되어 있지는 않지만 백성들이 마땅히 지켜야 하는 '도리(道理)'가 바로 그것이다. 생계를 이어가는 중국인에게는 사회적 도리와 상도의가 바로 법이다. 만약 중국친구와 의기투합하여 사업을 시작했다면 그 주변의 친구들도 모두 알게끔 하는 것이 좋다. 이는 중국친구로 하여금 딴 생각을 품지 않고 비즈니스에 집중하도록 만드는 강력한 제어 장치가 될 수 있다. 중국에서는 사회적 통념으로 사람의 사고와 행위를 구속하는 것이 훨씬 실효적일 때가 많기 때문이다. 외자기업은 상기 세 가지 법을 모두 지키며 이해하고 아울러 활용할 줄 알아야 중국사업의 발전은 물론 자신과 중국인맥도 지킬 수 있다. 중국에서 인맥이라 함은 상대방의 몸과 마음을 움직이게 만드는 내부구동시스템 역할을 하는 것이다. 또한 사업의 윤활유 역할을 할 뿐만 아니라 급할 시 남의 닭을 빌려다가 달걀을 얻을 수 있는 수단이 된다. 고금을 막론하고 변치 않는 중국의 인맥문화와 철학을 이해하는 것은 현지 투자 리스크를 줄이고 안전망을 확보하여 지속가능 발전을 도모하는 필수 과정이다.

하지만 인맥이 만사는 아니다. 특히 사업 초기부터 지인의 인맥에 의지하는 것은 살얼음 위를 걷는 것과 같다. 현대 중국사회에서 인간관계는 상황에 따라 얼마던지 변질될 수 있다. 애초 계약과 함께 사업을 시작하더라도 서로를 잘 알 수는 없으며 향후 일이 순조롭지 못하면 상대방의 허물이 보이면서 계약도 무용지물이 될 수 있다. 양국의 사고방식과 언어체계의 차이로 인해 자신의 생각을 상대에게 100% 전달하기는 불가능하다. MOU 체결 후 정식계약으로 넘어가기 전에 서로의 생각과 능력을 살펴볼 시간이 필요할 수 있다. 신용조사기관을 통해 상대의 신용도를 조사하고 그와 거래했던 업체를 찾아 신뢰성을 검증해도 될 것이다. 행복한 결혼생활을 위해 파트너의 건강진단서를 요청할 수도 있는 것이다. 중국에서 계약은 인간 관계의 시작을 의미하며 통상 관계가 오래갈수록 계약 조항도 오래 지켜진다. 물론 오랜 파트너쉽을 지탱할 수 있는 뼈대는 바로 신뢰다. 만약 협력을 시작한 후 어느 정도 시간이 흘렀음에도 파트너와의 신뢰 구축이 어려울 것 같으면 출구전략으로 '플랜 B'를 준비하는 것이 좋을 것이다. 협력에 대한 상호 신뢰가 부족한 가운데 사업을 우유부단하게 끌고 가는 것은 재앙과도 같기 때문이다.

무엇보다 자신의 중국이해 수준과 중국어 실력을 믿으면 안 된다. 중국파트너와 신뢰를 쌓아 가면서도 현지 사업은 추진 단계별로 조목조목 확인해야 한다. 파트너가 시작 초기에 했던 말 내용이 조금씩 달라지는 원인은 파트너의 거래처 입장이 달라지고 그 거래처의 파트너 얘기가 달라지는 것일 수 있으니 무작정 의심하고 책망할 수도 없는 노릇이다. 급변하는 중국의 비즈니스 환경에다 국제 비즈니스 경험이 부족한 중국인과의 협력에서 실수와 오해가 생기는 것을 피하기는 어렵다. 평상시 많은 소통의 시간을 확보하여 문제를 해결해 나가는 수 밖에 없는 것이다. 대충주의와 절충주의는 문제를 키우는 것과 같아 반드시 위기를 겪게 된다.

가끔 한국인은 중국인을 무시하고 중국인은 한국이라는 나라를 무시한다. 함께 사업장을 운영하는 양국의 경영인이 이와 같은 생각을 갖고 있다면 그 협력은 오래가지 못한다. 한국인이 중국인을 존중하면 한국이라는 나라도 존중 받는다는 것은 간단한 이치다. 경영 쟁점에 대한 의견 충돌 시 전략적 파트너쉽 측면에서 문제를 풀지 않고 '한국인'과 중국인'의 다름만 부각하여 논쟁을 벌인다면 이는 신뢰에 금이 가고 있다는 증거다. 비즈니스 관계로 만났지만 각자의 이익에 국한된 협력을 이어가는 것은 오래 가지 못한다. 이와는 다르게 상호 의사결정이 쉽게 이루어지고 비즈니스 얘기가 줄어들면서 사업 이외의 환담과 교류가 늘어나는 것은 바람직한 방향이라 할 수 있다. 양측의 협력시스템이 정착되고 있는 것이다. 설사 파트너의 실수로 회사가 손해를 좀 입더라도 책임을 언급하는 것은 좋지 않다. 체면을 중시하는 중국인에게 수위를 조절하며 실수를 깨닫게 하는 것은 일종의 교감 기술이다. 이 같은 경험을 통해 점차 비즈니스 관계에서 목표를 공유하는 친구관계로 신뢰를 쌓고 동시에 한국기업과의 협력으로 자신이 큰 이익을 얻을 수 있다는 확신을 심어줄 필요가 있다.

자신의 선택에 대한 믿음을 바탕으로 진출 지역에서 사업을 지속하며 경험과 신뢰 그리고 주변의 인맥을 쌓아 나가야 한다. 현지 중국 직원들과 지역 사회와의 원만한 소통관계를 유지하는 것도 중요하다. 중국시장만 보고 들어간 한국기업인은 빠른 시일 내에 현지 환경과 인맥을 최대한 활용해 기회가 오면 집중하여 결과를 만들어야 할 것이다. 현지 인맥이 중요하지만 오랫동안 파트너와의 협력에 성과가 없으면 인맥 유지도 어려울 수 있다. 결국 스스로 자리잡고 성공한다는 자세와 신념이 있어야 현지 인맥을 통한 시너지 효과를 볼 수 있다. 무엇보다 긍정적인 마인드로 자신의 건강을 지키고 가족과 함께 중국생활을 즐겨야 한다. 중국에 대한 혜안과 함께 자신의 성격과 건강이 중국사업의 성패를 좌우할 것이다.

노무관리와 소통

　중국에 진출한 외자기업의 노무관리는 기업의 경쟁력과 지속성을 담보하는 핵심 요인이 되고 있다. 비록 낮은 생산성에 인건비는 상승하고 종업원의 이직은 잦아 인력 확보에도 어려움을 겪고 있지만 근로자에 대한 중국정부와 관변단체의 권익보호 주장이 강해지는 가운데 직원들의 복리후생은 물론 내부화합을 제고하는 경영활동을 강화하기 시작했다. 한국기업도 2008년부터 시행된 '노동계약법'에 따라 한국의 노조에 해당하는 공회(公會)를 자발적으로 만들어 직원과의 소통을 강화하고 노무전문가를 고용하여 취업규정과 종업원 채용 그리고 사내교육시스템을 구축하기 시작했다.

　중국사회과학원 노동연구소 소장이자 전인대(全人代) 위원인 차이팡(蔡昉) 교수는 "노동력 수급에 변화가 생기고 노동시장제도 건설에 대한 욕구가 강해지는 가운데 사회는 성장의 고통을 겪게 된다. 중국이 직면한 한가지 도전은 노동시장제도 건설에 대한 필요성과 긴박성으로, 제도 구축을 통해 노사간 대립으로 발생하는 기업 및 근로자의 불만이 정부로 전이되는 것을 미연에 방지해야 한다"고 주장한다. 노동관련 입법이 원가를 상승시킨다는 불만은 노동법 제정과 집행을 늦추는 이유가 되지 못하며 중국의 노동시장제도 특히 노조설립과 단체임금협상은 향후 정부주도로 추진될 것인바 이는 혼란을 조기에 차단하는 제도적 우세를 발휘할 수 있다고 강조한다.

　향후 많은 외자기업이 공회에 끌려 다닐 가능성을 우려하고 있지만 당분간은 정부의 통제를 받는 '중화전국총공회(中華全國總工會)가 산하 공회를 적절하게 통제하기 때문에 일정선을 넘지는 않을 것이다. 중국의 공회는 자신의 권익 수호와 정치적 영향력 확대를 위해 투쟁하는 일부 한국의 대기업 노조와는 그 배경이 태생적으로 다르다. 노사 간의 협약이 분명하고 잘 지켜진다면 노사 간의 완충 역할을 하고 신참 근로자의 교육 및 생활까지 돌봐주는 기능도 하게 될 것이다. 또한 사회안정을 위한 중국정부의 대체재 역할도 겸하고 있어 잘만 소통하면 기업의 성장 파트너가 되고 경영안정을 위한 중요한 자산이 될 수도 있다.

그럼에도 임금 협상을 둘러싸고 외자기업 노동자의 권리주장과 행동은 점증할 것으로 예상된다. 사전에 정부 정책에 부응하는 경영계획과 순발력으로 노사 소통을 실천하여 미연의 사태에 대비한 명분을 축적할 필요가 있다. 자국기업의 노조는 통제하겠지만 외자기업의 노사분쟁은 방관할 소지가 다분하기 때문이다. 저가 노동력을 이용해 돈을 벌어가는 시대는 끝났으니 이제 외자기업도 알아서 조치하라는 암시를 주고 있어 노사갈등이 심해지면 불이익을 받을 수 있다. 중국의 도시지역에서 일하는 노동자는 농민공(農民工) 출신이 대부분이지만 젊은 농민공 중에는 문제의식을 가지고 저임금과 열악한 노동환경에 대해 과감한 의견을 표출하거나 심지어 외자기업의 약점을 잡고 단체행동을 주도할 수도 있어 평상시 이들에 대한 관리가 중요하다.

한국기업은 중국의 노동자와 관련된 법률규정을 절대 가벼이 여겨서는 안 된다. 자사 공회와의 정기적 소통을 통해 사소한 문제가 단체행동으로 이어지지 않도록 유의해야 하며 한 사람의 노동자로 인해 발생한 문제가 전체 노동자를 자극하는 일이 없도록 해야 한다. 중국 공산당이 노동자·농민을 기반으로 탄생한 정권이라 일단 문제가 발생하면 정부가 관여할 수 밖에 없음을 알아야 한다. 평소 외자기업에 우호적이고 중국 근로자의 인권은 무시하던 지방정부도 일단 문제가 발생하면 마치 노동자의 대변인인양 태도가 돌변할 수 있다. 가장 좋은 방법은 관련규정을 준수하고 사업장 내부에서 직원과의 원활한 소통으로 갈등의 소지를 미연에 방지하여 빌미를 제공하지 않는 것이다.

중국의 근로자는 과거 수 천년 동안 지속되어온 혼돈의 역사를 배경으로 근대 문화대혁명의 참상을 거치며 선천적으로 자신이 생각한 바를 숨겨 놓는 것에 익숙하다. 현대에 들어와서는 권위에 대한 도전을 용납하지 않는 주입식 교육을 받아 피동적 사고방식에다 적극성이 부족하고 두드러지는 것을 꺼리기도 한다. 서양에 "삐걱대는 바퀴가 기름칠을 받는다"라는 격언이 있는 반면에 동양에는 "튀어나온 못이 먼저 정 맞는다"라는 속담이 있는 것과 같이 동서양 사고방식의 차이이기도 하다.[2] 자신의 언행에 의도를 드러내지 않음은 물론 정당한 요구와 권리주장도 함부로 하지 않는다. 표리부동의 이중적 특질이 몸에 베어 있어 먼저 상대의 반응을 살핀 후 대처 방법을 찾기 위함이다. 문제는 이를 잘못 이해한 일부 한국기업이 중국 직원에게 군림하고 줄을 세우려 든다는 것이다. 이 같은 행위는 회사를 망치는 첩경이다. 한국기업은 이들의 사고구조와 형성 배경을 이해하고 그들의 언행에 숨겨진 본의를 파악하기 위해 표정과 행동을 관찰하는 방법을 배워야 할 것이다.

우선 그들과의 소통은 그들만의 사고방식대로 진행하는 것이 안전하다. 실적이 양호한 직원은 공개 칭찬하고 실수를 저지른 직원은 비공개로 상담하는 것이다. 직원의 실수를 공개적으로 비판하는 것을 지양하고 조용히 바로잡아 그의 체면을 지켜 줄 필요가 있다. 과도한 공개 비판으로 경영진과 직원들과의 연결 고리 역할을 담당하는 중간 관리자가 회사를 떠나면 당장 내부소통과 회사관리에 문제가 발생할 수 있어 유의해야 한다. 또한 중국인은 생리적으로 구속을 싫어하고 스트레스 받는 것을 끔찍해한다. 조용한 소통과 정적 감화를 통해 스스로 따르게끔 하는 것이 가장 좋다. 소통과 인정미가 있는 사내 분위기 조성은 직원들로 하여금 소속감과 만족감을 느끼게 만든다. 때로는 법률과 사내규정에 앞서 가족구성원이라는 명분으로 직원들을 계도하는 것이 더 좋은 효과를 낼 수 있는 것이다.

중국인은 정작 자기 나라에서 인격적 대우를 못 받는 경우가 많아 한국기업을 통한 신선한 미담은 지역사회의 호평은 물론 매체와 인터넷으로도 전파될 것이다. 특히 한국인 대표는 진출지역에서 회사운영과 함께 개인적인 덕(德)을 쌓아나가는 것이 중요하다. 중국 역사가 증명하듯 중국인은 조직보다 사람에게 몰입하고 충성한다. 생산·판매 목표치를 제시하며 적당한 긴장감과 압박을 가하되 때로는 직원의 실수로 야기된 회사의 손해를 자신의 책임으로 돌리는 포용력도 있어야 한다. 단, 화가 나는 일이 발생하더라도 중국인을 무시하는 마음은 들키지 말아야 한다. 모두가 인정하고 따르는 경영책임자의 권위와 원칙 확립은 사내 안정은 물론 중국 직원들에게 정서적인 안정감을 준다. 무엇보다 기업의 실적이 좋아 성과급을 나누어 줄 때는 공평하게 집행해야 한다. 앞 장에서 언급했듯이 중국인은 성과물이 작게 나누어지는 것은 걱정하지 않지만 불공평하게 나누어지는 것은 걱정한다. 집행 시기와 효율성도 고려하여 회사 화합과 사기 진작에 도움이 되도록 해야 한다.

한편 한국기업은 대도시에서 외지인력을 쓰는 경우가 많은데 이들이 쉽게 직장을 옮기는 경우가 많아 재고용과 재교육에 드는 비용이 만만찮다. 그러므로 직원과의 소통으로 소소한 문제들을 처리하며 이직을 예방하는 중국인 관리자의 자질은 무척 중요하다. 현지에서는 중국인이 중국근로자를 관리하는 것이 가장 좋기 때문이다. 생산 및 관리직 직원의 잦은 이직을 막을 수 있는 현실적 방법은 근무연수와 실적에 따라 승진하며 급여도 올라가고 정기연수 기회도 부여 받아 회사의 발전이 자신의 발전에 직결된다는 것을 알게 하는 것이다. 최근 중국 대학생들은 임금수준 보다 자기계발 기회를 중시하고 다소 불안한 외자기업보다 안정적인 중국계 기업을 선호하고 있다. 과거에는 외자기업 입사가 일종의 자랑거리였으나 '중국'이라는 브랜드 위상이 제고되고 급여와 승진기회 측면에서도 외자기업에 비해 떨어지지 않는 대형 국유기업으로 인재들이 몰리고 있다. 선진국으로 유학을 떠나는 두뇌를 제외한 인재의 취업 희망 순위가 국유기업-공무원-대형민영기업-외자기업으로 바뀌고 있는 것이다. 안정적 성장성을 가진 중국의 대기업에 비해 외자기업은 커리어 관리가 힘들고 내부 평가가 불명확하며 외국인 동료와의 소통이 어려운데다 자신만의 권한을 가질 수 없다는 것이다. 승진이 더디고 자기계발 기회가 없다고 판단하는 중국인 직원은 소속감을 갖지 못해 개인 이익만 탐하거나 혹은 떠날 수 밖에 없는 것이다.

중국에 진출한 한국기업은 현지화된 인사제도 혁신을 서둘러야 할 것이다. 2015년 무역협회 북경지부의 '중국 내 한국기업의 인력 관련 애로사항'에 관한 설문조사에 따르면, 임금 인상률 과다와 함께 원하는 인재가 입사를 꺼리는 수급불균형과 퇴사 등 중국인 직원의 빈번한 이동이 가장 큰 애로사항인 것으로 드러났다. 이에 대해 한국기업은 주로 임금 인상으로 대응하고 있으나 정작 중국인 직원의 인사관리에 대한 개선 요구사항은 임금 인상 보다 능력 있는 현지 인력의 승진시스템 구축에 대한 주문이다. 근면성을 갖추고 뚜렷한 삶의 목표가 있는 중국인 직원도 언제던지 승진할 수 있는 인사시스템은 현지 법인의 뼈대를 튼튼히 하여 사소한 내부 마찰에 경영 자원이 유실되지 않고 사업의 지속성을 견지할 수 요인이다. 중국인 간부가 현지법인을 자신의 평생 직장이라고 생각한다면 대내외적 문제의 원만한 처리는 물론 보다 정확한 의사결정으로 큰 성과를 거둘 수 있을 것이다. 중국은 과거나 지금이나 모두 '중국기업이 되던지 아니면 돌아가라'라고 말하고 있다.

100% 성공 여부를 장담할 수는 없지만 우수한 현지 인재를 선발하고 육성하는 것은 나쁜 습관이 몸에 베인 경력 직원을 뽑는 것보다 훨씬 낫다. 자신이 없으면 아예 중국 시인을 통해 직원을 소개받는 것도 좋을 것이다. 중국사업의 성공 여부가 현지 인재 확보에 달려 있다는 사실은 아무리 강조해도 지나침이 없다. 중국인은 작

은 권한이라도 관리되는 것 보다 관리하는 것을 좋아한다. 중간 관리자에게 권한을 위임하고 직책과 직무를 정해주면 적극적으로 업무에 임할 것이다. 여기에 각 부서별로 창의적이고 개방적인 토론까지 이어진다면 동 기업은 성장의 선순환에 진입한 것이라 볼 수 있다.

외자기업 입장에서 중간 관리자를 육성하는 것은 현지경영에 매우 중요한 요소다. 단, 능력만 보고 특정인을 편애하여 특권을 주거나 혹은 과도한 승진을 용인하고 주요 보직의 책임자로 임명하는 것은 위계질서를 받아들이는 종법(宗法) 사회제도와 평등사상에 익숙해 있는 다른 중국인의 반감도 살 수 있어 주의해야 한다.[3] 특히 인성에 문제가 있다고 판단되는 중국인 직원에게 중요한 직무를 맡겨서는 안 된다. 중국에서 한 명의 소인배가 큰 일을 저지르는 사례는 예나 지금이나 비일비재 하며 이들은 회사에 큰 손해를 입힐 수도 있어 즉시 내 보내야 한다. 이들은 회사가 일시적으로 어려워지면 상하관계 혹은 동료 사이에서 회사에 대한 불만과 불신을 조장하려 들 것이다. 또한 자신의 이익을 위해 '자기 사람'을 불러모아 '다른 사람'들과 문제를 일으킬 것이다. 화근이 될 수 있는 직원은 빨리 정리하는 것이 좋다.

중국에 진출한 외자기업으로서 노무관리와 현지직원과의 원활한 소통을 위해서는 무엇보다 상대방의 문화와 사고방식을 존중하는 경청의 자세가 필요하다. 중국의 급성장과 함께 자신들에게 기회는 많다고 생각하며 이직을 염두에 두는 중국인 직원들의 마음을 사야만 하기에 겸손함은 직원들의 마음을 열개하고 경청은 많은 것들을 알게끔 한다. 이 같은 연유로 외국인 경영자의 개인적 매력을 발산하고 그들과 대화할 수 있게 도와줄 중국어 구사 능력이 중요한 것이다. 이제 중국 현지에서 상대방에 대한 존중과 겸손 그리고 배려와 소통의 자세가 없이는 성공할 수가 없다.

중국은 차지한 자의 것

상기 내용은 중국에 진출한 중소기업 혹은 개인사업자 위주의 '중국식 경영' 지침을 설명한 것이다. 여기서부터는 대기업 위주로 살펴볼 것이다. 중국대륙은 자고이래로 전쟁을 통해 강산(江山)을 쟁취한 자의 것이었고 패자는 이를 인정하고 수용하는 역사를 이어왔다. 현재 중국대륙을 차지하고 있는 세력은 '중국 공산당'으로 중국인은 그들에게 국가발전과 민족중흥의 임무를 위탁했다. 권력을 쟁취한 세력의 국가자산은 사회안정을 담보로 그 기득권이 존중된다. 차지한 자의 국가자산은 다른 잠재 세력이 한시적으로 넘볼 수 없는 '정치사회 안정기금'이다. 2012년, 블룸버그 통신은 중국의 8대 혁명 원로 중 덩샤오핑과 전 국무원 부총리 왕쩐(王震) 및 천윈(陳云) 등 3대 가문의 후손들과 연관된 국유기업 자산이 중국 GDP의 20%가 넘는 약 1조 6000억 달러에 이른다고 보도했다. 과장된 면도 있으나 차지한 자의 후손들이 일군 부(富)는 내부 룰을 어기고 스스로 무너지지 않는 한 모두에게 인정되는 재산이다. 하지만 공산당을 선택한 중국인은 그들의 행동을 계속 지켜볼 것이며 특히 국가·사회가 어려움에 직면했을 때 그들이 어떻게 자신의 기득권과 안정기금을 사용하는지를 보며 집권세력의 정당성을 판단할 것이다.

만약 현 집권세력이 권력에 빌붙어 부정부패를 일삼는 자들을 통제하지 못하면 장기적으로는 강산을 쟁취한 세력도 위험해 질 수 있다. 이 같은 배경 하에 중국 공산당의 집정과 정책생리 그리고 이에 반응하는 관료와 백성의 사고방식을 추적하는 것은 중국을 읽어내고 중국식 경영을 전개하는 바로미터가 된다. 중국기업인 또한 시대를 장악한 강자의 주장에 따라 자신의 사고를 정립하고 비즈니스 방향을 포맷한 후 인맥 구축을 위해 줄을 서기 때문이다. 특히 민간기업은 사업을 펼칠 때, 대 공산당(정부+관료+국유기업+이익집단) 관계에 신중하고 자신을 낮추는 겸손한 행보가 최선임을 잘 알고 있다.

홍콩 재벌 '리쟈청(李嘉誠)' 회장은 이를 실천에 옮기며 큰 기회를 잡은 좋은 사례다. '남경대학살'의 진실을 부정하는 일본 정객들의 망언으로 일본기업의 중국 남경시(南京市)에 대한 투자가 거부되고 과거 일본군의 자금 줄 역할을 했던 미쯔비시 은행의 학술자금 지원이 중국인민대학으로부터 거절당하던 시기에, 리 회장은 중국의 역사·영토문제를 다루는 국제행사에 대한 스폰서를 중단했다. 또한 그룹 본사를 홍콩에서 가장 높은 상징적 빌딩을 지은 후 입주하자는 임직원의 의견을 제어하며 당시 홍콩에서 가장 높았던 '중국은행(Bank of China)' 보다 낮게 지을 것을 지시했다. 리 회장은 1997년 홍콩의 대륙 귀속 후, 중국정부로부터 북경의 핵심 요지인 왕푸징(王府井)의 대규모 부동산 개발권을 따냈다. 이는 바람의 변화를 미리 읽고 겸손한 처세로 중국 공산당 지도부를 미소 짓게 하고 체면을 세워준 것과 무관하지 않다. 이후 CSR 전략을 통한 '자선경영'으로 중국사업은 순조롭게 진행되었고 리 회장은 아시아 최고 재벌로 올라섰다.

　중국인은 '시대의 강자를 따른다'라는 중국역사의 변치 않는 규율을 무시하고 행동하는 사람을 이상한 사람 혹은 정신 나간 사람으로 본다. 언젠가 현 집권세력의 통제력이 추락하면 또 다른 주인 세력이 나타나겠지만 지금의 주인은 중국 공산당이다. 이들의 게임 법칙을 위반하고 안정을 위협하면 즉시 강한 제재가 따를 것임은 분명하다. 그러므로 중국에 진출한 외자기업이 중국시장의 일부를 차지했다고 처신을 함부로 해서는 안 되며 오히려 이때부터 중국사업 책임자의 언행과 본사에서 파견된 직원들의 도덕적 일탈 행위 등을 통제해야 한다. 특히 노사갈등, 산업재해, 불량제품, 환경오염 등으로 발생한 민생의 피해는 곧바로 수습해야 한다. 문제가 방치되면 중국인은 원천 책임자인 공산당을 탓하기 때문이다. 중국 근로자에 대한 부당 대우나 외자기업 직원의 기율 문제 그리고 제품을 둘러싼 중국소비자와의 마찰은 즉시 그리고 엄중히 처리해야 한다. 상황을 빨리 봉합해야지 대수롭지 않게 생각하다간 중국 네티즌이 달려드는 2차 쓰나미로 이어져 호미로 막을 일을 가래로도 못 막을 수 있다. 사태가 커지면 공산당은 중국에서 돈을 벌어 가면서도 자신의 통치행위를 방해한다고 생각하고 원인을 제공한 외자기업을 감시대상기업 리스트에 올릴 수도 있다.

시대의 패자(覇者)를 이해하고 그들의 집정 이념에 기업경영전략을 조화시키는 것은 그들과 생존 호흡을 함께하는 것과 같다. 이 같은 이치를 모르거나 혹은 위반하면 직간접적 불편함이 따를 수밖에 없다. 시대의 강자에 줄을 서서 삶을 계획하는 것은 중국인이 수 천년 동안 이어온 생존 철학이다. 지금의 강자는 중국 공산당으로, 중국에서 사업하고 있는 외자기업도 그들이 정하는 룰을 따르며 이를 활용하는 것이 가장 좋다. 현 중국체제에서 무릇 '기업'이라 함은 국내외를 막론하고 언제던지 공산당의 통치를 위한 희생양이 될 수 있는 연약한 존재에 불과하다. 외자기업은 난세의 책사(策士)처럼 처신하고 공산당의 게임 룰을 이용하는 현지경영으로 원하는 목적을 이루어 나갈 수 밖에 없다.

중국정부와 갈등을 빚고 있는 국가와 기업에 대한 배척과 불매운동은 종종 공산당 지도부의 불만이 중앙매체를 통해 암묵적인 지시가 되어 부추겨지고, 각 지방정부와 국민은 이를 즉각 인식하고 행동을 준비한다. 어느 한 곳에서 시작된 행동 메시지는 연쇄반응을 일으키며 확산되기 시작한다. 정부 및 매체의 태도가 강하면 외자기업과 협업 중인 중국기업도 공산당의 눈치를 보기 시작한다. 심지어 협력을 해 오는 동안 각종 불만이 쌓였거나 향후 협력이 자신에게 별 이익이 되지 않는다고 판단하면 여러 가지 구실을 대고 협력 중단도 고려한다. '중국은 차지한 자의 것'이라는 권력 원칙이 작동되고 관료와 기업인 그리고 일반 민중은 본능적으로 '바람이 불 때는 고개를 숙일 것'이라는 생존 원칙이 발동되는 것이다. 때로 중국인의 민족주의 행위는 애국주의의 발로가 아니라 오히려 생존주의에서 나타나는 1차 반응이다. 이때 소비자는 왕(王)이 아니라 강자의 보이지 않는 내규(內規)에 순응하는 지지계급일 뿐이다. 이와 같은 돌발적 상황에 직면한 외자기업이 할 수 있는 일은 세 가지다. 즉 바람이 지나간 후를 준비를 하는 것과 그저 바람이 잦아 들기를 바라는 것 아니면 그 자리를 떠나는 것이다.

2016년 7월에 중국이 남중국해 영유권 분쟁에서 패소한 후 확산된 KFC 불매운동에 대해 인민일보와 신화통신은 이례적으로 '어리석은 애국'이라고 일축하고 개별적 불법 행위를 경고하기도 했다. 중국정부는 타국과의 외교마찰 시, 좌충우돌하고 외부대응과 자국민의 반응 사이에서 상황을 조율하는데 힘들어하고 있다. 공산당은 자국민 앞에서 자신보다 더 강한 자(미국)에게 비굴함을 보여서도 약자(기업)을 괴롭히는 모습을 보여서도 안 되기 때문에 상황은 자신의 체통을 지키는 선에서 절충하려 한다. 최근 중국의 방송 및 언론 매체에 국제문제 평론가가 많이 등장하는 것은 이 같은 공산당의 고민을 대변하고 있다. 중국인을 가르치고 사고 및 행동이 극단으로 흐르지 않도록 계도해야 하는 것이다. 권위를 지키면서도 사태를 악화시키지 않는 출구전략을 세우기가 갈수록 어려워지고 있다. 아직까지는 공산당의 권고와 통제가 먹히겠지만 강자를 따르는 인민들에게도 원하는 모습을 보여줘야 하기 때문이다.

중국 공산당의 사고와 언행 그리고 중국인의 반응에 대한 모니터링은 한국기업이 중국사업의 전략적 좌표를 찾기 위한 중요한 업무다. 특히 공산당 지도부의 생각을 받들어 정책을 집행하는 중국 관료집단의 사고구조와 행동체계를 연구·분석하는 것은 중국

경영전략의 핵심이 된다. 말하자면 공산당과 스텝을 잘 맞추어 춤을 춰야 하는 것이다. 중국의 정치공학과 관료의 행위를 이해하고 흐름을 예측하며 전략을 수립할 수만 있다면 중국사업의 절반을 이룬 것과 같다. 당대 공산당 이념을 축으로 중앙정부와 지방정부 그리고 국유기업 관료의 생리와 관념을 각각 따로 연구하고 이를 경제정책과 시장변화에 연동시켜 입체적인 사업전략을 세워야 한다. 서구식 경영방식으로 사업 아이템과 시장조사 만을 중심으로 시작되는 계획은 제대로 진행되는 것이 없을 것이며 심지어 정치 사회적 리스크를 안고 시작하는 것과 같아 많은 시행착오를 겪게 될 것이다.

무엇보다 중국 공산당의 이념철학과 조직역량을 세세히 이해하고 들여다 봐야 한다. 지난 2017년 10월에 있었던 중국 공산당 19차 당대회에서 '시진핑 신시대 중국특색의 사회주의 사상'이 당장(黨章)에 삽입되었고 차기 후계자도 지명하지 않은 채 시진핑 주석 1인에게 모든 권력이 집중되었다. 하지만 그 배경에는 전체 국면을 조율하는 공산당 조직의 집단 통치력이 존재하고 있음을 알아야 한다. 공산당은 지금과 같이 국내외 정세가 1인을 정점으로 국가전략을 일사불란하게 추진해 나가야 할 시점이라면 얼마던지 한 사람에게 권력을 몰아 주며 정치사회 안정과 정책의 일관성을 도모할 수 있다. 공산주의 이념의 충실한 신봉자이자 사상과 능력이 검증된 시진핑 주석에게 모든 권한을 부여하여 국론을 통일하고 시대적 역할을 부탁하는 것이다. 이는 또한 국민들에게 더욱 안정된 집권정당의 이미지를 심어주고 반대세력에게는 경거망동하지 말고 복종하라는 신호를 주는 것이기도 하다. 역사적 경험으로 정치사회 변화의 미세한 진동도 느낄 수 있는 중국인은 '시진핑'이라는 절대 권력을 가진 지도자가 존재하고 집권세력의 내부안정을 확인하며 심리적 안정감을 찾는다.

하지만 시진핑의 집권 2기 동안 정치·경제 개혁 실적이 국민의 기대치에 못 미치는 가운데 시 주석이 개인적 의지로 임기를 연장하려 든다면 정치사회적으로 파장이 일수도 있다. 비록 당장(黨章)이 헌법에 우선하지만 개혁개방 세대, 특히 도시지역의 청장년층은 '의법치국(依法治國)'을 강조한 시 주석이 헌법 조항과 전임의 관례를 스스로 깨뜨리는 것을 이해하지 못할 것이다. 1982년에 일부 수정된 헌법 79조에는 '국가주석 2기(10년) 이상 연임불가'라는 조항이 명시되어 있기 때문이다. 시진핑의 연임 여부에 대한 논의는 집권 2기 동안의 경제사회성장 목표치 달성 여부를 바탕으로 국민의 반응과 사회적 분위기 그리고 공산당의 의중에 따라 부상할 수도 있을 것이다.

현 중국은 공산당과 국민의 암묵적 합의 하에 발전하고 있다. 공산당의 이념과 자산 그리고 역할을 모르면 특정 인물에 맞춰 중국의 권력체계와 정치 향방을 분석할 수 밖에 없다. 공산당과 국민이 100% 신뢰한다고 해서 과도기 지도자를 건국의 창업자인 유방(劉邦)과 이세민(李世民) 그리고 주원장(朱元璋)과 모택동(毛澤東)에 비교하는 것은 어불성설이다. 시진핑 주석은 공산당의 권한을 위임받아 정치사회 안정을 조율하고 국가의 부를 일구어 내야만 실용주의의 중국인으로부터 추앙 받을 수 있을 것이다. 중국 공산당의 미래 전략과 체제 디자인 설계 능력을 무시해서는 작금의 중국을 읽어낼 수가 없으며 실체에 부합하는 경영전략을 세우기도 어렵다.

시진핑 집권 2기 동안에도 구조조정은 계속될 것이며 이익세력과 패자집단의 반발도 계속될 것이다. 공산당 지도부는 개혁 추진을 위한 동력을 얻기 위해 정치사상 공작과 선전을 강화할 것이다. 이에 따라 외자기업들도 당·정부의 언행을 주시하고 자신의 주변을 잘 살펴 억울한 희생양이 되지 않도록 해야 할 것이다. 한국대기업은 사내에 중국경제분석 연구기구는 물론 공산당과 중국관료 그리고 정책시스템을 연구하는 별도의 연구팀을 두고 오너는 두 가지 연구보고서를 통합한 자료를 놓고 최종 판단을 해야 한다. 중국관료에 대한 관찰과 접촉은 현지 CEO와 간부의 중요한 경영활동이라 학문적으로 연구하고 체계화 할 필요가 있다. 중국관료의 생존 속성과 사고의 룰을 이해하고자 한다면 2011년 중국에서 출판되어 베스트셀러가 된 '2호 수장(二號首長)'의 일독을 권한다. 공산당 일당독재 체제 하에서 시장경제시스템의 성숙 여부와는 상관없이 중국관료는 중국경제에 지대한 영향을 미치고 있으며 앞으로도 그럴 것이다.

현재 정부 재정으로 부양되는 중국의 공무원은 정부 및 행정기관과 사업단위 그리고 각종 관변단체에 근무하는 사람을 포함하여 약 4000만 명에 이르고 있다. 이들은 당 지도부의 이념과 중앙정부의 정책을 일선에서 집행하는 인재들로 실질적으로 중국을 이끌고 있는 핵심 계층이다. 중국인은 지도자에게 나라를 맡기고 지도자는 이들 공무원에게 자신의 국정이념과 수행을 위탁한 것이다. 중국의 토종기업은 물론 외자기업도 이들을 관리하지 못하면 아무 일도 할수가 없다. 반면에 이들의 사고를 이해하고 행동 예측이 가능하다는 것은 기업경영 활동과 생존에 있어 핵심 경쟁력을 가지고 있는 것과 같다. 특히 공산당 지도부와 지도사상이 바뀔 때마다 관료의 정치공학과 사고구조 그리고 정책방향도 조정되므로 기업의 경영방침도 그들의 바뀌는 스텝에 맞추어야 한다.

대외경제정책연구원(KIEP) 보고서에 의하면 중국경제의 경기변동 원인으로 공산당 지도부 개편에 따른 정치적 요인을 들고 있다. 즉 중앙 및 지방정부의 지도부 교체가 이루어지는 공산당 전당대회 개최주기와 경기순환 주기가 대략 일치한다는 것이다. 경기국면이 공산당 전당대회를 개최한 그 다음 해에 정점에 도달한 후 3년 정도 하강하는 양상을 반복한다는 것이다. 중국의 경기순환은 정치일정과 이에 따른 당·중앙의 경제정책 변화에 연동되는 정책성 경기순환구조의 특징을 가지고 있는 것이다. 통상 매년 말에 당·중앙과 국무원이 공동으로 개최하는 '중앙경제공작회의'는 다음 년도 거시경제정책의 기본 방침을 결정한다. 이는 공산당과 정부(국무원)가 각각 정책의 결정과 집행을 분담하는 독립된 기구가 아니라 양자가 일체가 되어 조율하고 합의하는 '당(黨)-정(政) 일치 체제'임을 보여준다.[4] 최고 지도자의 임기를 10년으로 놓고 보면 취임 전반기 5년은 물가 및 민심 안정과 이미지 공정 - 정부관리 임명과 기강확립 - 부패척결 등 중앙통제 강화 - 경기활성화 정책에 주력하고 후반기 5년은 지도사상을 창도하고 이념선전을 토대로 경제사회와 관련된 국정과제를 추진한다. 시진핑 주석은 19차 당대회를 통해 집권 2기의 핵심 국정 과제로 '개혁개방 가속'과 '지속발전' 그리고 '샤오캉(小康) 건설'을 제시하여 향후 5년 간 중국정부의 경제성장 정책을 예고했다.

공산당의 정치일정과 선행조치에 따른 중국의 정책성 경기순환구조는 한국대기업이 사업계획을 수립하는 주요 근거가 될 수 있다. 또한 중국정부의 국정방향을 읽고 관료의 움직임을 파악해 현재 추진 중인 경영방침에 대한 미세조정과 함께 새로운 분야에 대한 사업을 시도해 볼 시기다. 예로 산업안전사고 방지, 폐석 및 오수 처리, 환경오염 방지 기술, 에너지 절약 기술 등 중국이 고민하는 분야에서 사업기회를 발굴하는 것이다. 공산당 지도부의 관심 분야와 관련 정책이 호응하는 가운데 정부기구 혹은 국유기업을 대상으로 비즈니스를 타진하는 것이다. 만약 접촉하는 중국기구가 관심을 보여 연중 추진사업으로 입안(立案) 된다면 그들의 정치적 업적과 조직의 입지 강화를 위해서라도 동 프로젝트는 추진될 것이다.

여기서 주의해야 할 점은 대형 국유기업 사이에 존재하고 있는 충성과 실적에 대한 경쟁 구도를 잘 파악해야 한다는 것이다. 항공, 군사, 통신, IT, 바이오 등의 분야에서는 국가 프로젝트의 기술 돌파 그리고 첨단 제품의 최초 출시를 놓고 상호 견제하는 구도가 많다. 누구도 경쟁 상대가 공산당 지도부의 방문과 칭찬을 먼저 받는 것을 원치 않는다. 자신의 정치적 업적을 위해 경쟁하는 국유기업 대표의 심리와 기업의 현황을 파악한 후 목표 기업에 접근할 필요가 있다. 이외에 정치적 분위기를 타고 정부조달시장에 참여할 기회가 생긴다면 중국정부와 중앙국유기업(央企)의 조달품목을 파악하고 입찰에 도전해 볼 필요도 있다. 비록 정부계약이 물량은 작지만 일단 납품에 성공하면 향후 대형 국유·민간기업을 공략하는 통행증으로 활용할 수 있다.

상기 열거한 바와 같이 중국의 비즈니스는 각종 경제적 이슈를 공산당의 정치 목표와 사회 구조와의 연관성에 중점을 두고 바라보는 '정치경제학(政治經濟學)' 적 시각과 판단이 매우 중요하다는 것을 알 수 있다. 동 관점은 중국경제의 실체와 정책의도 그리고 발전 방향을 알 수 있게 도와주는 중요한 도구다. 정치경제학과 사회경제학에 대한 이해가 부족하면 중국경제를 설명하고 경제정책을 분석하고 시장을 투시하는데 한계가 있다. 즉 중국의 관료와 기업인 그리고 소비자의 사고·행동을 정확히 파악하기 어려운 것이다. 중국의 정치·사회 현상을 이해하는 것은 중국경제를 이해하는 대 전제다. 왜 공산당 기관지인 인민일보는 아무 것도 볼 것이 없으며, 왜 중국정부의 각종 회의는 아무것도 들을 것이 없겠는가. 다만 외자기업의 눈에는 보이지 않고 들리지도 않기 때문이며 이는 중국사업에서 정치적인 촉과 감을 키워 나갈 필요가 있음을 의미한다. 만약 중국에 진출한 한국기업인이 인민일보 사설을 탐독하고 있다면 그 사람은 중국어를 체계적으로 단련하고 싶은 사람이거나 아니면 중국시장 개척을 목표로 공산당의 생각을 읽고 미래를 대비하려는 경영인일 것이다.

전환기 경제체제 하에서 발생하는 일시적 현상과 특정 지역에 대한 단편적인 분석으로 중국경제를 진단하고 전망하기는 어렵다. 정치경제, 산업경제, 소비경제, 지역경제 등의 분야에 대한 기초 분석에다 경제사, 사회학, 인구학 등과의 연관성을 놓고 연구해야만 실체에 근접하는 설명을 할 수 있다. 특히 당 지도부의 변화를 분석하지 않고서는 실물경제의 전망을 정확히 짚어 내기는 어렵다. 지난 19차 당대회를 통해 선출된 시진핑 집권 2기 상무위원 중에서 시주석을 제외한 나머지 6명은 모두 정치, 경제, 법학, 철학 등의 문과 출신이다. 전임 후진타오 집권 2기 때와는 정반대다. 이는 이공계 출신 기술관료를 칭하는 '테크노크라트'가 개혁개방과 산업화 그리고 국가발전을 어느 정도 달성한 가운데 앞으로는 부와 사고 수준이 높아진 국민을 대상으로 공산당의 선전과 사상 통제가 더욱 중시될 것임을 암시한다. 그렇다면 당연히 정치경제 전문가와 사상가 그리고 이론가가 전면에 나설 수 밖에 없는 것이다. 중국의 정치경제학과 인문학에 대한 관점과 학습은 중국의 현재와 미래를 읽는 열쇠로 이는 중국사업 전개를 위한 방향타와 같은 역할을 해 줄 것이다.

중국의 저명 경제학자들은 칼 마르크스의 자본론(資本論)을 필독 서적으로 하고 중국 경제사회의 특수성에 서방경제 이론을 입혀 자신의 견해를 표명한다. 이들의 임무는 현 정치체제의 당위성을 설파하고 당대 서구 자본주의사회의 경제발전을 초월하여 자신의 체제가 우월하다는 것을 증명하는 것이다. 이를 위해 '4대 자신감 (노선·이론·제도·문화)'을 견지하며 모든 문제 해결의 근본이라 할 수 있는 지속발전을 위해 정책개발과 실천방향을 연구하는 것이다. 이들은 중국경제가 나아갈 길을 과거 역사 속의 정치경제학과 사회경제학 관련 명저와 선대의 사상에서 찾고자 한다. 아울러 중국 지도부는 집정에 도움이 되는 혜안을 얻기 위해 경제 대가(大家)를 불러 경제관련 집단학습을 주기적으로 실시하고 그들의 경제철학과 큰 그림을 경청한다.

중국시장을 개척하고 있는 외자기업이 공산당의 존재에 무지하면 이는 마치 초점을 잘못 맞춘 탄두가 전혀 다른 방향으로 날아가는 것과 같다. 멀리 있는 목표를 정확히 조준하기 위해서는 반드시 공산당의 사고구조와 정치공학을 연구해야 한다. 현재 중국을 차지하고 있는 공산당을 관리하는 것이 바로 중국을 관리하는 것이다. 공산당의 의중을 파악하는 것은 대중 외교의 기본이며 공산당의 정책을 분석하는 것은 전략 수립의 핵심 사항이다. 반면에 공산당의 생각을 이해하지 못하거나 배치되는 언행은 영문도 모른 채 도전으로 간주되어 고통이 따를 수 있다. 이는 공산당의 생각을 꿰뚫어 보고 사전 조치를 취하거나 대비한다면 불필요한 피해를 막을 수 있다는 얘기와 같다. 공산당과의 관계를 잘 유지하고 있다면 중국인의 행동도 통제할 수 있어 점차 중국사업의 고수(高手)가 돼 가는 것을 의미한다.

한국대기업이 중국사업을 위해 장기적으로 관리해 나가야 할 대상은 두 곳으로 수렴된다. 즉 중국 공산당과 중국 소비자다. 이 둘은 중국식 경영 전략의 핵심 대상이기도 하다. 양자(兩者)의 지지를 모두 얻기 위한 특수 전략을 세우고 장기적금처럼 부어나가야 한다. 당분간 중국인의 삶은 공산당의 내부안정과 집정능력에 달려있고 미래 공산당의 명운은 중국인의 선택에 달려있다. 한국대기업과 오너가 공산당으로부터 존중 받을 수 있다면 중국인의 지지도 받을 수 밖에 없으며 동시에 중국 소비자의 신뢰와 사랑을 받는 기업이라면 공산당도 함부로 하지 못할 것이다. 중국 공산당의 의중과 소비자의 반응 사이에서 배척되지 않는 생존 공간을 찾고 이를 유지하기 위해 치밀하게 연구하고 실천해 나가야 한다. 이는 중국사업의 성공과 존속시간을 길게 가져갈 수 있는 유일한 길이다.

공산당과 협력할 사업

중국에 진출한 글로벌 외자기업이 중국 공산당을 파트너로 삼아 신뢰를 구축할 수 있는 협력 분야는 국내외 기업이 별 관심을 두지 않는 '농민' 관련 사업이다. 물론 농업은 전력과 석유 그리고 통신 등과 같이 공산당의 권력기반이자 국가안보와 직결되는 분야라 중국의 대형 국유기업을 제외하고 시장진입이 금지되어 있다. 하지만 한국대기업은 농민의 덕으로 중국을 차지한 공산당과 현재 농민의 실상을 살펴보며 중국정부가 '삼농(농촌·농민·농업)'을 중심으로 추진하는 중장기 국책 사업에 어떤 분야와 형태라도 참여하는 것을 연구해 볼 필요가 있다. 말하자면 중국 공산당의 가장 큰 걱정 거리를 함께 하는 비즈니스를 발굴하는 것이다. 중국의 삼농(三農) 문제는 이전 한국의 '새마을운동'과 같은 농촌개량사업 차원이 아니다. 식량안보와 빈곤퇴치 그리고 사회안정은 공산당의 정치적 목표를 달성하고 국민정당으로 거듭나기 위한 주요 목표다. 또한 농촌의 발전과 농민의 소득증대를 통한 내수확대와 빈부격차 해소는 국가의 균형 및 지속발전의 관건이다. 한국대기업은 사업적으로도 거대한 기회를 제공하는 것은 물론 공산당 지도부가 고민하는 삼농 문제에 관심을 가져야 한다. 그리고 다른 다국적기업이 관심을 갖지 않더라도 중국정부의 삼농 프로젝트에 참여할 필요가 있다.

삼농 문제는 2004년부터 2017까지 14년 연속 '중앙 1호 문건'으로 채택되었다. 중국 공산당은 '삼농에 관한 지도 의견'에서 농업은 입국의 근본이자 강국의 기초로 농업의 기초지위를 확립하고 농업의 경시 풍조를 방지하는 가운데 과학농업을 근간으로 한 중국농업의 현대화 개혁을 가속해야 한다고 강조하고 있다. 2008년 상반기에 폭설과 가뭄으로 곡물위기를 겪은 중국정부는 농업의 국민경제에 대한 기초 지위는 물론 농업이 영구적 기간산업이라는 사실을 다시 한번 깨달았다. 농업대국이자 동시에 농업 약소국인 중국의 식량안보 문제는 앞으로도 가장 중요한 국정 과제가 될 것이다. 중국의 14억 인구가 먹고 사는 문제는 국정의 핵심이기 때문이다. 만약 중국에서 곡물위기가 발생한다면 경제 리스크 대처 능력의 약화는 물론 농민소득 하락과 곡물가격 인상으로 인해 즉시 사회안정이 위협받을 것이다.

한국대기업은 공산당과의 중장기 파트너쉽 구축을 위해서라도 삼농과 관련된 사업 계획을 검토해 볼 필요가 있다. 중국정부의 총수요확대 정책에 따른 농촌시장의 팽창과 미래 고객인 농민의 구매력 증가에 대비하고 정책 당국과의 유대 강화 차원에서 장기적금을 하나 드는 것이다. 삼농 문제 해결을 위한 정책에 호응하고 중국버전의 새마을운동에 적극 참여한다면 그들과의 연대감 구축과 함께 상당한 신뢰도 쌓을 수 있을 것이다. 현재 동부지역과 일부 중서부 대도시에 사업체가 있더라도 농민을 위한 비즈니스 아이템을 개발하고 봉사활동을 통해 농촌지역사회와 계속해서 연계시켜 나가는 것이 좋다.

하지만 중국 현지 농산물 가공판매 혹은 농수산물 무역 등의 사업은 신중해야 한다. 문제가 생기면 자신들은 농민의 편이라는 것을 보여줘야 하는 중국정부가 나설 수 밖에 없어 사태가 예상외로 커질 수도 있다. 특히 중국의 식품가공업체와 유통무역업체 파트너를 찾을 때는 지역에서의 지명도보다 집약화·표준화가 잘 되어 있는지 여부를 살펴봐야 한다. 규모와 명성은 크되 은연 중에 농민을 착취 대상으로 여기며 원가를 낮추겠다는 사고를 지닌 사업주는 상당히 위험하다. 이들은 정부가 나서야만 되는 큰 사고를 칠 사람들이라 이윤만 추구하는 중국기업과 협력 했다간 함께 퇴출될 수도 있다.

한국대기업은 본사 차원에서 '중국농촌전략연구팀'을 만들어 추진할 수 있는 사업을 검토하고 중국정부 및 농민의 지지와 기업의 이미지 제고를 연계하는 전략을 구상해 볼 필요가 있다. 특히 중국정부가 삼농 문제 해결과 내수확대를 위해 적극 추진하는 '도시화 정책'을 눈 여겨 봐야 한다. 중서부지역의 '도시화 정책'으로 지역 거점 농촌지역이 신도시로 개발되거나 도시권으로 편입되기 시작하면 농촌을 대상으로 한 외자기업의 사업성과도 오래 걸리지 않아 보게 될 것이다. 외자기업의 농촌사업은 외국인이 중국과 함께 하겠다는 의지를 표명하는 것이므로 기존의 중국사업에도 긍정적인 영향을 주게 될 것이다. 경쟁과 변덕이 심한 도시소비자도 중요하지만 방대한 미래 고객군인 농민을 위한 장기전략은 외자기업의 장기전략과도 통한다. 이는 농민의 도시민화 - 소득증대 - 중산층 확대로 이어지는 중국정부의 장기 목표와도 부합되기 때문이다.

현재 중국정부는 중서부개발 정책과 신농촌 건설 그리고 농촌금융확대 지원사업을 적극적으로 추진하고 있다. 이는 도시에서 일하는 농민공의 임금소득과 함께 농산물 수매가 인상과 유통·물류시스템의 개선을 통한 농가의 농업경영 소득증가로 이어져 농민 소비력을 향상시키고 있다. 이 밖에 농민과 함께 도시화를 추진한다는 취지로 농촌의 잉여 노동력을 중소도시 건설에 투입하고 도시로 흡수된 농민들은 자기 임의대로 농산물을 처분하여 소득을 올리는 식으로 도·농 격차를 줄이는 방안도 실시하고 있다. 그럼에도 도시화 정책이 농촌지역의 사회보장체계가 마련되지 않은 채 인프라 건설에만 치중된다면 기존 이익집단의 배만 불리거나 혹은 지방정부의 이미지 공정으로 이어져 개발지가 또 다른 빈민굴이 될 수도 있다. 농민의 사회보장은 바로 '토지'다. 도시로 나간 농민공이 일 자리를 잃으면 귀향하여 농사를 지을 수 있기 때문에 토지가 농민의 사회보장 역할을 한다. 하지만 농촌의 도시화 정책으로 도시근교의 농민토지가 수용되면서 농민들은 농사지을 터전이 없어지고 사회보장혜택도 누리지 못하고 있는 실정이다. 심지어 정부로부터 받은 보상금을 사기 당하는 사례도 빈발하여 자칫 불안과 불만의 화살이 공산당으로 향할 수도 있다.

중국정부의 도시화 전략은 두 가지 의미를 갖고 있다. 우선 도시화 건설 프로젝트는 경제발전을 위한 '행운의 공간'으로 현재 중국의 도시화 비율은 50%가 조금 넘는 수준이다. 추진 과정에서 발생할 수 있는 정치업적, 중복투자, 사업단절, 부정부패와 같은 병폐만 잘 통제하면 빈부 및 지역격차가 해소되고 외부수요에 흔들리지 않는 내수기반이 조성되어 지속발전을 위한 거대한 동력원이 될 수 있다. 향후 중국의 순수출이 지속적으로 감소한다면 과잉경제를 해소할 출구는 '소비'밖에 없으며 소비를 진작시키려면 반드시 소득분배개혁을 추진하고 삼농 문제를 해결해야 한다. 도시화 건설의 또 다른 의의는, 건국의 가장 큰 숨은 공로자임에도 자신의 권리와 혜택을 희생해온 농민에 대한 공산당의 보은 차원이다. 동시에 빈곤지역 구제와 소득증대를 통해 사회안정을 위협할 수 있는 최대 요인을 사전에 차단하려는 목적도 있다.

중국 공산당은 농민의 위상 재정립을 통해 마음의 빚을 갚고 근심거리를 해소하여 공산당 본연의 정체성과 통치의 정당성을 찾고자 한다. 중국의 농민을 대상으로 하는 프로젝트와 비즈니스는 단순한 사업이 아니라 공산당과 함께 길을 가는 것과 같다. 한국대기업은 이를 통해 다른 사업기회를 발굴할 수 있을 뿐만 아니라 공산당과 전략적 파트너쉽을 구축하는 계기도 만들 수 있다. 중국의 삼농 문제 해결을 통한 공산당의 지속생존과 발전전략은 중국대륙을 경영하려는 한국대기업의 지속발전과도 연결되는 것이다.

인맥구축 전략

　중국의 역사·문화·사회적 특성에다 인치주의(人治主義)가 변함없는 현 정치체제 하에서 중국 현지사업을 전개하는 외자기업은 어쩔 수 없이 사업을 확장하고 자신도 보호할 수 있는 현지 인맥구축에 매달릴 수 밖에 없다. 아울러 이와 같은 중국의 특수한 비즈니스 환경은 공산당이 집정하는 동안은 계속될 것이다. 이에 한국대기업도 자신의 경영목표에 부합하는 중장기 '중국인맥구축전략'을 세울 필요가 있다. 앞장에서도 다루었지만 중국의 국가 지도자급 인물에 대한 발굴 및 육성 절차는 매우 규칙적·체계적으로 이루어진다. 중국 공산당의 집정 행위 중에서 예측이 가능한 분야라 인맥구축 계획도 구체적으로 세울 수 있는 것이다.

　한국대기업은 중국 공산당 조직부의 조치와 중국인 자문단의 의견을 바탕으로 미래 지도자 그룹에 들어가는 인재풀 리스트를 만들고 주요 인물에 대해서는 별도로 정치적 행보를 따라가며 모니터링할 필요가 있다. 각종 정보를 동원해 타깃 인물의 인성, 경력 및 성과, 주변 인물, 정파적 역학 관계, 잠재적 정적, 가정사, 실제 이미지 등을 파악하고 관리해 나가야 한다. 이미 미래 지도자 그룹에 진입해 버린 타깃 인물과 인맥을 만드는 것은 쉽지 않고 또한 리스크도 따르기 때문에 사전에 그룹핑(grouping)한 후 추적해 나가야 한다. 일반적으로 일의 과정을 길게 가져가는 중국과 중국인과의 관계를 형성하고 마음을 사는 방법은 시간 투자가 제일이기 때문이다.

　공산당이 은밀히 육성하는 인물은 많은 경험을 쌓기 위해 승진과 보직 이동도 빨라 그들과의 인맥구축 과정이 생각보다 길지 않다. 한국기업은 인맥구축과 공공관리를 전담할 간부를 별도로 배치하여 타깃 인물의 초기 간부 때부터 꾸준히 관리할 필요가 있다. 심지어 인사이동으로 타깃의 부임지가 달라지면 전담 간부를 부임지 근처에 있는 사업장에 발령을 내서라도 계속 접촉하게 해야 한다. 즉 공공관리를 전담할 부서와 간부를 정해 다른 경영활동에 관여하지 않고 타깃 인물만 지속적으로 관리하는 것이다. 물론 관리대상 인물 중에는 개인적인 문제 혹은 정치적인 희생양으로 중도에 낙마할 수도 있겠지만 그다지 변동성이 크지 않고 계획대로 진행되는 중국의 인재육성시스템으로 볼 때 중장기적으로 잘 관리해 나간다면 중국사업의 지속성을 위한 큰 경영자산을 만들 수도 있다.

단, 주의해야 할 것은 철저히 비공식적으로 적금을 붓듯 꾸준히 관리해야 한다는 것이며 금품 제공 행위는 절대 금물이다. 당 조직부가 자체 검증을 거쳐 선정한 인물은 국가의 공복(公僕)으로 키워질 사람들이다. 어설픈 행위는 공산당의 통치 행위를 방해하는 것과 같아 후폭풍이 따를 수 있다. 말하자면 중국정부의 눈 밖에 나는 것이다. 중국에 진출한 다국적기업과 국내외 많은 단체가 주목하는 미래 인재는 당 조직부과 함께 소속된 계파로부터 집중 관리되고 있고 개인적으로도 야망을 갖고 있는 경우가 많다. 이들은 직무 수행과 관련 없는 일로 타인과 매체에 자신의 이름이 오르내리는 것을 극도로 꺼린다. 현 지도부와 경쟁세력이 지켜보고 있는 가운데 사소한 일이 뜻하지 않게 큰 문제로 비화되어 자신의 전도(前途)에 치명상을 입을 수 있다고 생각하는 것이다. 가장 중요한 시기를 보내고 있기 때문에 자신을 둘러싼 변화에 민감할 수 밖에 없는 것이다. 예로, 어느 정도 친분을 쌓은 외자기업 관계자가 특정 장소에 초청하면 아예 거절하거나 아니면 자신이 정한 장소를 알려준다. 정부정책에 대해 몇 마디 언급한 얘기가 확대 해석되거나 혹은 녹음될 수도 있음을 경계하는 것이다.

공공관계를 전담하는 한국대기업의 CEO 및 담당 임원은 입 단속을 철저히 해야 하며 공식석상은 물론 사석에서도 타깃 인물의 구체적인 이름을 거론하며 인맥자랑을 해서는 안 된다. 타깃 인물은 조금이라도 부정적인 이슈에 자신의 이름이 오르내리면 사실 여부를 떠나 격노할 것이며 즉시 모든 관계는 단절된다. 자기방어에 철저한 이들은 사소한 인연에 연연해 하지 않고 한번의 실수로 관계 회복은 거의 불가능하다. 공식석상에서는 만나더라도 나중에 또 다른 문제를 일으킬 수 있다는 판단을 했기 때문에 마음속으로는 이미 정리한 상태다. 오랜 시간 동안 공들여왔던 친분관계는 물거품이 되고 나아가 다른 한국기업에 대한 경계심도 심어주는 것이다. 꾸준한 스킨쉽으로 은둔의 군자와 같은 교분을 유지하되 부담은 주지 말아야 한다. 그들의 사교활동에 생각보다 훨씬 복잡한 잠재 규정이 있음을 염두에 두고 주변의 자문을 경청하며 타깃이 조준에서 이탈되지 않도록 신중해야 한다.

인맥구축을 위한 좀 더 실체적인 행동 지침을 살펴보자. 우선 자신의 현재 업종과 미래 사업 구상과 관련해서 국무원의 각 정부기관이나 지방정부 기구에서 정책 초안을 잡는 처장(處長)급 기초 간부를 주목할 필요가 있다. 중국정부의 처장은 한국정부 부서의 과

장급에 해당하는 초급 간부로 이들이 작성하는 정책 기안은 상급자 간부의 손을 거치고 공청회를 통해 개선되면서 최종 정책으로 채택된다. 중국의 많은 정책 초안이 이들 기초 간부들의 머리와 손에서 기안되고 있어 '처장이 천하를 다스린다(處長治天下)'라는 말도 나오고 있다. 또한 이들은 당 조직부의 관리 대상이자 인재 부족에 목말라 하는 공산당이 키우는 종자(種子) 인재들이다.

한국대기업은 중국의 정부조직 및 국유기업의 대표 혹은 고위 간부들보다 이들 기초 간부를 더욱 주목해야 한다. 중국의 당 조직부가 그렇게 하듯 미래 종자를 관리하는 것이 더욱 중요한 것이다. 종종 중국조직의 대표나 고위직 인물은 안정된 조직관리를 바탕으로 기대하는 승진이 중요하기 때문에 과감하게 어떤 일을 추진하거나 혹은 그렇게 할 생각도 없다. 조직 내에서 실무를 책임지고 있는 부류는 주로 기초·중간 간부들로 이들은 업무에 적극적이며 효율도 높다. 이들은 아직 직급이 낮고 조직 내에서 드러나게 행동하지는 않지만 조금만 주의를 기울여 탐문해보면 공산당의 관리대상 인재에 적지 않게 포함되어 있는데, 한국대기업은 바로 이들을 주목해야 하는 것이다.

한국식 사고방식으로 중국조직의 대표만 쫓다가는 일은 일대로 안 되고 도리어 낭패 볼 수도 있다. 정성을 쏟은 조직 대표가 당 기율위반 혹은 개인범죄로 사법처리 되면 줄을 잡은 것이 아니라 원수를 잡고 있었던 꼴이 된다. 반면에 조직을 떠 받치는 허리와 같은 기초 간부 중에는 일 벌레처럼 일하지만 사회문제에 대해서도 과감한 비판과 의견을 개진하는 젊은 엘리트가 적지 않다. 그들의 말과 행동을 경청하고 추적하다 보면 두드러지는 인재가 보이고 아울러 당·정부의 주목과 기대를 받고 있다는 것을 감지할 수 있다. 이들은 당 조직부의 감시 하에 대인 접촉과 외부 활동에 일부 통제도 받고 있으나 단체 회의나 모임에서 상급자가 발언 도중 자주 눈을 맞추거나 특별히 소개하는 것 등의 행위를 통해 전도가 유망한 숨겨진 인재라는 것을 가늠할 수 있다.

이들은 일정 기간 동안 탄탄한 실무과정을 거친 후 인사 이동하며 중견 간부로 발돋움하기 시작한다. 이들은 반복되는 검증과 보호를 거치며 정치인으로 성장할 수 있는 인재들로 만약 한국기업이 애초부터 이들과 기초 인맥을 다져 놓았다면 본격적으로 관리해 나가야 한다. 특히 빈번하게 보직 발령받으며 승진하는 간부를 주목하고 이들이 한국기업의 본사 및 사업장과 멀리 떨어진 오지로 발령 받더라도 따라가며 관리할 필요가 있다. 동 기간 동안의 인맥 강화는 자신의 동지(同志) 아니면 적(敵)을 만들 수도 있는 중요한 시기로 한 사람에 대한 인맥구축전략의 성공 여부를 가르는 분수령이 된다. 동 시기는 타깃대상조차 자신이 정부로부터 관리되고 있다는 것을 잘 알고 있어 욕구와 욕망도 강한데다 아울러 중요하고 힘든 검증의 시간을 보내는 민감한 시기다.

서로 간의 처신이 조심스럽고 실망도 할 수 있는 시점이라 작은 실수 하나로도 지난 노력이 물거품이 될 수 있다. 미래를 공유하고자 하는 고차원의 인맥강화 전술이 필요하며 상대만 알고 있는 개인적 비밀이 있다면 이를 무덤까지 가져간다고 생각해야 한다. 설사 타깃인물과 인연을 만들 수 없더라도 최소한 적으로 만들어서는 안 되는 것이다. 반면에 같은 선상에서 출발한 기초 간부라도 평상시 접촉이 너무 용이하고 일정 시간 경과 후에도 승진이 안 되거나 혹은 그들 스스로 자신의 보직에 안주하며 체제와 사회에 불만을 나타내는 이들은 거리를 두는 것이 좋다. 인품의 좋고 나쁨을 떠나 자신이 더 이상 선택 받을 희망이 없다는 것을 알고 있어 접촉은 하되 자존심을 상하게 하는 언행은 삼가야 한다. 현재 중앙 및 지방정부에서 일하는 공무원 중에는 명문대 출신의 엘리트들이 아주 많다. 그들은 공산당 및 관료조직을 통해 방해할 인맥과 수단도 많이 가지고 있음을 알아야 한다.

한국대기업은 중국의 인맥풀을 좀 더 구체적으로 조성하기 위한 차원에서 중국기구와 함께 시장경제 이론과 선진경영 관리기법을 배우고 현장 견학을 희망하는 공무원과 국유기업인을 대상으로 교육연수 프로그램을 개설할 필요가 있다. 중국정부의 공무원 현장교육 정책에 적극 동참하여 인맥구축자원을 발굴하고 상호 학습 동아리 차원의 '현자클럽(wisemen club)' 등을 조직해도 좋을 것이다. 중국의 금융시장진출 계획이 있다면 미국의 AIG 보험사가 중국의 중앙재정대학에 보험학과를 개설하고 한국의 하나은행이 중국 동북의 명문 길림대학(吉林大學)에 금융 EMBA 과정을 신설하여 지원한 것처럼 중국의 대학과 연구기관에 특정 학과 혹은 연구소를 설치하여 공동 연구를 수행하며 인맥을 조성할 필요도 있다. 이를 통해 금융분야에 대한 심사 및 인·허가권을 가진 주무부서를 타깃으로 인맥을 엮어가며 상호 신뢰를 구축해 나가는 것이다.

진출하는 업종에 협회가 있다면 회원으로 가입한 후 협회 임원진 및 회원들과 관계를 터는 것도 좋을 것이다. 어떤 가전사가 1개의 중국 양판점과 사이가 틀어지면 다른 양판점과의 관계도 꼬이고 반대로 어떤 양판점이 1개의 가전사와 틀어지면 다른 가전사와의 관계도 껄끄러워지곤 한다. 중국식 상도덕과 사교 룰을 어겨 업계 내에서 '왕따'로 전락하는 일이 생겨서는 안 된다. 이 밖에 특정 국유기업이 공략 대상이라면 접촉 대상의 상하 직급을 아우르며 골고루 친목을 다져야 한다. 이는 중국의 '만장일치식' 의사결정시스템에 대한 리스크를 피하고 원만하고 장기적인 협력 관계를 유지해 나가는데 필요한 사전 조치다. 한국식으로 상대의 대표(Key-man)만 찾아서는 안 된다. 그 대표가 개인적인 덕망이 없고 조직의 신임을 얻지 못하고 있다면 협력이 시작되더라도 추진 과정이 매끄럽지 않을 수 있고 나아가 인사이동으로 대표가 회사를 떠나기라도 하면 반드시 문제가 불거진다. 인격에 문제가 있고 퇴임이 멀지 않은 실권 없는 대표와의 교류는 최악이다.

만약 타깃으로 정한 민영기업과의 관계증진이 필요하다면 가급적 상장을 준비 중이거나 혹은 이미 상장된 회사를 택하는 것이 좋다. 상장회사는 회사시스템이 이미 검증되었고 저명한 학자 혹은 전직 관료가 자문인 혹은 사외이사를 맡고 있는 경우가 많아 각종 정책과 인맥 정보의 소스로 활용할 수 있다. 또한 파트너쉽이 구축된 중국의 협력사가 한국증시에 상장을 원한다면 적극적으로 주선하고 지분 참여하며 인맥 관계를 더욱 공고히 할 필요가 있다. 단, 중국의 국유기업 혹은 민간 대기업과의 인맥 구축에는 한가지 주의할 점이 있다. 즉 타깃대상의 배후와 지배 구조를 조사해 볼 필요가 있는데 혁명 집안의 후손 혹은 직계 가족과의 관계와 지분 그리고 정부기구의 지분 비율 등이다. 대상이 민간기업이라면 설립자 외에 존재하는 배후 세력과 그들의 직책 및 지분 보유 여부 등을 반드시 파악해야 한다. 2017년 6월에 중국의 한 매체는 한국의 동양생명을 인수했던 중국의 안방(安邦)보험 총수가 불법대출 혐의로 중국 당국에 체포되었다고 보도했다. 총수는 덩샤오핑의 손녀사위로 주룽지와 원자바오 전 총리 아들의 배경에 힘입어 이권사업에 개입해 막대한 부를 쌓았다. 또한 해외 M&A를 통해 권력층의 재산을 해외로 빼돌렸다는 혐의도 받고 있다. 혐의가 사실이라면 이는 '권력임대와 치부' 그리고 '재산의 해외도피'라는 권력층 이익집단의 전형적인 수법으로, 공산당이 인정하는 예우 수준을 넘었거나 아니면 반대세력의 공격을 받은 것이다.

이 같은 정보는 한국대기업의 중장기 인맥구축전략과 이에 따른 리스크 관리를 위한 중요한 근거와 방향을 제시해 준다. 과거와는 다르게 지금은 관련 정보를 얻는데 크게 어렵지 않아 조금만 주위를 기울이면 리스크를 피할 수 있다. 경계해야 할 점은 중국실정에 무지한 일부 다국적기업처럼 사업 인허가 등 당장의 편의를 위해 권력층 친인척과 거래해서는 안 된다는 것이다. 인맥과 사업이 일순간에 타격을 받을 수 있고 심지어 그 동안 관리해 왔던 권력자와 함께 순장(殉葬)되어 버릴 수 있다. 권력층과의 암묵적인 거래를 통해 도움을 받고 있는 상황이 계속될 것이라는 것을 믿어서는 안 된다. 일단 권력층과의 부패커넥션이 드러나면 모든 상황은 급변하여 그 어떤 국내외 조직도 제재를 피할 수 없다. 역사 속의 순장제(殉

葬制)가 지금도 존재하고 있음을 알아야 한다.

　글로벌 외자기업이 중국의 권력층에 대한 목적성 인맥조성을 위해 과도하게 접촉하는 행위는 현재 정치사회 지도층의 부패척결을 외치는 공산당을 불편하게 만들 수 있다. 다국적기업의 뇌물 공여 행위가 밝혀지더라도 추방은 면하겠지만 중국체제와 사회질서를 흔들었다는 거창한 죄목으로 블랙 리스트에 오를 수 있다. 그러므로 항상 거리를 두고 중장기적으로 추진해 나가야만 리스크를 예방할 수 있다. 중국의 대형 민간기업 CEO들은 정치적 배경과 권력 임대를 통해 급성장한 경우가 적지 않다. 이들은 정치적 후견인의 비자금을 조성하거나 혹은 그들의 집안 대소사를 돌보는 집사 역할을 하기도 한다. 한국기업은 이를 참고로 중국전통의 '권력과 상인 관계(權商關係)'를 잘 이해하여 정보를 모으고 언행을 통제하며 교류의 간격을 유지해야 한다. 권력층 자제 혹은 친인척의 부패 사실이 알려지더라도 먼저 희생되는 사람은 권력층이 아니라 이들 권력에 힘입어 이익을 도모하려 했던 상인일 가능성이 크기 때문이다.

　한국대기업은 중국에서 '업계 최고' 혹은 '배경 최고'라는 말에 현혹되지 말아야 한다. 오래 동안 꾸준한 관리를 통해 검증된 인맥이 아니고 우연히 소개받은 사이라면 최고라 해도 기대하지 않는 것이 낳다. 중국에서 '최고'라 함은 항상 위험한 상태에 있다는 것을 의미한다. 그러므로 인맥구축 대상인 국유기업 혹은 민간 대기업의 실제 주인과 영향력을 파악하는 것은 대단히 중요한 사전 조치다. 이와 함께 중국의 전·현직 지도부 이름을 들먹이고 도움을 줄 수 있다며 활동비를 요구하는 인맥 브로커도 적지 않다. 하지만 이들 브로커를 통해 권력층 인사를 소개받았다 하더라도 폐족(廢族)이거나 이미 퇴직하여 실권이 없는 사람일 것이다. 보호받는 인재와 실세는 브로커와 같은 패거리를 달고 다니지 않는다.

물론 중국사업에서 인맥구축만이 능사는 아닐 것이다. 비즈니스의 정도(正道)를 걷지 않고 인맥에만 의존하다간 사업정신이 황폐해지고 사업방향을 잃어버려 인맥 브로커의 배만 채워줄 수 있다. 중국 현지 바닥에서는 공산당과 정부의 고위관료 이름을 입에 달고 거드름을 피우는 사람이 너무나 많고 이를 알면서도 당하는 중국인도 아주 많다. 잠깐 스치듯 만난 고위직 인물은 누구나 탐내는 쇼윈도에 걸린 옷과 같은데 그냥 한번 쳐다봤다고 자기 것이라고 착각하는 사람이 부지기수다. 자기 집 옷장에 걸린 옷과 같이 몸에 맞고 편안한 인맥이 바로 자신의 인맥이며 스스로 키운 인맥이 아니면 믿을 수도 없다. 정말 대단한 인맥을 가진 사람은 아예 내색도 하지 않는다.

중국인맥구축 전략은 얼핏 보기에 광범위하고 추상적으로 보일 수 있으나 일종의 잠재 규율이 있어 꾸준히 관리해 나가면 이를 시스템화 할 수 있다. 중국의 인재육성시스템은 추적과 예측이 가능하기 때문이다. 여기에 의(義)를 중시하는 귀족문화의 배경에다 배반·배신에 대한 사회적 거부관념이 너무 강해 인맥작업에 시간은 걸리지만 노력한 만큼 대가가 돌아오는 전략이다. 물론 잘 관리한 인맥은 관료 수 백 명보다 낫지만 잘못되면 재앙을 맞을 수도 있음을 알아야 한다. 한국대기업은 전담 부서와 직원을 선별한 후 마치 '잠복조'처럼 오래 동안 중국현지에 심어 놓을 필요가 있다. 중국인은 상대방이 자신만을 위해 오래 동안 시간을 보내온 사실에 가장 약하다. 현재 사업과 미래 사업 전략에 따라 단기 공략대상과 장기 관리대상으로 구분한 후 당장 '인맥 적금'을 들고 실천으로 옮겨야 한다. 혁명 후손과 권력층 자제 그리고 이익집단 등 기득권 세력보다는 중국 공산당과 중앙정부의 젊은 관료를 중심으로 높은 레벨의 인맥을 만들어 가는 것이다.

중국시장을 공략하는 한국대기업의 중요한 두 가지 목표는 바로 '시장개척'과 '인맥개척'일 것이다. 중국의 현 체제하에서 앞으로도 오랫동안 '권력'과 '시장'은 상호 보완 역할을 하며 중국의 발전을 이끌 것이기 때문이다. 이와 더불어 한국기업은 특정인과 조직을 타깃으로 추진하는 인맥구축전략의 리스크를 보완하는 차원에서 '기업사회책임(CSR)' 활동을 펼치며 지역사회와 소비자 등 불특정 다수를 대상으로 한 '민심 인맥'도 다져나가야 한다. 이는 공산당과 소비자의 지지를 기반으로 하는 연성권력과 보호막을 갖기 위해서도 필요한 것이다.

북경(北京)을 관리하라

중국의 수도인 북경은 중국의 정치·경제·언론·과학·문화·군사 중심 도시다. 중국에서 면적이 가장 큰 특대 도시이자 세계에서 세계문화유산(7개)을 가장 많이 보유하고 있는 도시다. 그리고 세계에서 유일하게 동·하계 올림픽(2008년 여름, 2022년 겨울)을 모두 개최했고 또한 개최하는 국제 도시다. 북경에는 권력과 인물이 집중되어 있어 북경이 흔들리면 중국이 흔들린다. 중국은 '중화인민공화국'과 '북경공화국'으로 이루어진 국가라고 표현해도 과언이 아니다. 북경은 과거 당(唐)의 수도였던 장안(長安: 지금의 西安)과 같고 '모든 길을 로마로 통한다'고 했듯이 지금은 '모든 길을 북경으로 통한다'며 기세를 떨치고 있다. 이 밖에 북경은 중국 공산당 정권을 둘러싸고 국내외 대기업이 인맥구축과 정보수집을 위해 전쟁을 벌이는 곳이기도 하다. 대부분 다국적기업의 중국본부가 북경에 포진하고 있고 지방에서 성장한 중국의 민간대기업도 북경으로 본사를 옮기며 사업정보 획득에 사활을 걸고 있다. 북경은 중국체제의 현실을 반영한 기업의 생존전략이 전개되는 곳이다.

북경은 글로벌 기업의 중국본부이자 중국의 지방정부와 기업의 북경본부다. 중국의 각 지역에서 큰 사업을 일군 민간기업들이 본사를 옮기려는 첫 번째 선택지는 현재 중국의 최강자인 공산당 본부가 있는 북경이다. 글로벌 중심도시로 거듭나고 있는 북경은 국내시장에 대한 정보획득과 인맥자원 발굴은 물론 국제시장 정보와 글로벌 인맥구축을 위한 최적의 도시이기 때문이다. 여기에 각종 국내외 포럼 등 무의미한 행사가 줄어들면서 정부지원 하에 연구·인재·재정 기반을 갖춘 민간 싱크탱크(智庫)가 급성장하고 있어 정보의 품질과 사교의 품격이 고도화되고 있는 것도 국내 대기업이 몰려드는 원인 중의 하나다.

북경에서는 평상시에도 인맥을 통한 정보전이 치열하지만 매년 3월에 개최되는 양회(兩會: 전국인민대표대회, 인민정치협상회의)

가 열리는 기간이면 각 세력 간의 집중 교류로 상호 인맥이 점검된다. 국무원 산하 각 부서장의 경제정책 의견이나 기자회견은 다양한 형태의 신호로 각 이익집단으로 전달되고 대형 비즈니스로 기획된다. 양회는 표면적으로 국정을 심의하고 토론하는 자리지만 각 지역 이익집단 대표들의 신년 상견례 행사이자 국내외 기업들의 정보 쟁탈전이 벌어지는 자리이기도 하다. 회의에 참석한 대표들과 국무원 부서의 부장들이 사석에서 언급하는 한마디 한마디가 정부 정책의 방향을 읽고 사업 아이템을 발굴하는 핵심 정보인 것이다. 현재 자신의 인맥이 양회에서 어떤 역할을 하고 있고, 어떤 VIP와 접촉하고, 어떤 정보를 접하는지 집중적으로 관찰한다. 비록 부패 척결을 국정의 주요 과제로 삼고 있는 시진핑 정부가 들어선 이후부터 사라졌지만 과거에는 양회 기간 동안 고위 관료들과 그 친인척에게 줄 선물 수요로 북경시의 명품 매출액이 절정에 이르기도 했다. 이처럼 양회는 복마전을 벌이는 '그들만의 리그'인 셈이다.

시대의 강자를 따르며 삶의 기회와 방향을 모색하는 중국인도 가능한 한 북경에서 살고 싶어한다. 수 많은 청탁과 비리 그리고 금전적·시간적 낭비가 넘치지만 이는 목적을 이루려는 자의 당연한 비용으로 치부된다. 같은 직급의 관료지만 지방 공무원은 매일 접하는 일이 잡무에 불과하고 만나는 사람도 농민 수준의 인사들만 만난다고 푸념하고 북경의 공무원은 수행하는 일이 모두 국가정책에 관한 일이고 한 사람을 만나더라고 가치 있는 사람을 만날 수 있다고 여긴다. 북경 소재 명문대학 졸업생은 졸업 후 가능하면 북경 호구(戶口)를 갖기 위해 생활의 열악함과 살인적인 물가에도 지방의 좋은 기회를 포기한다. 또한 북경 소재 대학의 교수들도 과중한 업무 스트레스와 박봉에 시달리면서도 지방대학의 높은 직책과 보수를 거절하며 북경에 남길 원한다. 그들은 북경에서 일상 접하는 정보와 인맥 자원이 다른 도시와는 비교자체가 불가하다는 것을 잘 알기 때문이다. 여기에 '우리는 지방의 지식인과는 질적으로 다르다'며 북경의 위엄에 묻어가려는 허영심도 한 몫 하고 있다. 힘들어도 '북경 스타일'의 자존심을 지키고자 하는 것이다. 이 밖에 북경을 근거지로 삼는 북경 축구팀의 명칭도 '궈안(國安)'이며 팬클럽의 이름도 자칭 '위린쥔(御林軍: 옛날 황제의 근위병)'이라 칭한다.

성실하고 명석한 외지 출신 기업들이 북경에 자리잡고 도시의 부(富)를 창출하는 가운데 토박이 북경인들은 다소 게으르고 외지인을 무시하는 정서를 가지고 있다. 그럼에도 북경 출신에 북경 호구가 있다는 사실에 외지인의 부러움을 사기도 한다. 다들 우려하는 '북경 스모그' 문제도 머지않아 해결될 것이다. 북경은 중국 공산당의 본부이자 당 지도부가 거주하는 곳이다. 북경에서 악성 스모그로 인한 폐·호흡기 질환으로 사망 사례가 발생하면 이는 타 지방 중국인에게 전달되는 뉘앙스 자체가 다르다. 북경에서 시작된 문제가 커지는 것은 전체 중국인의 정서에 즉시 영향을 미친다. 결국 체제안정 측면에서 공산당은 북경의 스모그와 미세먼지 문제를 해결할 수 밖에 없는 것이다. 중국인은 심각한 개인적 혹은 사회적 문제가 발생하면 북경을 먼저 쳐다본다. 앞서 언급한 대로 자연재해와 환경오염 그리고 유혈테러 등은 물론 출근하던 회사가 파산하여 일자리를 잃던, 주가가 폭락해 손실을 입던 아니면 자신의 집값이 떨어져 손해를 보던, 일단 문제가 커지면 그들의 불만은 지방정부를 거쳐 북경으로 향한다. 중국인이 '북경바라기'처럼 중앙정부만을 믿고 있는 것은 공산당의 동력이자 동시에 굴레인 것이다.

한국의 현대차가 중국진출 시 북경 소재의 중국 제휴사를 찾아 '북경현대'라는 브랜드로 사업을 시작한 것이 우연이라면 하늘로부터 인복(人福)과 기회를 얻은 것이고, 사전 전략이었다면 현대차가 뛰어난 중국전문가 집단이라는 것을 인정하지 않을 수 없다. 당시 중국정부는 '북경'이라는 단어를 서구 글로벌기업과 일본기업이 브랜드로 사용하는 것을 용납하기 어려웠을 것이다. 현대차의 전략과 인맥 그리고 한국차의 우수성으로 귀중한 '북경' 명칭을 브랜드로 사용하게 된 것은 분명 행운이었다. 만약 현대차가 북경이 아닌 다른 지방에서 파트너를 만나 동 지역에 소재하는 도시 혹은 중국기업의 이름을 딴 '○○현대'라는 제품으로 런칭했다면 전국적 지명도 제고와 급성장은 이루지 못했을 것이다.

'북경현대' 자동차는 북경시 정부와 북경 소비자의 검증 리스크를 안은 채 북경 택시를 교체하면서 공신력을 얻었다. 이후 본격적으로 시장을 개척하여 일시에 전국구 브랜드가 될 수 있었다. 초기 현대차의 약진은 품질과 디자인의 우수성에 따른 것이었지만 일반 중국인에게 '북경'이라는 브랜드는 일종의 약속이자 '보증(guarantee)'과도 같아 판매증가로 이어진 요인이 되었다. 글로벌 탑이라고 하기엔 미흡했던 '한국산(made in korea)' 자동차에 대한 편견과 낮은 지명도를 상쇄하며 시장을 파고드는데 큰 도움이 된 것이다. 현대차 그룹은 '북경현대'라는 업종과 명칭에 대한 공산당 지도부와 이익집단의 생각, 중앙정부의 관련 정책, 파트너와의 동원결의 상태 등을 재점검할 필요가 있다. 이를 바탕으로 어떤 혁신 제품을 출시할지, 중국매체는 관리되고 있는지, CSR을 통한 감동 스토리는 만들고 있는지, 북경시민의 지지는 받고 있는지, 임직원과 딜러는 브랜드 가치에 대한 자부심을 갖고 있는지 등을 살펴야 한다. 만약 미흡하다고 판단되면 원점에서부터 다시 '북경 전략'을 수립해야 할 것이다. '북경'을 단 브랜드로 성과를 거두었으니 북경에서 문제가 생기지 않아야 타 지역 시장도 지킬 수 있기 때문이다. 현지법인 대표는 제품생산관리에 더욱 신중하고 공공 활동에서도 한층 더 겸손해야 한다. 또 다시 판매가 급증하더라도 실적을 자랑하지 말고 "북경현대의 이름을 걸고 좋은 제품을 만들기 위해 계속 노력하겠으니 지켜봐 달라"는 식의 인터뷰면 족하다. 물론 사적이던 공적이던 중국 토종 자동차업체를 평가절하 하는 언행은 금물이다.

중앙정부와 북경시는 대도시의 대기환경 개선을 위해 신에너지자동차 개발과 기술이전 그리고 중국산 독자 브랜드 출시 등에 관한 요청을 계속할 것이다. 어떤 요구와 대처를 하던 북경을 수성(守城)하지 못하면 그 동안 기회를 엿보던 반대세력과 경쟁업체가 이를 계기로 공격을 시작하여 북경 입성(入城)을 노릴 수 있다. 최근 현대차의 중국파트너이자 현대차의 도움으로 성장한 베이징자동차가 벤츠사와 협력을 강화하고 있다. 베이징자동차는 탑 레벨의 다국적기업과의 기술·생산 협력을 통해 글로벌 기업으로 거듭나기를 바라고 벤츠사는 '북경'이라는 명칭과 영향력이 필요할 것이다. 현대차는 향후 글로벌자동차 기업은 물론 자신의 오랜 파트너까지도 경쟁자가 되는 상황에 직면할 수 있다. 여기에 북경에 있는 한국의 대표기업이라 언제던지 정치사회적 리스크에 노출될 수 있어 '북경 관리'는 더욱 힘들어 질 것이다.

최근 들어 북경에서 나타나기 시작한 '코리아 디스카운트(korea discount)' 현상은 향후 한국기업으로 하여금 '북경 관리'를 더욱 어렵게 만들 것이다. 한국이 말하는 '차이나 디스카운트'는 중국산 제품과 중국기업을 평가절하할 때 쓰는 용어지만 중국이 드러내는 코리아 디스카운트는 한국과 한국인을 평가절하 하는 언행이다. 동 현상은 지난 25년 동안 북경으로 몰려든 한국의 정계·관계·언론계·학계·업계 종사자와 한국유학생 및 재중 한국인에 대한 일종의 피로현상으로 최근 사드 사태와 더불어 참 모습을 드러내고 있다. 구체적으로, 중국정부와 기관 그리고 매체와 대학 등의 한국 폄하와 무시, 방문자에 대한 냉담과 초청 제안 거부, 예정된 공식 행사의 무관심 진행 등의 현상이다. 북경이 전세계의 정객과 지식인이 몰려들어 글로벌 사회와 통하는 관문 역할을 하는 가운데 한국단체의 입지가 줄어들면서 더 이상이 배울 것이 없고 이슈가 되지 못하는 한중 행사는 주변으로 밀려나고 있다. 한국인의 수 많은 시도로 인해 아직까지 행사는 열리고 있으나 참석하는 중국측의 격이 떨어지고 내용도 부실하여 행사를 위한 행사로 전락하는 경우가 많아지고 있다.

학계의 학회 같은 행사도 한국의 주최측이 미국 혹은 일본 등지의 단체를 끼고 있지 않으면 중국이 주목하지 않고, 다른 국가들은 중국 단체와 함께 하지 못하는 한국주최 행사에 별 관심이 없다. 말하자면 큰 단체와 조직일수록 '중한', 혹은 '일한' 등과 같은 양자 간 행사는 그만하자는 것이다. 그 동안 북경 현지 인맥을 구축해 놓은 조직과 인사가 양국 행사 관련 일을 추진할 수는 있겠지만 일회성 보여 주기식 행사는 더 이상 주목 받지 못할 것이다. 북경을 방문하는 사람이든 아니면 북경 주재원이든 할 수 있는 일이 줄어들고 대 중국 접촉면도 좁아지고 있다. 북경이라는 플랫폼이 세계의 대표 선수들이 교류하고 자웅을 겨루는 장소가 돼 버린 것이다.

한편 정치·경제계의 수 많은 용(龍)들의 각축장인 북경에서는 다국적기업 CEO가 공산당 지도부와 고위관료 그리고 국유기업 및 대형 민간기업 CEO 들을 만날 기회가 자주 생긴다. 이들과의 만남에는 소위 '북경식 대화법'이 있다. 당 지도부 인사의 글로벌기업 CEO 접견에는 두 가지 의도가 있다. 즉 CEO의 됨됨이와 그릇의 크기를 판단하고 다른 하나는 자국에 대한 투자를 요청하는 것이다. 이때 면담자는 자신의 기업이 이익만 추구하지 않을 것이며 중국의 발전에 공헌하고 나아가 중국의 문제를 함께 고민하고 개선하는 조력자가 될 것임을 강조하면 될 것이다. 필요 시 공산당의 고민거리인 삼농(三農) 문제와 환경오염 방지에 관한 기업의 역할을 강조할 수도 있다. 단 자신의 기업에 대한 관심 표명과 비즈니스에 관한 사적인 부탁은 하지 않는 것이 좋다. 면담 전에 대화 내용을 사전 조율했음에도 이와 같은 실수를 저지르면 일순간에 많은 적을 만드는 결과를 초래하는 것과 같다.

중국의 외자기업이 뛰어난 경영전략과 기술 및 디자인 그리고 마케팅 능력 등 하드웨어적인 요소를 갖추었다고 해서 계속해서 순조롭게 발전하리란 보장은 없다. 중국에서는 자신의 작은 실수가 상대방의 큰 구실로 변모되어 치명적인 타격을 입을 수도 있다. 중국의 수 많은 국내외 기업은 국가의 발전과 사회안정을 유지하기 위한 중국 공산당의 바둑돌 역할을 한다고 볼 수 있다. 이를 이해하는 중국의 국유 및 민간 대기업 CEO는 공식적인 자리에서 자신의 사업 얘기와 함께 많은 시간을 할애해 사회 문제를 언급하며 자신의 개선 방안과 계획을 역설한다. 이들은 자신의 사업을 계속 하려면 공산당의 암묵적 요청을 알아차려야 하며 동시에 이에 호응하고 실천하는 모습을 보여 주어야 한다는 것을 잘 알고 있다.

향후 한국대기업의 오너 또한 공식석상에서 중국의 사회문제 해결에 대한 자신의 생각과 개선방안을 적극적으로 개진해야 한다. 북경을 방문한 다국적기업 CEO가 중국 지도부를 면담할 때 어떤 대화를 주고 받았는지 그리고 중국 지도부의 반응과 매체 및 네티즌의 평가는 어떠했는지 등도 조사해 볼 필요가 있다. 중국 공산당에 비춰지는 한국대기업 오너의 기업철학과 개인적인 매력은 중국사업에 중요한 영향을 미칠 수 있기 때문이다. 대기업 오너에 대한 평가기준에 한국은 사회적 잣대를 중시하는 편이나 중국은 개인의 통제 능력과 신념을 우선으로 본다. 스스로 관리되고 있다면 개인의 약점과 가정사는 문제되지 않는다. 중국이 당대 지도자의 지도 사상을 창출해 내듯 한국대기업 또한 자체 연구를 통해 오너의 중국관과 사업철학을 만들고 이를 홍보할 필요가 있는 것이다. 이 밖에 한국대기업 오너가 당 지도부가 아닌 국무원의 각 부서 수장과 대면할 시에는 자신의 기업이 시진핑 주석의 '중국의 꿈(中國夢)'을 실현하는데 역할을 할 것임을 강조하고 투자 실행에 따른 적극적인 지원을 부탁해도 될 것이다. 대담 의제와 분위기에 부합하는 고사성어 및 격언 등을 적재적소에 사용해도 좋지만 중국 명인의 말을 그대로 따라 할 것이 아니라 한국문화에 체화(體化)된 한국식 고사성어와 격언을 활용하는 것이 더욱 유용하다. 또한 대담을 나눌 땐 자신을 관찰하고 있는 상대의 시선을 피하지 말고 주시하여 강한 의지와 인상을 남겨 놓을 필요도 있다.

상기와 같은 북경의 위상과 현실적 배경 하에 한국대기업은 '북경 관리'와 자신의 사업을 연계하는 경영전략을 세워야 한다. 물론 동 작업은 모든 정보의 1차 발신지인 북경서 수행해야 한다. 북경 외 타지에서 정책 및 인사 관련 정보가 먼저 나오는 것은 불가능하다. 중국본부에 특수 조직인 '공관부(公管部)'를 설치하고 '인맥팀' 과 '정보수집팀'을 만들어 중국 공산당과 정부조직 그리고 국유 및 민간대기업의 활동상황을 연구하고 모니터링하는 업무를 전담토록 할 필요가 있다. 북경에 본사를 둔 '중앙기업(央企)'과 파트너쉽을 맺을 수 있다면 다른 국유기업과 민간기업에 대한 공략은 물론 중국소비자의 공신력을 제고하는데도 큰 도움이 될 것이다.

무엇보다 한국대기업의 북경본부 책임자는 한국본사를 대신하여 전국에 있는 각 사업장에서 불미스러운 문제가 발생하지 않도록 관리·감독을 철저히 해야 한다. 문제 발생에 대한 최종 책임은 북경본부가 질 수 밖에 없기 때문이다. 이와 함께 북경의 인맥자원과 사업정보는 계속 축적하여 후임자에게 물려주고 CSR 활동도 활발히 전개하여 북경발 기업이미지가 매체를 타고 중국인에게 알려질 수 있도록 해야 한다. 이 또한 기업의 브랜드 가치와 대 정부 교섭력 향상을 위한 '북경 적금'을 붓는 것과 같다. 중국 공산당이 북경을 통해 중국을 관리하듯 한국대기업도 '북경 관리'를 통해 중국사업의 현재와 미래를 관리하는 것이다.

조직개혁과 연속성

중국사업이 힘든 것은 중국이라는 나라가 눈에 보이지도 않고 손에 잡히지도 않아 기획 단계부터 사업방향을 잡기 어렵다는데 있다. 이런 연유로 중국에서 오래 일하고 있는 한국기업의 현지 법인장도 이 같은 중국의 불확실성에 길들여져 사업추진에 대한 기승전결이 부족할 수 밖에 없다. 오랜 사업 경험으로 감(感)은 잡을 수 있으나 스스로 자신이 없는 것이다. 대략적인 방향을 알려주는 나침반 역할은 할 수 있겠지만 정확한 목적지로 인도하는 네비게이션 역할은 엄두가 나질 않는다. 그렇다면 망막한 중국에서 신 사업을 준비할 때 현지 경험이 있는 임원이 중국실정에 맞는 사업 방향을 제시하고 본사에서 파견되는 임원이 원칙과 계획에 따라 디테일하게 일을 추진하는 시스템을 검토해 볼 필요가 있다. 즉 중국본부 CEO를 중심으로 공공관계 및 인맥구축을 책임지는 임원과 사업에만 전념하는 임원으로 업무를 분장(分掌)하는 '이원화 조직체계'로 가는 것이다.

이를 통해 한국본사는 중국의 '정치와 경제' 그리고 '권력과 시장' 사이에서 좀 더 정확한 중국사업의 전략을 세우고 좌표를 수정할 수 있는 공간을 만드는 것이다. 오랫동안 중국에서 근무한 임원은 비록 중국에 대한 이해와 인맥 그리고 중국어 구사 능력을 조금 갖추게 되나 필경은 한국본사의 계획대로 움직이고 한국의 조직문화에서 벗어나기 어려워 중국에 대한 이해 확장에 한계가 있다. 현지 업무효율이 상승 곡선을 그리다가 사업을 본격적으로 추진하는 초입에서 좌고우면 하여 효율이 떨어지는 것이다. 여러 시도가 자신도 모르는 중국시스템에 녹아버려 사업 환경에 대한 두려움이 생기고 돌파구를 찾지 못하는 가운데 사업추진과 자신보호를 사이에 두고 구실을 찾게 된다.

한국본사로부터 자신의 신 사업 구상과 제안이 거부되면 현지 임원은 사업장 관리·점검과 손님 의전으로 시간을 보내는 경우가 많아진다. 또한 유능한 중국인 직원은 한국 임원의 공공관계 활동과 의전수행 그리고 통·번역 등 잡다한 업무에 시간을 뺏기며 경영자원이 낭비된다. 현지 직원의 신선한 아이디어는 무시하고 새로운 프로젝트는 시도하지 말아야 안전하게 한국본사로 돌아가는 구조 속에서 현상유지를 추구하는 보신주의와 외상매출을 통한 가짜 실적주의 등이 나타나며 중국본부의 사업 역량이 떨어지는 것이다. 중국에 대한 통찰력과 자신감 부족 그리고 실패의 두려움은 사업추진에 앞서 비관적인 생각을 들게 하고 설사 시작하더라도 비즈니스가 안 되는 방향으로 몰고 갈 공산이 크다. 현지 임원의 오랜 중국경험이 도리어 사업 추진의 걸림돌이 되고 마는 것이다.

사실 한국대기업의 중국본부 CEO와 임원들은 일하는 장소만 중국일 뿐 한국에서 근무하는 것과 별 차이가 없다. 현지에 체류하고 있지만 경영사고와 행동양식이 한국본사 시스템에 링크되어 있다면 중국에 대한 깊은 이해는 불가능하다. 이로 인해 중국인 직원과의 소통 수단인 중국어 수준도 제자리서 맴돈다. 수교 초기와는 달리 25년이 지난 지금, 이미 국제화된 중국의 젊은 엘리트는 한국인의 어눌한 중국어에 관심이 없다. 심지어 북경과 상해 등 대도시에서는 외국인이 허접한 중국어로 접근하는 것을 중국시장을 얻기 위한 아부라고 생각한다. 뛰어난 실력을 갖춘 교만한 인재들이 급증하고 있는 것이다.

특히 북경에서는 글로벌 사교와 비즈니스 언어가 영어로 돼가고 있다. 행사장에 초청된 중국법인 CEO가 사전에 준비한 중국어 연설문을 읽어 내려가는 것이 오히려 기업의 위상을 떨어뜨릴 수 있다. 중국의 관료와 기업인의 연경화(年輕化)가 가속되고 서구에서 유학한 인재가 쏟아져 들어오는 가운데 한국기업인은 영어를 더욱 단련하는 것이 좋다. 중국 체류 기간 동안 중국어를 마스터 하겠다는 목표는 불가능하며 아울러 이는 자신의 목표이지 회사의 목표는 아니다. 중국어는 사석에서 개인 인맥을 쌓을 때 사용하면 유용할 것이다. 이제 짧은 중국어와 얕은 인맥으로 현지 사업을 대충하던 시기는 지났다. 중국의 젊은 엘리트의 글로벌 소양과 영어구사 능력이 일취월장하고 비즈니스 게임의 룰도 달라지고 있음을 직시해야 한다.

한국본사는 중국 현지 CEO의 탁월한 경영실적과 인맥구축 그리고 완벽한 중국어 마스트와 같은 비현실적 결과를 기대해서는 안 된다. 오히려 경영업무에 필요한 뛰어난 통역 비서를 배치하던지 아니면 현지 중국인 CEO 임용을 고려해야 할 것이다. 한정된 개인적 경험이 중국사회의 급변 속에 별 소용이 없는 가운데 자칭 중국통이라 일컫는 임원은 오히려 내부 의사소통과 업무를 왜곡시킬 수 있다. 이에 한국본사는 경영전략 수립과 추진력이 뛰어난 사람을 파견하여 현지 CEO와 함께 '이원화 체제'를 구축하여 중국사업의 확장을 도모해 나가야 한다. 중국경제가 글로벌 시스템에 편입되고 관료 및 기업인이 국제화되는 추세 속에 소위 '중국 방식'을 내세우며 면피하려는 사람보다 중국에 무지하나 국제 비즈니스 룰에 맞춰 사업을 추진하는 것이 빠른 결론을 낼 수 있다. 이는 마치 중국 국유기업에 배치된 당서기와 총경리가 전체 사업을 상의하고 조율하되 당서기가 대내외 공공 활동을 담당하고 총경리가 회사운영을 담당하는 이원화 체제와 같은 맥락이다.

동 시스템은 서로 간의 장단점을 보완하여 사업의 추진력을 배가할 수 있다. 하지만 상호 갈등으로 인한 조직의 불협화음을 가져올 수도 있는데 이는 한국본사의 중국 컨트롤 타워나 현지 자문단의 의견을 바탕으로 오너가 정리하면 될 것이다. 중국에 파견된 임원이 공공관계와 사업추진을 동시에 끌고 가는 것은 쉽지 않다. 중국 토종기업과 다국적기업의 각축장인 중국에서 더욱 디테일한 업무 분장이 이루어져야 하는 것이다. 특히 공공관계 담당 임원은 발 품을 팔아 인맥구축에 집중해야 한다. 모기업의 한국 내 지명도만 믿고 한국처럼 사고하고 행동하다가 웃음 거리가 될 수도 있다. 이 순간에도 경쟁자인 다국적기업의 공공관계 담당 임원은 갖가지 방식을 동원하여 타깃 대상과의 접촉을 시도하고 있음을 알아야 한다.

이원화 체제로 경영업무가 명확하게 구분되고 각자 책임지는 조직체제로 개혁할 필요가 있다. 한국본사에서 사업추진 전담 임원을 파견하는 것은 현지에 있는 유경험자를 감독하고 계도하려는 것이 아니라 글로벌사업의 노하우를 중국사업에 적용하려는 것이다. 이는 동시에 중국 무경험자에게 좋은 학습기회를 제공하는 것이기도 하다. 이와 같은 조직인사와 실전배치 그리고 현장경험과 사업추진으로 이어지는 메커니즘이 축적되면 인맥구축전략도 체계적으로 진행되고 실무경험을 갖추는 중국전문 임원도 육성될 수 있다. 중국 공산당이 과도집정부제를 통해 최종 결정을 하듯 한국본사에서도 중국사업에 대한 최고의사결정 기구와 운영시스템을 구축해야 할 것이다.

여기서 유의해야 할 것은 중국에 파견된 사업전담 임원이 전임자가 관리해온 경영방식과 시스템을 점검하고 문제가 있다면 소통과 개선을 통해 시스템을 업그레이드하여 사업의 연속성을 더욱 공고히 하려는 것이지 전혀 새로운 것을 시도한다는 개념이 아니다. 한국기업의 조직인사와 시스템이 자주 바뀌면 중국측 파트너의 신뢰도 떨어질 수 있다. 심지어 그 동안 공 들여온 인적 네트워크를 해쳐 꾸준히 부어온 인맥적금이 깨질 수도 있다. 그러므로 중국본부의 조직개혁과 인사는 한국본사가 검토하고 최종 결정은 그룹 총수(總帥)가 해야 한다.

제조혁신도 중요하지만 기업의 덩치가 커질수록 경영이 중요한 법이다. 중국식 경영을 위한 맞춤형 경영조직으로 중국사업의 생산성을 제고해 나가야 한다. 중국 공산당 지도부는 재임 중에 원칙과 룰을 깨지 않고 전임자의 통치 철학을 물려받아 시대 상황에 맞게 좀 더 개선시킨 후 후임자에게 물려주는 것을 목표로 삼고 있다. 안정적·지속적으로 국가를 운영해 나가는 공산당의 '중국식 효율'을 참고하여 중국법인 조직을 개혁하고 책임업무를 통해 중국사업의 연속성을 담보해야 할 것이다. 이런 측면에서 한국본사의 중국사업 컨트롤 타워와 오너의 대 중국 통찰력 배양이 더욱 요청되고 있다. 중국사업의 최대 걸림돌은 중국이 아닌 바로 한국본사와 오너라는 얘기가 더 이상 나오지 않도록 해야 한다.

중국시장에서 제품의 생명주기가 짧아지는 가운데 한국기업이 연구개발과 신제품 출시를 등한시하고 본부의 의사결정도 늦어지면 곧바로 중국기업에게 시장을 잠식 당한다. 최근 중국기업은 글로벌기업 제품을 모방한 후 싼 가격으로 시장을 확보하고 R&D를 통해 제품을 빠르게 업그레이드시키며 글로벌 제품을 구축(驅逐)하는 비즈니스 패턴을 보이고 있다. 한국기업의 자국시장 히트상품에 대한 기술적 오만은 중국기업에게 추격을 허용할 수 있을 뿐만 아니라 갈수록 현명해지는 중국소비자를 무시하는 것과 같다. 사업화가 안 되는 기술은 죽은 기술이며 유통되지 않는 제품에 대한 기술은 얘기할 필요가 없는 것이다.

중국시장을 놓고 국내외 기업 간의 무한 경쟁이 시작되는 제2라운드는 기업의 오너가 직접 틀어쥐고 추진해야 한다. 중국사업의 성패는 오너의 중국관과 사업철학에 70% 이상 달려있고 나머지는 현지법인의 조직시스템과 제품 그리고 현지인맥과 일부 운(運)으로 채워질 것이다. 결국 한국본사와 오너가 중국을 알아야 하고 이를 바탕으로 중국전략이 세워져야 하는 것이다. 오너가 지휘하는 가운데 정치외교적 지뢰만 밟지 않으면 충분히 승산이 있다. 중국의 역사 속에 리더의 탁월한 식견과 비전 그리고 이를 공유하며 한 몸처럼 움직이는 조직으로 '생각하지 못할 뿐, 이루지 못 할 것은 없다'는 사실을 증명한 사례는 적지 않다. 공자는 72 명의 제자와 함께 유가사상의 기초를 다졌고 주원장은 8 명의 지기와 함께 명조를 열었고 모택동은 10명의 사령관과 함께 신 중국을 건립했고 알리바바의 마윈은 18명의 팀과 함께 세계 최대 전자상거래 기업을 세웠다.

한국대기업의 오너도 '중국시장공략' 이라는 대업을 위해 자체 보고서 외에 중국인 명사로 구성된 자문위원회를 조직하여 도제식(徒弟式)으로 중국을 학습하고 인맥도 넓혀 나가야 한다. 자문위원은 전직 관료, 학자, 기업대표, 문화계 인사 등 각 분야에서 골고루 선임하는 것이 좋지만 인맥 자랑과 돈만 밝히는 자는 실제 아무 생각이 없는 경우가 많아 배제함이 마땅하다. 오너는 중국사업에 있어 자신이 이전에 겪었던 것과는 판이하게 다른 게임의 룰이 존재하고 있음을 깨달아야 한다. 현재는 물론 당분간 전권을 주며 중국사업을 맡길 만한 탁월한 인재는 찾기 어려울 것이므로 스스로 터득하고 결정해야 하는 것이다. 만약 중국의 특수한 사업환경을 경험하고 특출한 중국 비즈니스 감각을 지닌 인재가 있다면 국적 불문하고 삼고초려 해야 한다. 중국 현지에서 찾고자 한다면 현지 자문단을 동원하고 심지어 관상(觀相) 전문가의 도움을 받더라도 인재를 구하는 일을 멈춰서는 안 될 것이다. 뛰어난 인재라면 중국인

뿐만 아니라 국적에 상관없이 채용하고 최고의 대우를 해 줄 필요가 있다. 기술은 인종과 국적을 따지지 않는다. 장기적으로는 한국에서 태어났음에도 글로벌 인재초빙과 인사개혁으로 완전히 글로벌화된 기업으로 인식되게끔 만들어가는 것이다.

이와 함께 중국은 이미 글로벌화된 시장이기 때문에 생산거점체제로 유지해온 기존 중국본부를 하루속히 소비시장거점체제로 조직을 재정비해야 한다. 그리고 한국본사는 중국법인의 '이원화 관리체제'를 통한 업무 분장과 진행 상황은 물론 각종 사업 프로젝트가 연속성을 가지고 추진되는지 여부를 수시로 체크해야 한다. 현지 법인에 대한 경영진단 체크 포인트 10가지를 추려보면, ① 당·정부 관료의 인사이동과 행적은 추적되고 있는가, ② 중국본부 CEO가 전개하는 공공관계는 잘 진행되고 있는가, ③ 사업장 소재 지역의 정부 및 매체와의 관계는 어떤가, ④ 사회봉사 및 자선기부 등 CSR 적금을 잘 부어 나가고 있는가, ⑤ 현지 우호세력 및 자문단은 구성되어 있으며 그들은 솔직한 의견을 개진하고 있는가, ⑥ 준법 경영을 하고 있는가, ⑦ 중국 협력업체 및 직원과의 소통에는 문제가 없는가, ⑧ 제품의 생산관리 및 A/S는 양호한가, ⑨ 회사의 이미지 전략은 잘 되고 있는가, ⑩ 현지 임원들의 중국문화 학습은 계속되고 있는가 등이다.

중국사업의 결과는 조직의 힘과 꾸준함에서 나온다. 중국시장은 미국과 같은 창의성도 중요하지만 꾸준함으로 승부하는 곳이다. 자동차 구동시스템에 비유하자면 중국시장은 후륜 구동으로 움직이고 미국시장은 전륜 구동으로 움직인다. 중국은 오랜 역사적 경험과 지혜로 밀고 나가고 미국은 혁신으로 끌고 나가는 것이다. 공산당 지도부는 역사서를 탐독하며 미래를 헤쳐갈 지혜를 찾고 역사가 짧은 미국의 식자층은 미래서적을 즐기며 지혜를 창조한다. 향후 어느 시스템과 관점이 더 오래 지속될 지는 아무도 모르지만 미국이 아닌 중국을 택한 한국대기업은 중국의 시스템과 관념을 학습하고 적응해야만 한다. 중국역사의 연속성을 이해하지 못하고 찰나(刹那)의 현상과 이익만 바라보고 집착하는 사고는 중국식 경영에 한계가 있다. 경영자원을 지키는 데만 급급하고 2~3년 내에 승부를 보려는 단기투자는 표가 나지도 않을뿐더러 시장을 떠도는 귀신 같은 중국의 좀비 기업들만 접촉하며 시간을 낭비할 수 있다.

오너의 철학과 본사의 중장기 전략이 없다면 빨리 포기하는 것이 경영자원을 아끼는 길이다. 중국은 연속적 관찰을 통해서만 현 상황을 진단하고 미래 예측이 가능한 국가다. 중국사업은 오너가 본사의 중국전략팀과 현지 자문단의 도움을 받아 결정하고 중국현지 CEO가 추진해야 한다. 현지 CEO가 경영의 귀재일지라도 중국은 몰라 신 사업을 결정할 수는 없다. 자신의 경영경험이 전혀 통하지 않는 중국에서 시도한 실패의 책임을 감당하기 어려울 것이다. 한국에서 수완을 발휘했던 '기획통' 혹은 '전략통' 간부를 데려다 놓아도 중국에 오면 중국화 돼 버려 소용이 없는 것이다. 그러므로 한국본사의 오너 결정에 중국본부 CEO가 현지를 총괄하고 현지 임원이 공공관계 업무와 사업추진 업무를 각자 책임지는 '이원화 조직체계'를 구축해야 한다. 중국 비즈니스 환경에 특화된 조직체계와 전담인재 그리고 업무의 연속성이 없으면 중국사업에 용은 쓰지만 상황은 만족스럽지 못할 것이다.

1등을 꿈꾸지 마라

중국사업을 전개하는 한국대기업은 현 중국체제의 구성원이란 인식 하에 항상 주변과 교감하고 소통하며 사업을 해야 한다. 경제발전에 기여하고 사회문제에 호응하는 기업이 되도록 노력해야지 독단적인 '나홀로' 성장은 한계가 있을 뿐만 아니라 내·외적인 문제를 일으킨다. 여기서 '내(內)'라 함은 자체 조직의 교만에 따른 문제 발생이요, '외(外)'라 함은 외부세력의 도전과 음해라 할 수 있다. 중국은 예로부터 왕조체제의 안정과 점진적 발전을 통해 전체의 안정을 추구해 왔다. 이 같은 전통으로 혹시라도 다른 생각을 품을 수 있는 민간 사회조직의 발호를 견제하고 개인 혹은 조직의 두드러지는 발전을 불편하게 생각한다.

물론 현재 중국의 상황은 예전과 완전히 다르고 외자기업이 중국사회와 별 상관도 없지만 그들의 태생적 사고방식으로 인해 외자기업이 한 분야에서 독야청청 발전하는 것을 경계하는 심리는 여전하다. 특히 경계하는 자들이 권력자를 업고 있는 이익집단이라면 더욱 그럴 것이다. 중국 공산당 입장에서는 통치 차원에서 정치·경제·사회의 각 분야에서 조직단체 및 개인 인물의 영향력이 커지며 세력화되는 것을 원치 않고 아울러 전체적으로 하향 평준화된 사회의 존속이 편할 것이다. 민간기업이 특정 지역에서 너무 성장하는 것이 공산당의 심리적 부담으로 작용하는 것이다. 급진적 발전보다는 전체 수준이 점차적으로 제고되며 정치체제 및 사회안정을 이어가는 것이 기득권 세력이 원하는 바다.

이런 측면에서 외자기업은 중국정부가 불공정 시장경쟁을 바로잡기 위해 2008년부터 시행 중인 '반독점법'을 새로운 각도에서 해석해 볼 수 있다. 중국에서 고용과 생산을 창출하는 외자기업이 시장독점과 불량제품 그리고 노사갈등과 환경오염 등의 사회적 문제를 일으킬 경우 최종 관리자인 공산당에게 그 책임이 전가될 수 있어 중국정부는 더욱 주목하게 된다. 그러므로 한국대기업은 리스크 관리 차원에서 중국파트너의 성격에 따라 중장기 협력 전략을 달리 할 필요가 있다. 중국의 대형 민간기업과의 협력으로 사업이 너무 커지면 음해를 받을 수 있고 국유기업과 너무 밀착되면 개혁의 희생양이 될 수도 있는 것이다.

중국에서는 시장경쟁에서 이길수록 잠재 리스크도 커질 수 있어 때로는 다른 시장 조성자도 이익을 볼 수 있는 경쟁이 필요하다. 시장을 주도하지만 경쟁자 혹은 패자집단과의 갈등 소지가 될 요인은 사전에 차단하고 항상 주변을 점검하고 살펴야 한다. 과거 한국이 일본을 따라 잡는 것과는 비교도 안 될 정도로 중국의 수 많은 경쟁자들이 자국시장의 자양분을 흡수하며 무서운 속도로 쫓아오는 가운데 굳이 1등을 고집하여 다른 외자기업과 중국 토종기업의 타도 대상이 될 필요는 없는 것이다. 특정 제품 분야에서 1등을 점하는 것 보다 오히려 여러 제품 시장에 진출하여 전체적으로 안정된 시장점유율을 가져 가는 것이 낫다. 모난 돌이 정 맞지 않으면서 이익

창출에도 훨씬 큰 도움이 되고 동시에 일자리와 부를 창출하며 대정부 교섭력도 높일 수 있는 것이다.

한국기업은 중국시장에서 - 그렇게 되기도 불가능하지만 - 한국에서처럼 넘버원을 추구해선 안 된다. 한국에서는 제일주의를 고집하는 것이 기업의 경쟁력을 키우는 역할을 하나 중국에서는 넘버원을 추구하는 것이 시장에서 경쟁하는 중국기업과 이익집단의 불만을 초래하는 작용을 할 수 있다. 만약 한국기업이 자체 경쟁력을 바탕으로 사업 업종과 주력 아이템이 겹치는 그들의 이익을 잠식해 나가면 그들의 불순한 경쟁 타깃이 되어 엉뚱한 일이 발생할 수도 있다. 물론 시장 경쟁자의 지적재산권 침해와 불공정 행위 그리고 불순한 의도를 지닌 비방과 음해 공작은 단호하게 경고할 필요도 있다. 그렇지 않고 가만 있으면 상대는 더욱 쉽게 생각하고 점점 더 이슈를 키우며 약점과 기회를 노릴 것이다.

한국기업은 글로벌 1등은 목표로 삼되 중국에서는 1등을 추구하지 않는 것이 좋다. 1등과는 상관없이 중국시장을 조용히 잠식해 들어가는 것이 가장 좋다. 중국에서는 탑 레벨의 지명도를 유지하기 위한 리스크 관리와 대응이 어렵기 때문이다. 기술과 디자인으로 트렌드를 주도하는 과정에서 중국소비자가 자연스럽게 평가하는 1등 기업이 되는 것은 영광이지만 한국식 사고로 1등 자체에 집착하고 무리수를 두는 것은 위험한 발상이다. 중국소비자의 인정을 바탕으로 중국사회 발전에 공헌하는 면모를 유지해 나간다면 공산당도 호의적이 될 수 있다.

한국본사 및 중국본부의 경영층은 중국시장에서 뛰어난 실적을 올릴수록 입 조심하고 겸손해야 한다. 당연히 공정한 경쟁을 통한 실적이지만 동종 업계의 중국기업은 자신의 몫을 가져 갔다고 생각할 수 있다. 그러므로 특정 제품시장에 신규 진입할 때는 기존 중국기업의 시장장악 상황과 소비자 평가 그리고 권력 배경 등을 조사해 볼 필요도 있다. 외자기업이 경쟁력 우위를 앞세워 남의 밥 그릇을 뺏는다는 말이 회자되지 않는 것이 좋은 것이다. 이익집단의 핵심 이익을 침해하는 사업 확장과 한국 CEO의 과도한 언행은 언제 어떤 방식으로던 중국정부 제재의 구실이 될 수도 있다. 자신의 사업 분야에 대한 배경과 이익구조를 사전에 연구하는 것은 사업 확장과 안정을 동시에 확보하는 중요한 경영전략이다. 성공한 자가 있으면 실패한 패자집단도 생기기 마련이고 대형 사고는 항상 사소한 것에서 비롯됨을 알아야 한다.

2014년에 중국정부는 일본계 자동차 부품업체 10개 사를 대상으로 약 2100억 원의 과징금을 부과했다. 이들 업체에 대한 반독점 조사의 시작은 경쟁자인 중국 자동차업계의 반발과 고발에서 시작된 것이다. 앞 장에서 언급한 한국의 금호타이어는 1994년 중국시장에 진출한 후 줄곧 시장점유율 1위를 지켰으나 2011년 타이어 신제품에 합성고무를 규정 이상 사용한 것이 내부자와 CCTV 기자를 통해 취재·고발 된 후 일순간에 입지가 흔들렸다. 금호타이어는 악의적인 보도라고 반발했으나 결국 사과했고 반면에 그 동안 숨죽이고 있었던 중국의 로컬기업들은 기지개를 켰다.

한국기업은 자의든 타의든 약점 잡히는 돈과 이익집단의 원성을 사는 돈을 벌고 있는 것은 아닌지 살펴볼 필요가 있다. 중국의 국유기업도 다른 국유기업의 사업 영역을 함부로 침범하지 않는다. 시장 분할에 관한 이익집단의 암묵적 합의에 대한 도전으로 간주하고 견제가 들어올 수 있기 때문이다. 수단과 방법을 안 가리고 시장 및 매출 확대만 추구하는 기업은 실적에 도취해 있는 사이에 권력인맥과 우매한 소비자를 이용한 경쟁자의 공격에 직면할 수 있다. 예로부터 독불장군은 미래가 없으며 넘버원을 자칭하면 그 말로는 항상 끔찍했다.

이와 같이 특수한 비즈니스 환경 속에서 외자기업이 자신을 지키고 경쟁자와 이익세력의 음해와 방해를 피할 수 있는 방법은 '준법경영' 원칙을 내세우고 실천하는 길 밖에 없다. 이는 중국의 법을 지킨다는 의미 외에도 남의 영역을 과도하게 침범하지 않는다는 '중국식 상도덕' 인식도 포함된 것이다. 아직까지 정치의 인치주의와 인맥사회의 특성이 농후한 중국에서 개인 혹은 조직이 드러나지 않게 저지르는 사소한 탈법·위법 행위는 용납이 되고 심지어 능력으로 치부되기도 한다. 하지만 사소한 실수라도 일단 사회에 공개되어 파장을 일으키면 중국정부는 조치를 취할 수 밖에 없다. 이런 측면에서 외자기업의 중국 비즈니스는 두 가지 원인으로 실패한다고 볼 수 있다. 하나는 내부문제 발생과 갈등으로 인한 것이고 다른 하나는 내부문제의 사회 노출로 공산당의 제재를 받는 것이다. 내부문제를 봉합하고 사회에 물의를 일으키는 않는 준법경영을 견지하는 것이 최선인 것이다.

2016년 5월에 중국 최대 인터넷 검색 업체인 '바이두(百度)'의 창업자 '리옌훙(李彦宏)'은 직원들에게 자신이 직접 작성한 처절한

반성문을 메일로 발송했다. 고객이 바이두 검색 광고를 믿고 찾아
간 병원에서 치료 중 숨겨 사회적으로 큰 논란과 비판을 불러일으
킨 직후다. 리옌훙은 바이두가 초심을 잃어서는 안 되며 고객이 최
고라는 가치관을 상실한다면 30일 내에 파산할 것이라고 강조하고
약 1800억 원에 해당하는 네티즌 권익보장기금을 신설했다. 언뜻
보기에 입지전적 기업인의 용기 있는 행동인 것 같으나 민간기업이
사회정서에 반하고 안정을 해치는 행위로 공산당의 통치를 방해하
면 즉시 망할 수도 있음을 두려워한 사례다. 문제가 발생하면 책임
을 통감하고 사태를 신속히 마무리 해야 하는 것이다. 중국에서 인
터넷 기업은 단번에 서비스가 중단되고 폐쇄될 수 있음을 알고 있
는 것이다.

　　2016년 말, '미국무역대표부(USTR)'는 세계 최대 전자상거래 기
업인 알리바바 쇼핑몰을 '악덕시장(Notorious Markets)' 목록에 포
함했다. 이는 위조·변조 제품을 판매하는 온라인 및 오프라인 시장
블랙리스트를 칭하는 것으로 알리바바는 2012년 이후 또다시 명단
에 들어갔다.[5] 한국 특허청도 2016년 알리바바에 등록됐던 짝퉁 제
품 판매 게시물 2만여 개를 적발해 삭제했었다. 중국소비자협회에
따르면 2016년 서비스업 중에서 온라인 쇼핑 관련 신고는 29856 건
으로 소비자고발 신고 최다 업종이었다. 바다와 같은 가상 몰에 입
점한 기업 활동을 통제하기 어려운데다 불량품과 환불거부 그리고
편법 세일 행사 등에 따른 국내외 소비자와 정부기구의 불만이 점
증하고 있는 것이다. 상황이 개선되지 않은 채 자칫 소비자의 누적
된 불만이 중국정부로 향한다면 알리바바의 마윈 회장도 예외 없이

어려움에 처할 수 있다. 업계 1등이라 더욱 위험한 것이다.

이에 앞선 2013년에 중국정부는 삼성 및 LG 디스플레이와 대만기업 4개사에 대해 LCD 패널 가격 담합 혐의로 약 600억 원을, 다국적 분유기업 6곳에는 약 1200억 원의 반독점 과징금을 부과하며 경고 메시지를 던졌다. 같은 해 영국의 다국적 제약사인 글락소(Glaxo)의 중국 고위관료와 의사를 대상으로 한 뇌물 공여와 성접대 제공 그리고 고위자녀 특채 등의 부정부패 사건이 밝혀지기도 했다. 2014년에는 독일 아우디 자동차에 반독점법 위반 혐의로 약 3000억 원의 벌금을 부과했고 2015년에는 미국의 퀄컴이 중국정부와 독점금지법 위반에 따른 벌금을 약 1조 600억 원에 합의하면서 역대 벌금 최고액을 기록하기도 했다. 이후 세계 최대 시장을 잃지 않으려는 다국적 기업의 즉각적인 혐의 인정은 물론 폭탄을 피하려는 다른 기업의 자발적 가격인하와 위법행위 자료제출 등의 사전조치도 잇달았다.

최근 중국의 '반독점법' 적용은 국제협력이 강화되며 국유기업과 다국적기업으로 확대되고 있다. 공정한 시장경쟁과 소비자 및 공익보호를 위한 중국의 '반독점법'은 경영자간에 체결된 카르텔, 시장지위 및 지적재산권 남용, 경제효과 배제, 경영자 집중을 독점행위로 규정하고 있다. 시진핑 정부는 경제운영을 정부 주도에서 시장기능을 활성화하는 방향으로 개혁을 추진하고 있는데 반독점법 집행 강화가 그 상징적 역할을 하게 될 전망이다. 시장 지배력이 높은 국유기업과 외자기업의 독과점 행위에 대한 감시가 강화될 것으로 예상되는 가운데 한국대기업도 이에 대한 지속적인 관찰과 대

비가 필요한 시점이다.[6]

'중국경제의 헌법'이라 불리는 반독점법이 시장경제와 법치사회의 상징으로 향후 중국 사회주의 시장경제체제 및 제도 구축에 중요한 역할을 하겠지만 과도기적 문제점도 적지 않다. 중국정부가 공정 경쟁과 소비자보호를 이유로 외자기업의 시장점유 상황을 감시하고 임의적으로 반독점 행위를 조사하여 과도한 벌금을 매기고 국유대형기업과 외자기업에 이중잣대를 적용하기도 한다. 과거 서방기업에 의한 국부침탈의 트라우마가 있는데다 자국기업 보호와 외자 다국적기업 길들이기 차원에서 묻지마 식의 법 집행을 하고 있는 것이다. 관련 법률이 '코에 걸면 코걸이, 귀에 걸면 귀걸이' 식으로 해석되고 집행되어 기업의 자체 프로모션 활동과 제품가격 책정도 제재 대상이 된다. 심지어 중국 당국이 마음만 먹으면 매체 보도와 과징금 부과 그리고 이익몰수 등의 방법으로 기업에 치명상을 입힐 수도 있다. 외자기업은 만들어가는 중국 법체계의 시범케이스가 되지 않도록 안팎을 잘 살피며 시장을 운영해 나갈 수 밖에 없다.

개혁개방 이후 수 많은 정치관료와 국내외 기업들이 법과 잠재규정을 위반하여 처벌받거나 혹은 사라졌다. 중국정부는 문제를 일으킨 개인과 기업에 대해 구실과 죄명을 수십 개 이상 만들어 낼 수도 있다. 작은 이익을 위한 한 차례의 뇌물 행위가 그 동안 선물로 일구어왔던 인맥자산을 순식간에 파괴할 수 있고 선물은 양은 뇌물의 양으로 변모되어 단죄 받을 수 있다. 한국대기업 또한 탈법경영과 회계조작 그리고 부당해고와 환경오염 등으로 제재의 빌미를 제공하지 말아야 하고 철저한 준법경영을 해 나가야 한다. 중국에서는 어떤 사업 행위를 하던 정부의 직간접적 개입을 피할 수 없다. 법체계가 낙후되어 절차를 생략한 채 임의적으로 해석한 법의 잣대를 들이대기도 한다. 조사 결과에 대한 소명은 도전으로 간주되므로 실험 중인 법률에 대해 항상 주변의 자문을 받아야 한다. 무엇보다 중국관료가 전가의 보도처럼 휘두르는 '잠재 규정'에 대응하는 '중국식 준법경영'을 이해하고 실행해야 한다.

중국에서 차를 운전할 때 거의 대부분 직진 차량이 양보하는 것을 볼 수 있다. 설사 끼어들기와 불법유턴 등 상대방 과실로 인한 교통사고가 나더라도 직진 차량의 전방 주시 미흡이란 명목으로 더 많은 책임을 지운다. 이는 중국식 교통질서다. 외자기업도 마찬가지로 준법경영을 하고 있음에도 불공정한 대우와 억울한 일을 겪을 수 있다. 중국에서 경험하는 억울한 일이 어디 한두 가지겠는가. 그러므로 경영활동과 노사관계 그리고 지역정부와 주민과의 관계를 잘 유지하고 무고한 고소·고발을 당하지 않도록 할 것이며 문제가 발생하면 즉시 해결해야 한다. 반면에 계획적인 불법·위법 행위는 중국정부와 법원의 판단 기준이 완전히 다르다. 외자기업의 경영진이 알고도 눈감아온 불법경영은 중국의 법률을 무시하고 도전한다는 죄목 하에 처벌받는 것은 물론 블랙 리스트에도 오른다. 비록 중국의 법 적용이 중국정부의 일방적 기준으로 강제되고 있지만 외자기업 입장에서 관련 법을 존중하고 지키는 준법경영은 기본이 될 수 밖에 없다. 특히 정직하고 자발적인 납세는 스스로를 보호하는 방패막이 될 수 있다. 만약 소재지 정부로부터 '모범납세기업'으로 선정되면 '정직한 기업', '사회를 계도하는 기업'이라는 이미지를 제품 광고에 활용할 수 있고 또한 불이익을 당하는 곤경에 처했을 때는 지역정부에 대해 권리를 주장하는 협상 카드가 될 수도 있다.

앞으로도 중국인의 쇼비니즘(chauvinism)은 수시로 나타날 것이며 한국기업도 중국인의 배타적 애국주의에 가끔씩 시달릴 것이다. 옛날 중국인이 가지고 있었던 정감과 이해, 포용과 배려, 교양과 도덕 같은 미덕은 이미 많이 소실되었고 이는 물질적 목표 달성을 위한 개혁개방의 대가이기도 하다. 고단한 현대의 삶을 살고 있는 중국인의 집단적 민족주의 정서와 생활 스트레스 그리고 사회불만에 대한 화살은 언제넌 외자기업으로 향해 불매운동으로 이어질 수 있다. 물론 신 세대를 중심으로 민도(民度)가 제고하는 가운데 공산당의 국내외 부담도 만만찮고 일반 백성들도 별 재미를 못 느껴 사회적 공분을 사는 빌미만 제공하지 않으면 큰 문제도 없을 것이다. 만약 판매 제품의 하자로 인해 매체에 보도되고 소비자 불만이 제기되면 즉시 매체를 통해 사과와 보상 그리고 차후 대책 방안을 발표하여 바람을 최대한 빨리 잠재우는 것이 좋다. 대응이 늦어져 불매 선동 분위기가 나타나면 직접 피해를 본 소비자보다 평소 개인적 불만을 품고 있었던 소비자, 공산당에 불만을 가진 자, 사적 분노를 표출하고픈 자, 할 일 없는 자 등이 더욱 적극적으로 가세하여 상황이 엉뚱한 방향으로 흐를 수 있기 때문이다. 하지만 소비자에게 사과한다며 공개석상에서 현지 직원으로 하여금 엎드려 절을 하게 만드는 행위는 금물이다. 이로 인해 모욕감을 느낀 현지 중국인 직원의 소속감과 충성도가 급격히 감퇴할 수 있다. 대응 조치도 중요하지만 지금까지 축적해온 기업 문화와 이미지 또한 매우 중요한 경영자산이다.

이외에 한국기업은 자체 준법경영 실천은 물론 중국 협력업체의 준법경영도 관리·감독할 필요가 있다. 협력업체라 별 문제 없으려니 생각하고 있다간 큰 곤경을 치를 수 있다. 중국의 협력·하청 업체가 공급한 부품의 하자로 인해 발생한 고발 건에 대해서도 제조사는 원천 책임을 지고 사과와 리콜 조치를 빠르고 과감하게 실시해야 한다. 평상시 협력업체에 대한 관리를 강화하고 노동자의 임금체불과 인권침해 그리고 안전사고와 환경오염 방치 등을 바로 잡아 나가야 한다. 만약 문제점이 개선되지 않으면 협력계약 해지도 고려할 필요가 있다. 협력업체가 법과 규정을 위반하는 것을 방치했다간 그 불똥이 한국기업에게 튈 수도 있기 때문이다. 문제가 있는 협력업체는 자신의 인맥라인을 동원하여 여러 가지 이유를 대며 이익을 지키려 할 것이고 심지어 책임소재를 한국기업에게 떠 넘길 수 있는 재주와 능력도 갖고 있음에 유념해야 한다.

한국대기업은 수시로 사업장을 점검하며 '준법경영의 모범기업'이라는 이미지를 중국정부와 중국사회에 각인시켜 나가야 한다. 속을 감추는 낮은 자세로 임하고 주변을 관리·감독하여 책잡히는 일은 원천적으로 봉쇄하며 조용히 자기 시장을 확장해 나가는 것이 가장 실리적이다. 이를 위해 현지법인 CEO는 재임 기간 동안 중국의 정치사회 동향, 시장 트렌드 변화, 중국 비즈니스의 성공·실패 사례 그리고 공공관계 및 사교기법 등을 정리한 매뉴얼을 만든 후 후임자에게 물려주며 중국식 경영을 위한 회사 자산으로 축적해 나가야 한다.

중국식 제품·디자인 개발

중국체제에 대한 기초이해와 행동지침이 정해졌다면 본격적으로 중국내수시장을 파고들 준비를 하자. 이를 위해서는 고도화 되고 있는 중국시장과 소비자 욕구에 부합하고 나아가 소비 트렌드를 이끌 수 있는 신제품과 디자인을 연구·개발하는 것이 중요하다. 개혁개방 초·중반에 중국인은 자신의 미래에 대한 불확실성으로 인해 현재를 절약하며 살았으나 고도성장과 함께 소득이 증가하고 사회보장시스템이 개선되면서 미래소득의 지속증가를 기대하며 소비를 즐기기 시작했다. 현재 중국의 상품시장은 중국인의 해외여행 급증에 따라 소비자의 안목이 높아지고 체면과 현시구매 그리고 충동소비 성향 등이 혼재하고 있다.

개혁개방의 직접적 수혜층인 신세대를 중심으로 개성적·감성적 소비가 확대되고 전자상거래가 활성화되면서 소비자의 선택은 날로 다양해지고 똑똑해지고 있다. 출시 제품에 대한 다양한 정보와 평가가 SNS 등을 통해 공유되고 구전되는 가운데 중국소비자의 동향과 피드백 되는 정보를 관찰하고 분석하는 것은 외자기업의 중요한 업무가 되고 있다. 중국시장의 특성과 소비자 취향의 다양성으로 인해 기술·디자인 개발에 대한 현지화가 갈수록 중요해지고 있는 것이다. 여기에 대도시를 중심으로 중국산은 저질 싸구려라는 인식이 달라지고 있고 제품의 질도 일취월장 하면서 외국산 브랜드라는 것만으로 구매를 결정하는 시기가 지나고 있다. 중국산 제품의 가성비가 높아지고 자국 브랜드 선호도가 커지는 가운데 글로벌 컨설팅 회사인 맥킨지(Mckinsey)는 이제 외자기업들이 중국에서 장사하려면 때로는 외국 브랜드임을 숨기는 전략이 필요할 수 있다고 조언한다. 중국에서는 이미 마니아 층을 갖고 있는 일부 다국적 브랜드와 사치품을 제외한 범용 제품은 오직 품질과 디자인으로 경쟁하는 시장이 형성되고 있다.

한편 중국에서 사업하는 많은 외자기업 가운데 사업모델이나 지적재산권을 지켜내는데 자신 있어 하는 경우는 거의 없다. 전문가들은 중국에 온 이상 지적재산권 침해를 게임의 일부로 받아들여야 한다고 충고한다. 중국에서 제품 복제가 일어나지 않을 것이라 기대하는 사람이 바보란 얘기다. 단 중국기업이 제품을 카피한 후 비용을 낮추어 판매하는 능력은 출중하나 제품의 디자인을 아름답게 만드는 능력은 떨어진다. 그러므로 이들보다 훨씬 뛰어난 품질과 디자인의 제품을 출시하는데 집중하는 것이 낫다.[7] 중국시장이 국내외 기업을 막론하고 새로운 아이디어와 디자인의 실험장이 되고 있는 가운데 자신의 제품에 대한 지적재산권 침해만 걱정하고 있다간 경쟁에 뒤쳐질 수 밖에 없다. 신화(新華) 통신에 따르면 중국의 토종 전통 브랜드를 일컫는 '라오쯔하오(老字號)'도 정부로부터 보호받지 못해 매년 5%씩 시장에서 사라지고 있다. 근·현대 시기를 잘 버텨온 중국의 전통브랜드조차 자국의 모조품으로 경영위기를 겪고 있는데 하물며 외자기업 제품은 오죽하겠는가.

결국 따라잡기 힘든 기술력과 디자인으로 이를 통제할 수 밖에 없으며 한국기업 역시 이를 통해 시장을 사수하고 확장해 나가야 한다. 하지만 중국제품의 질이 향상되는 가운데 중국소비자가 한국산 자동차와 핸드폰 그리고 한국산 화장품과 의류 구매를 줄이고 불고기와 비빔밥을 찾지 않을 수도 있음을 가정해야 한다. 이에 양국관계의 돌발적 경색과 같이 기업이 통제할 수 없는 요인과는 상관없이 한국인 특유의 심미관(審美觀)과 관찰력으로 중국소비자를 계속 붙들어 놓을 수 있는 제품과 디자인을 연구·개발해야 하는 것이다. 설사 겉모습과 겉치레에 집착하는 한국인의 껍질 문화로 인해 세계적 수준의 화장품과 성형기술을 갖고 있는 것에 문제점도 있으나 한국인의 뛰어난 심미관을 증명하는 제품과 기술임에는 틀림없어 중국소비자들에게 충분히 어필할 수 있다.

한국기업은 중국시장과 소비자에 특화된 '제품·디자인 연구센터'를 만들고 중국의 전통문화와 사상철학적 요소를 제품개발 컨셉으로 십분 활용해야 한다. 이런 측면에서 현대기아차가 차량 디자인 개발을 주로 서양인에게 의존하는 것은 재고할 필요가 있다. 중국소비자의 구매 트렌드를 10년 째 분석하고 있다지만 아직까지 중국의 구매자는 자신의 체통과 지인의 권유 그리고 목표 제품에 대한 구매후기와 생산제품의 국가 이미지 등을 따지지, 자신만의 개성을 추구하는 구매 기준은 없는 실정이다. 즉 소득별·계층별·지역별로 형성된 일정한 구매 트렌드가 없는 것이다. 과거 탁월한 실적을 쌓은 서양인 디자이너라도 동양의 인문학 지식을 바탕으로 한 문화적 요소를 디자인에 녹여내는 것은 쉬운 일이 아니다. 영감을 얻는데 한계가 있을 수 밖에 없다.

동서양 인재의 협력을 통한 트렌드를 창출한다는 목표 하에 개발 리스크가 따르고 용기도 필요하지만 중국인의 잠재된 감성을 끌어내고 이를 구매로 연결시킬 수 있는 독보적인 차량 디자인 영역을 구축해 나가야 한다. 이는 '한국산'이라는 이미지를 극복하고 디자인의 현지화를 통해 시장을 선도하는 경영전략이 될 수 있다. 기설립된 연구센터 기능을 더욱 강화하여 중국 토종기업과 다른 외자기업과의 제품개발 경쟁에서 우위를 점하고 감성 모방을 허락하지 않는 노하우를 축적해 나가야 한다. 최근 중국의 지식층은 신 중국 건립 후 중국의 많은 전통문화가 도외시 되었고 사상철학은 일부 연구자의 전유물로 전락해버린 현실을 부끄러워하고 있다. 이는 한편으로 전통문화사상에 대한 사회적 복구 욕구가 강하게 나타나고 있음을 말해 주는 것이다.

중국정부가 자국의 전통문화 복구와 국민의 문화소양 함양(涵養)을 위해 노력 중인 가운데 중국의 역사문화적 요소를 주입한 세련된 디자인 컨셉의 제품을 출시한다면 사회적 센세이션을 일으킬 수도 있다. 이는 외자기업 중에서 한국기업만이 할 수 있는 작업으로 내수시장 침투를 돕는 강력한 수단이 될 수 있다. 이에 제품디자인개발과 광고마케팅을 담당하는 임원과 개발팀은 틈나는 데로 연구·토론하고 중국인의 생활현장을 다니며 문화소재를 발굴하고 아이디어 소재를 찾아야 한다. 최근 중국도 제품 디자인의 중요성에 눈을 뜨고 있지만 개념 창안과 활용 능력이 떨어지고 디자인 컨셉이 과도한 중화주의에 함몰된 측면이 있다. 현대와 조화된 고유의

미(美)를 오롯이 살리지 못해 촌스러운 결과물을 만드는 것이다. 그렇지만 한국기업은 이를 승화시켜 더욱 우아하고 세련된 제품을 만들 수 있다.

중국기업이 당분간은 제품 디자인 경쟁에서 한국기업을 따라잡기는 힘들 것이다. 중국 대도시의 상품시장을 필두로 제품의 품질과 디자인이 경쟁력을 가늠하는 핵심 요인이 되고 있는 가운데 한국기업은 향후 중국시장에 출시하는 모든 제품에 문화적 요소를 가미할 필요가 있다. 연구센터에 중국의 역사문화와 사회학 그리고 문자학 전공자를 합류시켜 제품 디자인 개발을 촉진하고 광고 컨셉 아이디어도 발굴해야 한다. LG생활건강이 청나라 황후의 미용 비방을 바탕으로 약재 성분을 넣어 만든 한방화장품 '후(后)'는 효능과 함께 고급스러운 디자인과 광고로 주목 받았다. 여기에 시진핑 주석의 부인 '펑리웬(彭麗媛)'이 사용한다는 것이 알려지면서 한때 한국의 면세점에서 수입 명품 브랜드를 제치고 매출 1위로 올라서기도 했다. 중국이 수 천년 동안 쌓아왔음에도 중국인 스스로가 가치를 알아보지 못하는 역사문화적 소재를 활용하여 제품 개발 및 프로모션과 패션쇼 그리고 온라인게임 시나리오 등을 개발하는 것이다. 이와 동시에 새로운 문화적 소재도 꾸준히 발굴하여 축적해 나가야 한다.

한국기업은 중국인의 생활문화 패턴과 지역별·계층별 소비자 취향을 연구하는 팀을 조직해야 한다. 다만 최종 결정되는 제품의 디자인은 한국인이 결정하는 것이 좋다. 미적 감성은 한국인이 나을 수 밖에 없다. 물론 중국 디자이너의 소재발굴과 아이디어도 흡수하고 상호 소통을 통해 전체 연구팀의 역량도 키워 나가야 한다. 주의해야 할 점은 중국특색을 과도하게 강조한 디자인은 모자람만 못해 현대적 디자인 톤을 유지하는 것이 중요하다는 사실이다. 중국인이 좋아할 제품 디자인 개발 능력은 글로벌 경쟁기업이 갖지 못하는 비교우위가 될 수 있으며 이는 또한 쉽게 따라 잡히는 인문 기술도 아니어서 한국기업은 충분히 그 능력을 발휘할 수 있다.

한편 갓 태어난 신생아의 작명이 중요하듯 중국어의 발음과 뜻을 살려 기업과 제품의 중문 이름을 잘 짓는 것 또한 매우 중요한 마케팅 전략이다. 특히 지명도가 없는 중소기업의 중국어 브랜드 네이밍(Brand Naming)은 진출지역 시장에서의 빠른 착근을 위해서도 중요하다. 중국에 진출한 외자기업은 초기 시행착오를 거친 후 지금은 대부분 중문 표기 브랜드를 보유하고 있다. 한국기업은 기업명칭과 제품에 한자 이름이 있더라도 중국의 회사 네이밍 업체의 자문과 지인들 및 일반인을 대상으로 한 폭넓은 조사를 거쳐야 한다. 중국어 발음과 뜻이 어색하거나 혹은 반감을 살 수 있는지 여부를 검증해야 하는 것이다. 자신의 제품 특성을 잘 살리고 소비자들에게 쉽게 각인될 수 있는 작명을 전문가와 조력자의 도움을 빌어 만드는 것이다.

세간에 널리 알려진 코카콜라의 중국어 명칭은 영어 발음과 제품의 특성을 그대로 살리는 '可口可樂(커코우커러)'로 네이밍하여 평상시 차 혹은 음료수를 달고 사는 중국인의 작은 습관을 즐거움으로 관통했다. 아울러 서방을 대표하는 미국제품이라는 거리감도 없애 마치 중국 제품인 것처럼 현지시장에 녹아 들며 탄산음료 시장을 장악했다. 한국기업의 디자인 연구센터는 일본의 메이지 시기, 서구의 많은 지식과 문물을 일본인이 한자로 번역한 것을 중국이 사용하며 봉건주의 껍질을 깨고 발전하는데 크게 기여한 '일본한어(日本漢語)'처럼 한자(漢字)의 어원 연구와 한국문화 및 제품의 네이밍을 통한 '한국한어(韓國漢語)'를 개발할 필요가 있다. 이를 통해 중국문화와 중국인의 정서에 녹아 드는 '한국식 마케팅 전략'을 추진하는 것이다.[8] 이는 중장기적으로 한국기업과 제품을 중국시장에 뿌리내리게 만드는 중요한 전략 중의 하나가 될 것이다.

네이밍을 포함한 한국식 마케팅 전략에는 주의해야 할 것들이 있다. 10년 전만 하더라도 중화(中華) 민족의 자존심을 살리거나 혹은 침해하는 글로벌 브랜드의 광고는 중국소비자를 우군으로 혹은 적으로 만들기도 했다. 하지만 경제발전과 함께 사고가 유연해진 중국인, 특히 신세대를 대상으로 한 광고 마케팅 전략도 조금씩 변하고 있다. 즉 중국에 대한 존중은 물론 '창조'와 '감동'같은 요소가 추가되고 있는 것이다. 중국의 문화적 소재와 제품의 차별성이 연결되는 접점을 찾아 현대적 광고 컨셉을 창조한 후 감동의 바람을 일으켜야 소비자들에게 각인되는 것이다. 중국정부의 정서만 쫓아 다소 비굴한 제품 컨셉을 사용하는 것은 일시적 성공을 거둘진 몰라도 브랜드 가치를 차별화시키는 공간과 기회는 줄어 들 수 있다.

이제 도시지역 소비자와 신세대가 붉은색을 사용한 제품 포장과 황금색을 입힌 제품을 모두 좋아한다고 단정할 수 없다. 장례식 색깔이라며 배척하던 흰색 컬러의 자동차가 도로에서 갈수록 많아지고 패션도 과거 칙칙하고 어두운 계열에서 밝은 색조의 의상을 입는 중국인이 거리를 누비고 있다. '중국의 색'을 기본으로 하더라고 제품의 특성을 살리는 디자인과 이에 어울리는 색을 활용해야 한다. 중국이라는 나라 자체가 '문화 콘텐츠의 바다'와 같아 중국인 연구원과 함께 체계적인 조사와 연구를 하다 보면 좋은 마케팅 소재를 얼마던지 개발하고 발굴해 낼 수 있다. 수 천년 동안 잠자던 중국의 문화 컨텐츠가 꿈틀거리고 잠재된 문화시장 규모도 엄청난 가운데 미래 중국사업의 블루오션을 준비해야 하는 것이다.

한국기업은 중국의 문화원형에다 한국의 창의적 아이디어와 IT 기술을 접목하는 작업을 상품 디자인 영역 외에도 음악, 영화, 방송, 게임, 애니메이션, 출판 등에 적용하는 '동방문화 콘텐츠 연구원' 건립을 숙고해 볼 필요가 있다. 현재 한류가 비교우위를 가지고 아시아 지역은 물론 세계 각지에서 수요기반을 넓히고 있는데다 문화산업의 특성상 경쟁자가 단시일 내에 추격하기도 어려워 동 연구원은 설립과 동시에 영향력을 발휘할 수 있을 것이다. 비즈니스 차원을 넘어 기업의 위상과 이미지 격상은 물론 끊임없는 사업 아이템 발굴과 기존 사업에 대한 시너지 효과까지 기대할 수 있다. 또한 문화산업은 서구 외자기업이 사업을 추진하기 쉽지 않아 한국기업이 동 분야를 주도적으로 개척하며 내수시장을 파고 들 수 있다.

한국기업은 중국시장 팽창에 따른 제조·판매 능력의 확충도 중요하지만 중국 비즈니스의 거시적 환경이 급변하고 토종기업과 다국적 기업과의 경쟁이 격화되는 가운데 대 중화권 시장에 특화된 '중화 브랜드와 디자인'을 연구·개발하여 기업의 '문화 경쟁력'을 갖추어야 한다. 미래 중국의 소비시장이 브랜드와 디자인을 중심으로 발전하는 것을 미래 준비하는 것이다.

소비시장의 주력군

　스위스 투자은행인 '크레디트 스위스'가 2015년 발표한 보고서
에 의하면, 중국에서 5만-50만 달러의 여유자산을 보유중인 중산층
은 1억 900만 명으로 미국의 9200만 명을 넘어선 것으로 나타났다.
일부 중국의 조사기구는 빅데이터(Big data) 분석을 통해 이미 2억
명을 넘어섰다고 주장하기도 한다. 이들이 주축이 된 글로벌 소비
시장의 중국 비중은 스마트폰의 32%, 자동차 27%, 전기차 38%, 스
마트홈 30%, 제조분유의 33%에 이른다. 중국의 중산층은 주로 30-
40대 연령에 1선 혹은 2선 도시에 거주하고 있으며 학력이 높고 건
전한 재테크와 함께 자신의 삶을 즐기려는 부류다. 이들은 비공유
제 경제인사와 자유직업자 그리고 지식인들로 이루어진 그룹인 개
인기업 사장, 변호사, 의사, 회계사, 문화계 인사 등을 포함한다.
　이들 중산층은 선대보다 훨씬 더 자유로운 삶을 만끽하고 살지
만 한편으로 지난 40년 개혁개방의 첫 수혜자들로 공산당의 업적과
체제 그리고 정책 선전에 활용되어 사회적 책임을 강조하기도 한
다. 일부는 전국인민대표 및 정치협상위원 등의 감투를 쓰고 성공
경험을 얘기하며 학생들에게 용기를 북돋우고 실업자들에게 희망
을 주기도 한다. 이들 지식인과 기업인은 사회개조를 위한 적극적
인 의견을 개진하고 자선활동도 전개하는 중국 공산당의 새로운 반

려자들이자 당이 육성하는 '중국식 NGO'이기도 하다. 하지만 한국기업 입장에서 이들은 부정·부패를 감시하고 준법경영을 유도하는 오피니언 리더이자 사회발전과 내수를 이끄는 주력군으로 중점 마케팅 대상이기도 하다.

이들은 또 다른 시대변화 측면에서 분석해야 할 대상이기도 하다. 비록 성장의 혜택을 입고 체제안정과 민족중흥에 대한 교육을 받아온 세대지만 중국사회의 글로벌화 진척과 함께 정치체제와 사회관념에 구속을 덜 받아 자유로운 영혼을 추구하려는 욕구도 갖고 있기 때문이다. 민족주의 정서와 자신만의 삶을 추구하는 행위를 별개로 생각하는 사조도 확산되고 있는 것이다. 이들은 과거 젊은 엘리트가 선망하던 중앙정부 공무원과 관변단체에서 일하는 것을 원치 않고 인터넷을 통해 세상을 보고 해외직구로 상품을 구매한다. 또한 해외여행을 즐기고 둘째 아이를 원치 않으면서 사회봉사에 자발적으로 참여하는 부류들이다. 이들은 미래 중국소비시장의 변화도 주도할 리딩 그룹으로 한국대기업의 중국사업에 중요한 영향을 주게 될 계층이다.

개혁개방 초기에는 젊은이들이 국가의 급성장에도 불구하고 체제상의 구속으로 인해 열정을 분출할 때가 없었다. 빈곤세대가 아닌 이들은 안정적인 가정에서 획일적인 교육을 받아 이슈에 대한 쏠림 현상도 매우 강했다. 지금도 여전히 사회적 이슈에 관심이 많지만 인터넷 혁신을 통해 신 사조를 접하며 새로운 관점을 창도하기도 한다. 향후 중국소비시장에 대한 지형변화를 주도할 신세대 소비그룹은 다음과 같이 대별할 수 있다. 첫째, 80후(80後) 세대다.

이들은 1980년 이후 출생한 30대가 주축으로 개혁개방 시작과 함께 1세대 소황제로 성장했다. 현재 소비시장의 주역으로 약 2억 2000만 명이 포진하고 있으며 10-20년 후 중국사회를 이끌 중심 세력이다.

둘째, 90후(90後) 세대다. 이들은 90년 이후 출생한 20대가 주축으로 2세대 소황제로 성장했고 현재 약 1억 8000만 명이 여기에 속한다. 어려서부터 고가제품과 외국브랜드에 익숙하여 첨단유행을 선도하고 자기주장이 강하며 인스턴트 문화에 익숙한 세대들이다. 80후 세대와 같이 1가구 1자녀 정책에 따라 대부분이 독자다. 고도성장기에 어린 시절을 보내 물질적 풍요를 누리고 자본주의 사고와 문화에 익숙하여 사상적으로 자유로운 편이다. '한 입에 여섯 주머니'라는 말처럼 부모와 4명의 조부모가 소비를 지원하는 가운데 개성과 독특함을 추구하고 인터넷 게시판, 온라인 채팅, SNS 교류, 블로그 등을 통해 자신의 주장과 경험을 적극적으로 표현하고 공유한다. 소득의 상당부분을 소비하고 '지금'을 즐기려는 현재지향적 가치관을 지녔으며 실험소비를 하는 '얼리어답터(early adopter)'로 현재는 물론 미래 소비시장의 주역이다.

2015년 말, 상기 두 세대가 전체 소비시장에서 차지하는 비중은 약 45%로 2020년에는 53%까지 성장할 전망이다. 특히 신세대 리더 그룹인 90후는 대학생을 중심으로 방대한 캠퍼스 시장을 형성하고 있다. 2016년 말, 전국 2,596개 대학의 약 2천 4백만 명의 대학생과 10,912개의 전문대의 약 2천 1백만 명이 매년 약 3000억 RMB 규모의 대학 캠퍼스 시장을 형성하고 있으며 매년 콜라 등 음료수 30억

병과 라면 20억 봉지를 소비하고 1000만대의 핸드폰을 교체하고 있다.[9] 이들 소비에 힘입어 2016년 중국 영화시장에서 박스오피스 매출액은 65억 달러를 돌파했고 영화관 스크린 수는 4만 1000개로 미국(40,759개)을 제치고 세계 1위로 올라섰다. 이 밖에 매년 400만 명에 이르는 20~30대의 젊은 온라인 작가들이 쏟아내는 소설을 약 6억 명(이중 60%가 30대 미만의 청년층)의 독자들이 휴대폰으로 책을 읽으면서 중국의 전자책 시장을 미국에 이어 2위에 올려 놓았다. 물론 시장에서 성공한 작가들은 판권 수입을 통해 일약 백만장자 대열에 진입한다.[10]

셋째, 00후(00後) 세대다. 이들은 2000년 이후 출생한 밀레니엄 베이비 세대들이다. 현재 초중고에 재학 중인 청소년들로 1가구 1자녀 제도 폐지 직전의 마지막 소황제로 약 1억 3000만 명이 여기에 속한다. 이들은 풍부한 물질적 환경과 정보자원을 소유하여 스마트 제품에 익숙하고 명품에 대한 인지도가 상당하다. 주요 취미는 게임 혹은 애니메이션 제작물 감상이나 아직까지 생활소비는 부모가 결정하고 있다. 이 밖에 특수소비그룹이라 할 수 있는 '푸얼다이(富二代)'가 있다. 이는 부모의 부를 물려받은 자녀들을 일컫는 용어로 어릴 적부터 해외 유학을 시작한 후 본국으로 돌아와 경영수업을 하고 있거나 혹은 부를 과시하며 명품 브랜드의 사치품 구입에 열 올리는 중국판 금수저 부류들이다. 이들이 전체 부유층 인구에서 차지하는 비중은 2018년에 약 1600만 명으로 증가될 전망이다.[11] 이 와 함께 정부와 국유기업의 고위관료 자녀를 일컫는 '관얼다이(官二代)', 혁명가 집안의 자녀 및 후손을 지칭하는 '홍얼다이(紅二

代)'도 특수소비그룹에 속한다.

　2020년에 중국의 소비시장 규모는 상기 5억 명 이상의 신세대 소비그룹에 힘입어 6조 5000억 달러까지 성장하고 이중 온라인 시장규모는 전체 소비시장의 24% 차지할 전망이다. 한국기업은 이들 신세대 그룹의 동향을 분석하고 스마트 기기를 이용한 정보 획득과 소비패턴이 빠른 신세대 취향에 맞는 제품과 디자인을 개발해야 할 것이다. 당연히 온라인 플랫폼도 적극 활용할 필요가 있다. 주의해야 할 점은 이들이 성장 과정에서 체계적인 애국주의 교육을 받았고 경제적 넉넉함으로 자존심도 강해 언제던지 휘발성이 강한 '중화주의(中華主義)'가 표출될 수 있어 면밀히 모니터링 해야 한다는 것이다. 하지만 미국 등 서구세계에 대한 동경과 사대적 정서도 대단하다. 이들은 소비문화가 까다롭고 물질적 소비는 물론 정신적 우월감도 추구하는 소비행태를 보여주고 있다.

　향후 한국기업이 중국의 신세대 소비자를 공략하기 위해서는 제품의 기술력과 디자인이 탁월해야 함은 물론 미국과 EU 그리고 일본 등 선진국 시장에서의 매출과 소비자 반응도 중요하다. 선진국에서 호평 받고 유행해야만 이들의 문화 아이콘으로 선택 받을 가능성이 크기 때문이다. 선진국 시장의 실적과 반향을 중국시장 마케팅에 십분 활용하여 중국의 신세대로 하여금 글로벌 제품을 함께 즐기는 느낌을 갖게끔 해야 한다. 중국의 민간대기업이 미국 등지에 연구소와 현지공장을 설립하고 미국기업을 인수하려는 것은 선진기술 도입과 현지시장 개척이라는 1차 목표 외에도 기업의 글로벌 지명도를 제고하고 미국 로망에 심취한 중국 내 신세대 소비자를 염두에 둔 마케팅으로 중국시장을 더욱 확대하려는 의도 때문이다. 많은 중국소비자들이 미국을 위시한 유럽 및 일본에 대한 사대주의와 경계심리를 갖고 있으며 아울러 선진국 제품에 대한 프레미엄을 인정하려는 정서가 농후하다. 예로 이들 국가 브랜드의 자동차를 구매할 때는 가격에 대한 심리적 저항이 약한 편이고 심지어 값이 비싸야만 관심을 보이기도 한다. 반면에 한국제품은 사양이 동일하고 품질과 디자인이 더 뛰어남에도 왜 중국산 보다 값이 비싼 지를 묻곤 한다. 삼성 핸드폰의 기능이 더 우수하다는 것을 알면서도 손에 쥐고 싶은 것은 역시 미국 애플사의 아이폰이다. 정서적으로 한국제품에 대한 코리아 디스카운트가 존재하고 있는 것이다.

한국의 간판 대기업은 중국시장을 요리하기 위해 미국을 중심으로 한 선진 강대국 마케팅을 더욱 강화하고 해당 지역 언론과 소비자의 평판을 잘 활용할 필요가 있다. 자동차를 예로 들면, 우선 미국시장에 고급 브랜드를 런칭하여 1차 성공을 거둔 후, 중국에 독립판매법인을 만들어 수입차로 판매하다가 지명도가 올라가면 현지 중국업체와 협력하여 양산체제로 갈 수도 있을 것이다. 특정 기술과 제품을 선도하는 기업이미지를 미국기업과 동급으로 몰아 갈 수 있다면 미국 사대(事大)에 절어 있는 중국소비자를 충분히 공략할 수 있다. 향후 한국기업은 구 소련을 해체시킨 미국을 가장 두려워하는 중국과 중국시장을 공략하기 위해서라도 미국시장에서 성공할 필요가 있다. 나아가 항공우주, 전기 자동차, 바이오, 4차 혁명 등 첨단기술 개발에서 미국의 파트너가 될 수 있다면 이는 중국시장에서 그 어떤 경영전략보다 강한 효력을 발휘할 수 있을 것이다.

한국기업은 글로벌 마케팅을 통해 중국시장 참여자에 대한 교섭력과 협상력을 제고함과 동시에 탁월한 기술과 디자인의 우위를 기반으로 양국의 정치외교적 마찰로 인한 민족주의 정서와 배타적 사회여론으로부터 자신을 보호해야 한다. 그리고 조금씩 이성적으로 성숙하는 중국의 신세대 소비자에게 끊임없이 어필할 수 있는 전략과 수단을 가져야만 한다. 중국의 신세대 그룹은 자신들만의 독창적인 소비패턴 외에도 이데올로기에 크게 구애 받지 않는 자유분방함과 순수함도 지니고 있다. 이들은 중국의 미래를 이끌 혁신 세대로 한국기업은 뛰어난 제품과 마케팅 그리고 CSR 활동을 통해 호흡을 같이 해 나가야 한다. 이들이 미래 사회변혁을 함께 할 친구이자 충성스러운 가치 전파자가 될 수도 있기 때문이다.

한국기업이 상기 신세대 소비자 중에서 특별히 주목하고 관리해야 할 소비그룹이 있는데 바로 중국의 '여성'이다. 모택동은 "하늘의 반은 여성이 떠 받칠 수 있다"고 했다. 여성도 남성 못지 않게 능력과 영향력을 발휘할 수 있다는 얘기다. 중국에서는 사회주의 국가의 남녀평등 사고가 자리잡고 있어 여성도 학교를 졸업한 후 남성과 똑같이 직장을 잡고 맞벌이를 하고 가사를 분담한다. 일반적으로 여성이 집안의 경제권을 가지고 있는 경우가 많고 이는 가족을 위한 상품구매 선택과 결정으로 연결된다. 여기에 개혁개방 정책에 따른 풍족함이 더해지며 그 동안 억제되었던 여성의 미(美)에 대한 사고가 달라지고 이를 가꾸려는 본능이 회복하고 있다. 중국 여성은 사용 제품에 대한 구전 효과의 주력이자 충성도 높은 소비 습관을 갖고 있어 이들에 대한 마케팅 전략이 갈수록 중요해지고 있다. 중국성형미용협회(中國整形美容協會)에 의하면 2015년 중국의 성형 인구 수는 약 500만 명으로 성형미용시장은 최근 5년간 연평균 29%씩 성장해 왔다. 2020년에 동 시장규모는 약 400억 달러에 이르러 세계 최대의 성형미용시장이 형성될 것으로 예측된다. 남성에 비해 이데올로기 구속을 덜 받는 중국여성들이 미(美)에 눈을 뜨고 있는 것이다.

현대 중국여성은 소비자 역할뿐만 아니라 한국기업의 좋은 비즈니스 파트너가 될 수도 있다. 중국기업의 여성 CEO는 종종 정치적이고 감정적인 일 처리를 하는 남성 CEO와는 달리 객관적이고 섬세하면서도 열정적이다. 최근 중국의 여러 업종에서 여성 CEO가 증가하는 가운데 이들은 자신에게 주어진 직책과 임무에 자긍심이 대단하고 내부적으로는 조화와 신뢰를 강조한다. 이 밖에 중국 국무원의 '2011~2020 전국 부녀발전 요강'에 따르면 중국여성은 업무 효율이 뛰어 나고 부패와도 거리를 두고 있어 고위직 진출이 증가하고 비록 소수지만 공산당원뿐만 아니라 민주당파와 무당파 그리고 소수민족 출신의 여성도 간부로 입성하고 있다. 남성 간부가 다소 소심하고 이중적인 심리(특히 문혁 때 성장기를 보낸 50~60대 간부)를 가지고 있다면 여성 간부는 업무에 적극적이고 사심이 없으며 조직에 충성스럽다. 외자기업 입장에서도 언행이 부드럽고 돕고자 하는 열정이 강한 중국의 여성 관료가 편한 경우가 많다. 향후 중국의 여성 간부는 국가 발전에 따른 '관직'의 외연 확대와 더불어 계속 증가할 전망이다.

현대 중국여성들의 사회 활동상을 좀더 살펴보자. 2016년에 마스터카드(MasterCard) 사가 아시아·태평양 지역 18개국 여성의 남성 대비 사회경제적 지위를 수치화한 후 비교 분석한 '여성사회진출지수(Index of Women's Advancement)'에 의하면, 중국여성의 지수 점수는 66.3점으로 아시아·태평양지역 평균인 57.6점보다 높았다. 본 지수는 남성대비 여성의 사회진출 정도를 경제활동 수준인 고용(Employment)과 교육의 평등 정도를 나타내는 능력(Capability) 그리고 정·재계 고위직 진출 정도를 남성과 비교한 리더쉽(Readership) 등 3가지 분야를 기준으로 평가했다. 중국 여성은 총점 기준으로 뉴질랜드-호주-필리핀-싱가폴에 이어 5위를 차지했고 한국과 일본은 각각 13위, 14위를 기록했다. 비록 중소기업이 많지만 중국의 기업 소유자 중에서 29%가 여성으로 이 또한 동 지역 평균인 23%보다 높았다.

중국의 부호조사기관인 '후룬(胡潤)'이 발표한 '2016년 중국의 여성부호 50인'에 따르면 자수성가로 부를 일군 여성기업인은 62%였고 또한 80후(80後) 세대 여성기업인은 8명이 랭크 되었다. '글로벌 여성부호 50인' 중에서 중국의 여성기업인이 56%를, 10억 달러 이상의 자산을 소유한 글로벌 여성기업인 중에는 60%를 차지했다. 글로벌 10위 안에는 중국경제의 구조조정으로 인해 전년대비 3명이 줄었음에도 불구하고 절반을 차지했다. 이 밖에 2016년 전인대(全人代) 대표 중에서 여성 비율은 23.4%에 이르고 중앙기관의 여성 공무원 비율은 50%에 육박하고 있다. 이외에 중국을 대표하는 1000명의 여성 예술가 중에서 약 24%가 적극적으로 공익자선사업에 참여하고 있으며 전국대학의 학부생과 석사생 중 여학생 비율은 50%

를 웃돌고 있다.

맥킨지는 중국여성의 GDP에 대한 기여도는 40% 이상으로 세계 최고 수준이며 이들은 성취욕이 높고 자신에게 투자를 아끼지 않아 소비시장의 중요한 축이 되고 있다고 진단했다. 한국기업이 정치적 이슈에 대한 관심과 의식이 상대적으로 덜한 중국의 신세대와 함께 여성소비자를 공략하는 것은 정치외교적 리스크 등 외부 충격에 의한 영향을 최소화 하고 자신의 편을 들어주는 암묵적 지지자를 구축하는 것과 같다. 이는 중국사업의 안정성과 지속성을 담보하기 위한 중요한 경영전략이다. 이들의 구매 행동과 습관 그리고 인식 패턴에 대한 시장조사와 심리연구 그리고 모니터링을 통해 정보를 계속해서 축적해 나갈 필요가 있다.

특히 빅데이트를 활용하는 것은 광대한 중국대륙에서 현실에 부합하는 마케팅 전략을 수립할 수 있는 중요한 기초가 된다. 현재 중국의 빅데이트 활용은 쏟아지는 데이터의 업그레이드 속도가 너무 빨라 일년만 지나도 효용성이 떨어지는데다 일부 지방정부의 비공개 혹은 조작으로 인해 무용지물로 취급 받기도 한다. 하지만 최근 중국정부의 빅데이터 관련 정책과 더불어 오픈 데이터의 규모도 커지고 있어 빅데이터에 대한 활용 가능성이 주목을 받기 시작했다. 무엇보다 SNS, 트위터, 페이스북, 블로그, 동영상 등 사이버 공간에 숨겨진 정보를 분석하고 찾으려는 시도가 본격화 되고 있다. 이는 모두 중국의 신세대 소비계층의 생활 및 사고 공간이기 때문이다. 체제상의 원인으로 정보의 제공과 취득이 어려운 가운데 급성장하는 경제와 복잡한 사회현상을 보이고 있는 중국에서 정보의 흐름을 정형화하여 숨겨진 정보를 찾아내는 것은 기업 경쟁력과 직결될 수 있다. 정제가 되지 않은 무미건조한 표면적 데이터를 가지고서는 중국의 현상을 분석하고 설명하는데 한계가 있기 때문이다.

광활한 중국에서 소비자에 대한 시장조사 혹은 여론조사 결과는 극히 지엽적이며 단편적이라 배후 분석은 고사하고 사실 설명도 어렵다. 관련 정보의 상호 연결성을 찾아 배후 소비자의 패턴과 트렌드를 찾아내야만 진정 값어치 있는 정보가 되는 것이다. 데이터 분석에서 감성 분석 기법을 적용하여 인식의 한계를 넘어서는 분석을 통해 팩트(fact)가 아닌 패턴(pattern)을 찾아야 하는 것이다. 한국기업은 사업 아이템과 연관된 빅데이터를 지속적으로 관찰하고 비정형 데이터를 통해 숨겨진 정보들을 찾아 정제·분석할 필요가 있다. 이를 통해 중국의 소비 트렌드를 이끄는 청소년과 중장년층 그리고 여성소비자의 소비 패턴을 읽어내는 것이다. 여기에다 중국의 인문학적 요소를 가미한 제품 및 디자인 개발과 광고 마케팅 전략까지 수반된다면 중국시장에서 강력한 경쟁력을 갖추게 되는 것이다.[12]

중국 신세대 소비자 그룹이 추구하는 개성과 자유 그리고 합리적인 소비패턴은 기존 국내외 기업의 경영전략을 구조조정 하고 있다. 북경 코트라(KOTRA) 무역관에 따르면 2016년, 중국 내 해외직구 소비자는 4100만 명으로 전년대비 78% 증가했다. 신세대 소비자는 가성비와 간편성 그리고 정품보장을 이유로 해외직구를 즐기고 있고 수입국 점유율은 일본·미국·한국 순이다. 해외직구가 온라인 소비시장에서 차지하는 비중도 4.4%로 확대되었고 2018년에는 약

7%에 이를 전망이다. 이 같은 추세 속에 신세대 소비자의 파워는 콧대 높은 글로벌 명품 브랜드로 하여금 중국 내 판매 전략을 수정하도록 만들고 있다. 독자적 가격 정책과 오프라인 판매를 고집하던 명품 브랜드가 최근 중국 온라인 시장에 속속 진출하고 중국의 대표 SNS인 위챗(WeChat)에 공중계정을 개설하는 마케팅 플랫폼 구축으로 고객과의 소통을 강화하고 있다. 이를 통해 브랜드 정보와 서비스 혜택을 제공하고 광고 정보를 획득하며 판매까지 진행한다. 또한 자신의 제품에 대한 충성도를 높이고 파워블로그 등 KOL(Key Opinion Leader)을 적극적으로 활용하고 있다.

국가별 가격정책을 버리고 글로벌 제품가격 일치화 전략 도입에 실리적인 중국의 신세대가 적극 호응하고 있다. 글로벌 브랜드의 오프라인 매장의 폐업이 이어지는 가운데 이미지 훼손과 짝퉁 출현의 위험도 무릅쓰며 온라인 쇼핑에 익숙한 신세대 소비 트렌드에 맞추기 시작했다. 구매와 사용 경험을 공유하며 핵심 고객을 확보하고 '명품의 디지털화'를 추구하고 있는 것이다. 2016년, 디올(Dior)이 중국의 발렌타인데이(칠월 칠석·음력 7월7일)를 기념하여 위챗을 통해 5일 간 한정 판매한 500만원 상당의 핸드백은 36시간 만에 품절되었다. 중국정부의 소비세 및 수입관세 인하를 통한 해외소비의 국내 환류 정책과 신세대의 구매력에 힘입어 2016년 중국인의 국내 명품 소비액은 전년대비 7% 증가한 276억 달러를 시현했다.[13]

2016년 말, 중국 전역에서 상영된 일본 청소년 애니메이션 영화 '너의 이름은' 은 센카쿠 열도(댜오위다오·釣魚島)에 대한 영토분쟁으로 중일 양국이 갈등 중임에도 불구하고 중국영화의 대표 주자인 장이모우(張藝謀) 감독의 '그레이트 월(Great Wall)'과 대등한 경쟁을 펼쳤다. 일본 영화가 개봉 첫날 270만 관객을 동원하며 박스오피스 1위를 차지한 것이다. 2008년 북경 하계올림픽 개막식 총감독으로 민족주의적 색채가 짙은 영화소재로 흥행을 보증해온 중국의 명감독이 '만리장성'을 배경으로 찍은 영화임에도 중국 전역의 많은 신세대가 일본의 청춘 멜로 애니메이션 영화를 선택하고 관람한 것이다. 그리고 2017년 상반기에 중국인구 100당 37명이 시청한 것으로 추산되며 전국적 센세이션을 불러 일으킨 55부작 드라마 '인민의 명의(人民的名義)'는 관료의 부패를 파헤친 정치소재를 다루었음에도 열혈 시청자의 상당수가 90년 심지어 2000년 이후 출생한 신세대였고 아울러 이들은 수 많은 댓글로 자신의 느낌을 표현하기도 했다.

중국의 신세대는 평상시 쇼핑과 오락 그리고 게임을 즐기지만 자신들만의 시각으로 중국의 문제점을 인식하고 있다. 사드 사태로 한국을 방문하는 중국의 단체 관광객이 급감하기도 했으나 오히려 신세대의 개별 관광객은 증가했고 개인적 취향이 강한 제품인 화장품과 기호식품 등은 사드 여파에 상관없이 판매가 증가했다. 대체재를 찾기 어려운 제품은 정치사회적 요인과 상관없이 소비되는 것이다. 또한 이들은 자신의 입맛에 맞는 부드러운 고량주를 즐기고 여성들은 미를 가꾸기 위해 그 동안 금기시되어온 팔과 다리의 털을 깎기 시작했다. 심지어 일부 신세대는 공산당 당원 가입을 주저하거나 혹은 탈퇴하기도 한다. 공산당 당원 가입이 마치 손오공 머리에 환(環)을 끼워 넣는 것 같아 공산당이 필요할 시 자신을 원격 조종하며, '당원이기 때문에 하면 안 된다 혹은 당원이기에 해야만 한다'는 식으로 통제하려 든다는 것이다. 생활과 정서의 풍족함으로 상식과 도리를 이해하는 신세대의 자유로운 사고와 행동은 미래 중국의 변화를 예측하는데 있어 많은 것을 시사하고 있다. 한국기업은 중국 공산당이 주목하는 이들 미래 세대를 관찰하고 연구하며 중장기 경영전략을 마련해야 할 것이다.

미래 중국소비시장의 주력군인 신세대가 선택하는 멋진 제품은 중국 정치사회의 이데올로기와 관념의 장막을 관통해 소비될 것이다. 또한 이들로 인해 미래 중국시장은 최신기술과 디자인이 적용된 제품을 출시하기에 알맞은 시장으로 변모할 것이다. 중국 신세대의 소비관념이 갈수록 이성적으로 진화하는 가운데 범용제품과 서비스는 가성비 좋은 제품을 빠르게 출시하는 중국의 로컬 브랜드를 이기기 어렵다. 그럼에도 신기술과 디자인을 장착한 신제품과 서비스 시장은 여전히 무한한 기회를 제공하고 있다. 한국기업은 신세대의 새로운 소비 욕구를 탐색하고 따라잡으며 이들의 충성도를 키워나가야 한다. 중국기업이 자국의 신세대가 원하는 제품과 신뢰를 만족시켜 주지 못하는 작금의 시간과 공간을 활용하여 신흥 중산층과 신세대 그룹 그리고 여성소비자를 집중 공략해 들어가야 할 것이다.

한류를 넘어서

　개혁개방 이후 경제발전에 따른 자유화 사조가 깨어나며 국내외 문화수요가 급증했고 이중 한류(韓流)도 중국인이 선택하기 편하고 재미있는 문화콘텐츠로 중국시장에 상륙했다. 이에 한류효과로 인한 상품과 관광 그리고 드라마 및 오락프로그램 등 3개 부문을 중심으로 한류의 경제적·문화적 공헌도가 높아지기도 했다. 중국인의 문화소비욕구가 점증하면서 상대적으로 정치적 영향을 덜 받는 중국도시의 화이트칼라와 여성 그리고 청소년을 중심으로 한류소비가 급증했다. 한국의 영화와 드라마 그리고 가요 속에 주인공으로 등장하는 '오우빠(歐巴·오빠)'는 중국여성과 여학생들에게 세련되고 젠틀하면서도 책임감이 강한 한국남성에 대한 상징적 애칭이 되었다. 또한 중국 내 유통되는 번역서 중에서도 서구는 미국과 영국의 책이, 동양에서는 일본과 한국 책이 수위를 차지하기도 했다.

　한(恨)과 흥(興)이 모두 서려있는 한국산 춤과 노래 문화는 모방이 불가한 수준으로 꾸준히 대륙의 환영을 받아 왔다. 이에 중국의 관련 업계 종사 전문가와 네티즌도 한국의 종합예술연예분야에 대한 감성과 기교는 최소한 아시아 지역에서는 타의 추종을 불허한다고 인정한다. 심지어 한국이 전 세계 문화시장에 영향을 미칠 수 있는 유일한 분야라고 평하기도 한다. 이에 따라 당장에 많은 한국인 연기자가 중국의 브라운관이나 스크린에서 활동하는 것은 쉽지 않겠지만 향후 한국의 시나리오 작가나 영화감독이 중국과의 협력을 통해 중국의 드라마와 영화를 글로벌 수준으로 끌어올릴 수도 있을 것이다.

하지만 왕(王)서방은 바보가 아니다. 그들은 한류를 이용해 돈을 벌면서도 문화산업의 특성 상 단순히 테크닉만 따라 해서는 생명력이 없어 자신들의 시장을 창출하기 어렵다는 것을 깨달았다. 중국 소비자의 눈은 이미 글로벌화 되었는데 지금의 문화 컨텐츠 개발능력과 인력으로는 한국을 따라 잡기 어렵다는 것을 안 것이다. 문화 상품은 산업기술과는 달리 태생적인 요인과 사회문화 발전이 전제되어야 함으로 모방한다고 해서 바로 따라 잡히는 것이 아닌 것이다. 이로 인해 중국의 엔터테인먼트 사는 폭증하는 자국의 문화수요를 잡기 위해 자본력을 바탕으로 한국의 기획력과 포맷 그리고 유명작가 및 PD를 그대로 수입해 제작하거나 혹은 지분투자 하는 전략을 시도했다. 얼핏 보면 초청받는 몇 명의 한국인이 돈을 버는 것 같지만 일단 제작물이 성공하면 투자한 금액보다 수십 배 혹은 수백 배의 수익을 거두었다. 최근에는 사드 사태로 인해 한국 콘텐츠의 정식 판권 수입이 막히자 한국의 오락방송 포맷을 그대로 베낀 후 제작·방영하며 폭리를 취하고 있다.

한류 스타와 문화 콘텐츠를 수입하거나 혹은 짝퉁 제작을 활용하는 중국의 비즈니스 모델은 당분간 지속될 것이다. 이와 함께 중국기업이 사전 계획 하에 한국에 머물며 한국 문화산업의 노하우와 엑기스를 흡수한 후 중국시장을 준비하는 경우도 점증할 것이다. 한류가 자신의 작은 이익을 위해 중국 비즈니스의 '들러리'가 되고 있어 일각에서는 향후 한국 제작사들의 제작 능력과 노하우가 중국으로 넘어가 자체 제작 기반을 잃고 중국의 하청업체가 될 수도 있다는 우려도 제기한다. 중국의 팽창하는 문화시장을 활용하는 중국인의 상인기질이 유감없이 발휘되는 가운데 중국에 무지한 한국의 제작사는 중국의 문화창달을 조력하면서도 시행착오를 겪으며 명분과 실리를 모두 잃고 있는 실정이다.

상기와 같은 현상과 우려는 당분간 중국에서 한류소비가 지속될 것임을 반증하기도 한다. 하지만 유의해야 할 것은 '가장 한국적인 것이 가장 세계적' 이라는 말이 점차 중국에서는 적용되기 어려울 것이란 사실이다. 서방 선진국은 개별 문화를 존중하는 소양도 갖추고 있어 외래문화가 경쟁력만 있다면 또 다른 문화상품으로 소비될 수 있으나 중국에서는 자신의 것이 아니면 나머지는 모두 주변문화로 치부되어 한류가 일부 계층만 즐기는 문화상품으로 축소될 수 있다. 그러므로 한류의 업그레이드와 영향력 지속을 위해 한국이 기획과 포맷을 담당하고 중국 혹은 글로벌 스타를 섭외한 후 글로벌 콘텐츠 제작사 및 배급사와 협력하여 중국 및 글로벌 시장을 공략하는 것이 새로운 비즈니스 모델이 될 수 있다.

아직까지 한류는 세계 각 지역의 문화시장에서 주류로 형성되어 있는 미국문화의 틈새를 파고드는 정도에 불과하다. 한류가 세계의 주류문화로 자리매김 하려면 미국 현지에서 양키문화에 맞설 정도로 소비되고 나아가 '남한(South Korea)' 이 아닌 '대한민국 (Republic of Korea)' 이라는 강한 국가 이미지로 콘텐츠가 공급되어야 한다. 현재 중국에서 한류가 '중국문화 혜택국가', '분단국가' 그리고 '미국문화 가공국가' 라는 편견 속에 소비되는 가운데 상기 두 가지 요소를 충족할 수 있다면 중국인에게 중화문화의 대항마로 인식되어 한류의 위상과 품격이 높아질 수도 있을 것이다. 한류의 상품적 가치가 올라간다는 것은 한류소비의 지속성 유지는 물론 국가와 기업의 마케팅 수단으로서의 활용 가치도 높아진다는 얘기다.

하지만 한국기업은 현재 중국에서 소비되고 있는 한류의 실체를 좀 더 객관적으로 바라볼 필요가 있다. 중국의 한류는 중국의 자체문화와 더불어 외부에서 유입된 외래문화 중의 하나로 향후 긴 시간을 놓고 볼 때 지나가는 바람과 같은 현상일 수 있다. 한류는 동양문화의 속성을 보존하고 있는 한국문화에 일부 미국·일본 등의 서구문화가 필터링 되고 섞이면서 형성된 문화상품이다. 이 같은 한류의 특성이 자국에서 대체재를 찾지 못하는 중국 청소년과 젊은층을 자극하고 상대적으로 거부감이 덜 한 외래문화로 수용되면서 환호 받고 있는 것이다. 하지만 강한 민족주의 교육을 받고 성장한 이들 또한 성인이 되면서 한류에 대한 흥취가 급락하고 점차 자기 것을 찾게 된다는 것도 알아야 한다. 여기에 그 동안 억눌려왔던 중국인의 심미관이 생활의 여유와 함께 되살아나고 있으며 이와 함께 유구한 역사문화를 자랑하는 자국의 문화 콘텐츠가 발굴되기 시작했다. 중앙정부의 문화발전 정책과 함께 문화인재가 육성되고 관련 산업과 시장이 커지면서 지식인을 중심으로 한류가 단지 일부 신세대와 여성들이 즐기는 외래문화상품의 하나로 폄하되기도 한다.

실제로 아직까지 '한류가 중국소비자의 한국산 제품 선택에 미치는 영향'에 관한 실증 연구 보고서는 없다. 중국인이 호기심과 시간 보내는 여가용으로 즐기는 한류와 한국제품 구매와의 상관 관계는 여전히 모호하다. 특정 대도시 거주민을 대상으로 한 설문조사 결과는 현황을 침소봉대하며 일반화의 오류에 빠지게 한다. 한국 관세청 자료에 의하면 한류품목으로 분류한 문화, 생활, 식품, 의류·잡화, 가전·컴퓨터 등 5대 제품군이 전체 소비재 수출에서 차지하는 비중은 한류가 맹위를 떨치던 지난 15년 동안 답보상태였거나 오히려 하락했고 한류의 직접적인 영향을 받는 문화상품의 비중도 미미했다. 수출산업의 구조변화를 감안하더라도 한류의 경제성장에 대한 기여도는 높지 않고 조사보고서에도 거품이 많은 것이다.

몇 년 전에 한국 화장품 브랜드 중에 중국의 퍼스트 레이디와 연예계 스타가 사용한다고 소문이 나면서 판매가 급증한 사례가 있었다. 품질과 사용후기 그리고 주 고객 등 좋은 제품에 대한 정보는 한류와는 상관없이 빠른 속도로 파악되고 구전되는 것이다. 특히 실리적인 중국의 신세대는 자신이 원하는 한국제품에 대한 구매정보를 훤히 꿰고 있으며 해외 직구를 통한 온라인 쇼핑을 즐긴다. 이들은 한국의 또 다른 내수소비자가 되고 있으며 이들의 구매행위는 한류와 양국관계와는 별 상관없이 확대하고 있다. 향후 한국기업은 한류스타 보다는 오히려 중국 현지 경제·사회·문화계의 명사나 아니면 인생 성공 감동스토리를 만든 일반인 스타를 활용한 마케팅을 확대하는 것이 더 유리할 것이다.

이와 같은 환경 변화 속에서 한국기업은 군이 한류 마케팅을 전개할 필요가 없으며 혹시 모를 양국 간의 정치적 갈등으로 파생되는 사업 리스크를 질 필요도 없다. 중국 내수시장을 놓고 중국의 토종기업과 다른 글로벌기업과 본격 경쟁을 시작한 가운데 한국기업은 자신의 위상을 스스로 한정 지어서는 안 된다. 한류 마케팅을 통해 대리상들과 거래하면 매출이 잠시 올라갈 수도 있겠지만 짝퉁 출현과 소비자 고발 그리고 불법 유통 등의 책임을 고스란히 안을 수 있고 회사 및 브랜드 이미지에 타격을 입을 수도 있다. 판로개척이 힘들지만 유통망을 잘 관리하여 기업과 제품의 격조를 유지하는 것도 중요하다. 중국에서 일단 제품의 이미지가 떨어지면 소비자의 인식을 다시 바꾸기가 상당히 어렵기 때문이다. 중장기 계획을 가지고 중국에 진출한 혹은 진출하려는 한국기업은 한류를 경영전략의 보조수단으로 활용해야지 의지하려 해서는 안 된다.

중국 최대 검색엔진인 '바이두(baidu.com)'에 '韓流'라는 단어를 입력하면 800만 개의 이상의 한류 관련 내용이 쏟아져 나온다. 한국의 대중문화인 한류가 중국인의 일상생활과 사고관념 그리고 중국 문화산업에도 영향을 미치고 있는 것은 사실이다. 하지만 일반적으로 한 국가에서 영향을 떨치고 있는 외래문화는 도입 후 최고조에 올랐다가 퇴조되는 과정을 거치게 마련이다. 한류는 기업의 판촉활동 수단으로 활용해야지 한류행사에 기업의 제품을 직접 협찬하거나 경품으로 제공하는 것은 자제해야 한다. 나아가 한류를 민간교류에 한정시켜야지 국가와 글로벌 기업 홍보에도 활용하는 것은 곤란하다. 과도하게 내세우다가 국가의 위상과 기업의 이미지가 떨어지는 결과를 초래할 수도 있는 것이다. 특히 양국관계가 일시적으로 냉각되면 한류는 민족주의 정서 앞에 추풍낙엽처럼 떨어질 수 있어 한국대기업은 이를 신중하게 활용하거나 아예 거리를 둘 필요가 있다.

2014년 인천아시안 게임 개막식 때 최종 성화 점화자는 한국의 한 여성 배우였다. 이를 두고 일부 중국의 지식인은 개막식 흥을 돋구기 위한 공연에 연예인을 대거 투입하는 것은 이해하나 아시아인의 염원을 담은 성화 점화까지 한류스타를 동원한 주최측의 사고를 비판하고 한국에 '사람'이 없음을 꼬집기도 했다. 한류는 아직까지 사농공상의 관념이 내재되어 있는 중국 지식인 사회에서 하류 문화라 할 수는 없지만 고급 문화도 아니다. 2016년 북경모터쇼에서 현대자동차는 신 제품 프로모션을 위해 한국의 아이돌 스타를 초청했고 행사는 대성공을 거두는 듯 했지만 이튿날 일부 중국 매체는 "신 제품에 관심 있는 소비자는 전시장에 접근조차 못했다고 불만을 터트리고 다른 전시부스의 글로벌 기업은 자신의 프로모션을 망쳤다며 불평하고 신 차에는 전혀 관심 없는 팬들은 자신의 스타를 보지 못했다며 주최측을 성토했다"는 기사 내용을 실었다.

　　한국대기업이 한류스타를 홍보 모델로 초청하는 것은 오히려 신 제품의 기능과 경쟁력을 가려버리는 작용을 할 수 있다. 한류스타를 동원한 마케팅은 일부 자동차 마니아로부터 연약함과 자신감의 부재로 비춰질 수 있다. 중국의 한류 소비층이 여성에 편중되어 있고 아울러 일반 가정에서 경제권과 제품구매 결정에서 여성이 큰 영향력을 행사하는 것은 사실이나 제품구매로 이어지는 상관 관계 여부는 명확하지 않다. 미국·독일 등 제조 선진국의 국가지명도가 제품구매에 영향을 미칠 정도로 사대주의와 고정관념이 강한 중국 소비자를 대상으로 기술력과 제품 인지도가 부족한 가운데 반복적으로 진행하는 한류 마케팅은 기업과 브랜드 가치만 떨어트린다.

얻는 것(매출)보다 잃는 것(클래스)이 더 많을 수 있는 것이다. 이보다는 오히려 중국의 신세대 소비자를 대상으로 미국의 힘과 문화를 느끼게 해 주는 미국의 SF 대작 영화에 제품을 노출시키는 광고전략이 나을 수도 있겠다. 맹목적이자 가벼운 한류 마케팅은 중국소비자들에게 묵직한 믿음을 주지 못할 것인바 한국대기업은 특히유의해야 한다.

향후 한국기업은 중국시장에서 자사의 제품이 글로벌 제품으로인식되도록 부단히 노력해야 하며 제품 광고에도 가급적 연예계 쪽의 한류스타 혹은 중국스타는 쓰지 않는 것이 좋다. 이들은 제품 프로모션에 유용할 지 모르나 지적 고급스러움과 사회적 신뢰 이미지를 주기엔 미흡하다. 연예인을 활용하는 마케팅은 남성 소비자의관심을 끌지 못하고 스포츠 스타는 여성들의 관심 밖이다. 한류에광분하는 여성은 일부분에 불과하고 이에 반감을 갖는 남성은 갈수록 많아지고 있다. 때로는 중국 화이트 컬러의 지적 수준이 높아지는 가운데 사회 오피니언 리더와 분야별 성공신화를 일군 상징적인물을 통한 VIP 마케팅과 지적인 감성 마케팅을 전개하는 것이 더효과적일 수 있다. 이를 통해 도시의 중산층과 지식층의 관심과 구매를 유도하고 나아가 일반 소비자의 구매결정 요인에도 영향을 주는 기획을 시도해야 한다.

한국의 연예기획사도 한류스타의 중국 공연 시 스텝들의 언행단속은 물론 공연의 격조를 지키고 한국과 한국기업의 위상에 도움을 준다는 것까지 고려하여 중국 청소년들과 소통해야 한다. 중국에 진출하는 한국 연예인 역시 자신이 한국의 민간 외교사절이라는 것을 인식하고 실력 발휘는 물론 겸손함과 교양을 갖출 필요가 있다. 무엇보다 연예기획사는 사전에 중국공부를 충분히 할 필요가 있다. 거대시장만 생각하고 한국식 마케팅 포맷을 밀어 부치다간 함정에 빠져 중국 네티즌의 지탄의 대상이 될 수 있다. 사전에 중국 전문가의 도움을 받아 행사 시뮬레이션을 거치고 중국매체와 현지 팬들의 예상 질문과 반응에 대한 답변과 행동을 연습할 필요가 있다. 한번의 실수로 모든 것이 끝날 수도 있기 때문이다. 이 밖에 생활 형편이 어려운 중국 청소년을 행사에 초청하거나 일부 수익금을 기부하여 한류의 도덕적 가치를 제고하는데도 힘써야 할 것이다.

문화상품인 한류도 다른 제조업과 마찬가지로 더욱 참신하고 새로운 컨셉으로 소비자를 붙잡아 두지 않으면 오래 지속되기 어렵다. 여기에 중국 자체의 문화상품 수준이 높아지며 한류시장을 잠식하고 대체할 수 있고 중국정부의 지원과 방대한 문화시장 그리고 자본력을 바탕으로 제작 노하우를 축적해온 중국의 드라마와 영화가 한국시장에 본격 진출할 수도 있다. 특히 막강한 자본력과 풍부한 역사 소재로 탄탄한 스토리를 전개하고 웅장한 배경과 화려한 색채 등 많은 볼거리를 제공하는 중국의 역사 고전 사극 드라마는 한국 드라마에 큰 도전이 될 것이다. 중국의 문화산업이 굴기하고 한류의 신선함이 퇴색되어 단조로움에 따른 피로현상이 나타나면 한류에 대한 관심이 점차 퇴조될 것이다. 더욱 위협적인 것은 중국이 한류를 통해 자신의 전통 및 현대문화를 결합하여 중국소비자에게 쉽게 다가갈 수 있는 방법을 배우고 있다는 사실이다.

전통문화에 대한 콘텐츠가 무궁무진한 중국이 향후 중국정부의 대폭적인 지원과 함께 세대별로 모두 수용할 수 있는 대중문화를 부흥시킨다면 한류는 급격히 위축될 수 있다. 비록 시나리오가 고갈된 상태지만 최첨단 제작 능력과 자본력을 가진 미국 제작사가 콘텐츠 대국인 중국과 손잡고 중국의 신세대가 열광하는 문화상품을 쏟아낼 날로 머지 않았다. 2016년 11월, 시진핑 주석은 '중국문학예술계연합회'와 '중국작가협회'의 전국대표대회에서 행한 축사를 통해 위대한 시대와 국가 그리고 중화민족에 걸맞은 작품을 만들어달라고 부탁했다. 향후 중국에서 한류는 변방 비주류 문화로 수요 확장에 한계를 드러내고 일부 열성 마니아만 즐기는 문화상품으로 전락할 수도 있다. 한국기업은 한류에 의존하는 기업경영이 한류의 퇴조와 함께 기업과 제품의 경쟁력도 추락할 수 있음을 유념해야 한다.

한국의 문화 관련 대기업은 오히려 중국대중문화의 굴기를 대비하는 차원에서 '화류(華流)'의 글로벌 확산을 갈망하는 중국정부의 문화발전 정책에 부응하는 경영전략을 세울 필요가 있다. 한류의 노하우를 조언하고 관련 산업에 단독 진출하거나 아니면 중국 문화기업에 대한 M&A 혹은 지분참여 방식으로 새로운 비즈니스 기회를 엿보는 전략이 필요하다. 문화사업은 한국기업이 중국시장에서 그 어떤 외자기업보다 강한 경쟁력을 가지고 명분과 실리를 모두 얻을 수 있는 전략사업이다. 현재 중국에서 추진되는 한류 관련 사업은 주로 곰이 재주를 넘고 돈은 왕서방이 챙기는 경우가 많지만 향후 한국기업의 전략에 따라 중국 및 글로벌 시장에서 곰과 왕서방의 입장은 얼마던지 바뀔 수 있는 것이다.

CSR 전략

청조 말 전설적 거상인 호설암은, 관리던 상인이던 반드시 사회에 대한 책임감을 가져야 함을 강조하고 그렇지 못하면 탐관(貪官)이나 간상(奸商)이 되기 싫다고 했다. 심지어 때로는 오로지 공익을 위해서만 일을 할 수도 있어야 한다고 했다. 그는 전란이 발생하자 주변의 반대를 무릅쓰고 이익도 없으면서 리스크만 큰 약방 사업을 시작했다. 병자가 많아지고 대란이 끝난 후엔 역병이 창궐할 것임을 알았고 약방 사업은 국가와 자신에게 모두 이익이 되는 사업이라고 판단했다. 그는 상인은 반드시 좋은 평판을 얻어야 한다고 인식했고 자기가 자신을 칭찬하면 사람들이 반신반의 하지만 누군가가 자신을 칭찬하면 사람들은 무조건 이를 진실로 믿게 된다는 이치도 알고 있었다.[14] 호설암은 평소 자신의 사업철학과 한 발 앞선 예지로 미래사업에 대한 명분과 이익을 동시에 확보했던 것이다.

중국사업을 하고 있는 한국대기업은 중국의 공익활동과 사업에 적극적으로 참여할 필요가 있으며 중국정부의 중장기 프로젝트로 진행되는 공익사업은 파트너가 되어 함께 할 필요도 있다. 이 또한 중국사업을 위한 일종의 상해보험에 가입하는 것과 같은 이치다. 봉사경영이라는 취지로 사업의 명분을 쌓으며 소비자의 신뢰를 얻고 봉사활동을 통해 새로운 인맥과 사업기회도 포착할 수 있다. 나아가 '사업을 봉사처럼, 봉사를 사업처럼' 할 수 있는 전략적 기회를 만들 수도 있을 것이다. 노약자 의료봉사와 장애인 구제 그리고 낙후지역 교육환경 개선과 환경오염 등에 대한 지속적인 관심을 통해 이를 구제하고 개선할 수 있는 실질적인 해결 방안과 제품 개발로 이어지는 정신적·물질적 투자는 중국정부와 소비자의 지지는 물론 기업 가치와 신뢰 제고 그리고 방해 세력 견제와 사업의 지속성 유지 등의 효과로 나타날 것이다.

한국기업의 중국본부 CEO는 기회를 봐서 현지 공익단체의 직책을 맡을 필요도 있다. 봉사와 자선활동을 통해 기업은 '상인'이라는 이미지를 탈색하고 아울러 불손 세력의 방해를 예방함과 동시에 기업의 사회적 영향력을 제고하여 기업경영의 자생력과 경쟁력을 배가할 수 있을 것이다. 기업은 비용대비 효과가 적어서는 안되고 체면이나 명분보다는 효율과 미래가 중요하다. 하지만 중국에서는 그 미래를 위해 명분이 더욱 중요한 경우가 많아 경영비용이 들더라도 상징성을 띤 사회활동이 필요할 수 있다. 최근 중국 공산당은 환경보호와 소외계층에 대한 관심을 부쩍 높이고 있다. 국내외 기업의 지원을 필요로 하는 가운데 환경보호와 관련된 기업의 CSR(Corporate Social Responsibility·기업의 사회책임) 활동은 정책지원까지 해주며 장려하고 있다.

중국의 CSR 관련 정책은 90년대 후반부터 시작되었는데 중국 내 다국적 기업을 중심으로 시작된 '도입기'와 2008년 사천 대지진을 계기로 정부가 중심이 되어 CSR을 전개하고 국유기업의 CSR 가이드라인을 제정한 '확장기' 그리고 2010년에 CSR 국제표준인 ISO26000 이 제정된 후 중국기업들도 필요성을 인식하면서 정부중심의 CSR이 이해관계자 중심의 CSR로 발전되는 지금의 '과도기'까지 이르고 있다. 중국사회과학원 CSR 센터는 매년 기업의 '사회책임발전지수'를 발표하고 매체들은 자체 심사를 거쳐 각종 'CSR 어워드(Awards)'를 수여하고 있다.[15] 중국의 빈부격차와 자연재해 그리고 환경오염 등의 문제는 공산당 입장에서 더 이상 방치할 수 없는 중대사안이라 한국대기업도 사회문제와 사회변화 동향에 대한 관심과 연구를 게을리 할 수 없는 상황이다.

중국인은 남의 불행을 애석해 하면서도 그 불행을 만드는 사회구조를 개선할 생각은 별로 없는 방관적 심리와 자기중심적 사고를 갖고 있다. 하지만 아이러니하게도 이와 같은 중국인의 전근대적 사고심리가 오히려 집권층으로 하여금 국가사회의 발전방향을 제시하고 정권이 생존할 수 있는 기회와 공간을 제공해 왔다. 공산당이 각종 사회문제를 방치하지 않는 한 사회분열을 방지하고 사상을 통일하여 미래 비전을 제시할 수 있는 생존 근거가 되고 이는 국가의 지속발전에도 긍정적 요인으로 작용하는 것이다. 외자기업이 중국의 부정적인 면만 보고 희망이 없다고 말하는 것은 중국의 역사와 사회 변천사를 잘 모르고 하는 소리다. 역설적으로 현 중국사회의 각종 문제는 중국사회 발전을 위한 동력이 되고 이와 같은 문제를 해결해나가는 과정에서 중국의 새로운 미래가 열리는 것이다. 오히려 아무 탈 없이 빠르게 성장하는 중국의 미래는 더욱 위험할 수 있다.

한국기업은 현대 중국사회의 발전단계에서 파생되는 각종 문제들을 분석하여 이를 개선해 나가려는 공산당의 노력에 보조를 맞추는 중장기 경영전략 수립과 실천적·누진적 사회공헌을 해 나가야 한다. 사회적 책임 경영은 창업(創業)보다 수성(守城)이 어려운 중국대륙에서 수성을 위한 보호막이 될 수 있어 큰 업적을 이루려는 오너는 이를 늘 염두에 둬야 한다. 최근 중국기업들도 기업의 사회적 책임에 대한 전략적 중요성을 인식하기 시작하여 적극적으로 공익자선활동에 참여하며 안정적 기업경영의 자양분으로 삼고자 한다. 물론 이들의 자발적인 행위의 이면에는 공산당과 멀리도 가까이도 하지 않는 그들만의 생존 철학이 내재하고 있지만 최근 젊은 기업인을 중심으로 돈을 더 버는 것보다 어떻게 하면 돈을 잘 쓸 것인가라는 문제도 고민하기 시작했다. 권위주의적 기업인들이 기업 내부에서는 물론 사회와 소통하는 법을 배우며 민간 NGO 역할도 시작하려 한다.

중국 공산당이 중국을 건국하고 개혁개방을 거치며 국가를 발전시켜 자신들의 부를 축적했으나 그 동안 감춰져 있었던 각종 사회문제가 동시다발로 나타나며 해결을 요구하는 청구서를 보내고 있다. 이들 문제는 공산당이 수성(守城)을 위해 반드시 해결해야 할 당면 과제가 되고 있다. 현재 중국에서는 농촌, 의료, 교육, 환경 등의 분야별로 구조적인 사회문제가 산적해 있는 실정이다. 2016년 말, 중국에는 약 8300만 명에 이르는 장애인과 2억 명의 직계가족이 있고 빠른 확산 추세를 보이는 66만 명(실제기준 약 500만 명 추정)의 에이즈 환자가 있다. 또한 청소년 범죄는 형사범죄 중에서 약 70%를 차지하고 있음에도 증가 추세에 있고 등록기준 마약중독자는 235만 명(실제기준 약 1400만 명 추정)에 이르고 있다. 장애 노인은 4063만 명에 달하고 치매와 가족의 무신경으로 매년 50만 명의 노인이 실종되고 있다.

2016년 한 해 동안 이혼한 부부는 380만 쌍 이상으로 이중 불륜이 전체 이혼 사유의 50%를 넘고 있다. 또한 매년 교통사고로 숨지는 사망자 수가 약 28만 명에 달하고 자살자 수는 약 29만 명으로 매 2분 마다 한 명씩 자살하고 있다. 특이하게 세계 자살자 현황을 보면 농촌보다 도시에서, 여성보다 남성이, 청년보다 노인의 자살자 수가 많은 반면 중국은 도시보다 농촌에서, 남성보다 여성이, 노인보다 청년의 자살자 수가 많다. 자살 이유가 명확하지는 않지만 급성장에 따른 인간관계, 혼인, 질병, 고독 등이 4대 원인으로 추정되고 있다. 이와 같은 사회문제는 직간접으로 중국의 턱없이 부족한 의료시설과 낙후된 의료서비스와 관련 깊다. 병원과 전문의료원의 태부족과 의료자원의 분배 불균형은 소비자의 원성과 계층간의 갈등을 불러 일으키고 있다. 현재 의료 부분은 중국에서 가장 부족한 공공재로 전세계 2%의 의료위생 자원으로 전세계 22%의 인구를 돌보고 있는 실정이다.

급속한 발전에 수반되는 이들 '사회 병'은 모두 중국 공산당의 숙제이자 동시에 경제문제이기도 하다. 이제 공산당이 가장 염려하고 심지어 두려워하는 문제에 대해 한국기업도 '전략적 고민'을 해야 할 때다. 질병과 가정 그리고 청소년에 대한 미미한 봉사와 계도활동으로 사회에 큰 울림을 전할 수 있기 때문이다. 중국정부의 관련기관을 통한 자문으로 자신에게 적합하다고 판단되는 사회문제를 하나 선정한 후 이를 개선하고 해결하는데 직접 참여할 필요가 있는 것이다. 배금주의에 물든 중국인도 백안시 하는 이들 사회 병 치유를 놓고 중국정부와 연계하여 실천함으로써 사회의 관심을 유도하고 이를 통한 기업의 신뢰제고와 실질적 경영이익을 도모할 수 있는 구상이 필요한 시점이다.

현재 할 일 많은 중국정부가 당장 해결하기 어려운 분야가 바로 의료·위생·환경인데 이와 같은 3대 민생분야를 개선할 수 있는 솔류선과 제품을 개발하여 저렴한 비용으로 정부와 서민들에게 공급한다면 공산당도 주목하게 될 것이다. 이익만 추구하는 방관자가 아닌 사회문제에 적극 동참하는 참여자 역할을 수행하여 중국정부와 사회의 공신력을 확보해 나갈 필요가 있다. 또한 자선봉사 활동이 기업 내부조직의 화합과 건전한 기업문화 구축에 도움을 주는 것은 물론 상황에 따라 중국정부가 발주하는 사업에 참여하는 기회를 만들어 줄 수도 있다.

꾸준한 현지 CSR 활동도 중요하지만 지진과 같은 대형 재난이 발생했을 시에는 한국본사와 함께 즉각 대책회의를 열어 기부금 혹은 기부물자를 신속하게 결정하고 집행하는 것이 좋다. 이때는 좌고우면 할 필요 없이 공개적·선도적으로 나서야 한다. 한국본사의 의사결정이 늦어지고 다른 다국적기업의 행동과 기부규모를 지켜보다가 네티즌의 '구두쇠 글로벌 기업 명단'에 오른 이후에 기부를 집행하여 명분과 실리를 모두 잃어버리는 결과를 초래해선 안 된다. 2008년 중국 사천성(四川省) 대지진 때 전사적으로 신속하게 구호지원 활동을 시작한 SK, 삼성, LG 등 3사는 '중국홍십자회(中國紅十字會)'로부터 특별상을 받기도 했다. 당시 수상한 4개의 외자기업 중에서 미국의 GE를 제외하고는 모두 한국기업이었다.

한국기업의 중국현지 CSR 활동은 중국사업의 일부분이다. CSR

전략은 본부에서 마스트 플랜을 짜고 지역의 사업장 별로 그 지역에서 꼭 필요하다고 판단되는 봉사활동 및 대상을 신중히 검토한 후 규칙적으로 꾸준하게 실행해 나가야 한다. 특히 비공식적 사내 활동의 한가지로 정한 후 기업문화로 뿌리내리게끔 적금을 부어나가야 한다. CSR에 대한 연구를 사업의 주요 부문으로 상정하고 중국정부 관계자 혹은 자선단체의 자문을 수렴하여 실천대상 선정과 봉사효과 등을 신중하게 판단해야 한다. 중국에서 CSR 활동이란 결정과 행동에 따라 쉽게 무너지지 않는 보호벽을 만들 수도 있고 반대로 바이러스에 노출된 신체처럼 각종 질병에 시달릴 수도 있음을 의미한다. 다시 강조하지만 중국인은 한 가지 일에 오랫동안 적금을 붓고 있는 조직과 사람에게 약하다. 오랜 실행을 통해서만이 그 사람과 진의를 검증할 수 있고 중국을 안다고 생각하기 때문이다. 사실 그들 입장에서 외국인을 검증할 수단은 시간을 두고 관찰하는 수 밖에 없는 것이다.

한국기업은 전시(戰時)를 대비해 석유를 비축하듯 유사시, 대체자원 혹은 비상자원 확보 차원에서 중국 공무원과 소비자 그리고 협력사와 대리상 등 자신의 사업과 직결되는 대상과 소통하는 적금을 빨리 들고 관리해 나가야 한다. 앞으로는 북경을 중심으로 한국의 각종 단체와 개인이 중국과 오래 동안 소통해온 적금통장이 없다면 진행되는 일이 없을 것이다. 중국에서 개설한 'CSR 적금'은 한국기업의 자선활동에 대한 구전과 보도에 따른 기업이미지 제고와 매출증대 효과는 물론 중국소비자의 마음을 사기 위한 가장 효율적인 수단이 될 수 있다. 효과가 바로 드러나지는 않지만 오랜 시간 동안의 '감동 적금'이 어느 순간에 힘을 발휘하여 회사에 결정적 도움을 줄 수도 있다. 한국기업은 CSR 활동의 성과를 위해 봉사팀을 희망하고 봉사에 재간이 있는 직원으로 우선 시작하고 사전 교육은 물론 사후 미팅을 통해 개선점을 보완해 나가야 한다. 물론 봉사에 참여한 직원은 현장에서 언행에 신중하고 사업장 대표는 봉사 활동을 자랑하고 다녀서는 안 된다. 진실을 왜곡하려는 음해 세력은 어디서나 존재하며 이로 인해 애써 부어온 적금이 깨지면 안 될 것이다. 신중한 결정과 면밀한 계획을 세워 묵묵히 실천하고 어디서나 항상 겸손해야 한다.

그러면 중국사회와 함께 하며 CSR 적금을 붓고 있는 다국적 기업의 활동 사례와 전략적 목표를 살펴보자. IBM은 2001년 어린이 조기 지능개발 계획 지원을 시작으로 2003년에는 청소년 과학지식 보급 프로젝트를 지원했고 같은 해 발생한 사스(SARS) 이후에는 북경시의 '농촌전염병 감시시스템'을 지원하는 등 지속적으로 각종 공익활동에 참가하고 있다. 이 밖에 MS 사는 꾸준히 중국의 장학생을 선발·채용하고 있고 인텔 사는 소도시와 지방대학까지 인재채용 범위를 확대하고 있다. 이들 미국계 기업의 CSR 활동의 특징은 개혁개방 초기부터 교육 및 공익사업을 중심으로 지원을 강화하고 있으며 일반 주민들과의 스킨쉽 보다는 중앙 및 지방정부 관계자들과의 인맥구축 차원에 역점을 두고 있다.

2005년에 '중국삼성(中國三星)'은 중국 청소년발전기금에 '희망공정(希望工程) 기금'을 설치하여 3년간 산간벽지에 희망학교 45개소를 건설하였고 '삼성 SDI'는 빈곤지역 백내장 환자들을 치료하기도 했다. 또한 전국 31개 사업장과 각 지역의 농촌이 '일심일촌(一心一村) 자매결연'을 맺은 후 정기적으로 봉사활동을 진행하고 있다. 2006년에는 중앙정부와 북경근교에서 대규모 식수활동을 전개하였고 2008년에는 북경올림픽 공식 스폰서로 지원하고 2013년에는 섬서성(陝西省)에 'CSR 시범지역 구축'에 관한 협약을 체결하기도 했다. 삼성의 활동 특징은 CSR의 중요성을 조기에 인식한 후 봉사 현장에서 주민들과 적극적으로 스킨쉽을 나누고 소통한다는 것이다. 또한 농촌, 교육, 환경, 예술, 체육 등 광범위한 분야를 대상으로 각종 공익활동을 전면적으로 펼치며 기업 이미지 제고에 노력하고 있다. 이외에 한국의 아모레퍼시픽, 포스코, SK 하이닉스, 두산, 대한항공, 아시아나 등도 CSR의 주요 분야인 '3P', 즉 기업의 사회적 책임(People)과 경제적 책임(Profit) 그리고 환경적 책임(Planet) 중에서 자신의 사업과 경영전략에 부합하는 분야를 정한 후 함께하는 사회공헌과 임직원 소통, 협력업체와의 동반성장과 소비자보호 그리고 친환경 제품 개발과 환경보호 등의 활동을 전개하고 있다.

물론 이와 같은 기업의 CSR 활동이 중요하지만 급변하는 중국시장에서 공익활동을 통한 기업 이미지만 중시하다가 소비시장 트렌드를 놓치면 자칫 범용 제품에 읍소하고 동정을 구하는 기업처럼 보일 수도 있다. CSR 활동은 기업이 중국소비자의 마음을 사서 곳간에 채워놓기 위한 고차원적 홍보전략임에는 분명하나 중국에 있는 외자기업이라는 한계성으로 인해 제품 경쟁력이 없으면 아무 소용이 없다는 것도 알아야 한다.

한편 중국정부는 2016년 3월에 '자선법(慈善法)'을 제정한 후 시행하고 있다. 자선법은 자선단체 활동과 모금 절차를 투명하게 만들고 기부문화를 활성화하겠다는 취지로 제정되었지만 단 시일 내에 중국인의 자발적인 기부문화가 자리잡기 힘든 가운데 국유기업과 외자기업에 대해 자선활동과 기부를 독려하는 무언의 압박이 되고 있다. 대형 국유기업과 다국적 외자기업 입장에서는 또 다른 준조세 항목이 생긴 셈이다. 향후 중국정부는 중국에서 활동 중인 다국적기업의 CSR 지수를 통해 외자기업을 관찰할 것이고 중국소비자는 외자기업의 CSR 활동을 자신의 구매 결정에 참고하려 들 것이다. 한국대기업은 자선법의 시행과 함께 공산당의 정책의도를 면밀히 분석하고 그들이 필요로 하는 것을 제공하며 가치를 공유해 나갈 수 있는 CSR 전략을 연구해야 한다.

최근 중국의 대형 국유기업도 당·중앙의 의도에 부응하고 민간기업의 참여를 이끌어낸다는 차원에서 CSR 활동을 재검토 하기 시작했다. 국민경제의 주도적 지위를 가진 입장에서 중국 공산당의 이미지를 제고하고 기업의 사회책무를 강조하는 CSR 활동을 강화하고 있는 것이다. 에너지 절감 녹색경영을 솔선수범하고 재해구조 및 빈곤퇴치를 위한 기부와 소수민족지역의 인프라 건설 지원을 확대하고 있다. 만약 한국대기업이 이들 국유기업과 협력관계에 있다면 이들의 CSR 활동에 함께 참여할 필요가 있는데 그 효과는 단독으로 수행하는 것보다 훨씬 강한 시너지 효과를 불러올 수 있다. 설사 비즈니스 관계가 없더라도 양자가 인식을 함께 하고 필요성을 공유하는 CSR 활동이 있다면 조건 없이 제안하고 시작할 필요도 있다. 이외에 한국기업은 한류를 활용한 문화캠페인을 펼칠 때도 CSR

에 신경 써야 한다. 공익을 목적으로 하는 이벤트를 기획하고 공연 수익금을 기부할 수도 있을 것이다. 기업이 나서서 주기적으로 비료를 주며 한류 토양을 가꾸어 나가는 것이다.

한국대기업이 세계적인 경쟁력을 갖춰가는 중국에서 본토 기업처럼 뿌리내릴 생각이 있다면 현지 CSR 활동은 필수 전제 조건이다. 사업을 떠나 봉사로부터 협력을 시작하는 것이며 이것이 바로 '사업을 봉사처럼 봉사를 사업처럼' 시작하는 중국식 경영의 일부분이다. 단순 이익 추구자가 아닌 중국의 사회발전에 기여하는 조력자 역할도 하는 것이다.

두 개의 보검(寶劍)

한국대기업의 오너와 중국본부 CEO 그리고 한국인 팀장들이 중국현지에서 회사를 지키고 사업을 확장할 수 있는 길은 중국 인문학(人文學)에 대한 소양을 갖추는 것과 '중국식 인내(忍耐)'를 실천하는 것이다. 이는 중국식 경영의 근본으로 전자는 '지적 무장', 후자는 '정신적 무장'에 해당한다. 경영학의 뿌리는 인문학으로 인사조직이론도 심리학을 그 바탕에 두고 있다. 중국식 경영을 펼치려면 중국의 인문학에 대한 학습은 필수이며 중국식 조직관리를 잘하려면 중국인의 심리를 파악하는 것이 전제 조건이다. 중국 인문학에 대한 기초가 부족하면 당대 중국에서 발생하고 있는 각종 현상을 이해하기 어렵다. 중국은 쉬운 것처럼 보이나 바로 보기는 어러운 나라다. 이론이 성립되려면 현상을 설명할 수 있어야 하고 그래야만 미래 예측이 가능한데 이 과정을 수행하기 위한 지적인 기초가 바로 인문학이다.

글로벌 경제사회가 정보기술(IT)의 '제3의 물결'에서 인공지능(AI) 중심의 '제4의 물결'로 나아가는 지금, '감성의 창조' 개념은 현대 경영학에 수용되고 있으며 미래의 정치·경제 지도자도 이를 인식하고 겸비하지 못하면 자격이 없다. 기업이 단순히 상품만을 파는 것이 아니라 그 스토리와 감성을 함께 파는 시대로 접어 들었으며 이와 같은 현상은 향후 문화대국인 중국에서 민족주의를 등에 업고 다양하고 빠르게 확산될 것이다. 알리바바의 마윈 회장은 심리학 전공 교수 출신인 왕지엔(王堅) 박사에게 그룹의 기초기술플랫폼을 구축하고 소프트웨어 개발을 총괄하는 최고기술책임자(CTO)를 맡겨 그룹의 기술혁신을 이끌게 하고 있다. 마윈은 평범한 심리학자를 탁월한 CTO로 변모시켰으며 이는 마치 평범한 연기자에 불과했던 레이건이 미국 대통령에 선출되어 강한 미국을 구축한 것과 흡사하다.

중국경제현상을 투시하고 미래의 시장변화를 예견하려면 중국의 '문사철(문화·역사·철학)'을 아우르는 인문학을 학습해야 한다. 즉 중국식 경영을 추진하려면 '중국문화와 경영', '중국역사와 경영', 그리고 '중국철학과 경영'의 상관관계에 대한 연구가 중요하다. 중국의 문사철에 대한 지식은 중국인과의 교제에서 윤활유 역할을 할 뿐만 아니라 쟁점이 생겨 논쟁을 벌일 때도 공격과 방어를 위한 수단이 된다. 그래서 중국사업의 책임자를 파견할 때에도 인문학 지식을 갖추게 한 후 파견해야 한다. 특히 그룹의 오너가 중국의 VIP를 만날 때는 인문학적 소양을 갖춘 개인적 매력을 보여줘야 중앙에서 회자된다. 즉 중국의 지도자 혹은 고위 관료가 외자기업의 CEO를 접견할 때 상대방의 지혜와 혜안을 테스트 하는 경우가 많은데 이에 대한 가장 적합한 대응 수단 역시 인문학적 소양이다.

중국 인문학에 대한 식견과 소양이 부족하면 정부관료의 의중과 민중을 대변하는 식자층의 글과 의도를 정확히 해석하기 어렵다. 상류사회의 사교 활동 시, MBA와 학위 같은 지적 스펙만으로는 부족하다. 인문학 소양이 부족하면 가지고 있는 화려한 경력과 직책에 대한 이미지도 퇴색된다. 대화의 깊이와 폭이 좁아져 내부 핵심층으로 초대받지 못하고 주변에서만 맴돌 수 있다. 그들과의 관계가 깊어져 한 층 더 올라가 접할 수 있는 또 다른 세계에 다가설 수 없는 것이다. 반면에 깊은 인문학적 소양과 고급 중국어 구사능력은 어떤 직책을 가진 중국인과 어떤 형태의 접촉에서도 목적을 달성할 수 있는 강력한 무기가 된다. 인문학적 소통은 중국의 상위계층이 교류하는 방식이자 언어로 그들의 이너서클(inner circle)로 진입하기 위한 전략적 수단이다. 이 단계로 진입하면 비즈니스에 대한 구체적인 대화가 없어도 비즈니스는 진행된다.

중국 비즈니스는 몇 가지 전술을 아는 것 보다 정치사회 구조를 관통하는 원칙을 찾아내는 것이 중요하다. 즉 손자병법의 각론을 아는 것 보다 중국의 인본(人本)과 도리(道理)를 아는 것이 더욱 중요한 것이다. 이는 중국인을 공략할 때나 혹은 그들을 계도하기 위해서라도 이 방법 외엔 다른 방법이 없다. 중국의 지도부가 평상시 중국고전을 손에서 놓지 않고 있는 이유도 자신의 수양은 물론 조직을 통솔하고 공통의 발전이념을 창조하는데 활용하기 위함이다. 또한 국정 방향과 미래 비전 제시도 선조의 역사에서 교훈과 아이디어를 얻고자 한다. 중국의 미래가 궁금하다면 중국역사의 국정철학을 참고로 해서 현재 상황을 살펴보면 될 것이다.

한국의 유교문화는 현 중국체제가 겪을 수 밖에 없는 사상적 공백을 메워줄 타임 캡슐과도 같다. 중국 학자들은 유교를 정치개혁의 수단이나 현 주류 이데올로기를 대체할 수 있는 이념으로 기대하고 있다.[16] 유교사상으로 공산당의 집정 행위에 우아함을 입히고 국민화합의 매개체로 활용함은 물론 지역의 리더로서 대국외교를 수행하기 위한 사상적 토대가 될 수 있다고 판단하는 것이다. 그러므로 한국의 유교문화는 한국의 정부와 기업이 중국을 다루고 공략하는데 있어 중요한 인문학적 자산이 될 수 있다. 한국기업은 중국 시장 개척을 위해 뛰어난 중국인문학 전공자를 전술적으로 활용할 필요가 있다. 시장에서 인재를 찾을 수 없다면 기업 스스로 인문학도를 육성해야 한다. 대기업은 자체 연수원에 '전략 인문학 강좌'를 개설하여 현지법인 직원과 현지에 파견될 임직원 및 연구원을 대상으로 집중교육 해야 한다. 중국에 진출하는 외자기업 중에 한국기업만이 이와 같은 인문학적 전술을 설계하고 연마할 수 있다.

중국인들이 외국인에게 중국을 소개할 때 자신도 잘 모르는데다 많은 곳을 다녀보지도 않아 설명에 자신이 없다. 중국의 유구한 역사문화를 피상적으로 자랑하지만 깊은 의미를 잘 모르는 경우가 많아 설명에 대한 논리가 궁한 것이다. 여기에 신 중국 건립 후 문화대혁명을 거치며 표리부동한 삶과 정신적 황폐함을 겪었고 개혁개방으로 인한 물질 만능주의의 확산으로 중국 인문학의 입지는 더욱 좁아졌다. 하지만 인문학 본연의 가치는 변하지 않아 정치외교와 경제사회 그리고 개별 비즈니스를 진행함에 있어 중국인을 공략하기 위한 좋은 전술이 되고 있다. 이와 같은 전술이 통한다는 것은 현재 외형적으로 굴기하고 있는 중국의 약점이기도 하다. 최근 중국 공산당은 발전에 따른 부작용과 정신적 오염을 과거 선조의 사상철학으로 메우고 치유하려 한다. 이는 통치 수준의 고도화와 함께 지속발전을 위한 밑바탕이 될 수 있음을 깨달은 것이다. 중국 인문학에 대한 외국인의 지적 수준은 중국인으로 하여금 경외심을 불러일으켜 경직된 비즈니스 협상에서 돌파구를 찾고 사업을 확장하도록 돕고 아울러 참된 친구도 사귈 수 있게 길을 열어주는 가치가 될 수 있다.

중국을 다루는 두 번째 보검은 바로 '중국식 인내'를 깨닫고 실천하는 것이다. 비즈니스 측면에서 인내라 하면 목표 달성을 위해 수시로 변하는 중국의 정책과 중국인의 사고에 대한 마인드 컨트롤 능력과 소화능력 그리고 힘을 낭비하지 않는 과정을 말한다. 아무런 대책 없이 고통 속에서 시간만 보내며 요행 수를 바라는 것이 아니다. 미국의 '암웨이(Amway)'는 1992년 중국에 진출한 후 2006년에 가서야 중국 정부로부터 직접판매 사업권을 획득했다. 기다린 14년 동안의 탐구, 조정, 설득, 인내를 거쳐 지금은 연 매출 300억 위안에 이르는 신형 네트워크 마케팅 기업으로 자리잡았다. 한국의 '오리온(Orion)'은 초코파이 브랜드가 시장에 착근될 때까지 7년을 기다린 뒤 후속 제품을 선 보였다. 인내의 경영과 일관된 마케팅 전략으로 2013년에 한국 식품기업으로는 최초로 중국 매출 1조원을 달성했다.

한국인은 일단 중국을 이해하고 이성적인 대처 방안을 도출하기만 하면 중국인 못지 않은 인내력을 발휘할 수 있음을 증명했다. 현재 성공 사례로 거론되는 많은 한국기업이 이와 같은 '인내'의 바탕 위에 서 있다. 한국대기업이 에너지, 통신 등 중국 공산당의 권력 기반 산업분야에 진출하고자 한다면 더욱 전략적 인내가 필요할 것이다. 중국의 미래를 낙관하고 시장이 절실하다면 현지에서 대재난이 발생하던 민족주의의 광풍이 불던 뚝심을 가지고 버틸 용기가 있어야 한다. 중국에서는 종종 사회적 격변이 사업의 전환점이 되고 기사회생 할 수 있는 계기가 되기도 한다. 미래의 중국 역시 정치 사회의 변혁에 따라 바람 잘 날 없을 것인바 통찰력을 바탕으로 대범하게 대처하고 인내하며 큰 장을 준비해야 한다.

인(忍)이라 함은 그저 단순히 꾹꾹 눌러 참는 것이 아니라 적극적이고 능동적인 가치이자 유가사상의 핵심이다. 중국에서는 국가든 개인이든 인(忍)을 떠나서는 아무것도 논할 수 없으며 이는 대업을 쟁취하기 위한 무기이자 부자가 되기 위한 묘책이었다. 한 순간을 참는다는 것은 바람이 잦아들고 파도가 잔잔해지기를 기다려 향후 실력 발휘를 할 기회를 살려 놓는 것이다. 인(忍)은 약자의 무력함이 아니라 강자의 최고 수양이며 새로운 전략을 강구하는 힘의 원천이다. 이 힘은 감정을 유지하여 언행을 통제하고 눈앞의 손익에 집착하지 않고 거짓과 비방에 판단력을 잃지 않게 만든다. 겸손하게 돌아가는 법을 알게 하고 본질을 꿰뚫어 맑은 날에도 햇살 뒤의 구름을 보게 만든다. 인(忍)은 비범한 자를 관통하는 성공 코드로, 그 힘을 축적하여 궁극의 이익을 얻어내기 위한 중국 비즈니스의 최고 전략이다.[17]

단, 한국기업이 인(忍)의 의미를 깨달은 후 이를 실전에 적용할 때는 중국의 고대 병법에 나오는 '싸움에서는 속임수도 마다하지 않는다(兵不厭詐)', '웃음 속에 비수를 감추다(笑里藏刀)', '적의 첩자를 역이용하다(反間計)', '자기 몸을 상하게 하여 적을 믿게 한다(苦肉計) 등의 교활함도 갖춘 인(忍)으로 무장해야 한다. 그래야만 중국 비즈니스에서 자신의 인(忍)이 과하거나 부족함이 없는 '중용(中庸)' 상태가 되어 힘을 발휘하고 또한 견지할 수 있다. 그러므로 '중국식 경영'은 리더쉽의 권위와 수익 지상주의를 추구하는 '미국식 경영', 배려와 포용의 유연함에 책임감이 강조되는 '인도식 경영', 오너를 중심으로 선택과 집중 전략이 추진되는 '일본 및 한국식 경영'과는 달리 중국 인문철학의 정수(精髓)를 흡수하고 인(忍)으로 체제에 순응하여 기회를 창출하는 것이라 할 수 있다.

한국인이 중국에서 사업을 하다 보면 때로 상대방의 얼굴 껍질을 벗기고 싶은 충동을 느낄 때도 있을 것이다. 종종 기다림의 한계에 이르러서야 바라던 결과가 나오는 경우도 많다. 하지만 인내의 시간을 조절하지 못해 대부분의 한국인은 결과를 받기 전에 스스로 무너진다. 기다리는 상황을 참지 못해 재촉하거나 화를 내면 파트너와 소원해지는 것은 물론 중국사업도 성과 없이 다람쥐 쳇바퀴 돌 듯 반복될 것이다. 중국에서 인내할 수 있는 내공을 키우거나 혹은 과감히 미련을 버리고 떠날 수 있는 용기만이 성공과 재도전의 끈을 놓치지 않는 길이다. 또한 사업이 순조롭더라도 불시에 찾아올 위기를 항상 염두에 두고, 억울한 핍박을 겪더라도 이를 자산으로 활용할 수 있는 지혜도 가져야 한다. 스스로 체득하고 승화시킨 인(忍)의 도리로 상황을 극복하고 나아가 평심(平心)을 유지하여 불합리한 정치사회적 명분에 흔들리지 않고 비즈니스에 집중할 수 있다면 이미 상당한 경지에 도달한 것이다.

이 또한 한국인만이 깨달을 수 있는 지혜로, 이는 중국의 특수한 정치사회 변화에 대응하고 미래를 예측하여 스스로를 보호할 수 있는 유일한 길이다. 중국인과의 협상에서 상대의 속을 알아 내기 위해서는 인내심이 필수다. 인내를 통해 외부 자극으로부터 자신의 감정을 통제하는 가운데 상대가 숨기고 싶은 약점을 발견하거나 혹은 제3자로부터 의외의 정보를 얻어 타협을 이끌어 낼 수 있다. 개별 협상이 제도적인 문제에 봉착해 있다면 잠시 현안에 대한 집착을 접고 다른 일들을 준비하면 될 것이다. 앞서 강조했듯이 한국인은 일단 경험하고 앞뒤 정황을 깨달은 후 작심만 하면 중국인보다 훨씬 강한 이성적 인내력을 발휘할 수 있다.

중국시장에 안착한 후 본격적인 사업 추진과 함께 '겸손과 인내'는 더욱 큰 힘을 발휘하는 경영전략이 된다. 이를 뒷받침 하기 위해서라도 평상시 중국지도에 표시된 전국 사업장의 품질, 노무, 환경, 한국인 직원 등에 대한 관리를 철저히 해야 한다. 중국에 진출한 글로벌기업의 경영 행위는 직간접으로 사업장 소재지의 지방정부는 물론 중앙의 주무부서 심지어 당 조직에까지 보고 되기도 한다.

무엇보다 스스로 자정하고 중국의 법규와 사회를 존중하는 자세를 견지하는 것이 중요하다. 사업 규모가 커지면서 책임도 함께 커진다는 것을 잊어서는 안 된다. 중국사업은 단기적 금융목표(이윤) 달성에 집착한다고 해서 반드시 이룰 수 있는 곳이 아니다. 무리한 조급함으로 주변에 적을 만들기 보다 고용 창출과 생산성 혁신을 통해 중국정부의 주목을 받고 중국업계의 반면교사 역할을 하다 보면 이익은 따라올 것이다.

또한 역사가 증명하듯 '같이 이루고 함께 나눈다'는 관념은 중국인에 대한 가장 강력한 동기부여 방식이므로 사업 초기 비전 제시와 내부 화합에 힘을 쏟아야 한다. 장자(莊子)는 "하루를 보면 부족함이 있으나, 일 년을 보면 남음이 있다"고 했다. 하루 장사는 손해 보는 것 같은데 일 년 후에 결산하면 남는 장사를 했다는 것으로 눈 앞의 이익보다 긴 안목으로 목표를 이루어 나가는 것이 훨씬 중요하다는 말이다. 현재 진행 중인 사업에서 큰 이익이 발생하지 않는다고 당장 공장 문을 닫으면 안 된다. 신중하지 못한 즉흥적 조치는 중국정부의 불신으로 이어져 다른 사업을 추진할 때 타격을 받을 수 있다. 인내심을 상실한 오너의 충동적 결정은 명분과 실리 그리고 미래 기회까지 송두리째 날려버리는 하책(下策)이다.

개혁개방 초기 중국의 지방정부 관료들이 외자유치를 위해 가장 많이 한 말은 투자 절차에 "문제 없다(沒問題)"는 것이었으나 정작 현지투자가 실행된 후 문제가 생기면 자주 하는 말이 "방법 없다(沒辦法)"는 것이었다. 투자유치 실적에만 매달린 지방정부 관료의 유혹에 대박을 꿈꾸는 순진한 한국기업이 많이도 넘어가 나락으로 떨어졌다. 지금도 여전히 중국인의 "방법 없다"는 말이 난무하지만 향후 전개될 제2라운드는 중국의 인문학 지식과 중국어 실력으로 무장하고 여기에 선택적 인내심까지 장착한 전사(戰士)들이 큰 장을 준비해야 한다. 탁월한 소통능력으로 그들로부터 "같이 연구해 보자", "좀 더 기다려 달라", "걱정하지 마라"를 거쳐 다시금 "문제 없다"라는 협력자세를 이끌어낼 수 있는 한국기업인이 대륙에 상륙해야 한다.

중국사업 추진 시 내외적 돌발 요인으로 계획이 틀어지고 손실을 볼 수도 있겠지만 선 굵은 행보로 신뢰와 존중을 쟁취해 나가는 것이다. 이들이야말로 중국을 꿰뚫는 통찰력과 이성적 인내력 그리고 집요함으로 14억 시장을 점-선-면으로 확대하며 잠식해 들어갈 진정한 야전의 '중국통'이 될 것이다. 한국경제의 미래는 일정부분 중국식 전투력을 보유한 한국기업과 책임 CEO의 중국시장 성공에 달려있다고 해도 과언이 아니다. 향후 중국내수 침투를 중심으로 펼쳐질 제2라운드에서는 '현지화(localization)'로는 부족하고 아예 '동화(assimilation)' 되어 버리겠다는 전략이 필요하다. 이는 '독으로 독을 다스리는 것(以毒攻毒)'과 같은 의미로 철저한 중국화를 통해 그들의 뱃속에서 사회관념을 극복하고 시장을 파고드는 것이다.

중국사업이란 모자이크 그림을 그리는 것과 같다. 집중력과 인내심으로 조각을 하나씩 맞추며 전체 그림을 완성해 가는 과정이다. 조바심에 조각을 대충 배치하면 속도는 높일 수 있으나 최종 그림을 보기 위해서는 결국 다시 시작해야 할 것이다. 여기에 조각을 이리저리 맞춰 봐도 계속해서 그림이 보이지 않는다면 공포심이 찾아올 것이다. 중국시장 공략은 흔들리는 타깃을 겨누는 것과 같아 인내심을 갖고 영점 조정을 해야 한다. 인내(기다림)는 상당히 고통스럽지만 많은 문제를 필터링하고 소화하며 목표시장 이라는 타깃을 정확히 조준할 수 있는 경험과 지혜를 축적하게 만든다.

동일한 유교문화와 한자권(漢字圈) 국가인 중국시장조차 공략하지 못한다면 문화환경이 전혀 다른 지역과 국가에서의 성공도 장담할 수 없다. 지구상에서 투자자의 모든 것을 만족시켜주는 곳은 없다. 수교 이후 중국시장에서 성공 신화를 쓰고 있는 한국기업이 늘고 있으나 중국이라는 특수한 환경 속에서 '중국식 경영'이 체화되어 안정된 조직으로 뿌리내린 기업은 드물다. 중국식 경영을 통해 이미 업적을 쌓은 기업은 현지에 있는 중국기업처럼 시장에 착근하고, 후발 주자는 자신을 지키며 시장개척 방법을 체득하고, 진출을 준비 중인 기업은 사례 연구와 사전 시뮬레이션 통해 중국식 경영 전략을 세워야 할 것이다.

7장 극중(克中)의 길

극중(克中)의 길

한중 수교 이후 25년 동안 양국은 경제협력을 위주로 한 민간교류를 통해 부를 창조하며 서로에게 중요한 국가로 자리매김 했다. 하지만 함께 발전하는 길을 걸어오며 양국의 면모와 실상은 조금씩 달라져 왔다. 중국은 대국의 저력을 회복하며 글로벌 사회의 주인공이 되었고 나아가 지역의 맹주가 되려 한다. 반면에 한국은 국내외 정세의 급변 속에서 그저 그런 변방 국가로 추락할 것인가 아니면 지역을 리더하는 강소국으로 거듭날 것인가에 대한 기로에 서 있다. 특히 외교안보와 통일 그리고 경협확대를 둘러싼 한국의 대중국 전략에 대한 적합성과 실효성은 미래 대한민국의 운명을 결정할 수도 있는 핵심 요인이 되었다. 앞으로도 양국의 경협은 지속되겠지만 소통 부재로 인한 외교안보적 갈등이 재현되면 중국은 지난

25년 간의 학습과 경험을 바탕으로 경제압박 카드도 다시 활용할 것이다. 양국의 정치경제적 애증(愛憎)이 교차되는 상황과 예견 속에서 한국이 중국을 다룰 수 있는 극중(克中)의 길은 세 가지가 있을 수 있다. 첫째는 정치 지도자의 역량, 둘째는 기업의 기술 혁신, 셋째는 일반 시민의 도덕적 우위를 유지하는 것이다. 중국에 맞서는 리더쉽을 가진 지도자를 만나는 것은 한국인의 지혜와 천운(天運)이 있어야 가능하나 민간기업의 기술혁신으로 중국소비자를 선도하고 일반 개개인이 도덕적 우위를 통해 중국인을 계도해 나가는 것을 얼마던지 가능하다. 정부와 민간기업 그리고 국민이 '외교-기술-도덕' 등 세 가지 수단을 통해 중국을 극복하며 대한민국의 생존 기반과 공간을 다지고 넓혀가야 한다. 무엇보다 중국 공산당을 대상으로 이와 같은 전략을 현장에서 실천하며 가치를 실현하게 될 핵심 인재 육성은 극중의 관건이라 할 수 있다.

공산당과 소통하라[1]

역사적으로 중국이 팽창할 시기 한반도가 나뉘어져 있거나 혹은 어려움에 처해지는 경우가 종종 있었다. 글로벌 정세의 급변과 한국의 대 중국 인식의 전환기에 접어든 지금, 중국을 탐색하는 사고와 안목을 넓히고 중국을 다룰 수 있는 혜안을 키우는 일은 국가적 핵심 과제가 되었다. 중국의 역사와 근·현대사를 섭렵한 후 작금의 중국을 바라보며 그들의 현 체제와 사상 그리고 발전 수준에 눈 높이를 맞추어 찬찬히 들여다 보자. 보편적인 사실을 재확인하고 이해하는 가운데 정치외교와 경제 그리고 문화 등 상기한 세 가지 방면에서 그들을 다루는 길이 보일 것이다. 우선 첫 번째로 실천해야 할 과제는 중국 공산당과 소통하는 공식·비공식 채널을 구축하는 일이다. 공산당 일당독재 국가인 중국은 이미 외교안보 외에 정치와 경제 그리고 문화와 통일 등 거의 모든 방면에서 한국에 영향을 미치고 있기 때문이다.

현재 미국에 경도된 사고구조 속에서 살아온 한국은 중국의 굴기를 지켜보며 사고와 판단의 혼란을 겪고 있다. 무지와 무시를 거쳐 점차 두려움이 잉태되며 전략수립에 우왕좌왕하는 형국이다. 한반도를 둘러싼 주변정세 변화는 한국의 냉철한 판단과 행동을 요구하고 있다. 그럼에도 불구하고 당분간 한국과 한국인의 대 중국 인식 전환은 쉽지 않을 것이다. 보통 혜안이 열리는 전환기에는 고통의 시간이 수반되기 때문이다. 한중 수교 이후 민간의 실질적 경제 협력과는 달리 양국의 정부 및 정당 간의 교류는 현안 별로 진행된 회담을 위한 회담이 많았다. 특히 잦은 정권 교체와 함께 중국에 무지한 한국 정치인과 관료의 편견과 독선 그리고 눈 앞의 이익만 추구한 양국 간 교류 속에서 신뢰가 쌓일 틈은 없었다.

중국 신화사의 대기자인 '슝레이(熊雷)'는 "상호 존중과 신뢰 기반이 없는 가운데 한국과 미국이 중국과 전략적 협력 관계를 맺었다고 그들이 중국을 진정한 파트너로 여길 거라 믿는 일부 중국 관료와 학자는 머리가 돈 사람"이라고 현실을 꼬집는다. 현재 중국의 외교적 판단과 함의에 따른 한국과의 외교 관계는 '전략적 협력동반자 관계'로 이는 최상위 관계인 '전면적 전략협조동반자 관계(러시아)'를 필두로 '전천후 전략협력동반자 관계(파키스탄)', '전면적 전략협력동반자 관계(베트남과 태국 등 동남아 일부 국가)', '전면적 전략동반자 관계(영국, 몽고, 멕시코, 아르헨티나, 이집트, 호주 등)', '전방위 전략동반자 관계(독일)'에 이은 여섯 번째 단계의 관계다. 한국과 같은 단계에 속해있는 국가는 한국 외에 중국과 국경 분쟁을 겪고 있는 인도와 스리랑카 그리고 아프가니스탄이 있다. 말하자면 현재 한중 양국의 외교 관계는 표면적으로 현혹되기 쉬운 모호한 명칭을 갖고 있으나 실제로는 정치·경제·문화·군사 등의 영역에서 국가 차원의 전면적 협력이 어렵고 오히려 각자의 전략적 핵심이익을 놓고 언제던지 충돌할 수 있는 관계다.[2] 한국의 외교 역량이 정권의 업적과 표면적 성과에 투입되어 낭비되고 국민은 껍데기 성과에 현혹되는 상황이 반복되고 있다.

무엇보다 한국이 주변 역사의 흐름을 파악하지 못한 채 한미동맹만 내세우고 중국을 활용하지 못하면 향후 미국과 중국 사이에서 외교안보와 경제협력 그리고 민간교류 등 다방면에 걸쳐 한꺼번에 어려움을 겪을 수도 있다는 것이다. 지금도 안보상에서 미국의 도움을 받고 있지만 순박한 명분과잉은 과거 중화주의만 추구하다 환경 변화를 무시하여 국란을 초래한 것과 같은 전철을 다시 밟을 수 있다. 한국의 대 중국 전략마인드 부재와 소통 부족은 중국으로 하여금 한국이 처한 외부환경과 국정시스템 그리고 국민정서를 알게 했고 나아가 한국을 다루는 방법까지 터득하게 했다. 자주외교와 자기주장을 할 수 없는 한국은 '소통의 대상'이 아니라 '관리의 대상'이라고 규정해 가는 분위기다.

중국의 이와 같은 전략적 사고는 '온수자청와(溫水煮靑蛙·미지근한 물로 개구리를 삶다)'란 개념으로 표현할 수 있다. 즉 펄펄 끓는 물에 개구리를 집어 넣으면 바로 뛰쳐나가지만 미지근한 물로 천천히 삶으면 개구리의 살과 뼈를 천천히 분리할 수 있다는 것이다. 이는 시간을 두고 천천히 적응하게 만들어 물리적 저항을 정신적 순응으로 만든다는 것이다. 이는 중국 공산당이 긴 시간을 두고 대만·홍콩·마카오와의 완전통일을 추진함과 동시에 아세안(ASEAN)을 영향력에 두고 북한 정권을 통제하고 미중 사이에서 조급증을 앓기 시작한 한국을 다루기에 아주 좋은 전술이라고 판단하고 있다. 한국은 중국의 실험용 개구리가 되어서는 안 될 것이다. 큰 호흡으로 중국을 깊게 들여다 봐야 하며 이를 위해 중국 공산당과 소통하는 비공식 채널을 만들 필요가 있다.

중국은 과거로부터 유전된 이중적이고 모호한 통치철학이 있어 겉으로 드러난 사실도 사실이 아닌 경우가 많다. 개혁개방 초기 정부기구와 관변학자들이 경제발전 성과를 선전하며 이제 대국의 역할을 할 때가 왔다고 주장했으나 통치의 주체인 당 지도부는 중국이 아직 갈 길이 멀다고 자신을 낮추었다. 상대의 판단을 흐리게 만들고 자신의 힘을 축적하고 숨기기 위한 왕과 신하의 분업 체계가 분명했다. 이와 같은 이중적 대응은 대외적으로 중국 위협론을 내세우는 서방 세계의 창 끝을 피하고 내부적으로는 국가의 자긍심과 민족의 단결을 발양(發揚)시키는 역할을 했다. 한국은 중국의 통치 메커니즘을 이해해야 하며 깊은 내부의 소리를 파악하고 외교전략을 세워야 한다. 이를 위해 꾸준하게 가동되는 소통 라인을 만들어 그들과 자주 스킨쉽을 갖고 주장을 경청해야 한다.

중국에서 문자화 되는 기사는 참고용이지 실제 상황이 아닐 수 있다. 정치체제의 특수성을 놓고 볼 때 문서화 되어 공개되는 내용은 이미 정보가 아니다. 정확한 정책정보와 개인의견은 종종 비공개 대담이나 사적 대화 속에서 발견된다. 중국이 글로벌 경제시스템에 편입되면서 경제사회와 관련된 정책 발표는 비교적 사실에 부합하지만 이 역시 정확한 판단 근거가 될 수 없으며 특히 외교안보 관련 정책은 그들의 내부·내면의 목소리를 직접 듣지 않고 발표 내용만으로 판단하는 것은 아무 소용이 없다. 여기에 중국정부가 한국측 관계자를 만날 때마다 대화 창구와 담당자가 바뀌어 대화는 공전되고 일회성 행사나 의전 활동을 중시하는 만남으로 끝나 양국이 진지하게 소통할 기회마저 없었다.

중국은 오래 전부터 민감한 양국 현안에 대해 상시 대화가 가능한 한국의 비공식 채널 혹은 접촉 라인(contact point)을 원해 왔다. 중국 공산당은 대 한국 소통라인 부재와 교량 역할을 해 줄 사람이 없음에 답답함을 토로하고 있다. 역사가 증명하듯 중국은 자신들의 정치사회 안정과 지속발전을 위해 한반도의 안정과 한국과의 소통이 절대적으로 필요하다. 과거 구 한말 시기 강대국에 이리저리 끌려 다녔던 나라가 아닌 강국으로 부상한 한국의 도움이 필요한 상황인 것이다. 하지만 미국이나 일본과는 달리 한국 외교가엔 중국 전문가 그룹조차 없다. 중국은 얼굴을 맞대고 깊게 대화하는 밀착 외교 방식을 선호하는 국가다. 시간을 두고 그들과 소통한다면 중국의 속내를 세계에서 한국만이 감지할 수도 있을 것이다.

특히 실질적으로 북한을 통제하고 있는 중국 공산당과의 소통과 함께 계승직 황제가 아닌 선출직 황제 개념을 갖는 지도자와의 정상외교는 각종 현안을 해결할 수 있는 거의 유일한 방법이다. 이전부터 양국간 공식·비공식 외교라인이 유기적으로 작동하고 대중 전담 외교인재풀이 있었다면 천안함 사건과 쌍용자동차 문제 그리고 사드 사태와 혐한(嫌韓) 등의 문제를 풀어감에 있어 국격에 손상을 입는 험한 꼴은 당하지 않았을 것이다. 어떤 정치경제적 현안에 대해 양국의 입장이 난처해 질 경우 중국정부(국무원) 채널을 통해 풀 수 있는 것은 별로 없다. 중국 국무원의 행정부처는 공산당의 판단과 지시를 기다려야 하기 때문이다. 중대 문제가 발생했을 때 양국 간 정부 대 정부 접촉은 거의 소용 없는 일이다.

2012년 중국정부는 중국으로 넘어온 탈북자를 난민이 아닌 불법 월경자로 규정하고 국내법에 따라 북송할 것임을 강조하면서도 사안 발생 초기 한국과의 비공개 협의를 몇 차례 요구했다. 하지만 한국 및 국제사회 여론이 중국에게 압력을 행사하는 것처럼 전개되자 중국은 보란 듯이 탈북자를 강제 송환해 버린다. 마치 당신들이 우리로 하여금 그렇게 하도록 만들었다는 듯이 말이다. 한국의 뜬금없는 외교와 여론몰이가 탈북자의 강제 송환을 도와버린 꼴이 되었다. 한국정부는 중국이 처한 상황과 내부에서 보내는 신호를 파악한 후 공산당 조직과 탈북자 처리 방안을 놓고 비공개 협상을 해야 했다. 우선 탈북자들을 불법 월경자 신분으로 기소하여 북송을 막은 후 협상을 계속하던지 아니면 제3국으로 추방한 후 후일을 계획하는 방법 등 몇 가지 대안을 교환하면서 해결을 모색하는 노력이 필요했다. 중국에게 민감한 현안에 대한 공개적 시위로 때 쓰는 듯한 외교는 먹히지 않는다. 공산당과의 사전 교감 없이 중국정부가 이를 받아들일 수 있는 입장이 아니며 그럴 이유도 없다.

중국은 공산당과 정부를 대상으로 양자의 조화를 이루는 이중 채널의 외교전략이 필요한 국가다. 일당 독재를 바탕으로 인치(人治)와 법치(法治) 그리고 미시적 관점과 거시적 관점의 조화를 통해 접점을 찾고 해결 방안을 도출하는 정치체제다. 이에 외자기업의 위법 행위도 실수라면 관용할 수 있고 준법 경영이라도 도전하거나 안정을 해치면 징벌할 수 있는 명분은 얼마던지 만들 수 있다. 공산당과의 원활한 소통은 신화사와 인민일보 그리고 CC-TV 등의 국영 매체를 통한 중국여론 통제도 가능하게 만든다. 공산당의 방침과 국영매체의 영향력을 통해 중국인의 대 한국 이미지를 우호적으로 이끌어 중국에 있는 한국인과 한국기업인은 물론 한국의 국익과도 연결시킬 수 있다.

중국 공산당은 정권을 잡았을 때부터 중국인이 위탁한 국론통일과 영토보존 그리고 민족중흥 이라는 3대 필수과제를 해결해야 할 책무를 부여 받았고 역사의 죄인이 되지 않도록 많은 시도와 노력을 해야 한다. 하지만 역사의 짐을 머리에 이고 전통관념에 속박된 채 대국외교를 펼치고 있으나 국내외 정서와 배치되는 사고와 판단을 하는 약점도 드러내고 있다. 글로벌 영향력이 커지고 있음에도 아직까지 '파벌정치'와 '체면정치'에서 벗어나지 못해 대국의 선 굵은 외교와 맞지 않는 억지 논리를 펴기도 한다. 이는 중국 공산당

보다 훨씬 빨리 진화하고 있는 중국의 식자층과 젊은층의 주요 불만거리다.

아직까지 여러모로 미숙한 공산당의 대국 외교를 대상으로 한국은 중국과의 문제를 풀어감에 있어 사안이 복잡하고 험악해 질수록 오히려 원칙에 입각해 파고들어야 한다. 중국이 이미 결론 낸 것을 갖고 더 이상 설득할 필요가 없듯이 한국도 결정한 사안에 대해 설득 당할 필요가 없는 것이다. 중국을 설득하려 들면 계속해서 끌려가고 명분이 소진되는 가운데 쟁점 매듭을 위한 불필요한 약속을 하게 되고 선례를 남기게 된다. 원칙을 바탕으로 강하게 주장하고 집요하게 접촉해야 한다. 그래야만 중국도 '이제 한국이 대화를 좀 하려나 보다' 하며 귀를 기울일 것이다. 쟁론 중에 논의의 관점이 달라지고 외교적 거래 대상이 새로 생길 수도 있는 것이다. 반면에 주장도 없이 눈치만 보는 저자세 외교는 대화 상대로서의 격을 스스로 떨어트리는 것과 같아 결국 아무 것도 얻지 못한다. 중국은 예로부터 자신의 귀에 거슬리더라도 비판할 것은 비판하고 분명한 자기 주장과 행동을 취하는 상대를 대인으로 존경해 왔다. 한국경제의 중국시장 의존도가 높다는 이유로 한국의 지도자와 위정자 그리고 관료가 할 말도 제대로 못하고 저자세를 보인다면 중국은 내심 한국을 자주외교 사상과 전략도 없는 한심한 국가로 치부할 것이다. 심지어 약점을 더욱 파고들어 한국경제를 노골적으로 정치외교적 목적을 달성하는 볼모로 삼으려 들 것이다.

요동치는 국내외 정세는 항상 전문가들의 사고를 앞서서 변하고 있다. 지난 60년 동안 미국의 안보와 경제의 보호 우산 속에 살면서 국내정치 이슈에 함몰되어 전략적 글로벌 사고가 퇴행해 버린 한국은 아무런 준비도 없는 가운데 중국의 급작스런 부상에 당황하고 있다. 한국외교는 한미동맹에 대한 맹신과 중국에 대한 기대와 망상 그리고 정권마다 달라지는 대북정책과 통일에 대한 국민적 냉소로 인해 좌충우돌하고 있다. 현재 중국을 컨트롤 할 수 있는 외교 카드는 한미동맹 밖에 없는 상황처럼 보인다. 하지만 한국의 약점을 파악한 중국의 경제재제를 한미동맹이라는 노후자산으로 막을 수는 없는 노릇이다. 현실 자본주의체제 하에서 정치는 경제를 이기지 못한다. 무엇보다 미·중 간의 갈등이 확산되는 가운데 자주외교에 대한 원칙도 없으면 한미동맹이라는 전략자산 자체가 고갈되고 한국은 내부 혼란만 겪다가 결국 강대국에 운명을 맞기는 역사를 반복할 수 있다.

중국의 개혁은 목표를 위해 '모자람을 추구(求缺)'하는 과정이다. 개혁을 통해 문제를 발견하고 이를 개선하면서 조금씩 나아가는 것이다. 중국의 정계와 학계의 싱크탱크는 '치우췌(求缺)'를, 한국의 조직은 '완벽 추구'를 외치며 노력한다. 양측 모두 교만한 표현을 쓰고 있으나 문제는 중국의 '치우췌'는 점점 목표에 접근하고 한국의 '완벽'은 점점 결함이 많아지는 방향으로 가고 있다는 것이다. 양국이 지양하는 바는 같으나 각자의 전략인식과 실천과정에서 미래는 전혀 다른 모습으로 나타날 것이다. 한국이 중국의 개혁개방이라는 단어를 신물 나게 듣고 살지만 한국이야말로 치밀하게 추진되는 중국의 개혁사고와 실천방식을 연구하여 '한국식 개혁'을 개혁해야 한다. 그렇지 못하면 국세 확장은 고사하고 국제 무대에서의 발언권조차 줄어들 것이다. 한국은 잔인한 선택을 해야만 하는 청구서를 받기 전에 과거 중국의 명청(明淸) 왕조 교체기와 구한말 시기의 비참한 역사를 교훈 삼아 새로운 국가전략을 짜야 한다.

　대한민국은 확고한 통치철학을 가진 지도자와 탄탄한 논리로 무장한 브레인 그룹만 위에서 버티면 외교력을 충분히 발휘할 수 있는 국가다. 중국은 이미 한국의 정치구조와 국민의 사고 방식 그리고 대기업 구조와 산업기술 경쟁력 등을 속속들이 파악한 상태다. 한국은 더 이상 좌고우면 할 필요 없이 글로벌 지위에 걸맞은 과감한 대중 외교를 시작해야 한다. 한국은 지금 자주적·대국적 외교가 필요하며 이와 같은 큰 소통과 행보는 중국 공산당 또한 원하는 바다. 이를 위해 한국은 중국과의 외교 현장에서 투쟁할 수 있는 핵심 인재를 발굴하고 육성해야 한다. 양국이 명분과 실리 싸움으로 협의가 답보 상태일 때 협상 테이블 밑에서 세치 혀를 놀려 그들과 논쟁하고 설득하는 싸움 닭이 필요하다. 중국은 일단 협상 테이블을 마련하면 자신의 이익과 배치되더라도 명확한 자기 논리를 펴는 상대를 존중한다. 무반응 벙어리 외교는 최악이다. 차세대 공산당 엘리트와 맞설 대중 전담 엘리트 육성은 매우 중요한 국가전략이다. 계속 젊어지고 있는 중국 공산당과의 전략적 교감과 임무를 수행할 외교 전사의 양성은 한국의 다음 세대를 위한 일종의 보험 역할을 하기 때문이다.

　한중 양국은 지난 25년 동안 북핵 문제와 한반도 안정을 논하고 한중 FTA를 체결했으며 6.26 전쟁에 참전했던 중국군 전사자 유해를 60년 만에 본국으로 송환하기도 했지만 간헐적 밀월이 기저에 내재된 불신을 해소하지는 못했다. 그럼에도 향후 양국의 민간교류는 지속되어야 하고 이를 담보할 양국의 전략적 소통은 매우 중요하다. 한국정부는 중국 공산당과 공식 · 비공식으로 소통할 정당 대표단 조직을 만들어 정권이 바뀌더라도 계속 유지해 나갈 수 있는 시스템을 구축해야 한다. 대중 전략과 인재가 존재하고 여기에 공산당과의 소통채널까지 있다면 중국이 원하는 목표를 한국의 미래 발전에 유리하게끔 활용할 수 있을 것이다.

중국 공산당은 2021년 창당 100주년은 물론 2049년 건국 100주년까지 도달하기 위해 사력을 다할 것이다. 물론 이를 위한 주변국 안정은 절대 조건이다. 중국은 역사적 사례도 많았지만 근 · 현대 들어 발생한 청일 전쟁 및 6 · 25 전쟁과 같은 충돌이 한반도에서 재현되어 중국대륙이 또다시 혼란에 빠지는 상황을 가장 끔찍하게 생각한다. 한국은 지금 주변의 안정이 필요한 중국으로 인해 경제적 측면뿐만 아니라 통일을 위한 미래전략을 생각할 수 있는 시간과 공간을 확보하고 있다. 공산당과의 소통채널 구축으로 한반도 문제 해결을 위한 실마리를 찾을 수 있다면 이는 '중국 꿈(中國夢)'과 '한국 꿈'을 동시에 실현해 나가는 것과 같다.

중국의 대당성세(大唐盛世) 시기, 한반도의 신라는 중국을 활용하여 삼국통일의 길을 열었다. 일부 식자층은 이를 두고 외세를 끌어들인 반민족 행위라고 폄하하지만 사실 그때는 통일에 대한 경험과 인식 그리고 민족의 정체성도 없었고 신라와 당은 그저 자신들의 안보 위협을 제거하기 위해 동맹했다가 나중엔 서로 싸운 것이다. 애당초 외교전략을 통한 삼국통일에 목표가 있었던 것은 아니었다. 공교롭게도 1500여 년이 지난 지금의 한반도 상황은 남북 분단과 중국의 굴기 그리고 전면적 한중 교류 등 당시 삼국통일 전의 형세와 비슷하다. 여기에 북한 정권의 붕괴 가능성과 중국이 필요로 하는 한반도 평화정착 등 몇 가지 요인을 놓고 볼 때 남북통일 여건은 충족된 편이다. 중국 공산당과 한반도 통일을 위한 소통과 논의를 할 수 있는 또 다른 기회를 맞이하고 있는 것이다.

기술이 생존의 길

중국을 다루기 위한 두 번째 과제는 기업의 기술력과 디자인으로 대륙시장을 선도하는 것이다. 글로벌 경제 시대, 강소국이 강대국을 리더하는 길은 제조기술 우위 밖에 없다. 후발 주자인 중국은 개혁개방 이후 '중국식 사회주의 시장경제체제 모델'을 바탕으로 국가가 주도하는 대규모 투자와 수출로 급성장했고 거대한 시장은 기술혁신을 추동하며 선발 주자를 추격하는 힘이 되고 있다. 중국 정부가 지속적으로 R&D 투자를 늘이고 기술인재를 확충하는 가운데 기술은 시장을 통해 상업화되고 또 다른 혁신을 낳으며 기술선진국을 따라잡고 있다. 턱밑까지 쫓기는 입장에 서게 된 한국도 예외가 아니다. 중국의 분야별 기술혁신 정책과 자국의 시장진입을 조건으로 선진국의 첨단기술까지 흡수하는 가운데 반도체와 자동차 등 주력제품의 기술력까지 위협받고 있다. 향후 한국기업은 중국 내수시장을 놓고 중국의 토종기업과 중국에 진출한 대만기업 그리고 글로벌 화교기업과 다국적 외자기업과 치열한 경쟁을 하게 될 것이다. 다국적 기업들이 거대한 중국 내수시장을 두고 벌이는 쟁탈전에 한국은 구경만 할 것인가 아니면 경쟁에 뛰어들어 제2의 국내시장으로 개척해 나갈 것인가를 결정하는 핵심은 바로 '기술력'이다. 이제 기술과 디자인이 뒷받침 되는 않는 한국기업의 중국시장 진출전략은 별 의미가 없다. 기술력만이 살 길인 것이다.

강한 기술력과 디자인의 한국표준(korea standard)이 중국 내수시장 침투를 통해 중국표준(china standard)의 일부가 되고 나아가 글로벌 표준(global standard)의 일부를 차지할 수 있도록 정부와 기업은 지혜를 모아야 한다. 기술혁신과 기술독립은 이를 실현하기 위한 대 전제일 것이다. 한국정부는 기술혁신 정책과 신기술 개발에 역량을 쏟아 붓고 과학자와 기술자를 육성하고 해외에 있는 인재를 적극 유치하여 파격적으로 대우해야 한다. 한국이 2006년 국민소득 2만 달러를 돌파한 후 10년이 넘도록 3만 달러 벽을 넘지 못한 이유도 제조업 원천 기술의 부재에 따른 것이다. 중국 굴기에 편승하고 내수시장 개척을 통한 자양분 흡수로 한국은 지속 발전을 기대할 수 있으며 이를 담보하는 것이 바로 기술력이다.

중국경제가 지속발전 하려면 두 가지 조건을 만족시켜야 하는데 그것은 바로 산업기술과 에너지 확보다. 한국기업은 이중 산업기술로 중국의 발전을 돕고 시장도 선점할 수 있다. 현재 한국입장에서 중국정부와 중국인을 다룰 수 있는 가장 현실적 수단은 기술력을 확보하는 것이다. 중국은 세계 수준의 기술력을 보유하고 있는 인접국 한국이 지구 건너편에 있는 거만한 서방 선진국보다 자신들에게 더 맞는 파트너라고 생각할 것이다. 기술을 가진 한국의 경제외교는 주변국과 무역확대와 자본도입 그리고 경제원조 등을 협의하는 과정에서 주도권을 가질 수 있고 태생적으로 취약한 안보외교를 보완하는 수단이 될 수 있다. 스마트한 외교와 기술만 선진국 수준으로 올라서면 한국은 충분히 지역 강대국이 될 수 있다.

한국처럼 이중외교와 선택외교 그리고 조율외교 추진에 어려움을 겪고 있는 나라가 지역에서 한 자리를 차지하고 목소리를 내려면 강력한 기술력을 바탕으로 한 경제외교만이 자주외교를 뒷받침할 수 있다. 한국사회의 양극화·고령화가 가속되는 가운데 경제외교마저 여의치 못하면 안보외교에서도 피동적이 될 수 밖에 없는 것이다. 정상외교와 FTA 정책으로 힘들게 시장영토를 넓혀가고 있지만 기술이 없으면 부가가치 창출에 한계가 있고 오히려 어렵게 개척한 시장을 경쟁자에게 넘겨줄 수 있다. 특히 중국이 '13.5 규획(2016~2020)' 기간 중에 제도건설과 시장정비 그리고 기술발전을 이룩하는 동안 한국이 거버넌스 개혁과 기술혁신을 달성하지 못하면 힘든 상황을 맞이할 수 있다. 최근 중국의 기술혁신 성과에 대해 진의 여부를 의심하는 것은 일종의 두려움이다. 한국은 중국기술의 영성한 성과물이 보완을 거쳐 국내외 시장에서 자리잡기 전에 미리 대비해야 한다. 중국이 과거엔 수 십만 대군으로 침범했으나 앞으로는 수 많은 제품으로 한국시장을 공략할 것이다. 전쟁은 삶과 죽음으로 승부가 나고 피해는 복구하면 되나 자국시장을 잃는 것은 살아있는 사람들에게 광범위한 물질적·정신적 고통을 안겨주는 것이다.

그 동안 정치적 논리와 정책 보조라는 산소호흡기를 쓰고 버텨왔던 농업부문과 전통재래시장 그리고 경쟁력이 떨어지는 중소기업과 정부지원으로 버티는 일부 좀비기업은 결국 정리하는 방향으로 갈 것이다. 한국경제의 중국화는 FTA를 통해 심화되고 이는 중국이 한국을 정치외교적으로 관리하는 수단으로 변모할 것이다. 중국시장이 팽창하고 있지만 중국의 과학기술 역량을 무시하거나 혹은 스스로 기술혁신 역량을 키우지 않으면 한국이 차지해야 할 식량을 다른 외국인에게 뺏기는 것을 지켜만 볼 것이다. 기술력은 향후 중국시장에 빌붙어 살 것인가 아니면 주도하며 살 것인가를 가늠하는 척도인 것이다.

만약 한중 혹은 한일 간 외교안보 갈등과 영토분쟁이 격화되어 중국이 한국기업을 제재하고 일본은 핵심 부품·소재 공급을 중단하는 사태가 발생한다면 두 국가의 시장과 기술에 의존하고 있는 삼성과 현대차는 어떻게 될 것이며 한국경제는 또한 어떤 충격을 받게 될지는 생각만 해도 끔찍하다. 첨단기술로 무장한 거대 경제 동물인 일본과 거대시장을 갖고 있는 폭식자인 중국 사이에서 한국은 자신을 보호할 카드를 가지고 있어야만 한다. 총성 없는 글로벌 경제전쟁에서 기술력은 국방력에 해당하는 것과 같다. 국방을 등한시 한 국가는 언젠가 침략 당하듯 기술이 없으면 경제침략에 유린 당할 수 밖에 없고 이는 부국강국을 포기하는 것과 같아 미래평화와 생존을 보장할 수도 없다. 특히 중국은 최근 빠른 속도로 미국과 일본 그리고 EU에 이은 글로벌 기술패권국가로 합류하려는 조짐을 보이고 있다.

한국은 자체적으로 첨단핵심기술을 개발하고 보유하지 못하면 기술 메이저 국가의 경제적 종속자가 될 것이다. 기술력으로 무장한 한국은 중국시장을 통해 재도약의 기회를 볼 수 있지만 중국에게 기술추격을 허용하여 주도권을 상실하면 한국의 국내시장도 지키지 못할 것이다. 그들과 스텝을 맞춰 계속 춤을 즐기려면 한 발짝이라도 먼저 움직여야 한다. 한국기업이 미래 중국기업의 하도급 업체가 되는 참극이 발생하는 것을 막으려면 기술과 디자인으로 무장한 한국제품이 중국의 소비시장을 선도하며 신세대의 문화 아이콘이 되는 길 밖에 없다. 중국인의 소비행위와 정치사회적 이슈가 점차 괴리되는 큰 흐름 속에서 한국제품 불매운동이 또 다시 발생한다 하더라도 탁월한 제품 경쟁력과 기업의 위상으로 내수시장에 뿌리내릴 수만 있다면 일시적 충격은 받을지 몰라도 큰 걱정은 할 필요가 없을 것이다. 기술력과 제품력을 확보한다는 것은 자신을 지키는 보검을 갖는 것과 같고 시장의 강자로서 오랜 시간 동안 중국의 발전혜택을 누리며 존중까지 받을 수 있음을 의미한다.

반면에 중소기업이든 대기업이든 어중간한 제품으로 중국시장에만 의지하다간 항상 불안한 마음과 조바심을 갖게 되고 양국 관계가 경색될 때 마다 가슴을 쓸어 내리는 시장환경에 코가 걸린 채 끌려 다닐 수 밖에 없다. 중국 아이들의 입맛을 사로 잡은 오리온과 중국 여성의 피부를 볼모로 잡은 아모레처럼 뛰어난 제품으로 승부하여 중국인의 이성적 소비와 민족주의적 사고를 격리시켜 독립된 비즈니스 영역을 구축해야 한다. 무엇보다 한국 제조업의 기술혁신을 위한 정부와 기업의 미래 대책이 없으면 부품·소재 분야에 대한 대 일본 기술종속이 심화되고 중국시장은 잠식당하는 가운데 기술발전을 위한 동력마저 소진될 수 있다. 중국의 산업기술이 업그레이드 하고 중소기업의 글로벌 경쟁력이 제고되는 시점에 한국대기업의 중국사업마저 여의치 못하면 대기업에 종속된 중소기업은 생존의 기로에 설 것이다. 여기에 산업기술을 보유하고 있는 중소기업은 중국기업의 M&A를 위한 좋은 먹이 감이 될 수도 있다. 자체기술을 통한 독립의지도 없이 정부와 대기업에 기대어 불안한 동거를 해온 일부 중소기업의 '막내 심리'는 더 이상 통하지 않을 것이다.

한국의 내수시장이 포화 상태인 가운데 정부의 제도혁신과 기업의 기술혁신에 대한 특단의 조치가 없다면 중국시장으로 한국기업의 기술정보와 경영노하우가 넘어가고 기업은 잠시 연명하다가 결국 중국자본에 M&A 될 것이다. 하체의 기초(핵심 기술)가 부실해 상체의 힘(공정 기술)만으로 버티면 다리가 후들거려 장기 레이스를 펼칠 수가 없다. 핵심기술이 없다는 것은 기초가 약한 바닥에 지어져 언젠가는 무너질 건물과 같다. 국가 안보는 타국과 동맹을 맺어 지킬 수 있지만 기술은 아무도 거저 주지 않아 반드시 스스로 해결해야 한다. 그렇지 못하면 기술식민지로 전락하는 수 밖에 없는 것이다.

향후 기술과 디자인 경쟁력을 갖춘 한국기업은 중국 내수시장을 공략하는 첨병이 될 것이다. 이와 동시에 중국의 정책변화와 내수시장 확대는 한국 제조업의 구조조정을 촉진시키는 역할을 할 것이다. 세계경제 변화의 큰 흐름 속에 양국은 민간 제조업체의 협력은 물론 정부 차원에서 에너지 산업에 대한 공동투자와 녹색산업 협력 그리고 특정기술에 대한 공동개발과 상호인증제를 추진하여 글로벌 표준(global standard)을 함께 만드는 것을 협의할 필요가 있다. 실제 양국은 2006년부터 '한중 과학기술 공동위원회'를 통해 양측이 각자 비교우위를 가지고 있는 과학기술을 상호 접목하고 신 기술 및 제품을 개발하는 과제를 지원하며 연구성과를 만들어 내고 있다. 중국의 기초과학기술과 한국의 산업기술을 결합하여 환경에너지 관련 기술을 개발하고 공동으로 활용해도 좋을 것이다. 양국의 제조업이 국내외 시장에서 경쟁도 하지만 '공동연구와 혁신'을 통해 글로벌 시장을 함께 개척하는 새로운 협력 모델도 가능하다.

하지만 한국이 분명히 인식해야 할 것은 중국과의 기술협력을 논할 시 관련 분야에 대한 기술적 우위가 없으면 거대 자본과 시장을 가진 중국의 논리대로 끌려갈 수 밖에 없다는 사실이다. 중국과 R&D 협력을 하던 연구 파트너를 물색하던 아니면 양국의 기술표준을 협력하던 기술수준과 역량이 유사해야 가능한 것이다. 게임에 질 것 같은 일방이 상대와 상생을 원한다는 것은 타협조건을 내세우는 것이자 심리적 투항이다. 이미 게임의 승산을 예상하고 있는 중국은 한국의 상생 조건에 겉으로는 반응하되 결국 줄을 세우려 들 것이다. 중국은 비록 경제분야에 국한된 협력이지만 협력의 결과를 통해 양국의 위상이 대등해지는 것을 원치 않을 것이다. 여기에 상생은 대등한 입장에서만 얘기가 되는데 문제는 대등한 입장 또한 변하고 있다는 사실이다. 한국은 중국에게 내세울 수 있는 전략적 대척점을 찾아야만 할 것이다.

원천기술을 가지고 있다면 누구와도 협력이 가능하며 반대로 기술이 없다면 종속관계가 될 수 밖에 없다. 자체 기술력 없이 중국과 함께 국제시장을 개척할 수 있다는 생각은 순진한 발상이다. 글로벌 경제전쟁에서 경쟁을 피하는 방법은 경쟁에서 이기는 길 밖에 없다. 선도할 것인가 아니면 종속될 것인가의 문제이자 현실에 기반을 둔 명제다. 혹자는 양국이 공동으로 글로벌 시장을 개척하고 선도하자고 주장하는데, 현재 양국은 이 같은 큰 지혜를 함께 실천할 수 있는 현실적·정신적 기반이 부족하다. 중국 지도부가 가끔 '함께'라고 외치지만 이는 상호 대응한 입장에서 협력을 통해 윈윈하자는 의미도 있지만 한편으로 자국의 거대시장을 미끼로 한국기술을 중국에 복속시키거나 혹은 현대판 기술조공 방식으로 '함께' 하자는 의미도 있다. 한국은 기술경쟁을 각오해야만 강대국의 예속과 침탈을 피할 수 있으며 기술독립을 해야만 자신을 지킬 수 있다.

한국은 첫째도 기술, 둘째도 기술, 셋째도 기술을 중시하는 국가차원의 정책을 마련해야 한다. 기술인재를 집중 육성하고 이들 중에 많은 CEO들이 배출되어 기업과 기술혁신을 이끌도록 해야 한다. 한 매체는 한중일 3개국의 시가총액 상위 50대 상장기업 최고경영자(CEO) 150명의 전공·학력·나이 등을 분석한 바 있다. 그 결과 중국·일본은 공학·자연과학 등 이공계 출신이 상경(商經)계를 압도했다. 중국은 60%, 일본은 38%가 이공계 출신이었다. 반면에 한국은 경영·경제 전공자가 49%에 달하고 이공계는 22%에 그쳤다. 중국 CEO는 이공계 박사출신이 32%로 한국(10%), 일본(8%)보다 기술 전문성이 뛰어났고 평균 나이도 51세로 한국(59.7세)과 일본(63.1세)보다 젊어 활력이 넘치는 것으로 나타났다.[3] 기술과 과학을 중시하는 중국과 일본의 CEO들이 경영실적도 중시하지만 기업의 기술확보에 더 많은 관심을 가질 수 밖에 없다. 최근 한국에서도 공학계통 전공 출신의 CEO가 늘고 있지만 아직까지 턱없이 부족한 실정이다. 일단 기술자가 우대받는 사회 분위기가 나타나야 하며 국회의원 중에서도 이공계 출신이 대폭 늘어야 한다. 20대 국회의원 중에 선출직으로 이공계 출신은 19명에 불과하다.

21세기 한국을 먹여 살릴 업종에 대한 이공계 및 과학기술자 출신의 CEO가 많이 배출되어야 하며 국가정책과 사회정서도 이에 맞춰져야 한다. 기술인재를 홀대하는 한국의 사회정서는 공과 대학의 창업정신을 사장시키고 한국에서 가장 뛰어난 공학인재가 산업현장을 외면하게 만들고 있다. 한국 내 425개 모든 대학의 2014년 기술이전 수입은 576억 원인 반면에 미국은 프린스턴대 한 개의 1년 수입이 1582억 원이다. 또한 2015년에 중국의 칭화대와 베이징대는 각각 1500억 원과 800억 원의 이익을 남겼다.[4] 한국인의 낙후된 사고방식이 국가의 미래성장 잠재력을 갉아먹고 있는 것이다. 기술자에 대한 홀대는 이들로 하여금 국가와 사회를 배신하게 만들 것이다.

현재 한국의 과학기술 연구는 장기 로드맵이 없이 정권의 정책에 일희일비 하며 유행만 따라가고 있다. 또한 인재를 쫓아내는 연구생태계로 조성되어 있어 미래 한국경제 발전에 대한 우려를 낳고 있다. 중국은 정부의 전폭적인 지원과 함께 꿈을 펼칠 수 있는 방대한 시장을 갖고 있어 향후 젊고 총명한 이공계 출신들이 무수히 창업할 것이며 이중 일부는 글로벌 기업으로 성장할 것이다. 반면에 한국은 유능한 공학도 출신 인재들이 대기업 중심의 경제구조와 좁은 시장에서 꿈을 펼칠 기회도 없이 유실되고 있는데 이는 결국 국가경쟁력의 하락으로 이어지고 있다. 향후 한국대기업은 글로벌 시장을 놓고 다국적기업과 치열한 경쟁을 하는 와중에 실력과 덩치를 키운 젊은 중국기업의 도전에도 직면할 것이다. 양국의 제조기술 격차가 좁혀지면서 중국 내에서는 물론 국제시장에서 경쟁이 한층 더 격화될 것이다. 중국에 출시되는 한국제품은 중국기업에게 계속해서 아이디어를 제공하는 역할을 하고 이를 통해 업그레이드된 중국제품은 한국시장을 테스트 베드(Test-bed)로 활용하며 한국시장과 글로벌 시장을 개척할 것이다. 우선 신흥개발국 시장을 공략하여 안정된 판매기반을 조성하고 브랜드 가치 제고를 위해 미국과 EU 시장에 대한 진출도 시도할 것이다.

한국은 기술과 디자인 그리고 감성문화제품 개발 등 디테일과 속도에서 앞서야만 중국시장을 파고들 수 있다. 100% 자체 기술 제품으로 미국과 EU 시장을 선도하여 중국을 포함한 동아시아 지역 소비자의 제품 충성도를 제고하고 허영심과 서구에 대한 사대근성(事大根性)도 자극할 필요가 있다. 구글이나 애플처럼 아예 승부처와 목표가 달라야 하는 것이다. 글로벌 경제전쟁에서 한국기업이 원천·핵심기술 확보를 등한시 하고 단기실적과 현금보유에만 집착하는 것은 자신의 무덤을 좀 더 빨리 파는 것과 같다. 한국기업이 자신의 시장을 지키기 위해 새로운 범용 기술과 제품을 개발했어도 시장과 소비자 그리고 경쟁자는 더 빨리 변하고 있는데 지금 중국이 그렇다.

한국산업연구원(KIET)의 '사드 문제가 자동차업계에 미친 영향과 향후 대응전략 - 2012년 중일 영토분쟁과의 비교 및 시사점'이라는 보고서에 의하면 최근 중국시장에서 한국산 자동차의 판매가 급감한 원인은 사드 요인 뿐만 아니라 한국 자동차업계의 경쟁력 약화에 기인된 것이라고 분석했다. 일본 차에 비해 브랜드파워가 약한데다 중국의 토종 자동차업체의 품질이 급상승했다는 것이다. 현대차는 브랜드이미지와 품질 강화를 통해 독일·일본 차를 따라 잡고 차종의 라인업을 갖추어 중국소비자의 선택이 정치적 이슈에서 독립할 수 있도록 도와야 한다. 이 밖에 일본의 니혼게이자이 신문의 '주요 57개 상품·서비스에 대한 2016년 국적별 세계시장 점유율 조사결과'에 따르면 한국은 1위 품목 7개를 차지하여 중국과 함께 공동 3위에 올랐다. 미국(19개)이 1위, 일본과 유럽이 각각 11개로 공동 2위에 랭크 되었다. 한국은 비교적 선전하고 있지만 기술혁신에 의한 첨단 분야에서는 여전히 미국과 일본에 뒤쳐져 있다. 중국에 바짝 쫓기는 가운데 아직 갈 길이 먼 것이다.

중국은 이미 오래 전에 한국의 경제구조가 일부 대기업에 의존하고 핵심기술은 미국과 일본에 종속된 가운데 제품 판로를 위해 중국시장을 찾아야 된다는 것을 알았다. 중국은 한국의 제조기술 수준을 충분히 따라잡을 수 있다는 결론과 함께 한중 FTA를 체결했고 최근에는 사드 사태를 통해 한국경제의 약점을 자국의 정치외교적 목적을 달성하기 위한 수단으로 활용하는 실험도 했다. 한국이 중국의 실험용 개구리가 되지 않고 중국시장의 '국내시장화'라는 목적을 이루려면 반드시 기술혁신과 기술독립을 달성해야 한다.

한국은 중국과 분업을 통한 협력을 하던 아니면 글로벌 시장을 놓고 각자의 완제품으로 경쟁을 벌이던, 중국을 중심으로 한 서플라이 체인(Supply chain)에 확고한 자리를 잡고 있어야 한다. 연구보고서에 의하면 중국의 핵심 소재·부품에 대한 자급률이 1%p 올라가면 한국의 대중 수출은 8.4%p, GDP는 0.5p% 감소하는 것으로 나타났다. 한국은 중국의 기술추격보다 빠른 기술혁신을 해 나가야 하는 것이다. 한중 FTA로 방대한 중국내수시장이 열렸으나 기회를 살릴 수 있을지 여부는 온전히 한국기업의 실력에 달려있다. 기술력이 강하면 FTA를 하지 않아도 수출시장을 확대할 수 있으나 반대로 기술력이 뒤쳐지면 FTA를 하더라도 경쟁국 기업의 잔치나 지켜볼 뿐이다. 기술강국인 일본이 정치적 배경 외에 경제적 목적을 위한 타국과의 FTA 협상에 별 관심이 없는 이유는 바로 자국 기술력에 대한 자신감이다.

한국정부와 기업은 미래 변화를 예지하고 중장기 전략을 수립하여 원천기술 확보와 고부가가치 제품개발에 사활을 걸어야 한다. 인도와 동남아 시장이 떠오르고 있지만 당분간 중국시장을 대체하긴 어렵다. 한중 양국의 기술격차가 좁혀지더라도 한국시간이 중국보다 1시간 빠르게 가는 것은 영원히 변치 않듯이, 한국기술이 단 1시간이라도 중국보다 앞서가야만 중국의 정치사회적 리스크를 돌파하고 중국내수시장을 개척하여 미래를 기약할 수 있다.

문화교양의 우위

한국인이 중국을 다루기 위한 세 번째 실천 과제는 현지 중국인이든 아니면 한국을 방문한 중국 관광객이든 그들과의 교류 시 항상 교양과 도덕적 우위를 갖도록 노력하는 것이다. 서양 학자들 사이에 공자(孔子)가 중국에서 태어나 한국에서 죽었다는 우스개 소리가 있다. 서양 학자들 눈에는 중국보다 현대 한국에서 전통유교 문화가 더욱 잘 착근되어 있는 것처럼 보이는 모양이다. 현대 중국의 지식인은 자신의 문화를 스스로 경시했던 지난 날을 부끄러워하기도 하고 한편으로 한국인의 문화적 소양과 자질에 놀라기도 한다. 한국손님이 식사 중에 고사성어나 고시(古詩) 한 구절만 종이에 적어도 매우 놀라워하고 잠시 기가 죽는다. 중국문화에 대한 지식을 섭렵한 한국인은 '문화'라는 매개체를 이용해 그들로부터 깊은 대화를 이끌어내어 내면을 관찰할 수도 있다. 중국과의 각종 정치경제적 협상에서 '문화 요소'를 전술로 사용이 가능한 나라는 아마 전 세계에서 한국 밖에 없을 것이다.

사회주의 국가인 중국은 건국 후에도 중국전통문화를 중시하지 않았고 심지어 문화대혁명 시기엔 적지 않은 문화재가 파괴되기도 했다. 개혁개방 이후 유물사관을 기초로 한 사회주의 시장경제체제로 물질적 풍요는 어느 정도 이루었으나 중국인의 문화적 감수성과 순수문화창작은 여전히 도외시되었다. 배금주의와 이기주의 그리고 형식주의와 같은 사회적 병폐가 만연되는 가운데 정신적 오염을 정화시켜 줄 문화상품은 턱없이 부족했다. 하지만 중국 공산당은 건국 70년이 돼가는 최근에 들어서야 급속한 경제발전에 따른 사상의 공백을 메우고 물질적·정신적 발전의 균형을 잡아 줄 '인간본위'와 '조화사상'과 같은 유교철학을 국가 발전이념의 일부로 수용하기 시작했다. 중국정부 또한 성장중심 정책으로 그 동안 백안시해 왔던 자국문화 연구와 콘텐츠 개발에 대한 중요성을 인식했고 이와 동시에 수입되기 시작한 한국문화상품은 중국인의 관심을 끌수 밖에 없었다.

전통과 현대가 잘 조화된 한국문화는 중국인, 특히 지식인과 도시민의 지적 공허함을 메워주며 큰 반향을 불러 일으켰다. 중국정부는 사람이 지켜야 할 도리를 일깨워주는 한국드라마를 수입하여 국민을 계도하는 수단으로 삼기도 했다. 비록 한국문화의 급작스런 공세로 혐한(嫌韓)이라는 신조어도 생겨났지만 이는 한국문화가 중국 문화산업 창달에 촉매제가 되었음을 반증하는 것이었다. 혐한은 또 다른 관심의 표현으로 무관심한 것보다는 훨씬 낫고 나아가 그들의 편협한 민족주의 정서는 경제발전에 문화적 교양이 따르며 개선될 것이다. 비즈니스 측면에서 한국은 중국이 문화적으로도 굴기하기 전에 그들이 오감(五感)으로 즐길 수 있는 '한국형 문화상품'을 개발하고 중국 및 중화권 국가로 수출을 확대해 나갈 필요가 있다. 한국의 현대적 문화상품은 중국소비자, 특히 신세대의 취향에 녹아 들며 관련 시장을 키우고 있다. 한국정부는 한국인 특유의 열정과 끼를 발산시키고 IT와 전통이 접목된 문화상품개발을 적극 지원하고 이를 통해 현대 동양문화를 재창조하는 지역의 문화리더 국가로 나아가야 한다.

현재 글로벌 문화 콘텐츠 산업 영역에서 한국과 중국은 상당한 잠재력과 경쟁력 그리고 수요시장을 보유하고 있다. 미국을 위시한 서구의 '동방문화 디스카운트' 인식이 상존하는 가운데 한국은 중국과 공동으로 문화 콘텐츠를 제작하고 해외배급망을 구축하여 글로벌 문화시장에 진출할 수 있을 것이다. 무엇보다 동방문화 콘텐츠 개발과 문화상품 수출은 중국정부가 내심 바라는 것으로 중국문화의 글로벌 전파를 통해 연성 파워를 확대하려는 공산당의 적극적인 지원도 기대할 수 있다. 한국기업은 일련의 기획과 제작 그리고 보급을 주도하며 동방문화의 전도사를 자임할 수 있을 것이다.

21세기는 감성의 시대로 정치행위던 경제행위던 감성이 없으면 혁신적 생명력이 반감된다. 수준 높고 재미있는 한국문화의 대 중국 영향력 확대는 중국 현지에서 선진국에 비해 상대적으로 취약한 국가 브랜드 파워를 제고할 뿐만 아니라 한국에 대한 중국인의 이해와 감성을 성숙시킨다. 나아가 민간 교류에 대한 감성적 깊이가 더해져 한국기업이 중국시장을 개척하는데 양호한 환경이 조성될 수 있다. 이는 당분간 '중국의 시대'를 살 수 밖에 없는 한국의 다음 세대에게 중국과 동등한 문화강국 위치에서 그들과 교양 있는 교류를 할 수 있는 밑천을 마련해 주는 것과 같다.

중국인과 접촉하는 한국의 정치인과 관료 그리고 지식인과 일반인은 각자 중국을 이해하는 지적·문화적 소양으로 그들을 존중하고 포용하는 도덕적 우위를 가져야 한다. 종종 중국인이 한국인을 만나면 한국의 면적과 인구 수를 물어보고 자기들과 비교하며 근육 자랑을 할 것이다. 하지만 그들은 비교 대상도 안 되는 네팔인이나

라오스 사람에게는 아예 언급조차 않는다. 그리고 면적과 인구도 훨씬 작지만 높은 사회적 도덕성과 경제수준을 함께 갖추고 있는 유럽인에게도 언급하지 않는다. 일부 중국의 지식인과 신세대는 중국인의 소양 수준을 알기에 인구 수로 타국을 비교한다는 것이 자신의 교양을 떨어트린다는 것을 아는 것이다. 한국은 친근감이 있으면서도 만만하여 자주 묻는다. 어떤 중국인은 단순히 개인적 우월감을 만족시키기 위해, 어떤 관료와 지식인은 협상 시 한국인의 기(氣)를 꺾어 놓겠다는 의도도 있을 것이다. 그냥 다소 불편하더라도 개의치 말고 대화에 응해주면 된다. 중요한 것은 만남 이후 중국인으로 하여금 한국은 작지만 '큰 사람'이 적지 않음을 느끼게 해주는 것이다.

개혁개방 정책의 설계사인 덩샤오핑의 '흑묘백묘'라는 실사구시적 사고가 오늘의 중국을 만들었음을 참고하자. 자원과 시장이 열악한 한국이 변화의 흐름에 무지한 채 편견에 사로잡혀 오는 손님을 무시하고 배척하면 나라가 힘들어 질 수 있다. 쇼핑과 먹거리 그리고 한류 상품 외에도 이국의 문화유산과 자연풍광을 즐기려 한국을 찾아온 중국 관광객에게 불친절하면 다시 오고 싶은 생각이 들겠는가. 특히 중국 신세대의 한국유학 및 방문과 그들의 한국에 대한 이미지는 미래 한중 관계에 직접적인 영향을 끼친다. 사실 한국의 신세대는 오히려 중국보다 일본이 정서적으로 가깝다. 자유민주주의와 자본주의 시장경제의 가치관을 공유하는 한일 양국은 정치적·사회적 문제에 있어서도 사고의 탄성이 있어 조율이 가능하나 중국과는 체제 상의 차이로 가치관의 연대감이 없어 양국 간에 발생하는 정치외교적 이슈에 즉시 교류가 단절되고 네티즌이 충돌한다. 여기에 수교 이후 양국 청소년의 교류시간이 짧아 정서적 공감대가 형성되지도 않았다. 한국의 신세대는 주로 개인적 관점에서 중국을 바라보고 중국의 신세대는 국가적 관점에서 한국인의 언행을 인식한다. 문제는 아직까지 한국의 신세대가 중국유학생에게 집에 TV와 냉장고가 있느냐는 질문을 할 정도로 중국에 무지하고 중국의 신세대는 자국의 위상 제고와 함께 한국을 무시하는 정서가 커지고 있다는 것이다. 현대 중국에 대한 올바른 이해와 외국손님을 대하는 기초 소양 교육이 필요하며 이는 동시에 대한민국의 위상 제고에도 중요한 역할을 하게 될 것이다.

한국을 방문하는 중국인을 무시하는 언행은 한국과 한국인에 대한 기초 이미지로 각인되고 나아가 중국 현지에서 중국소비자에 다가가기 위해 고군분투하는 한국기업에게도 영향을 미친다. 중국시장에서 한국제품의 마케팅 소구(訴求)는 기술과 디자인 그리고 친근하고 배울 점 많은 국가 이미지로부터 나와야 한다. 중국인이 일상생활 속에서 자기들끼리 겪고 있는 무례함을 한국에서도 똑 같이 발견하고 당하기라도 하면 다시 찾아올 이유가 없는 것이다. 작은 무례와 눈속임 하나가 결국 부메랑이 되어 국가와 자신의 이익을 해친다는 것을 알아야 한다. 마음 속으로는 어떻게 생각할지 몰라도 감정을 바같으로 드러내지 않는 일본인의 자세와 상술을 배울 필요가 있다. 일본은 중국인이 좋아하지 않는 국가 1위임에도 해외 직구상품 선호도 1위, 가장 많이 선택하는 해외 여행지 1위에 랭크되는 있는 이유를 알아야 한다. 실용주의의 중국인은 정치외교적 갈등을 떠나 자국에서는 도저히 접할 수 없는 일본의 좋은 상품과 일본인의 깔끔한 에티켓을 경험하기 때문이다.

중국인이 한국인의 작은 언행에 감화되어 스스로 한국의 홍보대사가 되는 것처럼 한국인이 덕행을 실천하고 전파하는 것은 가장 쉬우면서도 누구나 행할 수 있는 극중(克中)의 길이다. 이런 측면에서 중국에 살고 있는 한국인 사회도 좀 더 적극적으로 중국의 지역사회 봉사활동에 참여할 필요가 있다. 중국인이 생각지도 못하는 실천을 통해 많은 메시지와 큰 울림을 중국사회에 알릴 수 있다. 한국의 정부와 기업 그리고 일반인은 각자 중국과 중국인을 이해하고 알아야 하며 실용적 사고와 깨어 있는 이성으로 중국을 다루는 방법을 터득하고 실천해 나가야 할 것이다.

2015년 작고한 전 싱가폴 이광요(李光耀) 총리는 은퇴 후에도 중국정부에 쓴 소리도 마다 하지 않았고 중국 지도부는 항상 그의 고견에 귀를 기울였다. 중국의 정서는 방문자의 배경과 경력 그리고 사상철학 등의 요소를 사전에 분석하고 현장에서 시험하려 들지만 상대가 대인(大人)의 풍모를 갖추었다고 판단하면 출신 국가의 크기와 발전 수준과는 상관없이 그 사람 인격의 크기만큼 대접한다. 중국의 역사가 그러하듯 지도자의 수준이 바로 국민수준이고 지도자의 품격을 국격으로 보려는 관념이 아직도 남아 있기 때문이다.

한국은 산업기술로 극일(克日)한 부분이 있지만 중국에 대해서는 기술뿐만 아니라 문화적 소양으로도 극중(克中)해야 한다. 이는 비록 상대가 다르지만 충분히 가능한 일이다. 한국인은 평상시 교양과 이성적 실천 의지로 다루기 힘든 거인을 다룰 수 있다. 세계에서 중국인을 파악할 수 있는 동양인은 중국의 문화역사와 사상철학 그리고 행동양식과 유사한 DNA를 갖고 있는 한국밖에 없다. 도덕적 소양으로 중국인을 조금씩 감화시켜 나가는 민간 개개인의 역할은 매우 중요하며 각각의 감동사례는 중국대륙에 큰 울림이 되어 전파될 것이다. 이는 어쩌면 한국의 대 중국 정치외교에 대한 한계를 국민 개개인의 힘으로 커버할 수 있는 유일한 방법이다. 한국이 비록 나라 크기는 작지만 국민 각자의 대인적 풍모로 중국인보다 도덕적 우위를 유지할 수 있다면 이는 국가 면적과 강성 파워와는 상관없이 커다란 연성 외교력을 발휘하여 중국 공산당을 압박하는 것과 같다.

주중 한국대사관 개혁

한국이 나라 안팎의 어려움을 극복하고 선진국으로 발돋움하기 위해서는 두 가지 필수 선행과제가 있다. 하나는 해외수요를 창출하고 선도하는 산업기술 혁신이고 다른 하나는 중국을 중심으로 한 다층 네트워크 외교의 강화다. 이미 요소투입형 성장의 한계에 도달한 한국경제는 수출의존형 발전도 외부환경 변화와 부침에 일희일비하는 천수답(天水畓) 경제구조에서 벗어나지 못하고 있다. 한국이 잠재성장률을 계속 유지하기 위해서는 기술혁신을 추동하고 이를 통해 총요소생산성을 증가시켜 나가는 길 밖에 없다. 기술혁신은 한국의 경제영토를 넓히고 이에 따른 글로벌 영향력 확대는 자주독립외교를 가능케 할 수 있다.

그러면 기술혁신의 결과물을 어디서 실현하고 성장·고용·복지 그리고 통일비용은 어디서 충당할 것인가. 당분간은 중국시장 활용이 현실적 대안일 것이다. 하늘이 대한민국을 돕는지 지난 60여 년간 도움을 준 미국시장에 이은 중국시장의 팽창으로 한국은 다시금 재도약의 활로와 통일의 기회를 모색하고 있다. 하지만 민족의 미래가 어디로 갈 것인지, 지금의 국제정세 변화는 곤혹스럽기만 하다. 다만 기술혁신과 대 중국 외교전략이 한국경제의 중국화를 뛰어넘고 세계시장을 개척하여 국내 문제를 해결하고 국제사회의 발언권을 강화하여 자주통일외교를 추진할 수 있는 핵심 국가전략인 것 만은 분명하다.

문제는 자주적 다층외교 경험이 부족한 가운데 그 동안 한미외교를 금지옥엽처럼 삼아 비대칭적 동맹관계로 지내온 한국이 정치외교체제 시스템이 전혀 다른 중국을 상대해야 한다는 것이다. 한국의 글로벌 인식 조정과 새로운 외교 패러다임을 만들기도 전에 중국은 정치·경제·통일을 위한 핵심 외교대상국이 돼버린 것이다. 상황이 어떻던 한국은 지속발전과 북한에 대한 주도권 확보를 위해 중국을 다루어야만 한다. 시대 흐름을 못 읽고 몽매하게 한미동맹에만 의지했다간 선진국 진입은 고사하고 민족자결권과 자주통일의 기회를 모두 잃어버릴 수 있다. 역사가 증명하듯 독립의지가 없는 나라는 강대국 농단의 대상일 뿐 자비는 베풀어지지 않는다.

한국이 중국과 협력하여 북한 개방을 유도하고 대 북한 지렛대를 만들어 나가면 한반도 문제의 주요 당사국 지위 확보는 물론 미중 관계까지 우호적으로 중재할 수도 있다. 결국 한국은 국가의 핵심이익을 위해 과감하게 주장하고 싸울 수 있는 원칙을 가지고 있어야만 하는 것이다. 현 동북아 정세 변화를 한국이 주도할 수는 없으나 향후 지역의 안보 및 경제의 한 축을 담당하기 위해서는 이제 대중 외교를 전사적으로 실천해야 한다. 현 시점에서 한국정부의 대중 외교라인과 시스템을 갑자기 바꾸기는 어려울 것인바 국가의 중책을 맡아 중국 현지에서 외교를 펼치는 주중 한국대사관의 외교 시스템부터 개혁할 필요가 있다.

우선 중요한 것은 주중 한국대사 선임에 신중해야 한다는 것이다. 중국이 이미 대국외교를 시작한 가운데 주중 대사는 한국이 파견한 야전사령부의 지휘관과 같다. 당연히 특수 지역에는 특별한 인물을 파견하여 임무를 수행토록 해야 한다. 미국 및 일본과의 관계 차원에서 외교부에 '중국전담부서'를 설치하긴 어려우나 주중 한국대사관에서라도 대사를 중심으로 대중 외교를 어느 정도 독자적으로 실행할 수 있어야 한다. 한국의 대중 외교는 '당(黨) 대 당(黨)' 외교라인이 주축인 북한과는 달리 '정부 대 정부' 외교가 주요 채널이라 2차 정보와 라인에 의존하고 있는 셈이다. 중국의 주석과 한국 대통령과의 만남은 실질적 교감과 성과 측면에서 중국 주석과 북한의 최고지도자와의 만남에 비교하기 어렵다. 전시외교와 실질외교의 차이 그리고 의례외교와 담판외교의 차이라고 할 수 있다. 한국은 중국과의 '정부 대 당' 외교 역량을 강화하여 투 트랙(two-track)으로 이루어지는 대중 외교라인을 구축해야 하는데 이를 위한 기초 작업을 주중 대사가 해야 한다.

중국 공산당과의 소통라인이 없으면 무지와 굴종의 외교가 '조용한 외교'로 포장되어 계속 국민을 속이게 될 것이다. 막중한 공산당 대응 임무를 가진 주중 대사는 중국역사와 문화를 꿰고 있어야 할 뿐 아니라 깊은 국가관으로 국익을 최대한 관철시킬 수 있는 사람이어야 한다. 하지만 어중간한 중국 학습자 혹은 경험자는 자가당착에 빠져 중국에 이용당할 수도 있어 결국 가장 중요한 선임 기준은 바로 국익과 원칙을 지킬 수 있는 사람이다. 주중 대사를 대통령이 임명하더라도 거듭 신중하게 인선해야 한다. 그래야만 중국 공산당도 청와대가 보낸 임시직 관료가 아닌 한국의 대표로 생각하고 귀를 기울일 것이다. 신임 대사의 임기는 현 중국의 비중을 감안하여 능력이 출중하다면 다른 선진국들처럼 정권 교체와 상관없이 유임시킬 필요도 있다. 그렇게 함으로써 정보와 업무 매뉴얼이 축적되고 이어져 대중 협상을 위한 방책도 만들어질 수 있다.

주중 대사 자리를 보은 인사나 순환 보직 차원에서 배치한 후 1~2년 정도 대충 근무시키며 청와대와 정치인을 위한 의전과 만찬만 준비하는 호텔 지배인처럼 활용하면 안 된다. 양국 간에 민감한 현안이 발생하면 일시에 벙어리가 되고 사태를 회피하기 위해 임지를 벗어나고 본국의 다음 영전만 기대하는 사람을 선임해서도 안 된다. 실제 역대 주중 대사 가운데 몇 명은 중국에 무지하고 별 관심도 없는 가운데 갑작스런 발령으로 부임하여 한 일은 별로 없이 귀임한다. 그리고 다음 보직을 기다리다가 안 되면 돌연 주중대사 역임을 내세우며 중국전문가로 변신하기도 한다. 파견된 대사는 공식 외교활동을 통해 적극적으로 국익을 대변함과 동시에 중국 관료들과 사적 관계를 증진하여 우의를 쌓고 그 노하우와 인맥을 후임자에게 전수하고 인계해 주어야 한다.

하지만 중국대사 직책이 한국 언론매체의 주목을 받는 자리인데다 원하는 바를 이루어 대사나 총영사로 부임하나 중국을 전혀 몰라 할 일은 없고 중국정부 관계자의 접촉에도 한계를 보인다. 정치인 출신은 중국을 방문하는 선배·동료 정치인에 대한 의전에, 관료 출신은 향후 보직 이동에, 학자 출신은 중국학자와의 인맥 구축에 더욱 신경 쓴다. 나라를 위해 일을 하고 싶어도 한계가 있을 수밖에 없다. 하지만 국가를 위한 일에는 정식외교 활동만 있는 것이 아니다. 자선활동, 농촌봉사, 환경오염 방지 캠페인, 2018년 평창과 2022년 북경 동계올림픽을 연계한 양국의 체육문화 교류 등 주중대사가 할 수 있는 외교활동은 얼마던지 있다. 결국 국가관에서 우러나오는 자세와 실천의 문제다. 중국정부가 주중 한국대사 자리가 정권의 보은인사로 개인적 선호에 따라 거쳐가는 자리라는 것을 잘 알고 있는데 정보를 주고 받고 현안을 논의하는 창구로 삼겠는가.

주중 한국대사는 대통령의 외교철학을 관통하고 개인적으로는 충분한 전문성을 갖추어 나라를 위해 대사(代死)할 각오가 되어 있는 인물을 선임해야 한다. 중국 공산당 입장에서 한국대통령의 측근이 주중대사로 파견된다는 사실은 별 의미가 없다. 그들은 이미 한국의 정치공학과 인사시스템을 학습했고 이는 중국에 파견된 역대 한국대사들의 반복된 행위로 증명되었다고 판단한다. 한국 지도자의 의중과 파견되는 대사의 활동이 완전히 합치되어 나타나야만 중국 관료들이 귀를 기울일 것이다. 물론 주중 한국대사관에서 근무하는 외교관은 주어진 여건 속에서 나름 최선을 다하고 있다. 문제는 본부 차원에서 미국 및 일본과 비교했을 때 충분한 지원이 이루어지고 있는지, 청와대를 위시한 최고위급 결정 라인에 있는 사람이 중국외교에 대한 절박성과 균형적 인식을 가지고 있는지 여부일 것이다.

주중 한국대사 선임과 함께 중요한 두 번째 과제는 주중 한국대사관 조직의 개혁 문제다. 주중대사의 국가관에 행동이 따르고 대중 외교 프레임이 구축되어 간다면 대사관에 파견된 외교관의 인식과 자세도 달라질 것이다. 하지만 한국의 외교 엘리트는 자신의 경력 관리 차원에서 핵심지역으로 부상한 중국행이 필요하지만 정작 부임하고 나서는 언제 다시 올지 모른다는 생각에 중국과 중국어 학습에는 별 관심이 없다. 현재 한국 내 중국전문 외교관이 전무한 가운데 업무량은 늘다 보니 양적으로라도 대응하려 재외공관만 늘이고 총리실과 행정안전부는 조직 개편안 논의와 인력 확충에 골몰하고 있다. 이 같은 현상은 한국의 정부기관과 공기업 그리고 언론매체 등을 막론하고 벌어져 대중 관계 확장과는 상관없이 예산만 낭비되어 왔다.

현지 파견된 일부 외교관의 주요 업무는 중국신문 스크랩과 의전이며 간혹 간담회 때 중국의 관료 및 학자가 던진 몇 가지 담론을 마치 대단한 정보를 입수한 것처럼 보고하기도 한다. 정부의 각 부처에서 파견된 인력 또한 소속 부처의 일만 하는 부처 이기주의와 보신주의 그리고 냉소주의와 체면주의를 중시하는 가운데 대사관의 정무과와 경제과 사이의 내부 소통에 외교자원을 소진하고 외교

목표를 추진하는 데는 일부분만 투입된다. 심지어 중요한 안건이 담당 책임자도 모르는 채 서기관급이 작성한 보고서가 채택되고 중국과의 실무 협의는 형식에 치우쳐 중국측의 불만을 야기한다. 외교활동이 축적되지 못하고 단절되어 매번 신임 부임자부터 다시 시작하는 일 또한 다반사다.

중국 정치체제의 특수성으로 주중 한국대사관의 외교활동에 한계가 있다지만 한중 민간 네트워크 구축을 위한 수 십억 원의 운영자금이 있음에도 마땅히 쓸 곳을 찾지 못해 대사 초청 만찬과 한국에서 온 정치인 및 관료 접대 그리고 재중 한국인들의 행사 보조에 투입되어 소기의 목적과는 괴리되고 있다. 중국정부 관료들과의 만남과 스킨쉽이 갈수록 어려워지는 가운데 가진 예산으로 뭘 어떻게 해 보려 하나 밥값 및 술값도 저쪽이 만나줘야 쓸 것 아닌가. 주중 대사관의 예산은 중국을 방문하는 한국 정치인과 관료를 위한 의전용이 아니다. 예산은 중국거주 한국인 보호 및 한국기업에 대한 서비스 제공과 국가브랜드 제고를 위한 공공외교 활동 그리고 비공식 2선 외교 구축을 위한 기초 활동과 정보 수집에 써야 한다.

주중 한국대사관이 현지화는 고사하고 오히려 내부화가 진행되고 있는 실정인데 이는 대중 외교조직 시스템과 패러다임이 없기 때문이다. 주중 대사관의 외교역량 강화를 위해서는 각 부처별 업무에 관한 정보를 개방하고 이를 상호 공유하여 외교 사안 별로 공동 대응체계를 마련하는 것이 중요하다. 이를 위해 재외공무원 복무규정을 수정하고 만약 수정이 어렵다면 대통령령으로라도 개정할 필요가 있다. 사안 별로 팀이 구성되어 가동되면 국익을 위한 주재원의 동기부여를 자극하고 외교력을 한데 모으는 기능을 할 것이다. 또한 강력한 메시지 전달 효과가 있어 중국정부의 주의와 협조를 이끌어 낼 수도 있다.

좀 더 구체적으로, 주중 한국대사관 조직을 통상적인 외교 업무 수행 외에 정무과와 경제과가 공동으로 '기업팀', '문화팀', '역사팀', '기술보안팀', '북한팀', '민간외교팀' 등과 같이 외교업무 범위를 팀 운영제로 개편하는 것을 고려해 볼 필요가 있다. 예로 북한문제에 대해 국정원, 통일부, 외교부, 재경부 파견 인력이 정보를 공유하여 종합대책을 마련하고 필요하다면 정부기구, 관변단체, 국책연구소, 공기업 대표처를 함께 묶은 공동 대응팀을 구성하는 것이다. 때로는 황장엽 망명과 천안함 사건 그리고 사드 사태와 같은 돌발적 상황에 대처하는 기동 TF팀 구성도 가능하다. 수 년 전에 여야 의원들이 공동으로 중국의 한국역사 왜곡에 대응하는 국회차원의 특위구성안을 발의한 것은 바람직한 조치로 이는 즉시 주중 한국대사관의 '역사팀'에게 권위와 힘을 실어주게 되는 것이다. 단 '한류(韓流)' 정책은 민간인의 노력으로 중국인의 관념에 서서히 녹아 들게 놔둬야지 정부가 나서면 정치적으로 변질될 수 있어 그 효과가 반감될 것이다.

한편 주중 외교관의 우수한 자질을 살리는 현장 외교활동을 적극 권장하고 각종 행사에 참석하여 연설하고 토론하는 능력과 횟수를 각 부처별로 인사고과에 반영할 필요가 있다. 그리고 한중 민간 네트워크 교류 자금은 중국의 정부기구와 관변단체 그리고 핵심인사에 대한 우호세력 확보와 재중 한국인이 중국단체와 공동으로 개최하는 행사에 선별 지원하고 이를 예산 및 직무평가 기준에 근거해 비용 추적과 성과를 평가해야 한다. 외교부를 위시한 각 부처의 상벌규정 및 인사고과 수단과 업무성과 평가제 적용과 더불어 국회의 예산심의 기능을 활용하여 주중 대사관의 조직을 개편하여 실질적이고 실천적인 대중 외교시스템을 구축해 가는 것이다. 외교부가 전세계 공관을 감독하면서 스스로 외교시스템을 개혁하기는 어렵다. 외교행정 행위에 법적 실효성을 부가하여 대중 외교정책 추진력을 확보하고 초당적으로 대응해 나가야 한다.

주중 한국대사관 개혁을 위한 세 번째 과제는 본부의 외교관 교육과 인재육성 프로그램을 가동하는 것이다. 전방(북경)에서 진지를 구축하는 동안 본부(서울)에서는 본격적으로 대중 외교전사 육성 프로그램을 가동해야 한다. 동 프로그램은 국립외교원이 주관하면 될 것이다. 대중 외교 엘리트 교육 과정을 만들어 중국의 정치, 역사, 문화, 철학, 양국관계사 등을 분야별로 집중 교육하고 각자의 적성과 지원에 따라 주중 대사관의 각 팀에 파견·배치하는 것이다. 물론 탁월한 영어 및 중국어 스피치와 토론 능력도 필수다. 교육 강사진은 각 분야별 중국전문가로 구성하되 출중한 식견과 현장 경험을 갖춘 전문가가 턱없이 부족한바 중국 및 중화권 지역과 서방 선진국의 중국전문가를 특별강사로 초빙할 필요도 있다. 단 중국에 잠시 근무한 적이 있거나 개인 일로 중국을 오가는 전직 관료와 정치인 등은 배제해야 한다.

교육 과정은 민간대기업의 합숙 스파르타식 교육과 현지연수 등을 특징으로 하는 중국전문가 양성 프로그램을 참조하면 될 것이다. 이와 동시에 정부의 각 부처도 자체 중국전문가 과정을 개설하여 직원들을 상대로 기초교육을 실시하고 순환보직 규정에 따라 중국 공관에 파견될 예정인 직원은 사전에 국립외교원의 프로그램을 이수토록 한 후, 본부 업무의 특성에 부합하는 주중 대사관의 팀으로 파견하는 것이다. 현재로서는 국립외교원에서 심층 교육을 이수한 외교관이 북경에 부임하여 역할을 펼치도록 조직을 시스템화 하는 것이 급선무다. 최근 중국 현지공관 업무를 지원하는 젊은 외교관 수가 줄었는데 이는 북경과 상해 등 대도시의 공기오염 때문이다. 이는 한중 외교의 현실과 대한민국의 미래를 놓고 볼 때 매우 한가한 소리로 직업 외교관의 자세가 아니다. 이들은 설사 파견되더라도 역할을 제대로 하지 못할 것인바 오히려 한국에서 별도로 집중 교육한 중국인재를 촉탁직 외교관으로 투입하는 것이 나을 것이다. 파견 전부터 한국을 대표하는 국익의 수호자로 국가관·민족관 교육까지 받은 엘리트를 보내야 하는 것이다.

이 밖에 한미동맹에 함몰되어 편향된 사고를 갖고 있는 정치인과 정부관료를 대상으로 국립외교원과 국회에 중국교육 프로그램을 만들어 이들을 계도하고 이와 동시에 지중(知中) 관료와 정치인을 확충하는 것이다. 중국교육 프로그램의 필요성에 대해 위정자들이 공감한다면 이들은 양국 역사와 문화철학 사상에 대한 기초 지식을 모두 갖고 있어 단기 집중 학습으로 소기의 목적을 달성할 수도 있을 것이다. 또한 상기 과정과는 별도로 중국출장을 앞둔 관료와 정치인을 위한 '중국방문 예정자 사전교양 프로그램'을 개설하여 수강하도록 하고 관련 매뉴얼도 연구·제작하여 배포할 필요가 있다.

시대 변화는 항상 사람의 사고를 선행한다. 한국이 중국 굴기의 흐름을 활용하지 못하면 선진국 진입이 늦어지고 분단이 지속되는 가운데 내부갈등도 심해지며 자중지란에 빠질 가능성이 크다. 중국 또한 자신들의 발전 궤적을 그려 감에 있어 한반도의 안정은 필수다. 이 과정에서 한미동맹은 한국 지도자가 어떻게 대처하는가에 따라 부담이 아니라 유용한 자산이 될 수 있다. 무엇보다 한국정부의 새로운 대북 정책과 대중 외교시스템으로 원칙을 바탕으로 강단 있는 자주외교를 펼친다면 중국 공산당은 한국을 다시 보게 될 것이다. 중국이라는 전장에서 한국의 국익 수호를 위한 진지와 진용을 갖추고 엘리트 외교전사를 투입하여 저들과 맞서야 한다. 한국의 새 정부는 중국 시진핑 주석의 후반기 5년 임기 시작에 즈음하여 혁신적 대 중국 외교전략을 수립하고 혹시라도 맞닥뜨릴 수 있는 중국과의 빅딜을 위해 향후 5년을 잘 활용해야만 할 것이다.

기업의 사명

현재 한중 양국은 서로를 알아가고 있지만 과도기에는 상호 갈등과 오해가 존재하기 마련이다. 한국인의 대 중국 인식도 문제지만 중국의 급성장과 민족주의의 발흥 그리고 공산당의 암묵적 언행에 따라 한국을 겁박(劫迫)하려는 경향도 생기고 있다. 여기에 편승해 일부 무지한 공무원과 안하무인의 졸부들은 한국을 중국의 한 지방 정부쯤으로 여기고 지방정부의 간부 혹은 기업인은 한국의 고위관료 접견을 아주 쉽게 생각하기도 한다. 심지어 중앙정부의 관료나 관변학자의 입에서 '조공'이란 단어도 쉽게 나오고 있는 실정이다. 반면에 이 같은 부류와는 달리 한국에 대한 객관적인 관찰과 연구를 통해 배울 점이 상당히 많은 국가라는 것을 알게 되고 중국 정부와 중국인의 편견을 과감히 반박하는 글을 올리는 중국지식인 또한 많아지고 있다. 편파일률적 사고에 대응하는 반박 논리가 등장한다는 것은 현대중국이 발전하고 있음을 보여주는 것이다.

여기서 중국학자가 중국매체에 기고한 글 한편을 소개하고자 한다. 환구시보(環球時報)의 사설을 쓰다가 현재 중국인민대학 총양(重陽)금융연구원 원장을 맡고 있는 왕원(王文) 교수는 자신이 허망한 대국의 자부심에 취해 한국에 대해 관심이 없었으나 우연히 한국의 근·현대사 섭렵을 통해 중국이 중진국 함정을 벗어나고 지속 발전의 토대를 구축하기 위해서는 한국을 배워야 한다고 주장하며 글을 올렸다. 여느 중국지식인과 마찬가지로 민족주의가 팽배한 중국의 젊은 학자가 냉철하고 객관적인 분석을 통해 나름 용기 내어 글을 기고한 것이다.

내용을 요약하면 "한국은 중국 절강성 크기의 국토면적에다 발전의 밑천이라곤 사람 밖에 없고 과거 일본의 식민통치를 받았던 역사에다 지금은 미군이 전시작전권을 가지고 있는 100% 주권국가도 아니다. 국제사회의 치열한 경쟁을 포커판에 비유하자면 한국은 손에 좋지 않은 패만 들고 있는 것이다. 하지만 돈도 없고 외모도 별로인데다 집안 배경도 없어 미래가 어두웠던 분단 한국이 중국과 똑같이 빈곤 국가로 출발했음에도 한국은 반 세기 만에 선진국에 진입했고 중국은 여전히 개발도상국이다. 더구나 한국은 북한을 맞대고 강대국 사이의 샌드위치 신세임에도 불구하고 불리하기 짝이 없는 국제 포커판에서 게임을 잃지도 않고 도리어 밑천을 쌓아가고 있다. 70년대 일본 학자들이 후일 중국이 '슈퍼 차이나'가 된다면 한국은 강국으로 올라서고 일본은 그저 한국과 경쟁하는 처지가 될 것이라고 예견했던 것이 현실이 되고 있다. 하지만 한국의 눈부신 발전에도 중국에서는 한국인이 유럽과 미국 그리고 일본처럼 존중받지 못하고 있으며 한국기업에 출근하는 것이 미국과 독일처럼 자부심을 느끼지 못하고 연구대상으로도 미국과 일본 심지어 북한과 동남아 국가보다 중시를 받지 못하고 있다. 그럼에도 중국은 다시금 한국을 자세히 관찰하고 배울 점은 배워야만 한다. 한국이 2차 대전 이후 중진국 함정을 성공적으로 벗어나 '선진국 대열에 들어선 유일한 신흥국가', '국가 이미지를 제고하는 동방문화산업 시장화의 모범 사례', '핵심기술의 수출강국', '국제기구의 수장을 다수 배출하고 문화체육을 통해 글로벌 리더국으로 진입하려는 욕망과 돌진' 등 4가지를 달성해온 경로는 향후 중국이 중진국 함정을 벗어나고 문화강국을 추구하며 산업의 고도화를 이루고 세계 리더국이 되기 위해 연구하고 배워야 하는 것들과 일치하고 있다. 이는 '대국의 굴기' 시리즈 다큐멘터리에 한국을 10번째 사례 국가로 넣어야 하는 이유가 된다."

동 기고문은 중국 최대 포털 사이트 중의 하나인 시나닷컴 (sina.com)이 선정한 '경의를 표하는 칼럼 상'을 수상하기도 했다.

현재 중국에서 표리부동의 사고와 언행으로 생존을 도모해온 문혁세대와는 달리 민족주의 교육을 받고 우월의식이 팽배하여 까칠한 교만함도 갖고 있지만 시비(是非)가 분명하고 자신의 부족함을 인정하며 극복하려는 젊은 지식인도 많아지고 있다. 이는 새로운 세대의 의식변화에 따라 향후 공산당도 함께 변하고 진화해야 된다는 것을 말해주고 있다. 중국의 신세대가 염치를 알고 교양과 도덕성을 갖추어 간다는 것은 미래 중국이 더 무서울 수도 있음을 말한다.

　애국의식을 함양하되 주입식 억지논리는 배척하고 가치판단 기준을 객관화하려는 중국의 신세대가 사회변혁의 중심세력이 된다는 것은, 기업입장에서 정치사회적 요인에 속박되지 않고 공정하고 투명한 경영환경 속에서 기업 본연의 경영활동에 집중할 수 있다는 얘기다. 한국기업은 중국사회의 세대 교체가 진행되는 지금부터 중장기 경영전략 연구를 시작해야 할 것이다. 중국이 글로벌 경제체제의 일원으로 적극적으로 활동하고 내부적으로는 지적 자부심과 겸손함을 동시에 갖춘 지식인도 많아지는 가운데 한국기업도 정직한 경영 활동으로 중국소비자의 존중을 받아야 한다. 이는 민간 외교관으로서 대한민국의 이미지와 국격을 제고하는 것과 같다. 당분간은 한국정부의 대중 외교에 한계가 있을 수 밖에 없어 중국에서 활동하는 한국기업의 역할은 더욱 중요하다. 한국인이라면 누구나 강렬한 애국심을 갖고 있지만 한국의 위정자들이 시대 변화를 인식하여 중국을 학습하고 체화된 지식이 실제 행동으로 나타나기까지는 시간이 필요하기 때문이다. 다만 한국기업은 중국사업에서 정치적 이슈를 멀리하고 각종 정치적 교류와 모임에는 일절 관여하지 말아야 한다. 기업은 스스로를 보호해야 하며 할 수 있는 일에만 최선을 다하면 된다.

작금의 대한민국은 주변 강대국이 경계하거나 별로 두려워하지 않는 나라가 되어 버렸다. 겉으론 국제조직과 이벤트를 유치하고 활발한 국제활동을 펼치고 있는 것 같으나 정작 글로벌 사회와 지역을 선도할 핵심 역할은 하기 어려운 '힘 없는 파워(Power of Powerless)'를 가지고 있다. 얼핏 보면 다양함과 유연함으로 국제사회에서 조정자 역할을 하며 자신의 생존에도 도움을 줄 것 같으나 국제질서와 규범을 정하는 탑 레벨의 위상정립은 아직까지 어려운 위치에 놓여있다. 그럼에도 한국기업은 주어진 환경에서 나름 분투하고 있는 한국의 위상을 뛰어넘어 탁월한 미래전략과 혁신기술로 중국시장을 경영하여 세계가 경외하는 위상을 구축해 나가야 한다. 이는 한국기업의 책무이자 대한민국을 돕고 자신도 구하는 길이다.

사농공상(士農工商)의 낡은 사고와 구조가 와해되는 시기, 공상(工商)세력을 대표하는 한국기업은 현재 한국사회가 혼돈을 겪고 있는 가운데서도 물질적 기초를 제공하며 국가가 이념투쟁에 빠지지 않고 재도약 할 수 있는 기반 역할을 하고 있다. 중국의 대형 국유기업과 이익집단의 이념과 경영활동에 중국의 정치사회 안정은 물론 경제의 지속발전이 달려있다고 해도 과언이 아니듯 한국대기업도 그 배경과 정체성은 다르지만 한국경제에서 차지하고 있는 비중과 영향력을 놓고 볼 때 국가사회를 위해 중요한 역할을 할 수 밖에 없는 운명이다. 그러므로 한국기업은 중국시장 공략을 통해 이와 같이 주어진 책무를 계속해야 한다는 것을 인식할 필요가 있다.

한국대기업은 중국에서 돈을 벌어 대한민국의 지속성장과 통일을 위한 기반 조성에 이바지 한다는 사명감도 가져야 한다. 이를 위해 기업경영과 무관한 정치사회적 이슈가 중국사업의 경영위기로 전이되는 것을 방지하고 중국사업의 지속성을 담보하는 의사결정 기구인 오너 직속의 '중국전략실'을 설치해야 한다. 일본은 2012년 중국과 영토분쟁에 따른 경제제재 갈등을 겪은 후 중국 리스크를 피하기 위해 중국 외에 동남아 등 기타 지역에 생산기지를 하나 더 구축하는 '차이나 플러스 원(China+1)' 전략을 세웠다. 일본의 전략이 맞다고 볼 수는 없으나 이를 참고로 큰 그림을 그리는 한국식 대 중국 전략연구를 시작해야 한다.

이 밖에 한국대기업은 중국사업의 지속성과 맥을 같이한다는 측면에서 한국의 미래가 달린 한국청년의 삶과 이상에 관심을 가져야 한다. 한국기업이 중국에서 이익창출을 위한 본연의 경영활동 외에 해야 할 일에는 두 가지가 있을 수 있다. 하나는 중국 현지에서 오랜 시간을 거치며 성공한 한국기업인을 모셔 중국식 경영의 정수를 학습하는 것이고 다른 하나는 중국에서 오랜 시간 동안 공부하고 있는 한국학생 중에서 귀재를 선별하여 진정한 중국전사로 키우는 일에 도움을 주는 것이다. 스탠다드차타드(SC)의 조사보고서에 의하면 저축을 하는 목적에 있어 한국의 청년층(25~34세)은 '주택구입'이라고 답한 반면 중국은 '사업'이라고 답했다. 총명한 한국청년의 삶에 꿈과 이상이 없는 것이다. 중국사업을 하고 있는 한국기업에서 일하는 한국청년은 집을 사기 위해 중국에 의존하는 셈이다.

향후 중국정부의 지원과 창업 열기로 인해 중국의 20~30대 사업가와 백만장자가 쏟아져 나올수록 이를 지켜보는 한국의 20~30대 청춘의 자괴감과 상실감은 커져만 갈 것이다. 한국기업은 중국측 파트너와 거래처 그리고 중국매체와 사회단체 등을 통해 중국에서 꿈을 펼치고 싶어하는 한국의 청년들이 일을 할 수 있는 기회를 주선해 줄 필요가 있다. 한국기업이 비즈니스 현장에서 중국기업의 한국인재 수요를 파악하고 인재를 공급해 주는 일을 시작할 수 있을 것이다. 물론 중국기업과 사회단체가 원해야겠지만 최근 문화, IT, 무역, 교육, 패션, 유통, 디자인, 엔터테인먼트, 게임, 매체 등 한국과 관련된 직종에서 한국인 채용에 대한 잠재수요가 적지 않다. 현재 100여 개의 중국대학에 한국어 전공 학과가 설치되어 한국어를 구사하는 중국인이 배출되고 관련 직종에 진출하고 있으나 앞으로는 한국의 기업 및 소비문화에 대한 이해는 물론 뛰어난 중국어를 구사하는 한국본토 인재를 구하려는 중국기업과 단체의 수요도 늘어날 전망이다. 한국기업의 중국법인과 중국주재 한국기업인협회 그리고 정부기구의 중국 대표처가 유기적인 협조시스템을 구축하여 돕는다면 적지 않은 일자리를 주선할 수도 있을 것이다.

현재 한국의 일부 대학의 중국비즈니스센터와 정부의 산업인력공단 등에서 중국취업 연수 프로그램을 진행하고 있지만 기업과 정부가 현지 인적 네트워크를 활용해 이미 준비된 우수한 한국 청년을 천거할 필요도 있다. 이들 인재는 중국기업 입장에서 보면 보증된 인재라 할 수 있어 채용하기가 편할 것이다. 중국취업 연수기관도 현지 한국인 투자기업만을 대상으로 한 프로그램 외에 중국기업을 목표로 하는 취업 연수를 기획할 필요가 있다. 개별적으로는 한국에서 유학을 마친 후 본국에서 일하고 있는 중국인맥을 통해 취업을 시도하거나 한국의 각 대학별로 만들어진 중국 유학생 교우록(交友錄)을 중국취업에 활용할 수도 있을 것이다.

각 단체가 각자 따로 노력하는 것 보다 중국 현지의 한국기업과 정부기구 및 지방자치단체 그리고 대학자원을 유기적으로 결합하여 중국기업 입사를 원하는 한국청년들에게 기회를 만들어 주어야 한다. 이는 매우 의미 있는 프로젝트로 한국청년들은 기회만 주어진다면 특유의 열정과 언어 습득력 그리고 친화력과 감수성으로 인해 중국사회에 금방 적응할 것이다. 마치 메기가 미꾸라지 어항에 들어가 휘젓고 다니듯 재능을 발휘하여 중국기업 내부에 선의의 경쟁구도를 만들 수 있다. 이와 함께 한국인재를 채용한 중국기업의 만족감은 그들의 협회 혹은 기업인 사교 모임을 통해 알려지며 또 다른 일자리를 창출할 수도 있는 것이다. 한국청년의 중국회사 입사는 한국의 좋은 문화상품을 수출하는 것과 같아 중국의 각 지역에서 신선한 반향을 불러 일으킬 수 있다. 이는 장기적으로 중국시장을 개척하려는 한국기업에게도 도움이 될 수 있다. 어찌 알겠는가 향후 중국에서 한국인 단독 혹은 양국의 신세대가 의기 투합하여 큰 기업을 일궈낼지. 한국파트너에 대한 중국기업의 신뢰를 바탕으로 한국인을 채용하고 이를 통해 양국기업이 모두 이익을 보고 더욱 돈독한 관계를 다질 수 있다. 기업과 인재가 각자의 능력을 발휘하며 대륙을 공략하여 중국시장을 낚기 위한 큰 그물을 만들 수 있는 것이다.

지난 25년 동안의 1차원적 접근과 교류 방식에서 세대가 바뀌며

제2라운드 진검 승부를 준비하는 한국기업은 중국시장에 접근하는 패러다임과 전략 자체를 바꾸어야 할 것이다. 기술력으로 무장한 한국대기업은 현지 경영과 CSR 활동은 물론 공산당 집정의 보조세력인 사회·문화계 인사와도 교류하며 기업의 가치와 존재감을 높여야 한다. 영리만 추구하는 기업 이미지로 각인되어서는 안 되며 적극적인 사회 활동가로서의 이미지를 구축할 필요도 있다. 무엇보다 공산당이 추구하는 법치사회 건설과 부패척결 그리고 환경보호와 빈부축소 등의 핵심 이슈에 적극 호응하여 솔선수범하는 방법을 찾아야 한다.

실천도 없이 겉으로만 '중국 사랑'을 외치고 다니면 스스로 바보가 되는 것이다. 중국정부가 고민하는 정책 과제를 사전에 파악한 후 이를 총괄 사업계획에 반영하고 선도적으로 실천해 나가면 원군도 생길 것이다. 장기적으로 꾸준하게 본심을 보여 주는 것이 가장 좋다. 한국대기업은 기업 본연의 경영목표는 물론 지속발전의 밑바탕을 다지기 위한 정지작업 그리고 민간외교 역할에 대한 사명감 차원에서 세대 교체와 내부 혁신을 서둘러야 한다. 오너의 경영승계 작업이 시끄럽고 임직원의 매너리즘과 보신주의로 시간만 보내다간 현지 중국기업이 사업기회를 선점하게 될 것이다. 내부 문제로 인해 시대 변화와 흐름을 놓치면 설사 문제가 정리 되더라도 선대(先代)보다 고통은 배가될 수 밖에 없다.

한국대기업이 중국사업을 포기하지 않겠다면 한국정부의 대 중국 전략과 외교와는 상관없이 자체적으로 소수 정예의 중국인재를 양성하는 것을 신중하게 고려해야 할 것이다. 국가 및 정부를 대표하여 파견되는 자보다 뛰어난 인물 그 자체에 관심을 보이고 집중하는 중국식 대인 교류 방식을 알아야 한다. 한국대기업이 중국에서 '일당백' 역할을 수행하는 맨 파워(man power)를 갖출 수 있다면 이는 든든한 미래를 담보하는 보험에 가입한 것과 같다.

연구자의 책무

한중 교류의 제2라운드 시작과 함께 정치권과 기업에게 중국의 정치경제에 대한 분석이론을 제시하고 전략적 지침을 제공할 중국연구기구와 연구자의 책무도 막중해지고 있다. 중국전문가는 자신의 중국연구가 극히 일부라는 자세로 개인적인 탁마를 계속함과 동시에 중국을 알고자 하는 국민들에게 새로운 인식의 길을 열어주는데 최선을 다해야 한다. 현재 자신의 중국지식으로 이들의 호기심과 계획 그리고 도전을 한정해서는 안 될 것이다. 중국을 또 다른 체제와 하나의 독립된 현상으로 놓고 객관적인 논리로 설명하여 수요자로 하여금 맥을 짚고 각자의 상황에 맞게 전략을 세울 수 있도록 봉사하는 것이다. 일반 투자자는 중국시장 진출에 대한 명확한 그림이 그려지지 않으면 불안해 하므로 중국연구기구는 지속 연구를 통해 논리를 축적해 나가야 한다.

평소 국내외 중국관련 이슈를 위트 있게 설명하는 중국인민대학 국제관계학원 진찬룽(金燦榮) 교수는, "중국을 이해하는 것은 세계 사회과학계의 도전이며 중국을 정확히 해석할 수 있는 사람은 노벨상에 버금가는 상을 받을 수 있다. 14억 인구에다 신구(新舊) 문제가 공존하고 있어 서구에서 기원된 사회과학적 사고분석틀을 중국에 적용하는 것은 무리다. 중국 굴기와 함께 세계의 중국전문가가 급증함에도 중국을 바로 읽어내지 못하고 있는 실정이다. 여기에 중국을 연구하고 해석하는 중국의 지식인조차 권력과 금전의 유혹으로 서구화 및 세속화되면서 연구의 질과 효과가 떨어지고 있다. 분명한 것은 중국이 자신에 대한 인식과 잘못을 교정하는 능력이 뛰어나고 유교문화에 적응하는 공업화가 중국을 통해 그 발전과 규모가 정점에 도달할 가능성이 크다는 것이다. 그러므로 중국에 대한 바른 이해와 투시는 현 국제동향을 파악하고 미래 세계를 예측할 수 있는 중요한 도구다"라고 강조한다.[5]

중국의 역사학과 문자학 등 중국고유의 학문연구 영역을 제외하고 근·현대에 들어 중국이 개방 후 배우고 있는 정치외교와 경제금융 그리고 시장관리 등의 이론분야는 중국 경제사회의 급변에 따라 어떤 시점을 연구하는 순간 이미 과거의 것이 된다. 전세계 중국전문가가 갖가지 이론과 주장을 펼치다가 갑자기 자기 스스로 논조가 뒤엉키며 조용해 지곤 한다. 지속 연구를 위해 수시로 변형되고 진화하는 시대적 변화의 끝 자락을 놓치지 않으려 안간힘을 쓰며 따라간다. 놓치는 순간 연구의 연속성은 단절되어 길을 잃어 버릴 수 있기 때문이다. 중국을 연구할 때 기저의 변치 않는 연속성과 표면적 변화 현상을 융합하여 논리를 도출해 내는 것은 쉽지 않는 작업이다.

중국을 제2의 한국시장으로 개척하기 위해 한국기업도 중국전략을 연구하고 실천하겠지만 대륙 진출의 가이드 역할을 하는 정부와 학계의 중국연구기구는 현실에 부합하는 질 좋은 연구보고서로 이들을 지원해야 한다. 중국의 정책과 전망을 마치 녹음기 틀어 놓은 듯 반복해서 얘기하는 중국의 정부관계자 혹은 학자의 강연은 지양하고 대신에 중국 현지에서 갖은 고초를 겪으며 성공해 뿌리내린 은둔의 승리자를 모셔다가 격정의 성공담을 경청해야 한다. 연구조직은 이들의 노하우 속에서 연구 프로젝트 소재를 발굴한 후 체계적인 심층보고서를 만들어 중국을 준비하는 한국인 혹은 현지 한국기업들에게 제공해야 한다. 거시적인 담론보다 시장과 기업 그리고 소비자 등 미시적 연구 분야를 파고 들어 기업들이 실제로 활용할 수 있는 보고서와 매뉴얼을 만들어 내야 한다. 이는 향후 연구기구에 대한 신뢰와 연구자의 위상을 결정하는 요인이 될 것이다.

대 중국 노하우란 축적되는 과정을 말한다. 일시적 시점의 경험과 분석은 이미 지난 얘기일 수 있다. 그러므로 정치·경제·사회 분야별로 진행된 연구내용과 매뉴얼을 계속해서 업데이트 하며 축적해 나가야 한다. 중국 현지 근무자의 체험과 인식 그리고 현장 자료를 바탕으로 본부 연구자들이 연구테마를 찾아 연구를 진행하고 이를 다시 현지에 적용하여 연구내용을 보완하며 좌표를 찾아가는 식이다. 이는 조직과 인사 변동에 상관없이 반복적으로 추진해야 할 작업이다. 축적된 내용과 매뉴얼은 중국을 공략하는 한국기업은 물론 정부 부처 간 협상과 외교전을 펼치는데 있어 필수 가이드북이 될 것이다.

사회과학 분야의 연구특징은 자연과학처럼 연구를 통해 무엇을 발명·발견하여 연구를 일단락하는 것이 아니라 기존 연구를 바탕으로 사고의 공간을 넓혀 논리를 확장하고 내용을 심화시키는 과정을 통해 점진적으로 완성해 가는 것이다. 한국의 중국연구가 제한적인 이유는 예산과 인력 부족으로 기존 연구테마가 빈약하고 대동소이하여 연구영역 확장에 한계를 보이고 있다는 점이다. 여기에 미국을 위시한 서구의 잣대로 중국을 분석하려 들고 중국본토 연구자의 자료 조차 잘 보지 않는다. 한국의 국책 및 민간 연구기구는 정부와 기업 그리고 각 연구기관의 유기적인 협조체제 구축을 통한 정보공유로 실질적이고 실용적인 연구과제물을 생산해야 한다. 수교 초기에는 중국에 무지하여 어쩔 수 없이 미국과 일본 그리고 대만 등지의 자료에 의존해 중국연구를 했지만 25년이 지난 후에도 특정지역 자료와 분석틀에 의존하고 있다면 이는 중국연구를 포기한 것과 마찬가지다.

중국연구는 오래하고 많이 하는 것만이 중요한 것이 아니라 이를 바탕으로 정확히 팩트를 집어낼 수 있는 직관력과 통찰력을 갖추는 것이 중요하다. 중국정보의 홍수 속에서 중국사업을 계획하는 기업인에게 '한 마디로 핵심을 찌르는(一針見血)' 것과 같은 조언을 해 줄 수 있어야 한다. 중국을 다루는 전략·전술의 완벽한 매뉴얼화는 불가능하다. 하지만 두꺼운 사전 같은 분량은 아니더라도 포켓판 정도의 가이드 북은 만들어 수요자에게 제공할 수 있을 것이다. 중국을 꿰뚫어 보는 안목과 지뢰를 피할 수 있는 방법을 제시하는 실체적 연구보고서는 현재는 물론 미래의 중국시장 개척자가 시행착오를 피하고 극중(克中)할 수 있게 도와주는 나침반 같은 역할을 할 것이다.

중국시장의 팽창으로 끊임없이 나타나는 중국의 토종기업과 중화권 기업 그리고 한국기업과 기타 외자기업에 대한 성공사례 연구는 중국진출 희망자로 하여금 벤치마킹(benchmarking)할 수 있는 도움을 줄 수 있다. 하지만 중국시장에 대한 환상을 갖고 '대박'이라는 소설을 쓰게 할 수도 있으므로 초보자인 이들을 위해 실패사례도 많이 발굴하고 아울러 그 배경과 원인을 디테일하게 분석한 후 알려주어야 한다. 하나의 성공사례로 백 가지의 실패사례가 주는 교훈이 가려져서는 안 된다. 중국에 무지한 채 성공사례만 보고 자신도 할 수 있다는 망상의 출발은 파국의 지름길로 들어서는 첩경이다. 중국에서는 공상과 망상 그리고 독단과 아집의 특성을 지닌 한국인의 돌격정신이 통하지 않는다.

중국을 연구하는 한국의 연구기관과 연구자는 수요자에게 혜안을 제공한다는 사명감으로 한국기업이 현지에서 트랩에 빠지지 않고 뿌리내릴 수 있는 길라잡이 역할을 해야 한다. 그리고 개인투자자가 중국관련 책자와 보고서 그리고 귀동냥에 의지한 채 무작정 중국사업을 시작한 후 비명횡사(非命橫死) 하지 않도록 계도할 필요도 있다. 중국사업의 실패가 인생실패로 이어지는 것을 사전에 막아 주는 멘토(Mentor) 역할을 하는 것이다. 한국의 중국전문가는 중국연구를 수행하는 과정에서 대한민국의 미래가 걱정될 것이다. 기왕에 중국연구를 시작했다면 자신의 경험과 특장점을 살려 연구 관심 분야를 깊게 파고들 필요가 있다. 이와 함께 연구기관들이 향후 강소성 혹은 사천성 전문가 등 지역전문가를 키워내고 중국의 정치와 경제는 물론 역사와 사회 그리고 문화철학 등 각 분야별 전문연구자를 육성하는데 조력해야 한다. 이는 한국의 중국연구자에게 부여된 시대적 사명이자 책무이기도 하다.

탁월한 인재 육성

한국이 새로운 도약을 하기 위해서는 해외시장개척과 자원확보 그리고 통일을 위한 기반구축이 필요하다. 이런 측면에서 중국과 러시아는 한국에게 매우 중요하나 현재 국가전략의 중심은 여전히 미국에 있다. 한국이 지리적·전략적 장단점을 모두 가지고 있음에도 어느 한쪽 세력에게만 쏠려 있다는 것은 위험한 상황을 초래할 수도 있다는 얘기다. 역사적으로 강대국에 둘러싸인 국가가 주변 정세의 급변 속에서 국내정치 싸움만 하고 있다가 대가를 치른 사례는 아주 많았기 때문이다. 한중 양국은 오랜 교류 역사에도 불구하고 근·현대 시기 반세기 이상 단절되었고 한국은 미국에 경도된 국가발전전략을 추구해 왔다. 중국과는 1992년 수교 이후 민간 교류가 팽창해 왔음에도 현재 한국의 국정운영의 중심축은 미국에 있으며 이는 앞으로도 상당기간 지속될 전망이다.

하지만 중국이 미국에 대항할 정도로 힘이 커지는 가운데 향후 한중 양국 간의 각종 이슈에 대한 갈등도 점증할 것으로 예상된다. 우선 한중 양국이 진정한 신뢰를 구축하기엔 한계 요인이 존재하고 있다. 정치체제의 차이로 관방 교류에 한계가 있고 안보 중심의 대미외교와 경제에 치우친 대중외교의 상반된 목적으로 인해 주변 정세 변화와 미·중 간의 충돌로 언제던지 정상적 교류가 위협 받을 수 있다. 한미동맹을 배경으로 미국이 중국을 외교적으로 압박하고 중국은 경제카드로 한국을 위협하는 국면이 반복될 것이며 이를 중간에서 협의하고 조율할 소통 채널과 인재는 턱없이 부족한 상황이다.

비록 양국의 상호 이해와 우호 증진을 위해 한국의 민간조직이 활동을 펼치고 있으나 단발성 행사에 그치고 조직 주체가 개인적 활동에 치중하여 진정성이 부족하고 재정은 열악한 실정이다. 또한 일부 단체의 대표가 일본식과 미국식 교육 배경을 가진데다 중국경험이 없어 중국을 잘 모르고 심지어 개인적 편견도 갖고 있어 미래 지향적인 활동을 기대하기 어렵다. 한국정부와 사회적 관심이 부족한 가운데 마치 백화점 진열대에 놓인 상품처럼 각종 '○○포럼'을 개최하고는 있지만 정세 분석과 아젠다 제시에 한계를 보여 지속성과 영향력을 가질 수가 없다. 오히려 중국 지도부가 방한할 때 이들 단체를 한 자리에 초청하여 감사의 뜻을 전하곤 한다.

결국 중국을 잘 아는 인재들이 관방과 민간의 대중 교류를 주도해야 하는데 문제는 한국에 있는 중국전문가 인재의 규모와 역량이 갖추어지기도 전에 양국 관계가 너무 빨리 가까워져 버렸다는 것이다. 특히 우수한 중국 인재의 부족은 양국 간의 정치외교와 민간교류 그리고 한국기업의 중국시장 개척 등 다방면에 걸쳐 영향을 끼치고 있다. 수교 이후 25년 동안 중국에 유학했던 이들은 한국사회에서 실력을 발휘하지 못한 채 비주류에 머물러 있고 중국 현지에 있는 한국대기업의 전략기획부서나 연구소는 한국인 인재를 찾지 못해 높은 이직률을 감수하며 미국·유럽에서 유학한 중국인을 고용하거나 혹은 한국서 석·박사 과정을 마친 중국인을 채용하고 있는 실정이다. 이는 대외경제정책연구원(KIEP)와 같은 국책연구원은 물론 삼성·현대차·SK·LG 등 대기업이 공통으로 겪고 있는 인재난이다.

상황이 어떠하던 지난 역사에서 경험한 것처럼 한국은 점점 더 힘든 결정을 해야만 하는 현실에 직면하고 중국전담 인재 부족은 그 고통을 더욱 가중시킬 것이다. 현재 한중 양국은 국내외적으로 기회와 도전을 동시에 맞이하고 있어 양국 간에 긴밀하게 협의하고 조율할 사안도 증가하고 있다. 비록 한국의 위정자와 관료들이 중국에 대한 무지에서 깨어나며 두려움을 느끼기 시작했지만 정치논리와 여론에 휘둘리는 이들이 보신주의와 타협주의 그리고 의존주의를 벗어 던지고 국익을 위해 중국에 대적하는 것을 기대하긴 어렵다. 이래저래 핵심인재를 필요로 하는 국내외적 환경이 생각보다 빠르게 조성되고 있는 것이다. 이는 또한 양국 간의 정치외교적 조율과 경협확대 그리고 한반도 통일과 이후 중국과의 관계 등 다가오는 미래를 위해 정부 차원이던 아니면 민간이 주도하던 중국전담 핵심 엘리트 육성 프로그램을 당장 가동해야 할 절박함을 말해주는 것이기도 하다.

하지만 중국연구와 인재육성이 지금처럼 국내시스템으로만 진행된다면 국내의 집단사고와 시류만 따라가는 오류를 범하게 된다. 즉 국내용 범용 인재만 배출되는 것이다. 향후 양국 간에는 지난 25

년과는 달리 정치경제사회 각 분야별 이슈에서 직접 부딪치고 충돌하는 경우가 점증할 것이다. 때로는 능구렁이 같은 상대를 간파하고 생각까지 냄새 맡을 수 있는 특수 인재가 필요하나 현실은 중국 이해와 중국어 웅변 능력에서 한계를 보이는 반쪽 짜리 인재만 나오고 있는 실정이다. 지금부터라도 별도의 특수 교육기구를 만들어 치밀한 교육과정을 통해 전사적 인재를 육성한 후 중국 공산당과 정부 그리고 고 레벨의 주류사회와 접촉하도록 해야 한다. 중국의 정치경제 분야는 물론 역사와 사회심리 그리고 예술문화와 사상철학 등 인문학 분야의 기초교육을 강화해 중국을 다룰 수 있는 필드 전투형 인재를 배양하는 것이다.

이제 단순 취업 목적이 아닌, 정부와 기업이 반드시 필요로 하는 특수 인재가 절실한 상황이 다가오고 있다. 국내뿐만 아니라 중국의 연구기관이나 기업에서도 일할 수 있는 수준의 인재가 필요한 시기다. 조만간 한국의 교육산업은 학령인구 감소와 사회인식 급변에 따라 구조조정에 몰리며 적지 않은 고등교육기관이 퇴출되고 기업과 협회 등은 자신들이 필요한 인재를 스스로 육성하여 조달하는 시스템을 구축하려 들 것이다. 중국에 대적할 인재를 육성하는 시스템도 마찬가지다. 중국전담 핵심인재를 집중 육성하게 될 특수목적 대학인 소위 '중국대학원대학(university of china studies)'은 다수의 국내용 범용인재 배출이 아닌, 양국 정부와 민간단체 그리고 학계와 재계에서 활동하며 한국의 국익은 물론 양국의 지역별 · 분야별 협력을 선도하는 임무를 수행하는 인재를 배출할 것이다.

중국인보다 중국을 더 꿰뚫어 본 최치원(崔致遠)과 세치 입으로 중국의 백만 대군을 물리친 서희(徐熙) 그리고 정세분석과 외교력의 달인 김춘추(金春秋)와 동아시아 비즈니스 무대를 휘젓고 다닌 장보고(張保皐)와 같은 엘리트를 배출하게 될 것이다. 중국 인문학의 기초와 탁월한 스피치 능력을 바탕으로 중국의 일반대중과 방송국에서 연설하고 평론하는 대중스타, 외교와 경제분야의 밀사 역할을 하는 모사꾼, 중국의 대형기업에 자리 잡고 양국 간 신형 비즈니스 모델을 발굴하는 개척자, 중국과 중국인에 대한 깊은 연구를 통해 지혜와 대안을 제시하는 전략가를 양성하게 될 것이다.

한국이 국민소득 3만 불을 넘어 4만 불로 이어가려면 국가 제도의 투명성과 효율성이 담보되고 국민의 창의성과 소양이 이에 걸맞게 성숙하고 여기에 중국시장 개척의 요소가 더해져야 한다. 지금까지 '대한민국호'를 이끌어온 기성세대는 다음 세대들의 영민함을 믿고 끌어줘야만 할 임무가 남았는데 그 중의 하나가 바로 미래 중국대륙을 주무를 인재를 육성하는 일이다. 한국인은 태생적으로 위기가 닥치면 이를 극복하는 능력이 탁월하나 평상시에는 하루를 살기 바빠 위기 예방과 미래 설계에 취약하다. 이런 환경에서 선별된 국가 리더 그룹 역시 미래에 대한 통찰력이 부족한 것은 어쩌면 당연한 결과일 것이다. 이로 인해 사전에 충분히 위기를 예방할 수 있음에도 매번 엄청난 대가를 치르며 가까스로 국가 위기를 극복해왔다. 중국의 굴기가 위기가 될지 아니면 축복이 될지 여부는 한국인 생각과 하기에 달렸다. 기성세대가 중국의 굴기를 목도하고 있음에도 애써 외면하고 대비하지 않는다면 또 다른 위기는 후대의 몫이 될 것이다. 그러므로 지금 기성세대가 할 수 있는 일은 중국에 대항할 핵심인재를 키우거나 아니면 신세대들의 사고확장을 구속하지 않는 것이다.

향후 중국은 국유기업 혹은 대형 민간기업을 통해 한국의 기업과 부동산을 사들이고 자본시장을 잠식해 들어올 것이다. 심지어 첨단기술이 헐값에 유출되는 사례도 점증할 것이다. 중국의 대 한반도 영향력 확대에 따른 정치경제적 압박에 한국은 대책도 없이 참는 시간만 지속될 것이다. 대책이 없다는 것은 과거 중국의 명·청 교체 시기 때 주변의 질서 변화를 무시하다가 화를 자초한 것과 비슷한 결과를 가져올 수도 있다는 얘기다. 다만 과거와 다르다면 굴욕적인 전쟁이 아니라 겁박과 경제적 침탈로 인해 육체적 고통보다 훨씬 힘든 정신적 고통을 전면적으로 오래도록 겪게 된다는 것이다. 사드 사태도 마찬가지다. 자신의 정치적 목적 달성을 위해 가장 낮은 계급의 상공인을 윽박지르는 행위는 옳지 못하다. 하지만 폭거에 항변하거나 대항조차 하지 않으면 오히려 당하는 자가 비정상일 수 있다. 피해자가 아무런 저항을 하지 않는다면 가해자가 정상이 되는 것이다. 대응하지 않으면 바보로 취급되고 강도는 심해지는 것이다. 그러므로 벙어리 냉가슴 앓듯 눈치보지 말고 필요 시에는 강하게 대응해야 한다. 상대방과 대화할 때 자신의 생각을 검열하는 것이 바로 사대근성이다. 때로는 원칙을 내세우는 과감한 언행이 문제를 푸는 열쇠가 될 수 있다.

이와 같은 논리는 양국의 미래관계를 대비한 전략을 미리 세워야만 한다는 당위성이 되고 동시에 대 중국 전선에서 핵심 역할을 담당할 중국전사를 육성하는 실천적 행동을 요구하고 있다. 미래 중국과 독립적 관계를 유지하려면 중국 공산당의 엘리트층과 교감하고 담판할 수 있는 핵심 로비스트를 발굴·육성·배치해야 한다. 자기 문화 외에는 변방·오랑캐 문화로 간주해온 중국이 자신들의 생각을 꿰뚫고 있는 이민족이 있다고 생각하는 것은 일종의 두려움이다. 한국은 당대에 끝나지 않을 중국연구와 인재육성을 위해 국책 '중국연구원'을 설립할 필요가 있다. 명확한 국가관에 탁월한 인문학과 중국어 실력을 갖추고 중국의 사고구조와 정책을 해부할 수 있는 인재풀이 있다면 다른 국가들은 도저히 알 수 없고 접할 수 없는 일들을 추진할 수 있다. 중국 또한 자신을 알고 달려드는 한국을 쉽게 보지 못할 것이며 오히려 존중하게 될 것이다. 중국이 인정하는 한국의 중국인재를 키워놓으면 한국의 정권이 바뀌고 시대가 흘러도 그 가치와 효력은 유지될 것이다. 중국은 정세 변화에 따른 새로운 인물보다 실질적 역할을 해온 사람을 인정한다. 일시적인 직책과 명성을 갖게 된 사람보다 검증된 사람을 믿을 수 밖에 없기 때문이다.

과거 군웅할거(群雄割據)하던 중국에서 각 나라의 사신이 상대국을 설복하여 대세를 전환시킨 사례는 아주 많다. 때로는 국정시스템을 통하는 것 보다 사람과 사람이 만나 정세를 논하고 협의하는 것이 대중 외교의 성공을 위한 방법일 수 있다. 자칭 대인(大人)이라는 자가 신의를 버리면 인간 망종(亡種)이라는 속박을 스스로 걸어 넣고 협상에 임하기 때문이다. 덩치가 큰 나라와 작은 나라의 이익추구와 사고방식 그리고 외교전략은 조금씩 다르다. 더욱이 국가주의와 비밀주의로 움직이는 중국과의 협상은 내부침투에 의한 비공식 협상을 통해 지분을 챙기는 방법이 가장 현실적이다. 이는 또한 중국 입장에서도 편하게 받아들일 수 있는 방법이다. 공식적인 담판은 한국을 포함한 세계 모든 국가들과의 형평성과 자신의 권위유지에 대한 필요성 그리고 약속과 실행에 대한 부담감으로 가급적 피한다. 결국 대중 외교의 성패는 그들의 언행을 파악하고 이를 전략적으로 활용할 줄 아는 중국전담 인재육성에 달려 있다고 해도 과언이 아니다.

한국은 구국의 일꾼이 역사를 만들어 왔고 인재로 국채(國體)를 유지하고 있어 외교인재 육성은 참으로 중요하다. 나라를 보위하고 대륙(중국)과 해양(일본) 그리고 반도(한국) 세력의 3극 정립을 통해 동아시아 시대를 견인하려면 철저한 국가관과 실력으로 무장된 외교전문가를 육성하는 것이 필수 조건이다. 인재로 먹고 사는 한국이 물리적 한계를 극복하고 국제무대에 나서려면 포용력 있고 상상력이 풍부한 외교인재를 발굴하고 이를 지원할 제도적 장치를 마련해야 한다. 한국 외교관의 사고는 한국의 국토면적만큼, 중국은 그들의 크기만큼 그리고 국제사회를 주도하는 미국은 세계만큼 큰 전략적 마인드를 가지고 있다. 미국이 강대국인 이유는 국가의 하드웨어 측면도 있지만 뛰어난 외교인재로 구성된 수 많은 또 다른 미국이 세계를 휘젓고 다니기 때문이다. 또한 중국이 무서운 것은 급성장을 통한 글로벌 영향력 확대가 아니라 국가의 비전과 목표를 공유하고 수행할 수 있는 체계적인 인재육성 프로그램이 있기 때문이다.[6]

중국전담 인재육성은 극중(克中)의 길이다. 중국을 속속들이 아는 이들만이 중국을 대적할 수 있고 중국 또한 이들만을 두려워할 것이다. 탁월한 중국전문가를 양성하는 것은 양국 정치외교 관계의 순항을 위한 소통과 공산당 인맥구축을 위해 절대적으로 필요하다. 또한 기업수요 측면에서도 중국식 경영을 수행할 로비스트가 절실하고 전사적으로 시장개척을 책임질 인재가 필요하다. 한국의 정부와 민간단체 그리고 기업은 중국의 굴기를 인정하기 싫던 아니면 두려움이 잦아들던 선제적 조치의 일환으로 중국전담 핵심인재 육성을 서둘러야 한다. 준비하지 않으면 재단될 수 밖에 없는 것이다.

중국인의 민족주의 발흥은 자신의 조국에 대한 자긍심 외에도 중국이 별 탈 없이 강하고 부유해야 자신들이 잘 살수 있다는 현실적 이유에서 기인된 것이다. 이런 연유로 주변국으로 인한 불편함을 공산당 정권이나 국민 모두 용납하지 못하는 것이다. 중국은 예로부터 자신의 목적 달성을 위한 어떠한 수단도 하나의 전략으로 판단하고 이를 잘 이용할 수 있는 책사(策士)는 많은 군주들의 삼고초려 대상이었다. 장차 한국의 외교도 국가와 민족의 목표를 위해서는 수단과 방법을 가리지 않겠다는 사고와 전략으로 재무장해야 한다. 한미동맹이라는 외부의 힘에 전적으로 의지하지 말고 중국에 대적할 강단 있는 지도자와 걸출한 외교인재를 만들어 내야 한다.

중국의 굴기와 함께 한국의 외교와 안보 그리고 경제와 사회 분야에서 전방위로 국격의 손상과 자존심에 상처 받을 가능성이 커지는 가운데 중국에 맞설 핵심인재는 결정적 역할을 하게 될 것이다. 향후 대한민국과 한국기업은 중국과의 충돌 시 단기필마로 전선에 뛰어들어 문제를 조율하고 해결하는 특정 인재에게 신세 질 것이다. 중국을 얘기하는 중국전문가는 많을 수 있으나 외국인으로서 중국의 면면에 모두 통할 수 있는 '중국통'이란 존재할 수 없다. 다만 정밀하게 설계된 도면을 바탕으로 집중 교육하여 '중국통'에 근접하는 인재는 만들어 낼 수 있다. 보고 있어도 보이지 않는 중국을 어떻게 끄집어 내서 다룰 것인가. 바로 탁월한 중국전담 핵심인재 육성에 그 답이 있다.

|에필로그|

　어느 북경의 여름 날, 전동자전거를 타고 학교 가는 길에 문득 내 자신이 도대체 중국을 얼마나 알고 있는지 자문해 보았다. 아는 것도 조금 있고 전혀 모르는 것도 많아, 중국에 거주한 지 25년 되었으니 약 25% 정도 아는 것으로 대충 타협했다. 하지만 순간적으로 "이런! 내가 이럴려고 … "라는 탄식이 흘러 나왔다. 그렇지만 다시 곰곰이 생각해보니 실제로 중국에 대해 아는 것이 별로 떠오르지 않아 25%도 과장된 수치임을 깨달았다. 그 동안 필자는 중국을 일 년에 1%씩 알아왔고 결국 죽기 전에는 중국을 알 수 없는 것이다. 필자 논리에 따르면 한중 양국이 수교한지 25년이 지났으니 한국의 대 중국 이해도도 아주 많아야 25%에 불과할 것이다. 이후 필자는

25%의 지식으로도 해 줄 말이 많다는 사실을 위안으로 삼고 다시는 자신에게 이와 같은 어리석은 질문을 하지 않기로 했다. 다만 뚫린 입으로는 정리가 잘 되지 않으니 대신에 글을 쓰기로 했다.

얼마 전 필자의 오랜 지기(知己)인 청화대학 장위제(張玉杰) 교수는, 중국이 머지않아 세계 1위의 경제대국, 세계 1위의 무역대국, 세계 1위의 소비시장, 세계 1위의 제조업대국, 세계 1위의 해외투자국, 세계 1위의 표준제정국, 세계 1위의 문화수출국, 세계 1위의 과학기술혁신국이 될 것인바, 전략적 오판은 전략적 실패로 이어지고 이는 만회할 수가 없을 것이라며 미국과 일본 그리고 EU가 쇠락하는 가운데 한국은 반드시 전략적 사고와 판단에 근거해 자주적으로 발전해 나가야 한다고 충고했다. 중국학자의 해외출장용 멘트가 아니라 자신의 조국을 걱정하는 외국친구에게 해 주는 충언이었다.

우리는 현재 중국의 역동적인 발전과 기술혁신을 놓고 "뭔가 잘 못 되고 있어"라며 애써 폄하하거나 무시하는 언행으로 두려움을 감추고 있다. 지금부터라도 냉철한 자기 검열로 현 상황을 직시하여 옆에 있는 대국의 발흥에 정신 바짝 차리고 준비해야 할 것이다. 단재 신채호 선생은 "역사를 잊은 민족에게 미래는 없다"고 했고 나폴레옹은 "마주칠 재난은 소홀히 보낸 어느 시간에 대한 보복"이라고 했다. 한국의 정치인과 정부관료 그리고 중국연구기관이 중국의 실체를 정확히 파악하지 못하고 심지어 사실을 왜곡하여 전달하는 것은 마치 임진왜란 직전에 일본을 다녀온 통신사가 일본의 조선침략 가능성이 없다고 보고하는 것을 임금과 백성이 믿어 버리는 것과 같다. 중국에 대해서도 대비하지 않으면 침탈 당할 수 있고 경제적 종속은 전쟁보다 훨씬 더 괴로울 수 있다.

현재 대한민국은 국가와 국민이 유교문화와 가족주의 그리고 이익집단의 볼모로 잡혀있는 가운데서도 시효가 지난 전통적 사고 관념의 껍질을 깨지 못하고 있다. 혹자는 한국이 일단 국가위기에 봉착하면 대단한 응집력을 발휘한다는 말로 자위하지만 이는 항상 깨달음이 늦어 불필요한 대가를 치른다는 말과 같다. 이는 한민족의 큰 약점이다. 한국은 지난 1300년 동안 단일 국가를 유지해 왔으나 앞으로 한 세대만 더 지나면 거의 분단 100년이 된다. 반면에 중국은 지금 건국 100주년(2049년)을 향해 힘차게 나아가고 있다. 현재로서는 두 민족이 극명하게 대비되는 길을 가고 있는 것이다. 한민족이 자기 모순에 빠져 '대한궁민(大韓窮民)'이 되지 않기 위해서라도 중국의 굴기와 그들의 시장을 활용해야만 한다.

수교 이후 한중 경협은 순풍에 돛 단 듯 순조롭게 진행되었으나, 한국은 사드 사태와 함께 전혀 다른 중국을 접하게 된다. 수교 초기 한국인은 마치 신천지를 발견한 듯이 중국시장으로 몰려왔으나 불과 25년도 못돼 "하늘은 왜 거대시장의 중국과 공산당의 중국을 한꺼번에 주셨냐"라며 원망하고 있다. 중국의 네티즌은 한국을 가리켜 "세상에서 자존심이 가장 센 거지"라고 놀리고 한국은 중국을 "배부른 무식한 돼지"라고 놀리기도 했다. 또한 서로를 3천 년의 왠수, 3천 년의 골칫덩이라고 비꼬았다. 중국 내부에서도 사드 배치를 극렬 반대하는 정부관료와 관변학자 그리고 매체가 있는 반면에 해외파 위주의 젊은 학자와 신 세대는 "시진핑 주석의 참모들이 지도자를 거꾸로 돕는다(幫倒忙)"며 비판하기도 했다.

중국을 이웃으로 둔 것이 하늘에 감사할 일인지 아니면 원망할 일인지는 향후 한국이 하기에 달렸다. 거대시장을 활용해 부를 만들 수도 있고 미세먼지와 스모그로 수명이 줄어 들 수도 있기 때문이다. 하지만 분명한 것은 지척에 있는 중국시장을 놓쳐서는 안 된다는 사실이다. 지금의 중국시장이 수교 초기와는 비교가 안 되듯, 미래의 중국시장은 가히 상상하기 어려울 정도의 시장으로 팽창할 것이다. 한국기업은 중국에 대한 통찰력과 기술로 재무장하여 제2라운드 진검 승부를 준비해야 한다. '지피지기면 백전불태(知彼知己, 百戰不殆: 적을 알고 나를 알면 백 번 싸워도 위태롭지 않다)'란 말을 명심하면서 말이다.

21세기 강국의 조건은 국가 크기와 인구 수에 달려있지 않다. 한국인 특유의 영민함과 근면함은 중국시장 개척에 대한 어려움이 클수록 혜안과 용기도 키울 것이다. 다만 필자의 바램은 중국에 대한 자신의 초기인지능력을 믿지 말 것이며, 혼자 소설을 쓰고 상상하지 말 것이며 또한 그렇게 될 것이라고 믿지도 말라는 것이다. 우선 중국인처럼 철저한 실용지상주의로 자신의 시간과 건강을 보호하고 매번 비즈니스를 자기중심으로 생각하고 판단하라는 것이다. 중국 속담에 '교활한 토끼는 구멍이 세 개다(狡兔三窟)'라는 말이 있다. 한국식인 '한 우물만 파다', '한눈 팔지 마라'와 같은 순진함은 실험 중인 나라인 중국에서 망하기 십상이다.

중국은 길을 가던 비즈니스를 하던, 빨리 가고 싶다고 해서 빨리 갈 수 있는 나라가 아니다. 반드시 사람과 제도에 막혀 오도가도 못할 수 있다. 이는 중국의 잘못이 아니고 중국에 무지한 채 대안과 대책도 없이 뛰어든 자의 책임이다. 본문에서 언급했듯이 중국에는 '그 고장에 가면 그 고장의 풍속을 따라야 한다(入鄕隨俗)'는 말이 있다. 즉 로마에 가면 로마법을 따라야 한다는 것이다. 현지에서 발생하는 문제는 현지인을 통해 풀고 고량주로 인한 취기는 중국 차(茶)를 마시며 푸는 것이 가장 좋다. 한국식을 내세워 모든 문제를 홀로 떠안지 말고 교활할 정도로 사고하고 적응해야만 자신도 살고 사업도 살 것이다. 중국에서 '하늘은 스스로 돕는 자를 돕는다'라는 말은 '하늘은 강한 자만 돕는다'라는 의미다.

　한국기업은 지난 25년 동안 중국과 몇 합을 겨루며 이익도 보고 손해도 입어 봤으니 이제 새로운 전술과 무기를 챙겨 전투에 나설 때다. 지혜와 모략 그리고 기술과 인재를 앞세워 일전을 준비해야 할 시점이다. 중국식 경영에 대한 지혜를 체득하고 여기에 한국인 특유의 끼를 살려 중국을 경영하고, 중국연구자는 이들이 대륙에서 꿈을 이룰 수 있도록 도와야 한다. 무엇보다 이와 같은 임무를 수행할 핵심인재육성이 시급하다. 필자는 지난 25년 동안, 한국을 다녀온 중국의 대학교수와 정부관료 그리고 중국기업인과 학생들 중에서, 중국을 잘 아는 한국인을 만났다는 얘기를 들어보지 못했다. 그동안 양국 간에 수 많은 회의가 있었음에도 중국전문가를 보지 못했던 모양이다. 중국은 예로부터 사람을 보고 그 사람의 나라를 판단한다. 마치 조조가 유비를 보고 촉 나라를 가늠하는 것과 같은 사고다.

　현재 중국은 운명적 발전 경로를 밟고 있고 중국 공산당은 민족중흥이라는 임무 수행을 위해 통치 디자인을 설계하고 있다. 정부의 기술입국 정책과 신 세대의 혁신사고는 중국의 미래를 밝게 만들고 있다. 그러면 현재 한국의 정치경제 상황과 방황하는 한국의 신 세대 사고는 어떤가. 미래 양국 간에 어떤 일들이 벌어질지 상상만 해도 모골이 송연하다. 중국과 중국 공산당에 대한 한국사회의 무지는 한국인으로 하여금 각자 도생하며 중국을 대적하게 만들고 실패는 끊임없이 이어지고 있다. 이는 더 이상의 시행착오와 실패를 막기 위해서라도 가능한 한 빨리 중국에 최적화된 전사들을 양성해야만 되는 이유가 된다. 특히 중국의 외교전략전술은 수 천년의 노하우가 쌓인 것으로 사회주의 국가 탄생을 통해 더욱 체계화되어, 한국이 도저히 따라갈 수 없는 지경이다. 전략적 사고의 깊이와 범위 그리고 권모술수에 대한 전략전술을 대적하기 어려운 실정이다.

중국정부 관계자는 중국을 방문하는 한국인들 모두가 삼국지를 수십 번 읽었다고 자랑하는데 왜 한국에는 제갈량(諸葛亮)과 사마의(司馬懿)가 없느냐고 묻는다. 이는 한국 지식인들이 삼국지 연구 모임을 만들고 삼국지 인물론은 출간해도 그 인물들에 대적할 한국의 인물을 키울 생각은 한 적이 없기 때문이다. 개인적 취미가 아니라 국익을 놓고 중국의 인물을 연구하고 비교했다면 민중과 심복의 추앙 대상이 나라를 망하게 할 수도 있고 반면에 평범한 저잣거리 두목에 불과했던 자가 대업을 이루는 영웅이 될 수도 있음을 깨달았을 것이다. 중국이 한국에는 "김 아무개가 있어 두렵다"는 말이 나올 정도로 탁월한 강골(强骨) 인재를 키워내야만 한다.

2018년은 중국의 개혁개방 40주년이고 2019년은 신 중국 설립

70주년이다. 한국은 지난 25년 동안의 경험을 바탕으로 이제 본격적인 내수시장 쟁탈전과 정치외교전을 시작하게 될 것이다. 한국의 지도자는 중국을 활용할 줄 아는 지혜를 갖추어야 하며 한국대기업 오너의 중국관은 그룹의 미래를 결정하는 변수가 될 것이다. 필자가 아둔하여 중국에서 사업을 하고 있거나 혹은 진출하고자 하는 한국기업인들에게 꼭 집어 '중국은 이렇다'라고 말할 수 없어 죄송할 따름이다. 그럼에도 졸저에 나오는 필자의 작은 식견과 조언을 참고로 자신만의 검증과 결정 그리고 노하우를 터득하길 바라며 아울러 홀로 지혜를 체득해 가는 시간의 고통과 정신적 황폐함이 가능한 한 짧기만을 바랄 뿐이다. 이 밖에 중국식 경영을 수행하는 과정에서 사업이 순조로워 우쭐할 땐 유가(儒家)를, 실의에 빠졌을 땐 도가(道家)를, 절망적일 땐 불가(佛家) 사상을 읽어보는 것도 도움이 될 것이다.

이번 졸저는 중국식 경영에 대한 거시적 시각과 가이드 라인을 추려 서술한 개론서다. 중국 굴기에 편승하여 현재 중국을 차지하고 있는 자인 중국 공산당을 이해하고 대응하자는 얘기다. 다음에는 각론으로 들어가 좀더 세세한 '중국식 경영' 전략을 다뤄볼 생각이다. 구체적으로, '중국식 경영 II - 중국식 마케팅'이란 주제로, 모든 게임 룰의 제정자인 중국 공산당과 관료의 정치공학적 심리와 언행을 해부하고 이에 직간접적으로 영향을 받는 중국기업인과 소비자를 분석한 후 중국식 마케팅 방안을 제시해 볼 생각이다. 이번 졸저는 돌발적인 사드 사태로 인해 중간에 논조가 뒤틀리며 출간이 많이 늦어졌다. 적지 않은 문헌과 자료 그리고 매체 보도자료를 섭렵하다가 미처 주석 처리를 못하고 빠트린 내용도 있을 것이다. 이 점 널리 양해해 주기 바란다.

마지막으로 자신과 가족은 물론 대한민국의 발전을 위해 중국에서 고군분투하는 모든 한국인과 한국기업인들에게 경의를 표한다. 특히 개혁개방 40년을 맞이한 중국에서, 과거 한국이 1962년 경제개발을 시작한 이후 30여 년이 지난 후 성수대교(94년), 삼풍백화점(95년) 붕괴 등 대형사고가 다발한 것처럼 중국 또한 각종 폭발, 붕괴, 화재 등의 산업재해는 물론 자연재해와 환경오염 등이 집중적으로 발생할 수 있어, 발 디디고 서 있는 모든 곳에서 주의 하시길 당부 드린다.

• 1장 •

1) EBS가 2008년 초에 방영한 6부작 다큐멘터리 '부흥의 길' 내용 중 발췌.

2) 李德偉 等 著.『大國崛起的政策選擇』. p. 60. 中國經濟出版社. 2008.1.

3) 정덕구.『거대 중국과의 대화』. p. 395. 삼성경제연구소. 2004.

4) 쓰웬(史源). 김태성 · 정윤철 역.『상경』. 더난 출판사. 2002.

5) 포럼오래.『세상을 바꿔라 1. 2』. 도서출판 오래. 조명문화사. 2012. 2014.

6) 중앙일보 중국연구소 · 현대중국학회.『공자는 귀신을 말하지 않았다』. p. 112. 중앙북스. 2010.

7) 연합신문.『인도가 중국을 추월할 수 밖에 없는 이유』. 2006.9.1.

8) 박병구 · 우진훈.『중국의 현대화』. p. 283. 차이나 하우스. 2014.

9) 량사오성 지음 · 고상희 옮김.『우울한 중국인』. p. 484. 가치창조. 2012.

10) 중앙일보 중국연구소.『2010-2011 차이나 트렌드』. p. 153. 중앙북스. 2010.

11) 박월라 등.『중국의 보조금 현황과 주요국의 대응사례 연구』. p. 122. KIEP. 2011.

12) 정덕구.『거대 중국과의 대화』. p. 80. 삼성경제연구소. 2004.

13) 칼E 월트·프레이즈J. T.하위 지음. 서정아 옮김.『레드 캐피탈리즘』. pp. 260-263. 시그마북스. 2011.

• 2장 •

1) 필립 리차드슨(Philip Richardson) 저. 강진아·구범진 역.『쟁점으로 읽는 중국근대 경제사』. p. 199. 푸른역사. 2007.

2) 李德偉; 等.『大國崛起的政策選擇』. p. 15. 中國經濟出版社. 2008.

3) 蔡昉 著.『從人口紅利到改革紅利』. 社會科學文獻出版社. 2014. 차이팡 교수는 중국이 루이스 변곡점에 도달했음에도 불구하고 일부 학자들은 농촌에 남아있는 잉여노동력과 도시에서 일하는 농민공 임금의 실질적 상승이 없다는 이유를 들어 이를 반박하고 있다고 주장한다. 시장에서는 이미 노동력 부족 현상이 심해지고 보통 근로자의 실질 임금이 상승하고 있음을 근거로 한다. 인구보너스가 사라져 성장의 잠재력이 고갈되었다는 추론을 정책 당국자와 학자들이 받아들이기 어렵다는 것이다.

4) 강동수 편.『중국 금융시스템의 발전과 도전』. pp. 27~32. KDI. 2011.

5) 우진훈.『중국 금융감독체계와 시사점』. 포럼오래 제20차 정책토론회. 2011.11.29. 은행들의 왜곡된 중개기능 수행으로 GDP의 50%에 달하는 막대한 예금이 시멘트, 철강, 자동차 등 일부 과열부문에 집중 배분되어, 비교우위 요소가 쇠퇴하는 시기에 중국 은행산업은 심각한 경쟁력 저하에 직면할 수 있다. 이외에 금융개혁에 대한 몰이해와 인재부족, 경영의 비효율성, 미흡한 내부통제, 금융범죄 빈발, 정보기술수준 열위 등은 총체적 문제로서 단시일 내에 해소가 어려울 것이다.

6) 吳敬璉·歷以寧·林毅夫 等 著.『小趨勢2015-讀懂新常態』. 中信出版社. 2015.

7) 박병구·우진훈.『중국의 현대화』. pp. 179-183. 차이나 하우스. 2014. 중국 관리들의 부패행위에 대한 의식 및 행태는 중국의 역사적인 배경과 사회문화적인 관념으로 인해 행위 자체에 대해 죄의식을 느끼지 못하고 심지어 일종의 미덕으로까지 간주되어 왔다. 중국의 부패척결 문제는 개혁개방 정책의 지속과 사회주의 법치국가의 정립 그리고 중국인의 소양이 함께 성숙될 때 비로소 통제가 가능할 것이므로 현재 중국정부의 단호한 의지에도 불구하고 부패척결 사업의 성과를 얻기에는 향후 상당한 고통과 시일이 필요할 것이다.

8) 포럼오래 정책연구원·북경대학 정부관리학원.『국가관리논단』. 2014.4.11.

9) 鳳凰周刊 編.『中國貪官錄』. 序言 pp. 2-3. 中國發展出版社. 2011.

10) 칼E 월트·프레이즈J.T.하위 지음. 서정아 옮김.『레드 캐피탈리즘』. pp. 264-294. 시그마북스. 2011.

11) 吳敬璉·歷以寧·林毅夫 等 著.『小趨勢2015-讀懂新常態』. 中信出版社. 2015.

12) '중등소득함정'이란 개발도상국이 중등소득국가에 도달한 후 노동인구 감소, 임금상승, 인구고령화, 에너지환경 문제 등으로 성장력을 상실하여 긴 시간 동안 고소득 국가에 이르지 못하는 현상을 말한다.

13) 吳敬璉·歷以寧·林毅夫 等 著.『小趨勢2015-讀懂新常態』. pp. 340-341. 中信出版社. 2015.

14) 포럼오래 정책연구원·북경대학 정부관리학원.『국가관리논단』. 2014.4.11.

15) 蔡昉 著.『從人口紅利到改革紅利』. 社會科學文獻出版社. 2014.

16) 최의현. 趙錫軍. 우진훈.『중국 보험산업의 경쟁력과 한국기업의 진출전략』. p.43. KIEP. 2003.

17) 천즈우(陣志武)저. 조경희·한수회 역.『자본의 전략(The Logic of Finance)』. pp. 502-503. 글항아리. 2010.

18) 천즈우(陣志武)저. 조경희·한수회 역.『자본의 전략(The Logic of Finance)』. pp.63-63. p. 266. 글항아리. 2010. 천즈우 교수는 이미 북경과 상해 등 대도시에서 생활에 필요한 소득을 확보하고 보험상품이나 투

자펀드 등을 통해 미래의 경제적 리스크 분산을 끝낸 사람들처럼 금융시장이 가정의 경제적 기능을 점차 대체하면서 중국의 부모들도 더 이상 자녀를 보며 자신이 행한 투자와 노후보장을 떠올리지 않고 아울러 자녀를 자신의 재산이라 여기지도 않는다. 이는 중국의 주류문화 발전의 거스를 수 없는 대세라고 진단한다.

19) 한중과학기술협력센터.『정책자료집』. p.144. 2014.12.

20) 한중과학기술협력센터.『중국의 전략적 신흥산업 발전보고서』. pp. 423-424. 2015.2.

21) 한중과학기술협력센터.『정책자료집』. pp. 70-80. 2014.12.

22) 문익준 등.『중국기업 연구개발 투자의 특징과 시사점』. p. 86. KIEP. 2012.12.

23)『세계로 확장하는 중국의 핀테크 영향력 어디까지』. 머니투데이. 2015.9.16.

24) 포럼오래 · 복단대학.『국가개혁과 동아시아 발전』. p.353. 조명문화사. 2015.6.

25) 박병구 · 우진훈.『중국의 현대화』. pp. 142-145. 차이나 하우스. 2014.

26) 정덕구.『거대 중국과의 대화』. p. 361. 삼성경제연구소. 2004.12.

27) 우진훈.『중국의 국가간부 배양시스템』. 포럼오래. 2012.11.15.

28) 옌지롱(燕繼榮).『중국 지도자 육성관리 체계』. 포럼오래 한중 국제학술 세미나. pp. 21-22. 2013.9.10.

29) 포럼오래 정책연구원 · 북경대학 정부관리학원.『국가관리논단』. 2014.4.11.

• 3장 •

1) 정형곤 외.『한중일 서비스산업 직접투자 현황과 역내협력 활성화 방안』. p. 213. KIEP. 2011.

2)『우버도 못 넘은 '만리장성' … 중국은 미국 IT 기업의 무덤』. 연합뉴스.

2016.8.2.

3) 본 내용은 '김상순 편저.『시진핑 신 글로벌 전략과 한반도의 미래』. 북코리아. 2016.' 중의 본인 원고를 발췌한 후 재구성 것임.

4) 우진훈.『글로벌 금융위기와 한중 금융협력』. 영남대 중국연구센터. 제11호. 2010.

5)『한국 금융사, 중국 진출 성적표 '참담'--- 실적 반 토막』. 연합뉴스. 2016. 10. 9.

6) 천즈우(陣志武).『자본의 전략(The Logic of Finance)』. p.265. 글항아리. 2010.

7) 김상순 편저.『시진핑 신 글로벌 전략과 한반도의 미래』. 북코리아. 2016.

8) 정덕구.『한국을 보는 중국의 본심』. p.239. 중앙북스. 2011.

9) 문익준 외.『중국기업 연구개발 투자의 특징과 시사점』. pp. 120-123. KIEP. 2012.

10) 우진훈.『中韓FTA的政治經濟學含義和啓示』. 제11회 동북아경제협력세미나. 강원대학. 2013.

11) 조선민주주의인민공화국 북남경제협력법(2005) 제9조 협력장소 조항을 보면 북남경제협력은 북측 또는 남측 지역에서 하고 합의에 따라 제3국에서도 협력을 할 수 있다고 한다.

12) 김상순 편저.『시진핑 신 글로벌 전략과 한반도의 미래』. 북코리아. 2016.

• 4장 •

1)『한국인의 협상태도』. 중앙일보. 2007.12.12.

2) 필립 리차드슨.『쟁점으로 읽는 중국근대 경제사』. p. 44. 도서출판 푸른역사. 2007.

· 5장 ·

1) 천즈우(陣志武) 저. 조경희 · 한수희 역. 『자본의 전략(The Logic of Finance)』. p. 399. 글항아리. 2010.
2) 량사오성 지음 · 고상희 옮김. 『우울한 중국인』. p. 27. 가치창조. 2012.
3) 楚漁. 『中國人的思維批判』. pp. 67-68. 人民出版社. 2010.1.
4) 吳洪剛 著. 『中國企業批判』. 民主與建設出版社. 2008.
5) 『지난해 백만장자 8만 2000명이 조국을 버렸다…부자들이 가장 많이 떠난 나라는?』. 조선일보. 2017.2.28.
6) 陳曉峰 編著. 『中國福布斯落馬榜』. 中國經濟出版社. 2009.
7) 중국주관 편집부 지음 · 김문주 옮김. 『중국재계 이너서클』. pp. 253-271. 미래의 창. 2011.
8) 『금융위기보다 파장 큰 중국 기업 2세 승계』. 조선일보. 2015.6.8.
9) 吳洪剛 著. 『中國企業批判』. 民主與建設出版社. 2008.
10) 陣冠任. 『中國各地商人性格特征調査報告』. 當代中國出版社. 2002.

· 6장 ·

1) 쓰웬(史源) 저. 김태성 · 정윤철 역. 『상경』. 더난출판. 2002.
2) 후안 안토니오 페르난데스 · 로리 언더우드 지음. 백승재 옮김. 『중국의 기업가』. p. 166. 미래지식. 2010.
3) 申明 · 宛一平 編著. 『中國人行爲心理特征與中國式管理』. 企業管理出版社. 2006.
4) 지만수 외. 『중국의 경기순환 및 거시경제정책』. pp. 35-72. KIEP. 2010.
5) 『美에 지적당한 알리바바, 가짜 상품 판매업체 고소…주가에는 긍정적』. IT조선. 2017.1.5.
6) KIEP 지역경제포커스. 『최근 중국의 불공정 경쟁 및 반독점 사례와 시사점』. KIEP Webzine. 2013.6.18.

7) 후안 안토니오 페르난데스·로리 언더우드·백승재 옮김.『중국의 기업 가』. pp. 233-234. 미래지식. 2010.

8) 신경진의 '서핑 차이나' 블로그에서 발췌.

9) tuanjuwang.com

10)『중국 휴대폰 독서족 6억명 … 20-30대 백만장자 작가 쏟아진다』. 조선 일보. 2017.1.31.

11) 2013中國私人財富報告.

12) 영남대 박한우 교수.『빅데이터와 중국』. 한중과학기술협력센터(베이 징) 세미나 내용 중 일부 발췌. 2015.3.13.

13)『위챗에서 명품백 사는 중국인』. KOTRA china weekly. 2017.6.23.

14) 쓰웬(史源) 저. 김태성·정윤철 역.『상경』. 더난출판. 2002.

15)『CSR 실행 지침서』. 주상하이 대한민국 총영사관. 2013.

16) 정덕구.『중국의 본심』. p104. 중앙북스. 2011.

17) 칭윈(菁云) 저. 이주연 역.『인(忍), 때를 기다림』. pp. 5-12. 거름출판사. 2006.

• 7장 •

1) 소제목인 '공산당과 소통, 기술이 생존, 문화교양의 우의' 내용은 (사)오 래포럼이 2012년과 2014년에 출판한『세상의 바꿔라 1·2』에 실렸던 본 인 원고를 조정하고 보강한 것임.

2) 중국 외교부 홈페이지(www.fmprc.gov.cn) 참조.

3)『사장되려면 중국과 일본은 공대 가고 한국은 상대 간다』. 조선일보. 2009.12.1.

4)『국내 425개大 기술이전 수익 576억… 美 프린스턴大 한 곳의 수익 1582 억』. 조선비즈. 2016.10.6.

5) 環球時報.『誰解釋好中國, 該拿諾貝爾獎』. 2015.1.8.

6) 포럼오래.『세상을 바꿔라 2』. 조명문화사. 2014.9. 에서 본인 원고 발췌.